Die Rechtsstellung der für die Börse tätigen Personen

Börsen- und kapitalmarktrechtliche Abhandlungen

Herausgegeben von Horst Hammen

Band 16

Zur Qualitätssicherung und Peer Review der vorliegenden Publikation

Die Qualität der in dieser Reihe erscheinenden Arbeiten wird vor der Publikation durch den Herausgeber der Reihe geprüft.

Notes on the quality assurance and peer review of this publication

Prior to publication, the quality of the work published in this series is reviewed by the editors of the series.

Heinrich Eva

Die Rechtsstellung der für die Börse tätigen Personen

PL ACADEMIC RESEARCH

Bibliografische Information der Deutschen Nationalbibliothek
Die Deutsche Nationalbibliothek verzeichnet diese Publikation in der Deutschen Nationalbibliografie; detaillierte bibliografische Daten sind im Internet über http://dnb.d-nb.de abrufbar.

Zugl.: Gießen, Univ., Diss., 2016

D 26
ISSN 1862-183X
ISBN 978-3-631-67441-3 (Print)
E-ISBN 978-3-653-06885-6 (E-PDF)
E-ISBN 978-3-631-70290-1 (EPUB)
E-ISBN 978-3-631-70291-8 (MOBI)
DOI 10.3726/978-3-653-06885-6

PL Academic Research ist ein Imprint der Peter Lang GmbH.

Peter Lang – Frankfurt am Main · Bern · Bruxelles · New York · Oxford · Warszawa · Wien

Diese Publikation wurde begutachtet.

www.peterlang.com

Vorwort

Die vorliegende Arbeit wurde im Februar 2016 von der juristischen Fakultät der Justus-Liebig-Universität Gießen angenommen. Text und Literatur konnten bis einschließlich Oktober 2016 berücksichtigt werden.

Mein besonderer Dank gilt meinem Doktorvater Herrn Professor Dr. Horst Hammen, der nicht nur das Thema dieser Abhandlung anregte, sondern ihre Entstehung während meiner Tätigkeit als wissenschaftlicher Mitarbeiter an seinem Lehrstuhl für Bürgerliches Recht, Handels- und Wirtschaftsrecht, Deutsches und Europäisches Bank- und Kapitalmarktrecht stets förderte. Auch danke ich ihm für die Aufnahme in diese Schriftenreihe.

Ich danke zudem Herrn Professor Dr. Martin Gutzeit für die Erstellung des Zweitgutachtens sowie die darin enthaltenen weiterführenden Hinweise.

Ferner möchte ich meinen ehemaligen Kollegen am Lehrstuhl, Frau Dr. Elisabeth Heuser und Herrn Dr. Claudio Müssig, für die fachliche Diskussion danken sowie Frau Brigitte Rojan für die Korrekturlesung des Manuskripts.

Schließlich gilt mein besonderer Dank meinen Eltern, die mich während dieser Zeit nicht nur tatkräftig unterstützt, sondern dies alles erst ermöglicht haben. Ihnen sei diese Arbeit gewidmet.

Frankfurt am Main, den 22.12.2016 Dr. Heinrich Eva

Inhaltsübersicht

A. Einführung 15

B. Darstellung der Problematik und Gang der Untersuchung 17

I. Darstellung der Problematik unter Bestimmung des relevanten Personenkreises 17

1. Börsenrat 17
   a) Historische Entwicklung und Aufgaben des Börsenrats 17
   b) Zusammensetzung 18
   c) Rechtsnatur des Börsenrates 19
   d) Rechtsverhältnis zum Börsenträger und Haftung 20
2. Börsengeschäftsführung 21
   a) Allgemeines 21
   b) Rechtsverhältnis zum Börsenträger 22
3. Handelsüberwachungsstelle 22
   a) Entstehungsgeschichte 22
   b) Personelle Besetzung der Überwachungsstelle 23
4. Sanktionsausschuss 24
   a) Historische Entwicklung 24
   b) Rechtsnatur des Sanktionsausschusses 26
   c) Zusammensetzung 26
   d) Rechtsverhältnis zum Börsenträger und Haftung 27
5. Vormals: Zulassungsstelle 28
   a) Historischer Rückblick 28
   b) Zusammensetzung des Gremiums 29
   c) Rechtsstatus der Zulassungsstelle 30
   d) Geschäftsstelle 31
   e) Ausschuss 32

II. Gang der vorliegenden Abhandlung 33

C. Erster Teil: Die Rechtsstellung der Börsengeschäftsführer 35
I. Der Rechtstatus bis zum Inkrafttreten des Zweiten Finanzmarktförderungsgesetzes 35
II. Die Rechtsstellung seit Inkrafttreten des Zweiten Finanzmarktförderungsgesetzes 36
1. Die Bestellung und Anstellung des Börsengeschäftsführers de lege lata 36
a) Die rechtliche Bedeutung von Bestellung und Anstellung 37
aa) Einheitstheorie 37
bb) Trennungstheorie 38
cc) Stellungnahme 39
b) Bestellung 40
aa) Begriff und Rechtsnatur im Kapitalgesellschaftsrecht 40
bb) Übertragbarkeit auf das Börsenrecht 41
(1) Die Bestellung als Verwaltungsakt 41
(2) Die Bestellung als körperschaftlicher Akt 43
(3) Stellungnahme 44
cc) Zuständigkeit und Mitwirkungserfordernis 51
dd) Voraussetzung der Bestellung und Eignungsvoraussetzungen 54
ee) Amtsdauer der Bestellung 59
c) Anstellung 60
aa) Begriff 60
bb) Rechtsnatur des Anstellungsvertrags 61
(1) Der Arbeitnehmerbegriff im Gesetz 62
(a) BGB und arbeitsrechtliche Gesetze 62
(b) Öffentlich-rechtliche Gesetze 63
(c) Europäische Rechtsvorschriften 63
(d) Zwischenergebnis 64
(2) Der Arbeitnehmerbegriff in der Rechtsprechung 64

(a) Der Europäische Gerichtshof 64
(b) Das Bundessozialgericht 65
(c) Der Bundesfinanzhof 66
(d) Bundesarbeitsgericht 67
(aa) Verpflichtung zur Leistung von Arbeit 68
(bb) Privatrechtlicher Vertrag 68
(cc) Im Dienste eines anderen 69
(3) Der Arbeitnehmerbegriff in der arbeitsrechtlichen Literatur 72
(a) Herrschende Lehre 72
(b) Lehre von der sozialen Schutzbedürftigkeit 73
(c) Begriffsbestimmung nach soziologischen Gesichtspunkten 74
(d) Teleologische Begriffsbestimmung nach Richardi 75
(e) Teleologische Begriffsbestimmung nach Wank 76
(f) Einheitliche Begriffsbestimmung nach Brammsen 78
(4) Stellungnahme 78
(5) Übertragbarkeit des Arbeitnehmerbegriffs auf Organmitglieder juristischer Personen 88
(a) Das Vorstandsmitglied einer AG 88
(aa) Die Arbeitnehmereigenschaft des Vorstandmitglieds im Lichte der Rechtsprechung 88
(bb) Die Stellung des Vorstandsmitglieds aus Sicht der herrschenden Literatur 89
(cc) Abweichende Ansätze in der Literatur 92
(dd) Sonderfall der Drittanstellung 92
(ee) Stellungnahme 93
(b) Der Geschäftsführer einer GmbH 103
(aa) Der Rechtsstatus des GmbH-Geschäftsführers in der Rechtsprechung 103
(bb) Die Doktrin der Geschäftsführerstellung in der Literatur 104

(cc) Stellungnahme ... 105
(c) Ergebnis ... 107
(6) Die Übertragung des Arbeitnehmerbegriffs auf das Mitglied der Börsengeschäftsführung ... 108
cc) Zuständigkeit des Börsenträgers ... 118
(1) (Teil-)Rechtsfähigkeit der Börse ... 119
(a) Fehlende Vollrechtsfähigkeit der Börse ... 120
(b) (Teil-)Privatrechtsfähigkeit der Börse ... 121
(2) Zulässigkeit der Anstellungskompetenz des Börsenträgers ... 125
(3) Drittanstellungsvertrag oder Vertrag zugunsten Dritter? ... 126
d) Der Drittanstellungsvertrag als Geschäftsbesorgungsvertrag ... 128
e) Die rechtliche Beurteilung fehlerhafter Bestellung und Anstellung ... 128
aa) Mängel hinsichtlich der Bestellung ... 129
bb) Mängel hinsichtlich der Anstellung ... 133
cc) Die rechtliche Behandlung einer nichtigen Bestellung ... 135
dd) Die rechtliche Beurteilung einer unwirksamen Anstellung ... 137
ee) Wechselwirkung zwischen Bestellung und Anstellung ... 139
2. Aufgaben und Befugnisse des Börsengeschäftsführers ... 140
a) Leitungsaufgaben ... 140
b) Überwachungspflichten ... 142
c) Beauftragungs- und Weisungsbefugnis ... 142
d) Vertretung der Börse ... 144
3. Die Beendigung der Börsengeschäftsführerstellung ... 145
a) Das Verhältnis zwischen Abberufung und Kündigung ... 146
b) Abberufung ... 146

aa) Rechtliche Konstruktion der Abberufung ... 146
bb) Zuständigkeit und Verfahren ... 147
cc) Sachliche Voraussetzungen ... 149
(1) Anwendbarkeit von § 49 VwVfG ... 150
(2) Rückgriff auf allgemeine Rechtsgrundsätze ... 150
(3) Entsprechende Anwendbarkeit des § 84 Absatz 3 AktG ... 151
(4) Stellungnahme ... 151
dd) Wichtiger Grund als Abberufungsvoraussetzung ... 154
ee) Anhörungserfordernis ... 158
ff) Abberufungsfrist ... 158
gg) Rechtswirkung der Abberufung ... 159
c) Kündigung des Anstellungsvertrags ... 159
aa) Zuständigkeit und Verfahren ... 160
bb) Außerordentliche Kündigung ... 161
(1) Allgemeines ... 161
(2) Wichtiger Grund nach § 626 Absatz 1 BGB ... 161
(3) Kündigungserklärungsfrist gemäß § 626 Absatz 2 BGB ... 164
(4) Rechtsfolgen der Kündigung ... 165
(5) Vereinbarung von Koppelungsklauseln ... 166
cc) Ordentliche Kündigung ... 167
d) Rechtsschutzmöglichkeiten ... 168
e) Beendigung durch den Börsengeschäftsführer ... 171
aa) Amtsniederlegung ... 171
bb) Kündigung ... 174
4. Die analoge Anwendbarkeit arbeitsrechtlicher Vorschriften ... 176
a) Allgemeines zur Analogiebildung ... 176
b) Analoge Anwendung einzelner Arbeitnehmerschutzvorschriften ... 179
aa) Bundesurlaubsgesetz ... 179
bb) Mutterschutzgesetz ... 182

cc) Entgeltfortzahlungsgesetz ... 187
dd) Arbeitnehmererfindungsgesetz ... 188
ee) Schwerbehindertenschutz ... 189
ff) Arbeitszeitgesetz ... 190
gg) Arbeitsrechtlicher Gleichbehandlungsgrundsatzer ... 191
hh) Betriebliche Übung ... 192
ii) Grundsätze über die Beschränkung der Arbeitnehmerhaftung ... 194
jj) Betriebsübergang (§ 613a BGB) ... 196
kk) Pfändungsschutz (§§ 850 ff. ZPO) ... 198
ll) Nachträgliches Wettbewerbsverbot gem. §§ 74 ff. HGB ... 199
mm) Betriebliche Altersversorgung ... 202
nn) Anspruch auf Erteilung eines Dienstzeugnisses (§ 630 BGB) ... 204
oo) Allgemeines Gleichbehandlungsgesetz (AGG) ... 206
pp) Verbrauchereigenschaft des Börsengeschäftsführers (§ 13 BGB) ... 208
5. Haftungsrechtliche Verantwortung für Fehlverhalten des Börsengeschäftsführers ... 210
6. Der Sonderfall der Personenidentität zwischen Börsengeschäftsführung und Börsenträgervorstand ... 214

D. Zweiter Teil: Die Rechtsstellung des Leiters der Handelsüberwachungsstelle ... 219

I. Die Stellung der Handelsüberwachungsstelle im Gefüge des Aufsichtsrechts ... 219

II. Aufgaben und Befugnisse der Handelsüberwachungsstelle ... 221

III. Die Rechtsstellung des Leiters der Handelsüberwachungsstelle nach geltendem Recht ... 222

1. Bestellung und Anstellung des Leiters der Handelsüberwachungsstelle ... 222

a) Bestellung ... 223
b) Anstellung ... 226
2. Haftungsrechtliche Verantwortung für Fehlverhalten des Leiters der Handelsüberwachungsstelle ... 229

E. Dritter Teil: Die Rechtsstellung des Personals der Handelsüberwachungsstelle ... 233

F. Zusammenfassung der wichtigsten Ergebnisse ... 237

G. Ausblick ... 243

Literaturverzeichnis ... 245

A. Einführung

Das Kapitalmarktrecht hat in den letzten Jahrzehnten eine rasante Entwicklung erfahren. Mit dem Finanzmarktrichtlinie-Umsetzungsgesetz (FRUG) vom 16.07.2007 hat der nationale Gesetzgeber die vorläufig letzte große Umsetzung einer europäischen Richtlinie auf den Weg gebracht. Diese Reform war aufgrund der Markt- und Finanzdienstleistungsrichtline (Markets in Financial Instruments Directive, MiFID)[1] notwendig. Neben dieser Regelung wurde gleichzeitig die Durchführungsrichtlinie der Kommission zur MiFID umgesetzt.[2] Die Markt- und Finanzdienstleistungsrichtlinie stellt das Grundgesetz des europäischen Finanzmarktrechts dar, welches die veraltete Wertpapierdienstleistungsrichtlinie[3] ersetzt und inhaltlich wesentlich umgestaltet und erweitert. Die Neuerungen betreffen insbesondere den Anwendungsbereich, Transparenzanforderungen für Handelsplattformen und die rechtlichen Grundlagen zur Ausführung von Wertpapiergeschäften. Darüber hinaus hat das FRUG das Börsengesetz völlig neu gefasst. Mit dieser Neufassung hat der Gesetzgeber von der Möglichkeit Gebrauch gemacht, die bis dahin geltende Trennung zwischen amtlichem und geregeltem Markt abzuschaffen und eine einheitliche Zulassung von Wertpapieren zum Börsenhandel zu regeln (sog. regulierter Markt). Ebenso ist die Zulassungsstelle als Börsenorgan weggefallen. Stattdessen sieht die aktuelle Fassung nur noch vier Börsenorgane vor: den Börsenrat, die Börsengeschäftsführung, die Handelsüberwachungsstelle und den Sanktionsausschuss (vgl. § 3 Absatz 1 Satz 2 BörsG). Durch die Abschaffung der Zulassungsstelle als eigenständiges Börsenorgan obliegt nun die Aufgabe der Zulassungsstelle der Börsengeschäftsführung. Mit diesem Schritt beabsichtigte der Gesetzgeber, die Börsen aufgrund der Internationalisierung und Globalisierung der Finanzmärkte flexibler und wettbewerbsfähiger zu gestalten.[4] In diesem Zusammenhang ist es wichtig, sich über die Organisationsstruktur des deutschen Börsenwesens klar zu werden. Das deutsche Börsenwesen ist durch ein duales System geprägt. Es muss zwischen zwei Rechtssubjekten unterschieden werden. Auf der einen Seite steht der Börsenträger, der mit Erlangung einer schriftlichen Erlaubnis seitens der zuständigen Börsenaufsichtsbehörde des jeweiligen Bundeslandes (§ 4 BörsG) mit der Führung des Betriebs der Börse beauftragt wird.[5] Dabei beschränken sich die vom Börsenträger zu erbringenden Leistungen auf die erforderliche Ausstattung des Börsenbetriebes, die ausdrücklich durch § 5 Abs. 1 BörsG bestimmt wird. Auf der

1 Richtline vom 21.04.2004, abgedruckt in: Kümpel/Hammen/Ekkenga, Kapitalmarktrecht, Kennz. 925.
2 Richtlinie vom 10.08.2006, abgedruckt in: Kümpel/Hammen/Ekkenga, Kennz. 925/2.
3 Richtlinie 93/22/EWG des Rates v. 10.05.1993 über Wertpapierdienstleistungen, ABl. L Nr. 141 v. 11.06.1993, S. 27.
4 *Kerkloh*, Börsen-Zeitung v. 11.01.2007, S. 19.
5 BT-Drs. 14/8017, S. 72.

anderen Seite existiert die Börse, die für eine ordnungsmäßige Durchführung des Börsenhandels verantwortlich ist. Sie ist also der tatsächliche Marktveranstalter. Soweit die einzelnen Betriebspflichten zum Verantwortungsbereich der Börse gehören, weist das BörsG diese Pflichten verschiedenen Organen der Börse zu. Da die Börse als teilrechtsfähige Anstalt des öffentlichen Rechts[6] selbst nicht handlungsfähig ist, bedarf sie somit der für sie handelnden Organe. Hierunter sind rechtlich geschaffene Einrichtungen der Verwaltungsträger zu verstehen, die deren Zuständigkeit wahrzunehmen haben.[7] Die für die Organbildung notwendigen personellen Ressourcen werden dabei vom Börsenträger im Rahmen seiner Betriebspflicht zur Verfügung gestellt, indem er das Personal der Börse unter Vertrag nimmt (vgl. § 5 Abs. 1 Satz 2 BörsG). An diesem Punkt knüpft die vorliegende Arbeit an und geht der noch wenig diskutierten Frage nach, welche Rechtsstellung die für die Börse tätigen, beim Börsenträger Beschäftigten inne haben.

---

6 Die Rechtsnatur der Börsen war seit jeher umstritten. Der Gesetzgeber bestimmte in der amtlichen Begründung zum Vierten Finanzmarktförderungsgesetz die Börsen als unselbständige Anstalten des öffentlichen Rechts, BT-Drs. 14/8017, S. 72. Seit dem Finanzmarktrichtlinie-Umsetzungsgesetz enthält die Neufassung in § 2 Abs. 1 BörsG zum ersten Mal eine Legaldefinition des Börsenbegriffs. Darin werden die Börsen als teilrechtsfähige Anstalten des öffentlichen Rechts bestimmt. Damit hat der Streit an Bedeutung verloren. Allgemein zum früheren Diskussionsstand siehe Breitkreuz, Die Ordnung der Börse, S. 52 ff.; *Beck* in: Schwark/Zimmer, 4. Auflage, § 2 BörsG Rn. 33 ff. m. w. N.

7 *Kümpel* in: Kümpel/Hammen/Ekkenga, Kapitalmarktrecht, Kennz. 060, S. 101 Rn. 281; *Beck* in: Schwark/Zimmer, § 2 BörsG Rn. 37; *Burgi*, WM 2009, 2337, 2338.

B. Darstellung der Problematik und Gang der Untersuchung

I. Darstellung der Problematik unter Bestimmung des relevanten Personenkreises

Mit der Rechtsstellung der Börsenbeschäftigten haben sich bisher weder die Rechtsprechung noch die Literatur auseinandergesetzt. Bevor auf die in Betracht kommenden Konfliktsituationen eingegangen wird, ist der einschlägige Personenkreis dieser Abhandlung zu ermitteln. Hierbei ist zwischen den Mitgliedern der Börsenorgane und den übrigen Beschäftigten zu differenzieren. Nicht jeder, der für die Börse tätig ist, hat zugleich ein Beschäftigungsverhältnis mit dem Börsenträger. Da das deutsche Börsensystem vier Börsenorgane kennt, muss zunächst der Frage nachgegangen werden, welches Personal davon beim Börsenträger beschäftigt ist.

1. Börsenrat

a) Historische Entwicklung und Aufgaben des Börsenrats

Als oberstes Börsenorgan ist an jeder Wertpapierbörse[8] der Börsenrat einzurichten (§§ 12 BörsG, 4 Börsenordnung der Frankfurter Wertpapierbörse (BörsO FWB)). Dieses Gremium steht im Mittelpunkt der Börsenorganisation. Nach früherem Recht fungierte der sogenannte Börsenvorstand als umfassend zuständiges Organ. Im Zuge des 2. Finanzmarktförderungsgesetzes[9] erfolgte eine tiefgreifende Änderung der inneren Börsenorganisationsstruktur. Danach wurde der Börsenvorstand zum Börsenrat umbenannt, welcher seit dieser Gesetzesnovelle insbesondere Kontrollaufgaben wahrnimmt. Der Gesetzgeber sah sich hier aufgrund zunehmenden nationalen und internationalen Wettbewerbs veranlasst, die alte Leitungsstruktur durch ein neues, leistungsfähigeres Management zu ersetzen. Deshalb orientiert sich die geltende Organisationsstruktur an dem aktienrechtlichen Modell.[10] Allerdings

---

8 Zurzeit befinden sich acht Börsen in Deutschland. Zu diesen gehören die Frankfurter Wertpapierbörse als wichtigste Börse in Deutschland, die Börse Stuttgart, die Börse München, die Berliner Börse, die Hamburger Börse, die Börse Düsseldorf, die Börse Leipzig und die Börse Hannover. Die vorliegende Arbeit beschäftigt sich hauptsächlich mit der Wertpapierbörse Frankfurt, da diese den wichtigsten Finanzplatz Deutschlands darstellt. Daher werden auch ausschließlich Vorschriften aus der Börsenordnung der Frankfurter Wertpapierbörse zitiert, falls keine Hinweise auf vergleichbare Börsenregelwerke anderer Regionalbörsen gemacht werden.

9 BGBl. I 1994, S. 1749.

10 Vgl. Begründung zum Regierungsentwurf des Zweiten Finanzmarktförderungsgesetzes, BT-Drs. 12/6679, S. 62; *Schwark* in: Schwark/Zimmer, § 12 BörsG Rn. 1;

fallen auf den zweiten Blick Unterschiede zu den Organen einer Aktiengesellschaft ins Auge. Der Börsenrat ist zwar dem Aufsichtsrat einer Aktiengesellschaft nachgebildet, aber es kommt ihm prinzipiell eine stärkere Stellung zu. Darüber hinaus kennt die Börse als Anstalt keine Hauptversammlung.[11] Nach §§ 12 Abs. 2 Nr. 1 BörsG, 4 Abs. Nr. 1 BörsO FWB besitzt der Börsenrat die Zuständigkeit zum Erlass der Börsenordnung. Ihm steht damit eine Rechtssetzungs- und Grundlagenkompetenz zu. Mit Erlass der Geschäftsbedingungen sowie der Gebührenordnung übt er zusätzliche Kompetenzen aus, die normalerweise in den Aufgabenbereich einer Geschäftsführung fallen. Darüber hinaus ist er für die Bestellung und Abberufung der Börsengeschäftsführung zuständig (vgl. §§ 12 Abs. 2 Nr. 2 BörsG, 4 Abs. 1 Nr. 6 BörsO FWB). Neben diesen wichtigen Aufgaben wirkt der Börsenrat auch bei anderen grundlegenden Maßnahmen mit, die die Organisation oder den Betrieb der Börse betreffen. Er ist auch für den Erlass einer Geschäftsordnung der Börsengeschäftsführung zuständig (vgl. §§ 12 Abs. 2 Nr. 4 BörsG, 4 Abs. 1 Nr. 8 BörsO FWB). Im Vergleich zum aktienrechtlichen Modell stellt diese Befugnis eine Abweichung von § 77 Absatz 2 AktG dar. Grundsätzlich erlässt der Vorstand einer Aktiengesellschaft seine Geschäftsordnung selbst, es sei denn, die Satzung überträgt den Erlass der Geschäftsordnung dem Aufsichtsrat oder der Aufsichtsrat erlässt die Geschäftsordnung für den Vorstand. Hinsichtlich der Überwachung der Geschäftsführung (§§ 12 Abs. 2 Nr. 3 BörsG, 4 Abs. 1 Nr. 7 BörsO FWB) ist dieser Aufgabenbereich dagegen mit dem des Aufsichtsrates vergleichbar. Der Gesetzgeber hat also bei der Änderung der Leitungsstruktur das aktienrechtliche Modell als Vorbild zugrunde gelegt, dieses jedoch nicht komplett auf das deutsche Börsenorganisationsrecht übertragen. Die dem ehemaligen Börsenvorstand zugewiesenen Leitungsfunktionen wurden damit dem Börsenrat genommen und alle allgemeinen Leitungskompetenzen der Börsengeschäftsführung zugeordnet.

b) Zusammensetzung

Nach § 12 Abs. 1 Satz 1 BörsG setzt sich der Börsenrat aus höchstens 24 Mitgliedern zusammen. Im früheren Börsenvorstand gab es einen sehr großen Einfluss der Börsenratsmitglieder aus der Kreditwirtschaft. An manchen Börsen waren Emittenten und Anleger nur vereinzelt oder gar nicht vertreten. Mit dem Zweiten Finanzmarktförderungsgesetz hat der Gesetzgeber den Einfluss der am Börsenhandel unmittelbar oder mittelbar Beteiligten gestärkt. Weil das Geschehen an der Börse nicht nur die am Börsenhandel zugelassenen Unternehmen betrifft, sondern auch den Kreis der Emittenten, Privatanleger und institutionellen Anleger, sollten nach der Intention des Gesetzgebers diese Beteiligten auch im Börsenrat repräsentiert sein.[12] Nach

---

Ledermann in: Schäfer/Hamann, KMG, § 9 BörsG Rn. 2; *Bröcker* in: Claussen, Bank- und Börsenrecht, 5. Auflage, § 6 Rn. 36.

11 *Schwark* in: Schwark/Zimmer, § 12 BörsG Rn. 1.

12 BT-Drs. 12/6679, S. 62; *Ledermann* in Schäfer/Hamann, KMG, § 9 BörsG Rn. 3; *Schwark* in: Schwark/Zimmer, § 12 BörsG Rn. 5.

geltender Gesetzeslage müssen nunmehr die zur Teilnahme am Börsenhandel zugelassenen Kreditinstitute einschließlich der Wertpapierhandelsbanken, ferner die zugelassenen Finanzdienstleistungsinstitute und sonstigen zugelassenen Unternehmen, die Skontroführer, die Versicherungsunternehmen, andere Emittenten solcher Wertpapiere, die zur Teilnahme am Börsenhandel zugelassenen Kapitalanlagegesellschaften sowie die Anleger im Börsenrat vertreten sein. Durch die Aufnahme von Mitgliedern aus sämtlichen genannten Kreisen können bedeutende Problemstellungen, z.B. die Entscheidung darüber, wer die finanzielle Last im Zusammenhang mit der Fortentwicklung des Börsenbetriebs zu tragen hat, interessengerecht bewältigt werden. Der gesetzgeberische Wille hat damit Eingang ins Gesetz gefunden und ist seitdem für die Zusammensetzung des Börsenrates obligatorisch.

c) Rechtsnatur des Börsenrates

Als Organ der Börse und damit Organ eines Trägers öffentlicher Verwaltung kann der Börsenrat konkrete Rechtshandlungen auf dem Gebiet des Verwaltungsrechts vornehmen, weshalb er Behörde im verwaltungsrechtlichen Sinne ist (vgl. § 1 Abs. 4 VwVfG).[13] Dass der Börsenrat keinem rechtsfähigen Behördenträger zugeordnet werden kann, ist nicht von entscheidender Bedeutung, denn der verwaltungsrechtliche Behördenbegriff kann unmittelbar auch auf selbständige Verwaltungseinheiten, die – wie die Börse – teilrechtsfähige Anstalten des öffentlichen Rechts sind, angewendet werden, wenn die Außenwirkung der Einrichtung als entscheidende Voraussetzung einer Behörde gegeben ist.[14] Allerdings ist die rechtliche Außenwirkung der Maßnahmen, die vom heutigen Börsenrat ausgehen, deutlich eingeschränkt, weil dieser erheblich weniger Kompetenzen im Vergleich zum ehemaligen Börsenvorstand besitzt.[15] Darüber hinaus fehlt dem Börsenrat als Behörde die Rechtsfähigkeit, also die Fähigkeit, Träger von Rechten und Pflichten zu sein.[16] Er ist also weder fähig, grundsätzlich die Börse in einem Prozessverfahren gerichtlich zu vertreten, noch ist er in der Lage, Eigentum für die Börse zu erwerben. Einzige Ausnahme bildet die prozessuale Vertretung der Börse hinsichtlich gerichtlicher Auseinandersetzung mit der Börsengeschäftsführung. Hierauf wird zurückzukommen sein.

---

13 *Schwark* in: Schwark/Zimmer, § 12 BörsG Rn. 2; *Foelsch/Wittmann* in: BuB, Rn. 7/525; *Groß*, Kapitalmarktrecht, 6. Auflage, §§ 12, 13, 14 BörsG Rn. 3; *Ledermann* in: Schäfer/Hamann, KMG, § 9 BörsG Rn. 18; a.A. *Huber*, Wirtschaftsverwaltungsrecht, 2. Auflage, § 53 III 1 c; *Breitkreuz*, Die Ordnung der Börse, S. 143.

14 *Burgi* in: Erichsen/Ehlers, Allgemeines Verwaltungsrecht, 14. Auflage, § 8 Rn. 29; *Schwark* in: Schwark/Zimmer, § 12 BörsG Rn. 5.

15 *Foelsch/Wittmann* in: BuB, Rn. 7/525.

16 *Göppert*, Das Recht der Börsen, S. 183; *Schwark* in: Schwark/Zimmer, § 12 BörsG Rn. 5.

d) Rechtsverhältnis zum Börsenträger und Haftung

Da sich der Börsenrat aus verschiedenen Interessengruppen zusammensetzt, drängt sich die Frage in den Vordergrund, in welchem Rechtsverhältnis die Mitglieder des Börsenrates zum Börsenträger stehen. Um diese Frage zu beantworten, muss man sich das Haftungsregime der Börsenratsmitglieder vergegenwärtigen. Ausgangspunkt ist hier zunächst die Stellung des Börsenrats als Behörde. Wie bereits ausgeführt handelt der Börsenrat in Ausübung seiner ihm vom Staat übertragenen Hoheitsrechte. Die Betrauung mit der Ausübung öffentlicher Gewalt macht die Mitglieder des Börsenrats zu Beamten im haftungsrechtlichen Sinne des § 839 BGB i.V.m. Art. 34 GG. Danach trifft die Verantwortlichkeit für Amtspflichtverletzungen grundsätzlich den Staat oder die Körperschaft, in deren Dienst der Beamte steht. Dass der Börsenrat in keinem eigentlichen Dienstverhältnis zum Staat oder einem anderen Träger öffentlicher Verwaltung steht, schließt die rechtliche Qualifikation seiner Mitglieder als Beamte im Sinne dieser Vorschriften nicht aus. Vielmehr reicht es aus, dass der Beamte im haftungsrechtlichen Sinne mit der Ausübung öffentlicher Gewalt betraut ist und eine hoheitliche Tätigkeit ausübt.[17] Nach Art. 34 GG ist das Haftungssubjekt entweder das Land oder die Körperschaft, in deren Dienst der Beamte im haftungsrechtlichen Sinne steht. Nach § 12 Abs. 5 BörsG wirkt der Staat bei der Bestellung des Börsenrats mit, indem die jeweilige Börsenaufsichtsbehörde mit Genehmigung einer neuen Börse einen vorläufigen Börsenrat bestellt. Die Amtszeit des vorläufigen Börsenrats beträgt höchstens ein Jahr, da nach § 13 Abs. 1 BörsG der Börsenrat von den in §12 Abs. 1 Satz 2 bis 4 genannten Gruppen zu wählen ist. Mit der Wahl des neuen Börsenrats beschränkt sich die Mitwirkung des Staates sodann auf eine bloße Rechtsaufsicht. Die Mitglieder des Börsenrats stehen aber weder zur Börse selbst noch zum Börsenträger in einem Anstellungsverhältnis.[18] Obwohl die Börse von einem beliehenen Börsenträger als öffentlich-rechtliche Einrichtung betrieben wird, ist der Börsenträger nicht das richtige haftungsrechtliche Zuordnungssubjekt. Vielmehr haftet das Bundesland für Amtspflichtverletzungen des Börsenrats, weil das Land den Börsenrat kraft Gesetzes mit hoheitlichen Befugnissen ausgestattet hat. Allerdings soll nach dem Willen des Gesetzgebers eine Staatshaftung Dritten gegenüber generell ausgeschlossen sein, weil der Börsenrat seine Aufgaben und Befugnisse ausschließlich im öffentlichen Interesse wahrnimmt (vgl. § 12 Abs. 6 BörsG).[19] Auch wenn die Börsenratsmitglieder weder zur Börse noch zum Börsenträger in einem Anstellungsverhältnis stehen, haben sie dennoch eine öffentlich-rechtliche Funktion. Die 24 Mitglieder, die aus den in § 12 Abs. 1 BörsG

---

17 BGH NJW 1968, 443, 444; *Sprau* in: Palandt, § 839 BGB Rn. 15; MüKo/*Papier*, § 839 BGB Rn. 131.

18 *Elle*, ZHR 128 (1966), 273, 294; *Schwark* in: Schwark/Zimmer, § 12 BörsG Rn. 5.

19 Vgl. BT-Drs. 14/8017, S. 205; ebenso *Beck*, BKR 2002, 662, 666 ff.; *Groß*, Kapitalmarktrecht, §§ 12, 13, 14 BörsG Rn. 8; *Ledermann* in: Schäfer/Hamann, KMG, § 9 BörsG Rn. 35. Kritisch zum Ganzen: *Kümpel/Hammen*, Kapitalmarktrecht, 3. Auflage, S. 135 ff.

genannten Gruppen in den Börsenrat gewählt werden, nehmen eine ehrenamtliche Tätigkeit an der Börse wahr.[20] Die Mitglieder sind folglich in ihrer Stellung als Organ der Börse und damit als Teil der Börsenselbstverwaltung unentgeltlich tätig.[21] Da zwischen dem Börsenträger und den Börsenratsmitgliedern kein Beschäftigungsverhältnis besteht, ist im Ergebnis daher festzustellen, dass dieser Personenkreis nicht zum Untersuchungsgegenstand der vorliegenden Arbeit gehört.

2. Börsengeschäftsführung

a) Allgemeines

An jeder Wertpapierbörse ist ein Börsenorgan einzurichten, welches die allgemeinen Leitungsfunktionen, die der tägliche Betrieb der Börse mit sich bringt, übernehmen soll. Gemäß §§ 15 BörsG, 7 BörsO FWB obliegt die Leitung der Börse der Geschäftsführung. Seit dem Zweiten Finanzmarktförderungsgesetz ist sie nunmehr das für die laufenden Angelegenheiten zuständige Verwaltungsorgan. Vor dem Inkrafttreten

---

20 BT-Drs. 12/6679, S. 62; *Franke* in: Assmann/Schütze, § 2 Rn. 28; *Ledermann* in: Schäfer/Hamann, KMG, § 9 BörsG Rn. 2; *Bressler*, Public Private Partnership im Bank- und Börsenrecht durch Beleihung mit einer Anstaltsträgerschaft, S. 59; vgl. ebenfalls die aktuellen Börsenregelwerke der einzelnen Regionalbörsen, die eine entsprechende Regelung über die ehrenamtliche Tätigkeit eines Börsenratsmitglieds enthalten, etwa § 87 der Börsenordnung Stuttgart (Stand: 27.05.2016), § 49 der Börsenordnung Hannover (Stand: 10.11.2014), § 59 der Börsenordnung Düsseldorf (Stand: 30.03.2016), und § 57 der Börsenordnung München (Stand: 01.07.2016). Eine entsprechende Regelung sieht die aktuelle Fassung der Börsenordnung Frankfurt nicht vor. Dennoch sind auch hier die Börsenratsmitglieder unentgeltlich tätig.

21 Auch wenn die Börsenratsmitglieder einer unentgeltlichen Tätigkeit nachgehen, ist die Amtsausübung mit einem enormen Aufwand verbunden. Zwar werden die Mitglieder des Börsenrats von den in § 12 Abs. 1 BörsG vertretenen Gruppen entsandt, fraglich ist aber, ob dem ehrenamtlich Tätigen für die grundsätzlich unentgeltliche Leistung und die damit verbundenen Beschwernisse und finanziellen Aufwendungen ein Nachteilsausgleich in Form einer pauschalen Aufwandsentschädigung zu gewähren ist. Eine diesbezügliche Regelung findet sich in den Regelwerken der Regionalbörsen nicht. Gleichwohl ist davon auszugehen, dass es sich hierbei nicht um eine ehrenamtliche Tätigkeit im Sinne der §§ 81 ff. VwVfG handelt, da sich Beleihung und Ehrenamt gegenseitig ausschließen (*Bonk/Kallerhoff* in: Stelkens/Bonk/Sachs, VwVfG, 7. Auflage, § 81 Rn. 4; *Henneke* in: Knack/Henneke, VwVfG, 9. Auflage, vor § 81 Rn. 4). Insbesondere ist danach die Vorschrift des § 85 VwVfG über den Anspruch auf Ersatz der Auslagen und des Verdienstausfalls nicht anwendbar. Vielmehr ließe sich aufgrund des öffentlich-rechtlichen Auftragsverhältnisses zwischen der beleihenden Börse und den Mitgliedern des Börsenrats ein Anspruch aus § 62 Satz 2 VwVfG i. V. m. § 670 BGB analog herleiten (vgl. hierzu Maurer, Allgemeines Verwaltungsrecht, § 23 Rn. 57). Erstattungspflichtig wäre in diesem Fall der Börsenträger, welcher im Rahmen seiner Betriebspflicht gemäß § 5 Abs. 1 Satz 2 BörsG für diese Aufwendungen aufkommen muss.

dieses Gesetzes wurde jene Funktion von dem jetzigen Börsenrat ausgeübt. Dieser hatte die grundlegenden Entscheidungen über die Geschäftspolitik der jeweiligen Börse zu treffen. Da der Börsenvorstand seine Tätigkeit nicht hauptberuflich wahrgenommen hatte, bedurfte er für die laufende Geschäftsführung einer Unterstützung. Daher wurde die Börsengeschäftsführung mit den laufenden Leitungsaufgaben betraut. Mit der Novelle zum BörsG 1989 hat die Börsengeschäftsführung auch erstmals Eingang in das Gesetz gefunden. Die Geschäftsführer waren nunmehr nicht mehr Angestellte des Börsenvorstandes, sondern bildeten ein selbständiges Börsenorgan.[22] Die Geschäftsführung, die jetzt die Börse in eigener Verantwortung leitet (§§ 15 Abs. 1 Satz 1 BörsG, 7 Abs. 1 Satz 1 BörsO FWB), ist im Gegensatz zum Börsenrat hauptberuflich tätig.[23]

b) Rechtsverhältnis zum Börsenträger

Nachdem vorstehend festgestellt worden ist, dass die Mitglieder der Börsenleitung hauptberuflich tätig sind, ist in einem weiteren Schritt ihr Verhältnis zum Börsenträger zu klären. Weil der Börsenträger nach § 5 Abs. 1 Satz 2 BörsG der Börse die erforderlichen finanziellen, personellen und sachlichen Mittel der Börse zur Verfügung stellen muss, werden demnach die für die Börse handelnden Mitarbeiter von ihm unter Vertrag genommen. Für die Geschäftsführung kann nichts anderes gelten. Als leitendes Börsenorgan, welches für den inneren Betriebsablauf zuständig und damit für eine ordnungsgemäße Marktveranstaltung verantwortlich ist, sind dessen Organmitglieder somit für die Börse tätig. Demzufolge werden die Anstellungsverträge mit dem Börsenträger geschlossen.[24] Da die Börsengeschäftsführer in einem Beschäftigungsverhältnis zum Börsenträger stehen, wird Ziel der vorliegenden Arbeit sein, ihre Rechtsstellung innerhalb des Börsensystems herauszuarbeiten und auf mögliche Interessenkonflikte einzugehen, welche sich aus ihrer Stellung heraus ergeben könnten.

3. Handelsüberwachungsstelle

a) Entstehungsgeschichte

Im Zuge des Zweiten Finanzmarktförderungsgesetzes wurde die Rechtsgrundlage für die staatliche Marktaufsicht geschaffen. Zur Stärkung der internationalen Wettbewerbsfähigkeit des Finanzplatzes Deutschland sah sich der deutsche Gesetzgeber gefordert, die bisherige Beaufsichtigung des Börsenhandels zu einer effizienten Marktaufsicht über den gesamten Wertpapierhandel auszubauen.[25] Im Vorfeld des

---

22 *Claussen*, DB 1994, 969, 971; *Breitkreuz*, Die Ordnung der Börse, S. 143.
23 *Ledermann* in: Schäfer/Hamann, KMG, § 12 BörsG Rn. 1.
24 *Schwark* in: Schwark/Zimmer, § 15 BörsG Rn. 2; *Beck*, WM 1996, 2313, 2316; *Köndgen/Mues*, WM 1998, 53, 57.
25 Vgl. hierzu die Begründung des Gesetzgebers in BT-Drs. 12/6679, S. 36.

Gesetzgebungsverfahrens gab es Diskussionen darüber, ob der Staat oder die Börsen selbst die Marktaufsicht über den Börsenhandel ausüben sollten. Letztendlich ist der Gesetzgeber dem Wunsch der Börsen nachgekommen, indem er ihnen die Möglichkeit eingeräumt hat, den Börsenhandel und die Geschäftsabwicklung eigenverantwortlich zu überwachen. Nach §§ 7 Abs. 1 Satz 1 BörsG, 11 BörsO FWB ist nunmehr die Börse verpflichtet, eine Handelsüberwachungsstelle als eigene, ihrem Geschäftsbetrieb angemessene Überwachungsorganisation einzurichten und zu betreiben. Die Handelsüberwachungsstelle stellt damit ein selbständiges Organ dar, wobei ihre Organisation als Organ ihre Selbständigkeit und Selbstverantwortung für transparente und attraktive Märkte klarer zum Ausdruck bringen soll.[26] Dem Gesetzeswortlaut nach liegt dabei die Pflicht zur Einrichtung der Handelsüberwachungsstelle nicht beim Börsenträger, sondern bei der Börse als öffentlich-rechtlicher Anstalt.[27] Da dieses Börsenorgan eigenverantwortlich das Tagesgeschäft an der Börse kontrollieren soll, ist die Marktaufsicht mithin als wesentlicher Teil der den Börsen im Rahmen der Selbstverwaltung zugewiesenen Aufgaben anzusehen.[28]

b) Personelle Besetzung der Überwachungsstelle

Die weitestgehende Unabhängigkeit der Handelsüberwachungsstelle von den übrigen Börsenorganen drückt sich auch in den gesetzlichen Regelungen bezüglich der für sie tätigen Personen aus. Nach § 12 Abs. 2 Satz 1 Nr. 5 BörsG, § 4 Absatz 1 Nr. 9 BörsO FWB erfolgt die Bestellung des Leiters der Handelsüberwachungsstelle auf Vorschlag der Geschäftsführung und im Einvernehmen mit der Börsenaufsichtsbehörde durch den Börsenrat. Darüber hinaus können der Leiter sowie das übrige mit den Überwachungsaufgaben bei der Handelsüberwachungsstelle betraute Personal nach § 7 Abs. 2 Satz 2 BörsG gegen ihren Willen nur im Einvernehmen mit der Börsenaufsichtsbehörde von ihrer Tätigkeit entbunden werden. Mit dieser Regelung lassen sich die Mitarbeiter der Handelsüberwachungsstelle in zwei Gruppen einteilen: Der Leiter der Handelsüberwachungsstelle einerseits sowie alle weiteren Angehörigen, die zum Verwaltungsapparat der Börse gehören. Durch seine Funktion als beliehene Privatperson kommt der Börsenträger seinen personellen Betriebspflichten nach, indem er die Mitarbeiter der Handelsüberwachungsstelle unter Vertrag nimmt. Mithin steht das Personal der Handelsüberwachungsstelle in einem Beschäftigungsverhältnis zum Börsenträger. Also wird es die weitere Aufgabe dieser Arbeit sein, die Rechtsstellung des Leiters der Handelsüberwachungsstelle sowie des übrigen Personals näher zu beleuchten.

---

26 BT-Drs. 12/6679, S. 60; *Kümpel*, WM 1994, 229, 231; *Seiffert* in: Kümpel/Wittig, Bank- und Kapitalmarktrecht, 4. Auflage, Rn. 4.390; *Brockhausen*, WM 1997, 1924; *Beck* in: Schwark/Zimmer, § 7 BörsG Rn. 1; *Breitkreuz*, Die Ordnung der Börse, S. 147; *Ledermann* in: Schäfer/Hamann, KMG, § 4 BörsG Rn. 3; *Claussen*, DB 1994, 969, 971.

27 *Brockhausen*, WM 1997, 1924.

28 *Claussen*, DB 1994, 969, 971 f.

4. Sanktionsausschuss

a) Historische Entwicklung

Die Vorschrift über den Sanktionsausschuss nach § 22 BörsG hat ihren Ursprung in der früheren Regelung über die Errichtung eines Ehrenausschusses.[29] Im Zuge der Novellierung des Börsengesetzes im Jahre 1975 hatte der Ehrenausschuss das vormalige Ehrengericht ersetzt. Letzteres war früher an jeder Wertpapierbörse zu bilden. Die Errichtung des Börsenehrengerichts diente vor allem dem Zweck, Störungen des Börsenverkehrs durch die Teilnahme nicht vertrauenswürdiger Börsenbesucher zu verhüten.[30] Es griff immer dann ein, wenn ein Börsenbesucher im Zusammenhang mit seiner Börsentätigkeit eine mit der Ehre oder dem Anspruch auf kaufmännisches Vertrauen unvereinbarte Handlung begangen hatte.[31] Da alle Börsenbesucher der Entscheidungsgewalt des Börsenehrengerichts unterworfen waren, stellte dieses Gericht in Wirklichkeit ein Disziplinargericht dar. Als mögliche Strafen kamen der Verweis sowie die zeitweilige oder dauernde Ausschließung vom Börsenbesuch in Betracht.[32] Gegen ein Urteil des Ehrengerichts sah das frühere Recht die Berufung an eine Berufungskammer vor. Weil das Ehrengericht ihm durch das Gesetz verliehene hoheitliche Rechte ausübte, galt die Institution als eine an der Börse bestehende, aber doch selbständige Behörde.[33] Als solche unterstand das Ehrengericht zwar einer staatlichen Aufsicht, die sich aber nicht auf die Überprüfung seiner Entscheidungen erstreckte. Demnach war eine verwaltungsgerichtliche Überprüfung seiner Urteile ausgeschlossen.[34] Mit der Gesetzesnovelle 1975 wurde das Ende des Börsenehrengerichts besiegelt. Stattdessen wurde die Landesregierung ermächtigt, Vorschriften über die Errichtung eines Ehrenausschusses an der Börse zu treffen. Anders als nach früherem Recht bestand also keine gesetzliche Verpflichtung mehr, einen Ehrenausschuss zu bilden. Dieser Ausschuss besaß zwar die gleiche sachliche Zuständigkeit wie das bisherige Ehrengericht, insgesamt hatte der Ehrenausschuss aber eine schwächere Funktion. Die wesentlichen Änderungen bestanden darin, dass die zu verhängenden Sanktionen milder als die ehrengerichtlichen Strafen waren und das Verfahren als Verwaltungsverfahren ausgestaltet wurde.[35] Als Sanktionen waren

29 § 9 BörsG in der Fassung vom 28.04.1975, BGBl. I S. 1013.

30 *Meyer/Bremer*, Börsengesetz mit Ausführungsbestimmungen, § 9 BörsG Anm. 2.

31 Vgl. zur alten Rechtslage insbesondere *Göppert*, Das Recht der Börsen, S. 167; *Huber*, Wirtschaftsverwaltungsrecht, § 53 III 3 b) aa); *Meyer/Bremer*, § 10 BörsG Anm. 1; *Bremer*, Grundzüge des deutschen und ausländischen Börsenrechts, S. 73. Zur Begriffsbestimmung der Tatbestandsmerkmale vgl. *Meyer/Bremer*, § 10 BörsG ff.

32 Vgl. Nachweise bei *Göppert*, Das Recht der Börsen, S. 177; *Huber*, § 53 III 3 b) bb).

33 *Meyer/Bremer*, § 9 BörsG Anm. 2; *Göppert*, Das Recht der Börsen, S. 171.

34 *Huber*, § 53 III 3 b) bb); *Göppert*, Das Recht der Börsen, S. 171; a.A.: *Bremer*, S. 74, der den vorgesehen Instanzenzug zur Berufungskammer nicht für gangbar ansah, da nach seiner Auffassung die Entscheidungen der Ehrengerichte anfechtbare Verwaltungsakte darstellten.

35 Schwark, KMRK, 2. Auflage, § 9 BörsG Rn. 1.

Maßnahmen wie Verweis, Ordnungsgeld und Ausschluss von der Börse bis zu zehn Börsentagen vorgesehen, wobei als Adressaten nur natürliche Personen in Betracht kamen, die auch zur Teilnahme am Börsenhandel zugelassen waren.[36] Die Entscheidungen des Ehrenausschusses konnten seitdem im Wege eines gerichtlichen Verwaltungsverfahrens überprüft werden.

Durch das Zweite Finanzmarktförderungsgesetz[37] ist der frühere Ehrenausschuss in den Sanktionsausschuss umbenannt worden. Seine Aufgabe bestand nun darin, an der Börse Transparenz, Fairness und Chancengleichheit sicherzustellen und das Vertrauen der Anleger, Emittenten und unmittelbaren Börsenbenutzer in die Funktionsfähigkeit der Börse zu schützen.[38] Hintergrund für diese Umbenennung war zum einen, dass die Verletzung der Ehre eines Handelsteilnehmers in der Börsenpraxis wegen zunehmender Reglementierung des Börsenhandels nicht mehr im Vordergrund stand. Zum anderen wurde der persönliche Anwendungsbereich der Vorschrift ausgedehnt, da nach Änderung der Zulassungsbestimmungen für den Börsenbesuch vor allem die Unternehmen selbst zur Teilnahme am Börsenhandel zugelassen waren.[39] Damit erfasste der persönliche Anwendungsbereich sowohl die am Börsenhandel zugelassenen Unternehmen als auch die Börsenhändler. Im Übrigen gab es auch Änderungen hinsichtlich der Sanktionsmaßnahmen. Neben der Verschärfung des Sanktionskatalogs war eine Maßnahme bereits dann zulässig, wenn ein Handelsteilnehmer leichtfertig gegen börsenrechtliche Vorschriften oder Anordnungen verstoßen hatte.

Durch das Vierte Finanzmarktförderungsgesetz[40] hat die Vorschrift über den Sanktionsausschuss eine weitere Änderung erfahren. Gegenüber der alten Regelung wurde die Vorschrift in einigen Punkten ergänzt. Der persönliche Anwendungsbereich ist auf die Emittenten erweitert[41] und der Ordnungsgeldrahmen auf zweihundertfünfzigtausend Euro angehoben worden. Letzteres beruht auf dem Gedanken, dass Verstöße gegen Vorschriften zum Schutz der Funktionsfähigkeit einer Börse angemessen geahndet werden können müssen.[42] Schließlich wurde die Regelung aufgenommen, dass der Sanktionsausschuss die ihm nach dem Gesetz zugewiesenen Aufgaben und Befugnisse nur im öffentlichen Interesse wahrnimmt (vgl. § 22 Abs. 2 Satz 3 BörsG).

Die heutige Regelung über den Sanktionsausschuss findet sich seit dem FRUG in § 22 BörsG wieder. Bis auf wenige klarstellende, redaktionelle Korrekturen

---

36 *Beck* in: Schwark/Zimmer, § 22 BörsG Rn. 1.
37 BGBl. I 1994, S. 1749.
38 BT-Drs. 12/6679, S. 68; *Marxsen* in: Schäfer/Hamann, KMG, § 20 BörsG Rn. 3.
39 BT-Drs. 12/6679, S. 68; *Kümpel*, Bank- und Kapitalmarktrecht, Rn. 17.375; *Beck* in: Schwark/Zimmer, § 22 BörsG Rn. 1; *Marxsen* in: Schäfer/Hamann, KMG, § 20 BörsG Rn. 1.
40 BGBl. I 2002, S. 2010.
41 BT-Drs. 14/8017, S. 75; *Beck* in: Schwark/Zimmer, § 22 BörsG Rn. 1; *Franke* in: Assmann/Schütze, § 2 Rn. 28.
42 BT-Drs. 14/8017, S. 75.

entspricht der heutige Wortlaut der Norm dem der früher geltenden Vorschrift. Nach wie vor besteht keine gesetzliche Verpflichtung, einen Sanktionsausschuss an der Börse einzurichten. Nach § 22 Abs. 1 Satz 1 BörsG wird die Landesregierung ermächtigt, durch Rechtsverordnung Vorschriften über die Errichtung eines Sanktionsausschusses zu erlassen. Die Landesregierung in Hessen hat mit der Börsenverordnung[43] eine entsprechende Verordnung geschaffen, welche nähere Bestimmungen u. a. zur Errichtung und Zusammensetzung des Sanktionsausschusses enthält. Darüber hinaus enthält die aktuelle Fassung der Börsenordnung Frankfurt eine entsprechende Regelung in § 11, nach dessen Wortlaut an der Frankfurter Wertpapierbörse ein Sanktionsausschuss als Börsenorgan besteht.[44]

b) Rechtsnatur des Sanktionsausschusses

Der Sanktionsausschuss kann bestimmtes Fehlverhalten der Handelsteilnehmer sowie Verstöße der Emittenten gegen Zulassungsfolgepflichten ahnden.[45] Da ihm hierzu bestimmte Sanktionsmaßnahmen zur Verfügung stehen, handelt er im Rahmen der ihm durch das Gesetz verliehenen Hoheitsrechte. Hierbei wird er als Organ der Börse mit Behördencharakter tätig.[46] Weil er im Wege eines Verwaltungsverfahrens handelt, ist bei Streitigkeiten gegen die Entscheidung des Sanktionsausschusses nach § 22 Abs. 3 Satz 1 BörsG der Verwaltungsrechtsweg gegeben. Eine nachträgliche richterliche Prüfung ist damit gewährleistet, weil es sich bei den Entscheidungen des Sanktionsausschusses um Verwaltungsakte im Sinne des § 35 VwVfG handelt. Als Börsenorgan unterliegt der Ausschuss wie andere Organe der Börse gemäß § 3 Abs. 1 Satz 2 BörsG der allgemeinen Börsenaufsicht.

c) Zusammensetzung

Da das Börsengesetz keine Vorschriften über die Zusammensetzung des Sanktionsausschusses enthält, hat die hessische Landesregierung von der Ermächtigung in § 22 Abs. 1 Satz 1 BörsG Gebrauch gemacht und die Börsenverordnung erlassen. Die Börsenordnung enthält Vorschriften über die Errichtung des Sanktionsausschusses, seine Zusammensetzung, sein Verfahren einschließlich des Beweisverfahrens und

---

43 HGVBl. I 2008, S. 1061, abgedruckt in: Kümpel/Hammen/Ekkenga, Kennz. 515 mit Erläuterungen zum Sanktionsausschuss von *Kurth*.

44 Soweit ersichtlich sind darüber hinaus Sanktionsausschüsse an der Börse Stuttgart, an der Börse Hamburg, an der Börse Düsseldorf und an der Börse München eingerichtet.

45 Auf das konkrete Sanktionsausschussverfahren wird in der vorliegenden Arbeit nicht eingegangen; vgl. zum Ablauf eines Verfahrens *Beck* in: Schwark/Zimmer, § 22 BörsG Rn. 5 ff. m. w. N. und *Hammen* in: FS-Schmidt, S. 313 ff.

46 *Beck* in: Schwark/Zimmer, § 22 BörsG Rn. 2; *Marxsen* in: Schäfer/Hamann, KMG, § 20 BörsG Rn. 4; *Kurth* in: Kümpel/Hammen/Ekkenga, Kennz. 515, S. 13 f. Rn. 24 f.; *Breitkreuz*, Die Ordnung der Börse, S. 148; *Groß*, Kapitalmarktrecht, § 22 BörsG Rn. 4; vgl. ebenfalls § 22 Abs. 1 Satz 2 HessBörsenverordnung und § 11 BörsO FWB.

der Kosten sowie über die Mitwirkung der Börsenaufsichtsbehörde. Gemäß § 23 Abs. 1 Satz 1 Hessischer Börsenverordnung (HessBörsVO) besteht der Sanktionsausschuss aus einem oder mehreren vorsitzenden Mitgliedern sowie beisitzenden Mitgliedern. Der in einem konkreten Verfahren zuständige Sanktionsausschuss besteht nach § 24 Abs. 1 Satz 1 HessBörsVO aus dem vorsitzenden Mitglied und zwei Beisitzern. Der Vorsitzende, der nicht Handelsteilnehmer, Angehöriger anderer Börsenorgane, der Börsenaufsichtsbehörde nach § 23 Abs. 2 Satz 2 HessBörsVO oder der Bundesanstalt für Finanzdienstleistungsaufsicht (BaFin)[47] sein darf, wird nach § 23 Abs. 2 Satz 3 HessBörsVO vom Börsenrat auf Vorschlag der Geschäftsführung im Einvernehmen mit der Börsenaufsichtsbehörde bestellt. Die beiden Beisitzer entstammen einem Kreis von mindestens zehn nach § 19 BörsG zugelassenen Handelsteilnehmern und Emittenten, die ebenfalls vom Börsenrat im Einvernehmen mit der Börsenaufsichtsbehörde nach § 23 Abs. 3 Satz 1 HessBörsVO bestellt werden. Welche dieser Personen in einem konkreten Verfahren zuständig ist, wird vom Vorsitzenden nach § 24 Abs. 2 Satz 1 HessBörsVO bestimmt. Allerdings ist nach § 24 Abs. 2 Satz 2 HessBörsVO zwingend vorgeschrieben, dass die Beisitzer derselben Gruppe wie der Beschuldigte angehören.

d) Rechtsverhältnis zum Börsenträger und Haftung

Die ihm nach dem Börsengesetz zugewiesenen Aufgaben und Befugnisse nimmt der Sanktionsausschuss gemäß § 22 Abs. 2 Satz 3 BörsG nur im öffentlichen Interesse wahr. Wie bei den anderen Börsenorganen soll auch hier nach der Vorstellung des Gesetzgebers die Haftung Dritten gegenüber ausgeschlossen sein. Es ist schon dargelegt worden, dass die Mitglieder des Sanktionsausschusses vom Börsenrat im Einvernehmen mit der Börsenaufsichtsbehörde bestellt werden. In diesem Verfahren steht dem Börsenträger kein Mitsprache- bzw. -wirkungsrecht zu. Die Mitglieder des Sanktionsausschusses stehen aber auch nicht in einem Anstellungsverhältnis zum Börsenträger. Wie die Mitglieder des Börsenrats sind auch sie nicht hauptberuflich, sondern lediglich ehrenamtlich für die Börsen tätig.[48] Die landesrechtlichen

---

47 *Kurth* in: Kümpel/Hammen/Ekkenga, Kennz. 515, S. 15 Rn. 28.

48 Vgl. hierzu die entsprechenden Nachweise der Börsenregelwerke, wo die ehrenamtliche Tätigkeit der Sanktionsausschussmitglieder ausdrücklich geregelt ist; § 59 BörsO Düsseldorf, § 49 BörsO Hannover, § 59 Abs. 1 BörsO München und § 87 BörsO Stuttgart. Auch an der FWB war sehr lange die unentgeltliche Tätigkeit der Sanktionsausschussmitglieder geregelt gewesen. Aufgrund der rasanten Entwicklung der Kapitalmärkte ist die Börsenordnung immer wieder angepasst worden. Bis zum 30.06.2005 enthielt der § 91 BörsO FWB folgenden Wortlaut: *„Die Mitglieder...., der Zulassungsstelle...üben ihre Tätigkeit ehrenamtlich aus"*. Die aktuelle Fassung der BörsO FWB sieht keine entsprechende Regelung vor. Gemäß § 23 Abs. 1 Satz 3 HessBörsVO üben aber die beisitzenden Mitglieder des Sanktionsausschusses ihre Tätigkeit ehrenamtlich aus. Demnach wird man davon ausgehen müssen, dass alle Mitglieder des Sanktionsausschusses in einem ehrenamtlichen Verhältnis stehen.

Verordnungen sehen lediglich für ihre notwendigen Auslagen und ihren Verdienstausfall einen Entschädigungsanspruch der Mitglieder des Sanktionsausschusses gegen den Börsenträger vor (vgl. § 23 Abs. 1 Satz 4 HessBörsVO).[49] Es ist also davon auszugehen, dass in der Rechtspraxis zwischen den Mitgliedern des Sanktionsausschusses und dem Börsenträger kein Beschäftigungsverhältnis besteht, weshalb diese aus dem zu untersuchenden Personenkreis ausscheiden.

5. Vormals: Zulassungsstelle

a) Historischer Rückblick

Wie eingangs bereits erwähnt ist die Zulassungsstelle mit der Neufassung des Börsengesetzes durch das FRUG abgeschafft worden. Vollständigkeitshalber wird hier im Wege einer historischen Betrachtung der Frage nachgegangen, ob die Mitglieder der Zulassungsstelle ebenfalls zu den Angestellten des Börsenträgers zählten. Bis zum Inkrafttreten der Neufassung war die Zulassungsstelle in § 31 BörsG a. F. geregelt. Ihre hauptsächliche Aufgabe bestand darin, Wertpapiere, die im amtlichen Markt gehandelt werden sollten, zuzulassen. Durch das Vierte Finanzmarktförderungsgesetz wurde die Zuständigkeit der Zulassungsstelle auch auf Zulassungen von Wertpapieren zum Börsenhandel im geregelten Markt erweitert (§ 49 Absatz 2 Satz 2 BörsG a. F.). Andere Börsenorgane waren an dieser Entscheidung nicht beteiligt, weshalb die alleinige Zuständigkeit für die Zulassung von Wertpapieren sowohl zum amtlichen als auch zum geregelten Markt bei der Zulassungsstelle lag.[50] In der Praxis stellte die Wertpapierzulassung die Hauptaufgabe der Zulassungsstelle dar, die den überwiegenden Teil des täglichen Geschäftes dieses Gremiums ausmachte. Darüber hinaus hatte die Zulassungsstelle aber noch weitere wichtige Zuständigkeiten. Sie hatte die Einhaltung der Zulassungsfolgepflichten der Emittenten und Emissionsbegleiter (§ 32 Absatz 2 BörsG a. F.) zu überwachen (§ 30 Absatz 1 Satz 2, Absatz 2 BörsG a. F.). Zu ihrem weiteren Aufgabenbereich zählten ferner die Rücknahme bzw. der Widerruf erteilter Zulassungen (§ 38 Absätze 3 und 4 BörsG a. F.). Darüber hinaus war die Zulassungsstelle vor Inkrafttreten des Prospektrichtlinie-Umsetzungsgesetzes[51] für die Billigung von Prospekten zuständig. Mit dem am 1. Juli 2005 neu geschaffenen Wertpapierprospektgesetz (WpPG) ist jedoch die Prospektprüfungspflicht auf die BaFin übertragen worden.[52] Schließlich besaß die Zulassungsstelle eine allgemeine Maßnahmenkompetenz zum Schutz

---

49 Vgl. entsprechende Regelungen anderer Bundesländer wie § 2 Abs. 6 Satz 2 SanktAusVO BW, § 2 Abs. 3 Satz 2 SanktAusVO NRW und § 17 Absatz 1 Satz 3 BayBörsVO.

50 *Gebhardt* in: Schäfer/Hamann, KMG, § 31 BörsG Rn. 2.

51 BGBl. I 2005, S. 1698.

52 Das WpPG ist unter Kennz. 103 in Kümpel/Hammen/Ekkenga, Kapitalmarktrecht, abgedruckt. Vgl. hierzu insbesondere die Regelung des § 13 Absatz 1 Satz 2, wonach die Bundesanstalt über die Billigung des Prospekts einschließlich einer Prüfung der Kohärenz und Verständlichkeit der vorgelegten Informationen entscheidet.

des Publikums sowie für einen ordnungsgemäßen Börsenhandel (§ 31 Absatz 1 Satz 2 Alt. 1 BörsG a. F.). Allerdings war nach dem Wortlaut des Gesetzes diese Zuständigkeit gegenüber derjenigen der Geschäftsführung subsidiär („soweit nicht die Geschäftsführung zuständig ist"). Damit sollten vor allem widersprüchliche Entscheidungen verschiedener Gremien vermieden werden. Der Vorrang der Geschäftsführung galt generell für alle Aufgaben nach Satz 2, also auch für die Zuständigkeit bezüglich der Kontrolle von Zulassungsfolgepflichten.[53] In der Praxis hatte es hier keine Kompetenzschwierigkeiten gegeben, da sich die Zulassungsstelle ausschließlich und im Regelfall ohne jegliche Beteiligung der Geschäftsleitung um die Kontrolle der Zulassungsfolgepflichten kümmerte und alle anderen Pflichten entweder von der Geschäftsführung oder der Handelsüberwachungsstelle ohne Mitwirkung der Zulassungsstelle ausgeführt wurden. Durch das im Jahre 2007 in Kraft getretene FRUG ist die Zulassungsstelle allerdings abgeschafft worden. In der Vergangenheit hatte sich gezeigt, dass der Aufgabenbereich der Zulassungsstelle seit der Verlagerung der Prospektpflicht auf die BaFin erheblich eingeschränkt war. Einen Fortbestand dieser seit vielen Jahren bestehenden Institution hielt der Gesetzgeber deshalb nicht mehr für erforderlich.[54]

b) Zusammensetzung des Gremiums

Hinsichtlich der Zusammensetzung der Zulassungsstelle gab es eine gesetzliche Regelung in § 31 Absatz 2 BörsG a. F., nach der mindestens die Hälfte der Mitglieder der Zulassungsstelle Personen sein mussten, die sich nicht berufsmäßig am Börsenhandel mit Wertpapieren beteiligt waren. Mit dieser Vorgabe sollte dem handelnden Publikum ein Mitwirkungsrecht eingeräumt werden. Allerdings setzte sich diese Hälfte überwiegend aus dem Kreis der Emittenten zusammen, weshalb das gesetzgeberische Leitbild nicht wirklich umgesetzt werden konnte.[55] Die Wahl der Mitglieder der Zulassungsstelle war in den einzelnen Börsenordnungen geregelt, welche üblicherweise dem Börsenrat als Wahlgremium vorbehalten war. Dort waren auch Vorschriften über die Mitgliederzahl, die Amtszeit sowie die innere Ordnung der Zulassungsstelle zu finden.[56] Die Amtszeit der Mitglieder betrug in der Regel drei Jahre, jedoch war eine Wiederwahl zulässig und in der Praxis sogar üblich.[57]

53 *Heidelbach* in: Schwark, KMRK, 3. Auflage, § 31 BörsG Rn. 6.

54 BT-Drs. 16/4028, S. 87; *Kumpan* in: Baumbach/Hopt, HGB, § 32 BörsG Rn. 2.

55 *Heidelbach* in: Schwark, 3. Auflage, § 31 BörsG Rn. 7; *Gebhardt* in: Schäfer/Hamann, KMG, § 31 BörsG Rn. 20; vgl. bereits zur alten Rechtslage *Göppert*, Das Recht der Börsen, S. 213; Bremer, S. 101; *Meyer/Bremer*, § 36 BörsG Anm. 3.

56 *Heidelbach* in: Schwark, 3. Auflage, § 31 BörsG Rn. 7.

57 *Gebhardt* in: Schäfer/Hamann, KMG, § 31 BörsG Rn. 26; *Breitkreuz*, Die Ordnung der Börse, S. 148.

c) *Rechtsstatus der Zulassungsstelle*

Da die Zulassungsstelle hauptsächlich über die Zulassung von Wertpapieren zum Börsenhandel entschied, war sie nicht nur ein Börsenorgan[58], sondern zugleich auch eine Stelle, welche Aufgaben der öffentlichen Verwaltung wahrnahm. Sie ist also bis zu ihrer Abschaffung eine Behörde im verwaltungsrechtlichen Sinne (vgl. § 1 Absatz 4 VwVfG) gewesen.[59] Bei ihren Entscheidungen handelte es sich daher grundsätzlich um Verwaltungsakte, welche in einem verwaltungsgerichtlichen Verfahren überprüft werden konnten. Wie alle anderen Börsenorgane unterlag die Zulassungsstelle der Aufsicht durch die zuständige Börsenaufsichtsbehörde des jeweiliges Bundeslandes (§ 1 Absatz 4 Satz 3 BörsG a. F.). Ansonsten erfüllte sie ihre Aufgaben in sachlicher und rechtlicher Unabhängigkeit, weshalb die Zulassungsstelle neben der Aufsicht durch die Börsenaufsichtsbehörde keiner anderweitigen Aufsicht unterlag. Es bestanden weder Weisungsbefugnisse der Geschäftsführung, noch des Börsenrats, des Börsenträgers oder der BaFin.[60] Weil die Zulassungsstelle wie andere Börsenorgane hoheitlich tätig war, konnte man auch hier an eine Amtshaftung der Zulassungsstelle denken. Mit der Einfügung des § 31 Absatz 5 BörsG a. F. durch das Vierte Finanzmarktförderungsgesetz bestimmte der Gesetzgeber, dass die Zulassungsstelle ihre Aufgaben und Befugnisse nur im öffentlichen Interesse wahrnehmen sollte. Damit setzte er der Diskussion um die Drittwirkung der der Zulassungsstelle obliegenden Pflichten ein Ende und er entschied sich für einen generellen Haftungsausschluss der Zulassungsstelle gegenüber Einzelpersonen des Publikums.[61]

Durch die Wahl in die Zulassungsstelle wurden den einzelnen Mitgliedern bestimmte Hoheitsrechte übertragen. Zwar blieben die Gewählten statusrechtlich Privatpersonen, sie wurden aber als hoheitlich tätige Personen für die Zulassungsstelle in die öffentliche Verwaltung einbezogen. Damit hatten die Mitglieder der Zulassungsstelle den Status eines Beliehenen.[62] Im Außenverhältnis traten die Mitglieder in ihrer Gesamtheit als Behörde im Sinne des § 1 Absatz 4 VwVfG auf. Im Innenverhältnis bestand zwischen der beleihenden Börse und den Mitgliedern der Zulassungsstelle als Beliehenen ein öffentlich-rechtliches Auftragsverhältnis, das die Beliehenen zur Wahrnehmung der ihnen übertragenen Verwaltungsaufgaben

58 VGH Kassel, NJW-RR 1997, 110; *Kümpel*, Bank- und Kapitalmarktrecht, Rn. 17.366.

59 *Heidelbach* in: Schwark, 3. Auflage, § 31 BörsG Rn. 1; *Gebhardt* in: Schäfer/Hamann, KMG, § 31 BörsG Rn. 15.

60 Breitkreuz, Die Ordnung der Börse, S. 148; *Kümpel*, Bank- und Kapitalmarktrecht, Rn. 17.366; *Schwark*, 2. Auflage, § 36 BörsG Rn. 26, 29; *Gebhardt* in: Schäfer/Hamann, KMG, § 31 BörsG Rn. 19.

61 BT-Drs. 14/8017, S. 79.

62 OLG Frankfurt, ZIP 2001, 730, 731; *Maurer*, Allgemeines Verwaltungsrecht, § 23 Rn. 56; *Gebhardt* in: Schäfer/Hamann, KMG, § 31 BörsG Rn. 28.

berechtigte und verpflichtete.[63] In ihrer Stellung als Beliehene standen sie aber weder in einem öffentlich-rechtlichen Anstellungsverhältnis zur Börse noch in einem privatrechtlichen Anstellungsverhältnis zum Börsenträger.[64] Vielmehr erfüllten die Mitglieder der Zulassungsstelle ihre Verwaltungsaufgaben aufgrund des öffentlich-rechtlichen Auftragsverhältnisses unentgeltlich. Wie die Mitglieder des Börsenrats waren diese also in einer ehrenamtlichen Stellung für die Börse tätig.[65] Weil kein Beschäftigungsverhältnis zum Börsenträger bestand, wäre demzufolge die nähere Untersuchung der Rechtsstellung der Mitglieder der Zulassungsstelle auch nicht Gegenstand der vorliegenden Arbeit gewesen.

d) Geschäftsstelle

Innerhalb der Zulassungsstelle gab es ein weiteres Gremium, die sogenannte Geschäftsstelle. In der Sache handelte es sich dabei um eine Einrichtung, welche die gesamte Büroarbeit der Zulassungsstelle erledigte. Zu ihren Aufgaben gehörten die Aktenführung, die Prüfung der Zulassungsunterlagen sowie die Ausarbeitung von Entscheidungsvorschlägen für die Beschlussfassung der Zulassungsstelle. Das Personal der Geschäftsstelle wurde ausschließlich vom Börsenträger im Rahmen seiner Betriebspflicht zur Wahrnehmung der Aufgaben der Zulassungsstelle zur Verfügung gestellt, weshalb diese Beschäftigten weder Mitglieder der Zulassungsstelle noch deren Vertreter und damit nicht Beliehene waren, sondern in einem rein privatrechtlichen Anstellungsverhältnis zum Börsenträger standen.[66] In der Praxis war die Geschäftsstelle das Gremium, welches im Tagesgeschäft ausschließlich durch das Auftreten seiner Mitarbeiter wahrgenommen wurde. Dieser Umstand beruhte auf der Erkenntnis, dass die Mitglieder der Zulassungsstelle kaum in Erscheinung getreten waren.[67] Da es sich beim Personal der Zulassungsstelle um Beschäftigte des Börsenträgers handelte und diese insoweit für die Börse tätig waren, wäre dieser Personenkreis vorliegend näher zu beleuchten gewesen. Wegen der Abschaffung der Zulassungsstelle als Börsenorgan soll an dieser Stelle die Rechtsstellung der Mitarbeiter nur kurz abgehandelt werden. Bei den Mitarbeitern des Börsenträgers handelte es sich um Angestellte des Börsenträgers, die in einem abhängigen Beschäftigungsverhältnis zu diesem standen. Sie waren demnach als Arbeitnehmer einzustufen, für die sämtliche Arbeitnehmerschutzvorschriften Geltung fanden. Von diesem Verhältnis war ihre Stellung zur Börse zu unterscheiden. Weil sie insoweit mit bestimmten Verwaltungsaufgaben der Zulassungsstelle betraut waren, könnten sie als Verwaltungshelfer zu qualifizieren gewesen sein. Diese in der Praxis

63 *Maurer*, Allgemeines Verwaltungsrecht, § 23 Rn. 57; *Gebhardt* in: Schäfer/Hamann, KMG, § 31 BörsG Rn. 29.

64 Schwark, 2. Auflage, § 36 BörsG Rn. 28; *Gebhardt* in: Schäfer/Hamann, KMG, § 31 BörsG Rn. 29.

65 *Gebhardt* in: Schäfer/Hamann, KMG, § 31 BörsG Rn. 29.

66 *Gebhardt* in: Schäfer/Hamann, KMG, § 31 BörsG Rn. 30.

67 *Gebhardt* in: Schäfer/Hamann, KMG, § 31 BörsG Rn. 32.

nicht weiter beachtete Frage war bis zur Abschaffung des Börsenorgans ungeklärt geblieben.[68] Die Mitglieder der Zulassungsstelle nahmen die ihnen übertragenen hoheitlichen Aufgaben in eigener Zuständigkeit und Verantwortung wahr, während die Mitarbeiter der Geschäftsstelle lediglich in vorbereitende Tätigkeiten der Behörde eingeschaltet wurden. Die Zuständigkeit und die Verantwortung blieben also bei der Zulassungsstelle. Faktisch traten zwar nur die Mitarbeiter der Geschäftsstelle im Tagesgeschäft auf, die Mitglieder der Zulassungsstelle traten jedoch rechtlich nach außen in Erscheinung. Daher wiesen beide Personenkreise sowohl Gemeinsamkeiten als auch Unterschiede auf. Ihre Gemeinsamkeit bestand darin, dass sie als Privatrechtssubjekte zur Erledigung von Verwaltungsaufgaben herangezogen wurden. Nur sind die Mitarbeiter der Geschäftsstelle stets vorbereitend tätig geworden, während die Mitglieder der Zulassungsstelle als Beliehene die anschließende öffentlich-rechtliche Entscheidungsgewalt ausübten. Folglich lässt sich die Verwaltungshilfe von der Beleihung klar abgrenzen. Sie liegt immer dann vor, wenn die handelnde Person stets nur vorbereitend und durchführend agiert, nicht aber entscheidend handelt. Die Verwaltungshilfe findet dort ein Ende, wo öffentlich-rechtliche Befugnisse abschließend wahrgenommen werden.[69] Da die Mitarbeiter der Geschäftsstelle im Auftrag und nach Weisung der Zulassungsstelle zur Vornahme bestimmter Verwaltungsaufgaben berechtigt waren, übten sie folglich unselbständige Hilfsarbeiten aus. Somit waren die Mitglieder der Geschäftsstelle Verwaltungshelfer der Börse.

e) Ausschuss

Nach § 31 Absatz 3 BörsG a. F. konnte die Zulassungsstelle zur Arbeitserleichterung bestimmte Entscheidungen an Ausschüsse innerhalb der Zulassungsstelle übertragen, sofern die entsprechenden Börsenordnungen solche Ermächtigungen in ihren Fassungen vorsahen. Über eine unterstützende Tätigkeit hinaus konnten die Börsenordnungen anstelle der Zulassungsstelle die Entscheidungsbefugnis an einen Ausschuss übertragen.[70] Aus verwaltungsrechtlicher Sicht handelte es sich dabei um einen Unterausschuss, da bereits die Zulassungsstelle einen Ausschuss im Sinne des § 88 VwVfG darstellte.[71] Die Zusammensetzung der Ausschüsse musste nach § 31 Absatz 3 Halbsatz 2 BörsG a. F. derjenigen der Zulassungsstelle entsprechen. Für die Rechtsstellung der Mitglieder der Ausschüsse gilt das für die Mitglieder der Zulassungsstelle Gesagte. Da diese zumeist aus dem Kreis der Emittenten stammen, waren die Mitglieder in den Ausschüssen unentgeltlich tätig. Ihre Mitwirkung konnte man

---

68 Vgl. *Gebhardt* in: Schäfer/Hamann, KMG, § 31 BörsG Rn. 30, der auf dieses Problem hinweist, ohne jedoch eine rechtliche Einordnung vorzunehmen.

69 *Maurer*, Allgemeines Verwaltungsrecht, § 23 Rn. 59; *Stober* in: Wolff/Bachof/Stober/Kluth, Verwaltungsrecht Band II, 7. Auflage, § 90a Rn. 21; *Schmitz* in: Stelkens/Bonk/Sachs, § 1 Rn. 261; *Schliesky* in: Knack/Henneke, § 1 Rn. 76.

70 *Heidelbach* in: Schwark, 3. Auflage, § 31 BörsG Rn. 9.

71 *Gebhardt* in: Schäfer/Hamann, KMG, § 31 BörsG Rn. 33.

also als Ehrenamt bezeichnen. Somit standen sie in keinem Anstellungsverhältnis zum Börsenträger.

II. Gang der vorliegenden Abhandlung

Nachdem der einschlägige Personenkreis der vorliegenden Abhandlung ermittelt worden ist, wird im nächsten Schritt der Gang der Arbeit erläutert. Die Untersuchung der Rechtsstellung der für die Börse tätigen, beim Börsenträger Beschäftigten gliedert sich in drei Teile. Der erste Teil der Arbeit beschäftigt sich mit der Rechtsstellung der Mitglieder der Börsengeschäftsführung. Ausführlich werden ihre Rechtsbeziehungen zur Börse einerseits und zum Börsenträger andererseits sowie zu anderen Börsenorganen und zur Börsenaufsichtsbehörde dargestellt. Ferner wird der Frage nachgegangen, ob die Mitglieder der Geschäftsführung als Arbeitnehmer einzustufen sind. Diese Frage spielt in der Praxis eine nicht unerhebliche Rolle, weil bei Vorliegen dieser Voraussetzung das allgemeine Arbeitsrecht Anwendung finden würden. Es wurde bereits mehrfach ausgeführt, dass der Gesetzgeber durch das Zweite Finanzmarktförderungsgesetz die Organisationsstruktur der Börse dem aktienrechtlichen Modell nachgebildet hat. Vor diesem Hintergrund wird die Stellung der Börsengeschäftsführung als Organ mit anderen geschäftsleitenden Personen von Kapitalgesellschaften verglichen. Der Vergleich soll Aufschluss darüber geben, welche Gemeinsamkeiten und Unterschiede zwischen den Organmitgliedern bestehen und ob sich die von der Rechtsprechung und der Literatur zur Geschäftsleitung der Kapitalgesellschaften entwickelten Grundsätze im Einzelnen auf die Mitglieder der Börsengeschäftsführung übertragen lassen. Des Weiteren beschäftigt sich ein Teil des ersten Abschnitts mit der Haftung der Mitglieder der Börsengeschäftsführung. Dabei werden sowohl die Außenhaftung als auch die Innenhaftung der Organmitglieder unter Berücksichtigung des dualistischen Börsensystems näher beleuchtet.

Der zweite Teil der Arbeit ist dem Leiter der Handelsüberwachungsstelle gewidmet. Zunächst werden seine Rechtsbeziehungen innerhalb der Börsenorganisation sowie nach außen zum Börsenträger dargestellt. Hinzu kommt seine Rechtsstellung gegenüber der Börsenaufsichtsbehörde. Darüber hinaus soll die Frage im Vordergrund stehen, ob der Leiter der Handelsüberwachungsstelle als Arbeitnehmer zu klassifizieren ist und ob für ihn in diesem Fall die arbeitsrechtlichen Normen Geltung finden. Ebenfalls von zentraler Bedeutung ist die Frage nach seiner Haftung.

Im letzten Teil der Arbeit wird auf die übrigen Mitarbeiter des Börsenträgers eingegangen, soweit diese für die Börse tätig sind. Im Großen und Ganzen handelt es sich hierbei um die Mitarbeiter der Handelsüberwachungsstelle, die mit Überwachungsaufgaben betraut sind und damit eine unterstützende Funktion innerhalb der Börsenstruktur einnehmen. Wie bei den Geschäftsführern und dem Leiter der Handelsüberwachungsstelle wird die Rechtsstellung dieses Personals im Verhältnis zu allen Beteiligten näher beleuchtet. Es versteht sich von selbst, dass auch hier die Untersuchung der Arbeitnehmereigenschaft sowie die Anwendung von arbeitsrechtlichen Normen eine zentrale Rolle spielen werden. Zum Schluss der vorliegenden Abhandlung werden die wichtigsten Ergebnisse zusammengefasst.

C. Erster Teil: Die Rechtsstellung der Börsengeschäftsführer

I. Der Rechtstatus bis zum Inkrafttreten des Zweiten Finanzmarktförderungsgesetzes

Bis zum Inkrafttreten des Zweiten Finanzmarktförderungsgesetzes oblag die Leitung der Börse in erster Linie dem Börsenvorstand. Seit dem ersten reichseinheitlichen Börsengesetz vom Jahre 1896 hatte dieser die grundlegenden Entscheidungen über die Geschäftspolitik der jeweiligen Börse zu treffen. Da der Börsenvorstand diese Funktion nur ehrenamtlich wahrnahm, bedurfte er für die laufenden Tagesgeschäfte einer dauernden Unterstützung, mit der schließlich die Börsengeschäftsführung betraut wurde. Obwohl die Börsengeschäftsführung in der Praxis nach außen in Erscheinung trat[72], hatte sie erst durch die Novelle zum BörsG 1989 erstmals Eingang in das Gesetz gefunden.[73] Diese durch den Gesetzgeber vorgenommene Änderung basierte auf verschiedenen Erwägungen. Wegen zunehmenden Wettbewerbs und einer rasanten Internationalisierung der Börsenmärkte sollte durch die Börsengesetznovelle der Finanzplatz Deutschland gestärkt werden. Ferner hatte die wirtschaftliche, rechtliche und technische Entwicklung zu einer erheblichen Veränderung der Anforderungen an die Leitung und Verwaltung einer Börse geführt. Diese Änderungen führten notwendigerweise zu einer Aufgabenverteilung zwischen der Geschäftsführung und dem Börsenvorstand. Die Geschäftsführung sollte den Börsenvorstand im täglichen Geschäft entlasten. Um dieser Notwendigkeit Ausdruck zu verleihen, sollte deshalb nach Vorstellung des Gesetzgebers die Geschäftsführung ausdrücklich im Gesetz genannt werden.[74] Darüber hinaus erfolgte die Zuständigkeitsabgrenzung zwischen dem Börsenvorstand und der Geschäftsführung durch eine vom Börsenvorstand zu erlassende Geschäftsordnung.[75] Die Mitglieder der Börsengeschäftsführung wurden nach der alten Fassung des Börsengesetzes vom Börsenvorstand bestellt und abberufen. Ferner waren die Börsengeschäftsführer Angestellte des Börsenvorstands[76], weshalb sie auch diesem untergeordnet waren. Da auch nach der Gesetzesänderung die wesentlichen Entscheidungen über die Geschäftspolitik der Börse seitens des Börsenvorstands getroffen wurden, besaß

72 Vgl. hierzu BT-Drs. 11/4177, S. 12, wo nach Ansicht des Gesetzgebers eine Aufteilung der Aufgaben zwischen Geschäftsführung und Börsenvorstand angebracht war. Diese Aussage lässt darauf schließen, dass die Geschäftsführung schon sehr lange ihre Existenzberechtigung hatte.

73 BGBl. 1989 I S. 1412.

74 BT-Drs. 11/4177, S. 12.

75 Schwark, 2. Auflage, § 3 BörsG Rn. 6.

76 Schwark, 2. Auflage, § 3 BörsG Rn. 6; *Breitkreuz*, Die Ordnung der Börse, S. 143; *Claussen*, DB 1994, 969, 971, 972.

die Geschäftsführung nur begrenzte, ihr durch das Gesetz übertragene Aufgaben. Wenngleich sie sehr wenige Befugnisse hatte, nahm sie im Außenverhältnis doch öffentliche Verwaltungsaufgaben wahr, die sie zu einer Behörde im verwaltungsrechtlichen Sinne werden ließen.[77] Während aus verwaltungsrechtlicher Sicht die Geschäftsführung die Qualität einer Behörde hatte, standen die Mitglieder der Geschäftsführung privatrechtlich wohl in einem abhängigen Beschäftigungsverhältnis zum Börsenvorstand. Aufgrund der eher untergeordneten Funktion der Börsengeschäftsführung ist davon auszugehen, dass die Mitglieder der Geschäftsführer im Auftrag und nach Weisung des Börsenvorstands handelten.

II. Die Rechtsstellung seit Inkrafttreten des Zweiten Finanzmarktförderungsgesetzes

Durch das Zweite Finanzmarktförderungsgesetz hat die börsenrechtliche Organisationsstruktur eine tiefgreifende Änderung erfahren. Mit der Novellierung des Börsengesetzes wurden die strukturellen Grundlagen für eine weitere Entwicklung des deutschen Börsenwesens gelegt. Aufgrund der stetig fortschreitenden Computerisierung des Börsenhandels war es nach Ansicht des Gesetzgebers notwendig, die innere Organisationsstruktur der Börse an eine leistungsfähige Börse anzupassen, die sich im nationalen und internationalen Wettbewerb mit anderen Börsen behaupten sollte.[78] Zur Verbesserung der Leistungsfähigkeit der Börsenleitung wurden deshalb die Managementaufgaben uneingeschränkt auf eine professionelle Börsengeschäftsführung übertragen. Demgegenüber wurde der Börsenvorstand in den Börsenrat umbenannt, welcher künftig insbesondere Kontroll- und Rechtsetzungsaufgaben wahrnehmen sollte. Hinsichtlich der Neuordnung der Börsenstruktur diente das Organisationsmodell der Aktiengesellschaft als Vorbild. Während die Börsengeschäftsführung mit der Stellung des Vorstands einer Aktiengesellschaft verglichen werden kann, soll der Börsenrat einen ähnlichen Status wie den des Aufsichtsrats inne haben.[79] Dieses gesetzgeberische Leitbild hat sich in der Vergangenheit bewährt und deshalb ist die Struktur der Börsenleitung bis heute unverändert geblieben.

1. Die Bestellung und Anstellung des Börsengeschäftsführers de lege lata

Nach §§ 15 Absatz 1 Satz 1 BörsG, 7 Absatz 1 Satz 1 BörsO FWB obliegt die Leitung der Börse der Geschäftsführung in eigener Verantwortung. Da sich der Gesetzgeber bei dieser Formulierung am aktienrechtlichen Modell anlehnte, ist im weiteren Verlauf danach zu fragen, welche für die Geschäftsleitung einer Aktiengesellschaft

77 *Rodrian*, Börsenprobleme 1989, S. 34; Schwark, 2. Auflage, § 3 BörsG Rn. 6.
78 BT-Drs. 12/6679, S. 62.
79 BT-Drs. 12/6679, S. 36.

geltenden Grundsätze im deutschen Börsenwesen Geltung finden. Dieses Problem scheint sich auf den ersten Blick erst gar nicht zu stellen, denn die Gesetzesmaterialien weisen ausdrücklich das auf Organisationsmodell der Aktiengesellschaft hin.[80] Freilich darf diese Tatsache aber nicht darüber hinwegtäuschen, dass das aktienrechtliche Modell auf die innere börsenrechtliche Struktur nicht komplett übertragbar ist. Während die Vorschriften des Aktiengesetzes (AktG) auf eine juristische Person des Privatrechts zugeschnitten sind, kennt das deutsche Börsensystem zwei Rechtssubjekte: die Börse als teilrechtsfähige Anstalt des öffentlichen Rechts, die für die tatsächliche Marktveranstaltung verantwortlich ist, und den Börsenträger, der als Aktiengesellschaft organisiert ist[81] und die für einen funktionierenden Börsenhandel die notwendigen Ressourcen zur Verfügung stellt. Als Ergebnis kann also festgehalten werden, dass hier zwischen einer juristischen Person des öffentlichen Rechts und einer juristischen Person des Privatrechts zu unterscheiden ist. Aus diesem Grund ist bei der Anwendung von aktienrechtlichen Normen stets zwischen der Börse und dem Börsenträger zu unterscheiden.

a) Die rechtliche Bedeutung von Bestellung und Anstellung

Zur Amtsausübung der Börsenleitung sind sowohl eine Bestellung als auch eine Anstellung notwendig. Die Börsengeschäftsführungsmitglieder stehen einerseits zur Börse in einer organisationsrechtlichen Beziehung, die durch die Bestellung begründet wird, und andererseits zum Börsenträger in einer schuldrechtlichen Beziehung, deren Grundlage der Anstellungsvertrag ist. Für die Rechtsstellung eines Mitglieds der Börsengeschäftsführung ist zunächst erforderlich, dass man sich Klarheit über das Verhältnis der Bestellung und der Anstellung zueinander verschafft.

aa) Einheitstheorie

Nach einer älteren Auffassung in der Literatur stellen Bestellung und Anstellung ein einheitliches, zweiseitiges Rechtsverhältnis dar.[82] Hiernach bilden die Organstellung eines Mitglieds und der Dienstvertrag eine Einheit, nämlich mittels des durch die Bestellung und deren Annahme zustande gekommenen Geschäftsführungsvertrags. Dieser Vertrag würde seitens der Gesellschaft durch Widerruf, seitens des Geschäftsführungsmitglieds durch Kündigung, also in beiden Fällen durch eine

80 BT-Drs. 12/6679, S. 36.

81 Früher wurden die Börsen von Industrie- und Handelskammern sowie eingetragenen Vereinen betrieben. Aufgrund des stetig wachsenden Marktes benötigten die Börsen im Laufe der Jahre immer größere Mengen an finanziellen Ressourcen, um den Finanzplatz attraktiver und leistungsfähiger zu gestalten. Gegenwärtig werden die Regionalbörsen in Form einer AG, wie die Deutsche Börse AG in Frankfurt, oder einer GmbH, wie die Baden-Württembergische Wertpapierbörse GmbH, betrieben.

82 *Krause*, BB 1957, 516; *Schilling*, JZ 1961, 545 m. w. N.

einzige Erklärung enden.[83] Dieser Ansicht hat sich seinerzeit *Baums*[84] in seiner Habilitationsschrift angeschlossen. Nach seiner Meinung wird das Dienstverhältnis nicht durch den nachfolgenden Anstellungsvertrag, sondern durch die Annahme der Erklärung über die Bestellung begründet, da sich der Geschäftsleiter bereits durch die Annahme der Bestellung zur Leistung von Diensten als Vorstandsmitglied oder Geschäftsführer verpflichte.[85] Dieses besondere Dienstverhältnis bedarf allerdings eines nachfolgenden, ergänzenden Anstellungsvertrages, welcher die noch ausstehenden Anstellungsbedingungen, wie etwa die Vergütung, regeln soll.[86] Bei der Beendigung der Tätigkeit eines Geschäftsleiters soll die Abberufung unterschiedliche Wirkungen entfalten. Wenn die Geschäftsleiter ehrenamtlich tätig sind, so würde der Wiederruf nichts anderes als eine Kündigung bedeuten. Das durch die Wahl und Annahme begründete Rechtsverhältnis würde dadurch insgesamt aufgelöst. In aller Regel sind die Geschäftsleiter jedoch hauptberuflich gegen eine feste Vergütung tätig. In diesem Fall würde mit der Abberufung zwar die Plicht zur Geschäftsleitung enden, der Anspruch auf die vereinbarte Vergütung würde aber weiterhin bestehen bleiben.[87] Nach Auffassung von *Baums* wäre vielmehr eine besondere Kündigung zur Auflösung des Vertragsverhältnisses erforderlich. Somit sei die Kündigung als besonderes Gestaltungsrecht gegenüber der Abberufung der weitergehendere Rechtsbehelf.[88]

bb) Trennungstheorie

Gegenüber der eben dargestellten Ansicht vertreten die ständige Rechtsprechung[89] und die überwiegende Meinung der Literatur[90] die sogenannte Trennungstheorie. Danach ist zwischen der Bestellung und Anstellung, die zwischen dem Organmitglied und der Gesellschaft schuldrechtliche Beziehungen begründet, rechtlich zu trennen. Organ- und Anstellungsverhältnis sind demnach verschiedene Rechtsverhältnisse, die sich rechtlich nicht wechselseitig bedingen und deshalb ein unterschiedliches Schicksal haben können. Tatsächlich und rechtlich können sie

---

83 *Schilling*, JZ 1961, 545.
84 *Baums*, Der Geschäftsleitervertrag 1987, S. 1 ff.
85 *Baums*, Der Geschäftsleitervertrag, S. 51.
86 *Baums*, Der Geschäftsleitervertrag, S. 51.
87 *Baums*, Der Geschäftsleitervertrag, S. 298.
88 *Baums*, Der Geschäftsleitervertrag, S. 299, 451.
89 BGHZ 78, 82, 84; 79, 38, 41; 89, 48, 52; BGH NJW 1989, 2683; NJW 2003, 351; OLG *Scheswig* AG 2001, 651.
90 *Seibt* in: K. Schmidt/Lutter, AktG, § 84 Rn. 5; *Hüffer*, AktG, § 84 Rn. 2; *Spindler* in: MüKoAktG, § 84 Rn. 9 ff.; *Thüsing* in: Fleischer, Handbuch des Vorstandsrechts, § 4 Rn. 1; *Eckardt*, Die Beendigung der Vorstands- und Geschäftsführerstellung in Kapitalgesellschaften, S. 13; *Kucera*, Die arbeitsrechtliche Stellung des Vorstandsmitgliedes einer kleinen Aktiengesellschaft, S. 23; *Dose*, Die Rechtsstellung der Vorstandsmitglieder der Aktiengesellschaft, S. 12 f.; *Fleck*, WM 1981, Sonderbeilage 3, S. 1, 3; *Hueck* in: FS-Hilger/Stumpf, 365, 366; *Reuter* in: FS-Zöllner, 487.

aber erhebliche Auswirkungen aufeinander haben.[91] Im Grundsatz wird damit das Schicksal des Anstellungsvertrags bei Wegfall der Organstellung angesprochen. Die Bedeutung dieses Umstandes wird im Einzelnen zu beleuchten sein.

cc) Stellungnahme

In der Tat lässt sich auf den ersten Blick die dogmatische Trennung zwischen Bestellung und Anstellung nicht in jeder Hinsicht durchführen. Beides wird nämlich in den meisten Fällen äußerlich mittels eines einzigen Rechtsakts vorgenommen, weshalb sie auch innerlich miteinander verbunden scheinen. Der Anstellungsvertrag wird nur wegen der Bestellung geschlossen, ohne die er gegenstandslos ist. Läuft die Amtszeit des Geschäftsleiters ab, so hat der Anstellungsvertrag keinen Sinn mehr. Trotz des inneren Zusammenhangs zwischen Bestellung und Anstellung handelt es sich hierbei nicht um ein einheitliches Rechtsgeschäft. Dagegen spricht zunächst der eindeutige Wortlaut des Gesetzes. In den Vorschriften des § 84 Absatz 1 Satz 1 und Satz 5, Absatz 3 Satz 1 und Satz 5 AktG wird der Unterschied deutlich zum Ausdruck gebracht. Offensichtlich setzt das Gesetz dabei eine strikte Trennung zwischen der Bestellung und der Anstellung voraus. Vor allem die Regelung des § 85 Absatz 3 AktG macht dies nochmals klar. Nach § 85 Absatz 3 Satz 1 AktG hat das gerichtlich bestellte Vorstandsmitglied einen Anspruch auf Auslagen und auf Vergütung seiner Tätigkeit. Falls es zwischen der Gesellschaft und dem Vorstandsmitglied zu keiner Einigung kommt, sieht das Gesetz in § 85 Absatz 3 Satz 2 AktG vor, dass die Höhe der Vergütung durch das Gericht zu bestimmen ist. Nach der Einheitslehre müsste man bereits mit der gerichtlichen Bestellung des Geschäftsleiters das automatische Zustandekommen des Anstellungsvertrages annehmen. Der Gesetzgeber sieht das allerdings anders. Vielmehr soll nach der Bestellung den Parteien die Möglichkeit gegeben werden, sich zu einigen.[92] Also hat er eine bewusste gesetzliche Trennung zwischen der Bestellung und der Anstellung vorgenommen. Auch die Entstehungsgeschichte des Aktiengesetzes deutet auf eine strikte Trennung zwischen der Bestellung und der Anstellung hin. So hat der Gesetzgeber in der Begründung zum Regierungsentwurf des Aktiengesetzes 1965 ausgeführt, dass an der Unterscheidung zwischen der Bestellung und dem Anstellungsvertrag festgehalten werden solle.[93] Damit brachte der Gesetzgeber schon sehr früh seinen Willen zum Ausdruck, beide Rechtsverhältnisse voneinander trennen zu wollen. Bis zum heutigen Tage hat sich daran nichts geändert, weshalb die zurückliegende Gesetzesentwicklung eindeutig für eine Annahme der Trennungstheorie spricht.

Spätestens aber in Fällen der Drittanstellung[94] müssen die Vertreter der Einheitslehre zugestehen, dass man an einer Unterscheidung zwischen Bestellungs- und

91 BGHZ 89, 48, 52; *Hueck* in: FS-Hilger/Stumpf, 365, 367.

92 Vgl. auch *Kucera,* (FN 90), S. 23; *Dose,* Die Rechtsstellung der Vorstandsmitglieder der Aktiengesellschaft S. 13.

93 BT-Drs. 4/171, S. 92, 125.

94 Siehe dazu die Ausführungen auf S. 136 f.

Anstellungsverhältnis nicht vorbeikommt.[95] In diesen Konstellationen fallen Bestellung und Anstellung immer auseinander, weshalb das Argument, dass beide Rechtsgeschäfte auf einem einheitlichen Rechtsverhältnis beruhen, an dieser Stelle nicht überzeugen kann.

Versucht man diese Grundsätze auf die duale Börsenstruktur zu übertragen, bleiben auch hier die Schwächen der Einheitstheorie unverkennbar. Die Organisation der Börse ist durch ein duales System geprägt: Einerseits gibt es die Börse, die für die eigentliche Marktveranstaltung im Rahmen der Selbstverwaltung verantwortlich ist und andererseits den Börsenträger, der die Ressourcen für den Börsenbetrieb zur Verfügung stellt. Als handlungsunfähige Einrichtung bedarf die Börse der für sie handelnden Organe. Diese werden durch den Börsenrat im Einvernehmen mit der Börsenaufsichtsbehörde bestellt. Die Organstellung ist aber von ihrer Anstellung zu unterscheiden, für die wiederum nicht die Börse, sondern der Börsenträger zuständig ist. Dieser schließt die Verträge mit allen Beschäftigten, soweit sie für die Börse tätig sind. Mithin ist festzuhalten, dass die Vereinbarungen zwischen einem Rechtssubjekt und seinem Organmitglied, die seine persönliche Beziehung zu diesem Rechtssubjekt betreffen, in einem separaten, von der Bestellung zu unterscheidenden Anstellungsvertrag getroffen werden. Daher können sich aus der Bestellung und aus dem Anstellungsvertrag durchaus unterschiedliche Rechtsfolgen ergeben.

b) Bestellung

aa) Begriff und Rechtsnatur im Kapitalgesellschaftsrecht

Mit der Bestellung zum Vorstandsmitglied einer AG bzw. zum Geschäftsführer einer GmbH wird diesem die Leitung der Gesellschaft nach § 76 AktG bzw. § 35 GmbHG übertragen. Dabei bildet die Bestellung einen sozial- oder körperschaftsrechtlichen Akt, durch den eine Person zum Organmitglied berufen wird und hierdurch die mit der Mitgliedschaft verbundene Rechts- und Pflichtenstellung sowohl im Innen- als auch im Außenverhältnis erlangt.[96] Allgemein anerkannt ist, dass das Zustandekommen der Organstellung die Annahme durch den Bestellten voraussetzt.[97] Die Erklärung des Bestellten lässt sich aus dem privatrechtlichen Grundsatz erklären, dass niemand gegen seinen Willen rechtsgeschäftlich begründete Pflichten übernehmen muss. Fraglich ist gleichwohl, ob es sich bei der Bestellung zum Organmitglied um ein einseitiges Rechtsgeschäft handelt. Nach einer Ansicht soll es sich dabei um einen Vertrag handeln, sofern man darunter allgemein die einverständliche privatautonome Begründung eines Rechtsverhältnisses verstehe.[98] Eine weitere

95 *Baums*, Der Geschäftsleitervertrag, S. 58 f.

96 BGHZ 3, 90, 92; *Spindler* in: MüKoAktG, § 84 Rn. 9; *Hüffer*, AktG, § 84 Rn. 3; *Thüsing* in: Fleischer, Handbuch des Vorstandsrechts, § 4 Rn. 7.

97 *Spindler* in: MüKoAktG, § 84 Rn. 8, 22 f.; *Zöllner/Noack* in: Baumbach/Hueck, GmbHG, § 35 Rn. 10; *Thüsing* in: Fleischer, Handbuch des Vorstandsrechts, § 4 Rn. 7.

98 *Baums*, Der Geschäftsleitervertrag, S. 40.

Ansicht sieht in dem ganzen Bestellungsvorgang ein einem Vertrag ähnliches Rechtsverhältnis, bei dem zwei inhaltlich aufeinander bezogene Rechtsgeschäfte vorliegen.[99] Schließlich gibt es eine dritte Auffassung, nach der die Bestellung einen einseitigen Rechtsakt darstellt und die Zustimmung bloße Rechtsbedingung ist.[100] Vorzugswürdig erscheint die letztgenannte Meinung. Auch wenn man die Zustimmung des bestellten Mitglieds fordert, ändert das nichts an der Tatsache, dass es sich bei der Bestellung um einen einseitigen, körperschaftsrechtlichen Akt handelt. Während hier der Betroffene überhaupt keinen Einfluss auf die inhaltliche Entscheidung hat, sieht das bei Vertragsabschlüssen anders aus. Beim Abschluss eines Vertrags stehen sich regelmäßig zwei gleichwertige Parteien gegenüber, die sich über dessen Inhalt einigen müssen. Dies ergibt sich aus dem Grundsatz der Privatautonomie, der den Parteien diesbezüglich jegliche Vertragsfreiheiten einräumt. Bei erfolgreichen Verhandlungen zwischen den Parteien kommt es zum Abschluss eines Kontrakts, den es bei der Bestellung in dieser Form nicht geben kann. Hier wird nicht über den Inhalt des dadurch begründeten Rechtsverhältnisses verhandelt. Vielmehr ist es die Gesellschaft, die die maßgebliche Entscheidung in der Hand hat. Das bestellte Mitglied kann also die erfolgreiche Bestellung nur dadurch beeinflussen, dass es seine Zustimmung gegenüber der zuständigen Stelle, z. B. gegenüber dem Aufsichtsrat erteilt. Darüber hinaus wird die Zustimmung in der Regel vor der Bestellung erklärt[101], weshalb der dogmatische Streit um die Wirksamkeit der Bestellung lediglich eine geringe Auswirkung in der Praxis haben wird. Mithin ist mit der letztgenannten Meinung davon auszugehen, dass der gesamte Bestellvorgang eine einseitige, zustimmungsbedürftige Rechtshandlung darstellt.

bb) Übertragbarkeit auf das Börsenrecht

Mit der Bestellung zum Börsengeschäftsführungsmitglied wird diesem die Leitung der Börse gemäß § 15 Absatz 1 Satz 1 BörsG übertragen. Fraglich ist in diesem Zusammenhang, ob sich aufgrund der öffentlich-rechtlichen Organisationsform der Börse bei der Bestellung der Börsengeschäftsführungsmitglieder eine Besonderheit gegenüber den privatrechtlich organisierten Kapitalgesellschaften ergibt.

(1) Die Bestellung als Verwaltungsakt

Nach einer Ansicht stellt die Bestellung einen Verwaltungsakt i. S. d. § 35 VwVfG dar, weshalb der gesamte Bestellvorgang dem öffentlichen Recht zuzuordnen ist.[102] Die Übertragung der Entscheidungsmacht im Innenverhältnis und der organschaftlichen

99 *Hüffer*, AktG, § 84 Rn. 4; *Spindler* in: MüKoAktG, § 84 Rn. 8, 22 f.

100 *Thüsing* in: Fleischer, Handbuch des Vorstandsrechts, § 4 Rn. 7; *Arnold* in: MüKoBGB, § 27 Rn. 13 f.

101 *Spindler* in: MüKoAktG, § 84 Rn. 22 f.

102 OVG Lüneburg BeckRS 2008, 40845; OVG Lüneburg, GewArch 2010, 74, 75; *Rickert* in: Frentzel/Jäkel/Junge, IHKG, 7. Auflage, § 7 Rn. 7 zur Bestellung des Hauptgeschäftsführers einer Industrie- und Handelskammer; OVG Bautzen, NVwZ-RR 1999, 442

Vertretungsmacht für die Börse als Anstalt des öffentlichen Rechts habe Regelungscharakter, da mit der Übertragung der Leitungsmacht nicht nur Rechte, sondern auch Pflichten begründet würden. Diese Regelung werde in diesem Fall auch von einer Behörde getroffen, denn der Börsenrat nehme Aufgaben der öffentlichen Verwaltung wahr und werde insofern hoheitlich tätig. Ferner ergebe sich der öffentlich-rechtliche Charakter des Bestellungsakts bereits daraus, dass mit der Übertragung der Leitungsmacht für eine juristische Person des öffentlichen Rechts eine Organstellung begründet wird. Weil der Börsenrat eine Behörde im verwaltungsrechtlichen Sinne darstelle, sei es demnach systemwidrig, die öffentlich-rechtliche Leitungs- und Handlungsmacht durch einen privatrechtlichen Bestellungsakt zu konstruieren.[103] Darüber hinaus bestehe auch kein Zweifel an der Außenwirkung der Maßnahme, weil der Betroffene die mit der Organstellung begründeten Berechtigungen wahrnehmen könne und damit der persönliche Status eines Organmitglieds betroffen sei.[104] Ferner erfolge die Bestellung des Mitglieds der Geschäftsführung nur im Einvernehmen mit der Aufsichtsbehörde, so dass dieser Umstand dafür spreche, die Bestellung insgesamt dem öffentlichen Recht zuzuordnen.[105] Jedoch sei auch hier – wie bei den Kapitalgesellschaften – eine Beteiligung des Betroffenen erforderlich. Da die Börsengeschäftsführer ohne ihre Kenntnis eine Rechtsstellung erlangen würden, aus der auch Pflichten erwachsen, geschehe die Verleihung der Organstellung durch einen mitwirkungsbedürftigen Verwaltungsakt.[106] Insofern handele es sich bei dem Rechtsakt um eine behördliche Maßnahme, die kraft Gesetzes oder nach der Natur der Sache eine Beteiligung des Bürgers voraussetze, also die Gestaltung des materiellen Rechts durch die Behörde von dem Wollen des Betroffenen abhängig mache.[107] Allgemein anerkannt ist, dass eine Behörde in bestimmten Fällen nicht nur einen mitwirkungsbedürftigen Verwaltungsakt, sondern stattdessen auch einen öffentlich-rechtlichen Vertrag abschließen kann. Daher ergeben sich

---

zur Bestellung eines Schulleiters; *Häde*, WM 2005, 205, 210 zur Bestellung eines Vorstandsmitglieds der Deutschen Bundesbank; OLG Nürnberg, BKR 2008, 470, 471; *Berg*, BayVBl. 2000, 385, 387; *Hauschka*, Die Dienstrechtsstellung der Vorstandsmitglieder der öffentlich-rechtlichen Sparkassen, S. 60 ff. zur Bestellung des Vorstandsmitglieds einer Sparkasse. Den Fundstellen liegt die Gemeinsamkeit zugrunde, dass es sich bei den Einrichtungen entweder um eine Körperschaft des öffentlichen Rechts oder eine Anstalt des öffentlichen Rechts handelt, welche mithin der mittelbaren Staatsverwaltung angehören. Mit der Binnenorganisation einer Börse ist vorliegend die Leitungsstruktur der Sparkassen am ehesten vergleichbar, da beide dem Organisationsmodell einer Aktiengesellschaft angelehnt sind. Insofern lassen sich diese Grundsätze auf die Börse entsprechend übertragen.

103 *Berg*, BayVBl 2000, 385, 386.

104 *Hauschka*, Die Dienstrechtsstellung der Vorstandsmitglieder der öffentlich-rechtlichen Sparkassen, S. 61.

105 *Berg*, BayVBl 2000, 385, 387 für die Bestellung des Mitglieds einer Sparkasse.

106 *Hauschka*, Die Dienstrechtsstellung der Vorstandsmitglieder der öffentlich-rechtlichen Sparkassen, S. 60; *Berg*, BayVBl 2000, 385, 387.

107 *Henneke* in: Knack/Henneke, § 35 Rn. 111.

auch hier Abgrenzungsschwierigkeiten zwischen diesen behördlichen Maßnahmen. Grundsätzlich stellt ein Verwaltungsakt, der auf Antrag oder sonstige Mitwirkung ergeht, stets einen einseitigen Akt und keinen Vertrag dar, auch wenn er dem Willen des Betroffenen entspricht, während der öffentlich-rechtliche Vertrag stets durch Konsens zustandekommt. Die Zustimmung ist mithin nur Voraussetzung für die Wirksamkeit, nicht aber für das Zustandekommen des Verwaltungsakts.[108] Weil der Börsengeschäftsführer nicht gegen seinen Willen die Organstellung erlangen kann, ist für die Wirksamkeit des Verwaltungsakts seine Zustimmung erforderlich. Bei fehlender Mitwirkung ist der ernennende Verwaltungsakt nichtig und die zu bestellende Person würde in diesem Fall keine wirksame Organstellung erlangen.[109]

(2) Die Bestellung als körperschaftlicher Akt

Demgegenüber stellt nach anderer Auffassung der Bestellungsakt keinen Verwaltungsakt, sondern einen körperschaftlichen Akt dar, der nach zivilrechtlichen Grundsätzen zu beurteilen ist.[110] Begründet wird dies vor allem damit, dass bei der Bestellung des Organmitglieds das zuständige Organ nicht als Verwaltungsbehörde, sondern als Selbstverwaltungsorgan der öffentlich-rechtlichen Einrichtung tätig werde.[111] Ein Verwaltungsakt könne nur in solchen Fällen vorliegen, in denen die Bestellung nicht durch ein Selbstverwaltungsorgan, sondern durch den Anstaltsträger selbst vorgenommen werde.[112] Ferner sei der vorausgehende Beschluss nicht auf unmittelbare Rechtswirkung nach außen gerichtet; wegen des internen Charakters spreche er gegenüber Dritten unmittelbar keine Begünstigung oder Belastung aus, weil es sich lediglich um einen Teil des Bestellungsverfahrens handele.[113] Zudem stehe der Rechtsnatur des Bestellungsverhältnisses als einer privatrechtlichen Beziehung nicht entgegen, dass das Organmitglied mit öffentlichen Aufgaben betraut sei. Es sei schließlich allgemein anerkannt, dass öffentliche Aufgaben auch einem im Privatdienst angestellten Organmitglied in rechtsgeschäftlicher Form übertragen und in gleicher Weise wieder entzogen werden könnten.[114] Demzufolge stelle die

---

108 BVerwGE 25, 72, 78; BVerwG NJW 1984, 2113; *Bonk* in: Stelkens/Bonk/Sachs, § 54 Rn. 39; *Schliesky* in: Knack/Henneke, vor § 54 Rn. 36f.

109 *Hauschka*, Die Dienstrechtsstellung der Vorstandsmitglieder der öffentlich-rechtlichen Sparkassen, S. 63; *Berg*, BayVBl 2000, 385, 388.

110 BGH ZIP 1981, 45, 48; *Rothe*, Städte- und Gemeinderat 1971, 94, 96; *Kiethe*, BKR 2005, 177, 178; *Schlierbach/Püttner*, Das Sparkassenrecht in der Bundesrepublik Deutschland, 5. Auflage, S. 201; *Weber*, Die Begründung und Beendigung der Rechtsverhältnisse zwischen den Sparkassen bzw. der Landesbank und ihren Vorstandsmitgliedern in Nordrhein-Westfalen, S. 111, der die Bestellung als Verwaltungshandeln in zivilrechtlicher Form einstuft; *Rümker* in: FS-Werner, S. 745, 771, der sich für einen organschaftlichen Akt sui generis ausspricht.

111 *Rümker* in: FS-Werner, S. 745, 770; *Rothe*, Städte- und Gemeinderat 1971, 94, 96.

112 *Rümker* in: FS-Werner, S. 745, 771.

113 *Rothe*, Städte- und Gemeinderat 1971, 94, 96 f.

114 BGH ZIP 1981, 45, 48; *Kiethe*, BKR 2005, 177, 178.

Bestellung keine hoheitliche Maßnahme dar, weshalb die Verleihung der Organstellung einen nach zivilrechtlichen Grundsätzen zu beurteilenden körperschaftsrechtlichen Akt verkörpere.

(3) Stellungnahme

Um die Rechtsnatur des Bestellungsverhältnisses zu klären, ist zunächst erforderlich, die Unterschiede zwischen den Sparkassen und den Börsen zu verdeutlichen. Während bei den Börsen die Einordnung als Anstalt des öffentlichen Rechts nicht unwidersprochen geblieben ist, so ist der Anstaltscharakter bei den Sparkassen unumstritten.[115] Ferner ist der Charakter als vollrechtsfähige Anstalt des öffentlichen Rechts bei Sparkassen ausdrücklich in den entsprechenden Landesgesetzen vorgegeben.[116] Demgegenüber bezeichnet der Gesetzgeber in § 2 Absatz 1 BörsG die Börsen als teilrechtsfähige Anstalten des öffentlichen Rechts. Als öffentlich-rechtliche Einrichtung gehören sowohl die Sparkassen[117] als auch die Börsen der mittelbaren Staatsverwaltung an. Obwohl die Binnenorganisation beider Institutionen mit der einer Aktiengesellschaft vergleichbar ist, nehmen sie dennoch unterschiedliche öffentliche Aufgaben wahr. Insofern stellt sich zunächst die Frage nach dem öffentlichen Auftrag, der sowohl die Sparkassen als auch die Börsen zur eigenverantwortlichen Wahrnehmung bestimmter Verwaltungsaufgaben berechtigt.

Den Sparkassen obliegt die Staatsaufgabe, unter Verzicht auf primär erwerbswirtschaftliches Gewinnstreben den Sparsinn, die Spartätigkeit und die Vermögensbildung durch sichere und verzinsliche Annahme auch kleiner Einlagen zu fördern, andererseits den Mittelstand und die Träger der öffentlichen Verwaltung mit Krediten zu versorgen.[118] Als Einrichtungen der öffentlichen Daseinsvorsorge[119] nehmen sie öffentliche Aufgaben wahr.[120] Die Erfüllung des öffentlichen Auftrags durch die Sparkassen erfolgt praktisch ausschließlich mit marktwirtschaftlichen Mitteln, weshalb die Sparkassen öffentlich-rechtliche Wirtschaftsunternehmen darstellen.[121] Bis auf wenige Ausnahmen wie der Kraftloserklärung von Sparbüchern sind die Verhältnisse von Sparkassen zu ihren Benutzern (verwaltungs-) privatrechtlicher Art.[122] Auch wenn sich die Tätigkeit der Sparkassen in Aufgaben der öffentlichen

115 *Schlierbach/Püttner*, (FN 109), S. 40; *Müller* in: Wolff/Bachof/Stober/Kluth, Verwaltungsrecht II, § 86 Rn. 129.

116 Vgl. z. B. § 1 Absatz 1 SpkG Saarland oder § 1 Absatz 1 SpkG Rheinland-Pfalz.

117 Die Sparkassen sind mit Ausnahme von sieben freien Sparkassen öffentlich-rechtlich organisiert, vgl. *Kiethe*, BKR 2005, 177, 178 m. w. N.

118 BVerfG WM 1994, 1971.

119 BVerfGE 75, 192, 199, 200; *Schlierbach/Püttner*, (FN 109), S. 59; *Lutter*, Pflichten und Haftung von Sparkassenorganen, S. 10; *Claussen* in: Claussen, 5. Auflage, § 1 Rn. 37.

120 BGH NJW 1983, 2509 ff; BGH WM 1984, 691 ff.

121 *Weides*, DÖV 1984, 41, 42; *Rümker* in: FS-Werner, 745, 770; *Lutter*, (FN 118), S. 10.

122 *Bressler*, (FN 20), S. 64; *Müller* in: Wolff/Bachof/Stober/Kluth, Verwaltungsrecht II, § 86 Rn. 128.

Daseinsvorsorge und einer durch öffentliches Interesse gedeckten erwerbswirtschaftlichen Betätigung aufteilen lässt, steht bei den Sparkassen mithin die Erfüllung des öffentlichen Auftrags im Vordergrund.[123]

Im Gegensatz zu den Sparkassen unterliegen die Börsen einem anderen öffentlichen Auftrag, der in der Gewährleistung eines funktionsfähigen Finanz- und Kapitalmarktes zu sehen ist.[124] Da private Unternehmen und auch die öffentlichen Haushalte zur Deckung des Finanzbedarfs auf funktionierende Kapitalmärkte angewiesen sind und diese einer strengen Regulierung unterliegen, wird mit diesem gesteigerten öffentlichen Interesse der Börsenhandel als staatliche Aufgabe gerechtfertigt.[125]

Demzufolge obliegt den Börsen der öffentliche Auftrag, durch Sicherstellung eines liquiden und vertrauenswürdigen Marktes dieses volkswirtschaftliche Bedürfnis zu erfüllen. Bei der Erfüllung des öffentlichen Auftrags stehen die Börsen in einem rechtlichen Sonderverhältnis zu ihren Benutzern, das ein Leistungsverhältnis darstellt. Dieses Leistungsverhältnis der Börsen zu ihren Benutzern ist öffentlichrechtlich ausgestaltet, auch wenn das Verhältnis dem zivilrechtlichen Schuldverhältnis entspricht.[126] Insofern stellt das Börsenrecht teils öffentliches Recht, teils Privatrecht dar; eine genaue Zuordnung ist in diesem Fall nicht möglich und daher vom Einzelfall abhängig.[127]

Ferner sind zwischen den Sparkassen und den Börsen noch weitere Unterschiede hinsichtlich der Anstaltsträgerschaft vorhanden. Da das Sparkassenrecht seinen Inhalt vorwiegend aus den Vorschriften der Landessparkassengesetze schöpft[128], müssen die Sparkassengesetze nach den anerkannten Grundsätzen des Verwaltungsrechts auch den Anstaltsträger bestimmen. Dies sind in den meisten Fällen entweder die Gemeinde oder der Gemeineverband oder der Zweckverband, die wiederum als Körperschaften des öffentlichen Rechts organisiert sind.[129] Die Börsen bedürfen zwar ebenfalls eines Anstaltsträgers, dieser wird aber nicht landesrechtlich bestimmt. Vielmehr wird bundesrechtlich die Anstaltsträgerschaft dem Börsenträger

---

123 *Bressler*, (FN 20), S. 65.

124 *Kümpel* in: Kümpel/Hammen/Ekkenga, Kennz. 060, Rn. 187–197.

125 *Kümpel*, Bank- und Kapitalmarktrecht, 2. Auflage, Rn. 17.96; *Kümpel/Hammen*, WM 2000, Sonderbeilage 3, 3, 10: *Schneider/Burgard*, WM 2000, Sonderbeilage 3, 24, 25; kritisch zum Ganzen *Schwark*, ZBB 2000, 311, 313; *Mues*, Die Börse als Unternehmen, S. 125 ff.

126 *Hammen* in: Kümpel/Hammen/Ekkenga, Kennz. 060 Rn. 369; *Seiffert* in: Kümpel/Wittig, Bank- und Kapitalmarktrecht, Rn. 4.416 ff.; *Breitkreuz*, Die Ordnung der Börse, S. 212; Müssig, Die Börsenbenutzungsverhältnisse unter Berücksichtigung multilateraler Handelssysteme, S. 57 ff.

127 *Bröcker* in: Claussen, 5. Auflage, § 6 Rn. 2.

128 *Schlierbach/Prütting*, (FN 109), S. 34.

129 *Müller* in: Wolff/Bachof/Stober/Kluth, Verwaltungsrecht II, § 86 Rn. 129, *Bressler*, (FN 20), S. 70, vgl. auch entsprechende landesrechtliche Regelungen wie etwa § 2 SpkG Nordrhein-Westfalen oder § 1 SpkG Sachsen.

zugeordnet, der in den meisten Fällen privatrechtlich organisiert ist (vgl. § 5 BörsG). Eine direkte Trägerschaft sieht das Börsengesetz jedoch nicht vor. Es ordnet nur an, dass mit Erteilung einer Erlaubnis nach § 4 Absatz 1 BörsG der Antragsteller zum Träger der Anstalt wird. Nach überwiegender Ansicht wird damit der privatrechtlich organisierte Antragsteller mit einer Anstaltsträgerschaft beliehen.[130] Insofern kann als Fazit festgehalten werden, dass das heutige Börsensystem im Gegensatz zum Sparkassenrecht durch zwei unterschiedliche Rechtssubjekte gekennzeichnet ist, die aus verschiedenen Rechtsbereichen kommen, und zwar die Börse als Anstalt des öffentlichen Rechts und der Börsenträger als privatrechtlich organisierte Kapitalgesellschaft. Dagegen sind sowohl die Sparkassen als auch ihr Anstaltsträger als juristische Personen des öffentlichen Rechts organisiert.

Ein weiterer wichtiger Unterschied zwischen den beiden Einrichtungen liegt in der Dienstherrenfähigkeit. Aufgrund ihrer Ausrichtung als vollrechtsfähige Anstalten des öffentlichen Rechts sind die meisten Sparkassen dienstherrenfähig[131], weshalb ihre Vorstandsmitglieder zum Teil Beamte sind.[132] Darüber hinaus wird das übrige Personal vom Vorstand angestellt, die Anstellungsverträge werden mit der Sparkasse als Dienstherr abgeschlossen. Mithin handelt es sich bei den Angestellten um Arbeitnehmer im öffentlichen Dienst.[133] Die Börsen hingegen sind wegen ihrer teilrechtsfähigen Ausrichtung daran gehindert, mit den Mitarbeitern die entsprechenden Anstellungsverträge abzuschließen. Die Mitarbeiter der Börse werden vom Börsenträger unter Vertrag genommen, der im Rahmen seiner Betriebspflicht das Personal einstellen muss. Allerdings sind die Beschäftigten der Börse im Gegensatz zu den Angestellten der Sparkasse nicht im öffentlichen Dienst tätig, weil sie in einem rein privatrechtlichen Anstellungsverhältnis zum Börsenträger stehen.

Als Zwischenergebnis steht damit fest, dass zwischen Sparkassen und Börsen nur wenige Gemeinsamkeiten bestehen. Beide Institutionen sind zwar als Anstalten des öffentlichen Rechts ausgestaltet. Es hat sich jedoch gezeigt, dass das dualistische Börsensystem wegen des Auseinanderfallens von Börse und Börsenträger einigen Schwierigkeiten begegnet, weil zwei Rechtssubjekte aus unterschiedlichen Rechtsgebieten mit dem Börsenbetrieb betraut sind. Ferner besteht eine weitere Gemeinsamkeit darin, dass die Leitungsstruktur dem Organisationsmodell einer

---

130 *Kümpel* in: Kümpel/Hammen/Ekkenga, Kennz. 060 Rn. 182, 203; *Hammen*, AG 2001, 549, 551; *Schneider/Burgard*, WM 2000, Sonderbeilage 3, 24, 26.

131 Die Dienstherrenfähigkeit bestimmt sich nach § 2 BeamtStG. Gemäß dieser Regelung ist Dienstherr die beamtenrechtliche Bezeichnung für eine juristische Person, die das Recht hat, Beamte zu beschäftigen. Die Gemeinden haben dieses Recht originär, während für Anstalten des öffentlichen Rechts diese Befugnis durch Gesetz eingeräumt werden muss.

132 *Müller* in: Wolff/Bachof/Stober/Kluth, Verwaltungsrecht II, § 86 Rn. 139 mit Hinweisen auf fehlende Dienstherrenfähigkeit in einigen Bundesländern.

133 BVerwGE 30, 81; *Müller* in: Wolff/Bachof/Stober/Kluth, Verwaltungsrecht II, § 86 Rn. 139.

Aktiengesellschaft angelehnt ist. Was dies für die Rechtsnatur des Bestellungsakts zu bedeuten hat, gilt es im nächsten Schritt zu untersuchen.

Wirft man nun einen Blick auf die Organisation der Anstalten hinsichtlich der Geschäftsführung, so erkennt man, dass die Organisationsstruktur nicht dem Modell einer hierarchisch aufgebauten Verwaltungsbehörde entspricht, sondern dass sich die Organisation der Anstalten mit ihren Organen vielmehr an dem Leitbild einer erwerbswirtschaftlichen Aktiengesellschaft orientiert.[134] Wenngleich die Leitungsstruktur einer juristischen Person des öffentlichen Rechts so ausgestaltet sein mag wie die Binnenorganisation einer Aktiengesellschaft, ist daraus nicht zugleich zu schließen, dass interne Maßnahmen, wie die Bestellung zum Geschäftsführungsmitglied, nach zivilrechtlichen Grundsätzen zu beurteilen sind. Wenn *Rothe*[135] und *Rümker*[136] sich dabei auf den Standpunkt stellen, solche Maßnahmen würden nicht von einer Behörde, sondern vielmehr von einem Selbstverwaltungsorgan beschlossen und es gebe deshalb schon keine Außenwirkung, dann kann dem nicht gefolgt werden. Diese Annahme setzt sich über die Definition des § 1 Absatz 4 VwVfG hinweg, der als Behörde „jede Stelle, die Aufgaben der öffentlichen Verwaltung wahrnimmt", umschreibt. Hiervon wird der Verwaltungsrat einer Sparkasse, der für die Bestellung des Vorstandsmitglieds zuständig ist, aber sicherlich mit umfasst. Ferner spricht für eine Behördeneigenschaft der Vorstandsmitglieder die Regelung des Art. 5 Absatz 5 BaySpkG, nach der sowohl der Verwaltungsrat als auch der Vorstand öffentliche Behörden darstellen. Zwar ist die Regelung des Sparkassenrechts den Ländern vorbehalten, das ändert aber nichts an der Stellung des Vorstands, der aufgrund des öffentlichen Auftrags der Sparkassen hoheitliche Tätigkeiten wahrnimmt.

Nichts anderes kann für die Bestellung des Börsengeschäftsführers zuständige Organ gelten. Dem Börsenrat stehen als wichtigstem Organ der Börse unter anderem Rechtssetzungsbefugnisse gemäß § 12 Absatz 2 BörsG zu. Dass er in diesem Rahmen hoheitliche Befugnisse wahrnimmt, steht außer Zweifel. Darüber hinaus nimmt der Börsenrat nach dem Willen des Gesetzgebers seine ihm durch das Gesetz zugewiesenen Aufgaben und Befugnisse nur im öffentlichen Interesse wahr (vgl. § 12 Absatz 6 BörsG), was dem Umstand Rechnung trägt, dass er hierin als Behörde handelt. Hinzu kommt noch die Tatsache, dass der Börsenrat im Gegensatz zum aktienrechtlichen Aufsichtsrat Satzungen erlässt, die die Qualität eines Gesetzes im Sinne des § 2 EGBGB haben. Diese Gründe sprechen dafür, den Börsenrat auch bei der Bestellung des Börsengeschäftsführungsmitglieds als Verwaltungsbehörde einzustufen.

Hinsichtlich der zweiten Anmerkung *Rothes*, dem Bestellungsbeschluss fehle jegliche Rechtswirkung nach außen und damit eine Verwaltungsaktqualität, ist

---

134 *Lutter*, (FN 118), S. 10 m. w. N. zur Leitungsstruktur der Sparkassen; BT-Drs. 12/6679, S. 36 zur Binnenorganisation der Börsen.

135 *Rothe*, Städte- und Gemeinderat 1971, 94, 96.

136 *Rümker* in: FS-Werner, 745, 770.

diesem zunächst Recht zu geben. Allerdings ist in diesem Zusammenhang nicht nur der Bestellungsbeschluss, sondern der gesamte Bestellungsvorgang entscheidend. Neben der Beschlussfassung ist auch noch die Bekanntmachung gegenüber dem Betroffenen nach § 41 VwVfG erforderlich, da das Vorstandsmitglied ansonsten gegen seinen Willen und ohne seine Kenntnis zum Organ einer öffentlich-rechtlichen Anstalt werden könnte.[137] Deshalb kann die Ansicht *Rothes*, der Betroffene erhalte seine Organstellung bereits durch den Bestellungsbeschluss, nicht aufrechterhalten werden. Der Bestellte erlangt seine Organstellung vielmehr durch die wirksame Beschlussfassung und die hierauf gerichtete Erklärung der Bestellung ihm gegenüber, welcher er zustimmen muss.[138] Diese Erklärung kann dann konkludent erfolgen, vorausgehen oder nachfolgen. Mithin wirkt sich der gesamte Bestellvorgang auch direkt auf die Rechtsstellung des Betroffenen aus, weshalb in diesen Fällen immer von einer Außenwirkung im Sinne des § 35 VwVfG auszugehen ist.[139]

Fraglich ist, ob für die Bestellung eines Börsengeschäftsführers etwas anderes als das bisher Gesagte gilt. Durch die Verleihung der Organstellung wird den Mitgliedern der Geschäftsleitung die Befugnis eingeräumt, für die Börse tätig zu werden und damit im öffentlichen Interesse zu handeln. Auch hier ist nicht nur die Position des Innenrechts betroffen. Vielmehr wirkt sich die Bestellung unmittelbar auf die persönliche Rechtsstellung des Betroffenen aus. Ansonsten wäre das Mitglied der Börsengeschäftsführung nicht in der Lage, die ihm durch das Gesetz eingeräumten Befugnisse und Aufgaben wirksam zu erfüllen. Daher ist davon auszugehen, dass der Bestellungsbeschluss allein nicht ausreicht, dem Börsengeschäftsführungsmitglied eine solche Rechtsposition einzuräumen, sondern erst die Erklärung dem Betroffenen gegenüber die Bestellung wirksam werden lässt. Da nach allgemeinem Rechtsgedanken niemand gegen seinen Willen irgendwelche Rechtspositionen aufgezwungen bekommen soll, ist aufgrund der persönlichen Betroffenheit des Mitglieds auch seine Zustimmung erforderlich. Damit ist auch eine Außenwirkung des Bestellungsvorgangs beim Börsengeschäftsführermitglied gemäß § 35 VwVfG gegeben.

Nicht selten wird die Rechtsnatur der Bestellung als Verwaltungsakt beim Vorstand einer Sparkasse abgelehnt, weil es sich dabei um einen körperschaftlichen Akt handeln soll, der nach zivilrechtlichen Grundsätzen zu beurteilen sei.[140] Die Rechtsnatur des Bestellungsverhältnisses als einer privatrechtlichen Beziehung werde nicht dadurch in Frage gestellt, dass das im Privatdienst angestellte Organmitglied auch mit hoheitlichen Aufgaben betraut sei.[141] Dem kann nur zum Teil zugestimmt

137 *Hauschka*, Die Dienstrechtsstellung der Vorstandsmitglieder der öffentlich-rechtlichen Sparkassen, S. 62.

138 Ebenso generell für die Bestellung von Organen durch andere Organe im öffentlich-rechtlichen Bereich *Stelkens* in: Stelkens/Bonk/Sachs, § 35 Rn. 191 ff.

139 Siehe hierzu die vergleichbare Rechtslage beim Hauptgeschäftsführer einer IHK, OVG *Lüneburg*, GewArch 2009, 30, 32; *Rickert* in: Frentzel/Jäkel/Junge, § 7 Rn. 7.

140 BGH ZIP 1981, 45, 48; *Weber*, (FN 109), S. 111; *Kiethe*, BKR 2005, 177, 178.

141 *Kiethe*, BKR 2005, 177, 178 m.w.N.

werden. Zwar kann der Staat in Form der Beleihung die öffentliche Verwaltung dezentralisieren, indem er Private in Verwaltungsaufgaben einbezieht, um Personen des öffentlichen Rechts zu entlasten sowie private Initiative, Finanzmittel, technische und andere Sachkenntnis auch im Dienste einer bürgernahen, transparenten und effektiven Verwaltung nutzbar zu machen.[142] Allerdings verkennen die Vertreter dieser Ansicht, dass öffentliche Aufgaben von juristischen Personen des öffentlichen Rechts nicht mit Mitteln des Privatrechts übertragen werden können. Vielmehr sieht das öffentliche Recht für Übertragungen hoheitlicher Rechte eigene, öffentlich-rechtliche Instrumente vor.[143] Da die Beleihung einer gesetzlichen Grundlage bedarf, muss sie durch Gesetz oder durch Rechtsverordnung, Verwaltungsakt oder Verwaltungsvertrag aufgrund einer gesetzlichen Ermächtigung erfolgen.[144] Gerade mit der Verleihung einer Organstellung sind aber derart umfassende öffentlich-rechtliche Befugnisse und Aufgaben verbunden, dass eine Gewährung dieser Rechtsposition aufgrund privatrechtlicher Gestaltung nicht in Frage kommt. In solchen Fällen kann die Organstellung einer öffentlich-rechtlichen Einrichtung nicht privatrechtlich vereinbart werden. Sie wird vielmehr durch Hoheitsakt verliehen.[145] Zudem spricht für eine Einordnung des Bestellungsvorgangs als Verwaltungsakt die vor einer Bestellung des Vorstandsmitglieds einer Sparkasse einzuholende Genehmigung der Aufsichtsbehörde. Diese Mitwirkung sieht beispielsweise das bayerische Sparkassengesetz in Art. 11 Absatz 1 Satz 1 ausdrücklich vor.[146] Diese Umstände sprechen dafür, den gesamten Bestellungsvorgang dem öffentlichen Recht zuzuordnen und einen privatrechtlich konstruierten Bestellungsakt abzulehnen.

Wenn man nun die Rechtsposition des Vorstandsmitglieds einer Sparkasse mit der des Börsengeschäftsführungsmitglieds vergleicht, so werden Gemeinsamkeiten sichtbar. Beide Organe sind für das laufende Tagesgeschäft einer Anstalt des öffentlichen Rechts zuständig. Zwar nimmt der Vorstand einer Sparkasse hoheitliche Aufgaben wahr, diese werden aber überwiegend auf privatrechtlicher Basis erfüllt. Demgegenüber stehen dem Börsengeschäftsführer Befugnisse und Aufgaben zu, die ausschließlich mit öffentlich-rechtlichen Instrumenten bewältigt werden. Da die Börse einen funktionsfähigen Kapitalmarkt, der für das Fortkommen einer

142 *Stober* in: Wolff/Bachof/Stober/Kluth, Verwaltungsrecht II, § 90 Rn. 3; allgemein zur Figur der Beleihung siehe *Maurer*, Allgemeines Verwaltungsrecht, § 23 Rn. 56; *Burgi* in: Erichsen/Ehlers, Allgemeines Verwaltungsrecht, § 10 Rn. 23 ff.

143 *Berg*, BayVBl 2000, 385, 388.

144 *Maurer*, Allgemeines Verwaltungsrecht, § 23 Rn. 56; *Schliesky* in: Knack/Henneke, § 1 Rn. 75; *Schmitz* in: Stelkens/Bonk/Sachs, § 1 Rn. 256.

145 *Hauschka*, Die Dienstrechtsstellung der Vorstandsmitglieder der öffentlich-rechtlichen Sparkassen, S. 62; auch *Berg*, BayVBl 2000, 385, 387.

146 In anderen Ländern wird einer Mitwirkung der Aufsichtsbehörde dadurch entgegengewirkt, dass die Bestellung des Vorstandsmitgliedes der jeweiligen Aufsichtsbehörde anzuzeigen ist, vgl. z.B. § 8 Absatz 2 HessSparkG, § 25 Absatz 2 Satz 1 BWSpG.

Volkswirtschaft von größter Bedeutung ist[147], sicherzustellen hat, ist mit der Erfüllung dieser öffentlichen Aufgabe eine hohe Verantwortung verbunden. Deshalb bedarf eine solche Rechtsposition eines öffentlich-rechtlichen Rechtsaktes, der das Mitglied mit der Wahrnehmung solcher Aufgaben betraut. Die Verleihung der Organstellung des Börsengeschäftsführers kann daher nicht mit Mitteln des Privatrechts erfolgen. Ferner erfolgt die Bestellung des Organmitglieds nur im Einvernehmen mit der Börsenaufsichtsbehörde, weshalb der Vorgang insgesamt öffentlich-rechtlich ausgestaltet ist. Es ist daher mit der erstgenannten Ansicht zur Bestellung des Vorstandsmitglieds einer Sparkasse auch bei der Bestellung des Mitglieds der Börsengeschäftsführung davon auszugehen, dass die Bestellung als Verwaltungsakt nach § 35 VwVfG einzustufen ist. Weil das betroffene Börsengeschäftsführungsmitglied ohne seine Mitwirkung nach Art des Vertragsrechts eine Rechtsstellung erreicht, aus der ihm nicht nur Rechte, sondern auch Pflichten erwachsen, ist eine Zustimmung des Bestellten erforderlich. Demzufolge handelt es sich beim gesamten Bestellungsvorgang um einen mitwirkungsbedürftigen Verwaltungsakt. Fehlt die Zustimmung des Betroffenen, so ist der Verwaltungsakt der Ernennung nach § 44 Absatz 1 VwVfG nichtig, die zu bestellende Person hat keine Organstellung erlangt.[148] Bei einem mitwirkungsbedürftigen Verwaltungsakt kann, wenn es an der Mitwirkung des Betroffenen fehlt, auch eine bloße Anfechtbarkeit vorliegen. Ob in solchen Fällen eine Nichtigkeit gegeben ist, ist vom Inhalt der jeweils maßgeblichen Sachnormen abhängig.[149] Weil bei der Verleihung der Organstellung einer öffentlich-rechtlichen Anstalt der persönliche Status des Börsengeschäftsführungsmitglieds durch den Verwaltungsakt betroffen ist, kann auch nicht auf seine Mitwirkung verzichtet werden. Es soll dadurch verhindert werden, dass Berechtigungen an Personen gegen ihren Willen verliehen werden. Niemand soll gezwungen sein, das mit hoheitlichen Aufgaben ausgestattete Amt auszuüben, wie dies der Fall wäre, wenn man die Verleihung der Organstellung bereits mit dem Beschluss des Börsenrats wirksam lassen würde. Demnach ist bei fehlender Mitwirkung des Bestellten die Nichtigkeit des Verwaltungsakts anzunehmen. Da ein nichtiger Verwaltungsakt einen hohen Grad an Fehlerhaftigkeit besitzt, ist er deshalb unwirksam und hat keinerlei Rechtswirkungen für die betreffende Person.[150] Für den Börsengeschäftsführer, dessen Bestellung angestrebt wird, löst er also keine Rechtswirkungen aus. Sein Rechtsstatus bleibt somit unverändert.

---

147 BT-Drs. 12/6679, S. 63.

148 Ebenso für die Nichtigkeit des Verwaltungsakts bei fehlender Mitwirkung des Vorstandsmitglieds einer Sparkasse *Hauschka*, Die Dienstrechtsstellung der Vorstandsmitglieder der öffentlich-rechtlichen Sparkassen, S. 62 und *Berg*, BayVBl 2000, 385, 388.

149 *Sachs* in: Stelkens/Bonk/Sachs, § 44 Rn. 107.

150 *Maurer*, Allgemeines Verwaltungsrecht, § 10 Rn. 35; *Meyer* in: Knack/Henneke, § 44 Rn. 7.

cc) Zuständigkeit und Mitwirkungserfordernis

Zuständig für die Bestellung von Mitgliedern der Börsengeschäftsführung ist der Börsenrat gemäß § 12 Absatz 2 Satz 1 Nr. 2 BörsG. Allerdings erfolgt die Bestellung nur im Einvernehmen mit der Börsenaufsichtsbehörde. Im Gegensatz zum früheren Recht ist die bloße Abstimmung („Benehmen") damit durch eine gemeinsame Entscheidung von Börsenrat und Börsenaufsichtsbehörde ersetzt worden.[151] Die Mitwirkung betrifft allerdings nur die Bestellung, da die im Zivilrecht vertretene Trennungstheorie auch im Börsenrecht Geltung findet und insofern zwischen Bestellung und Anstellung zu differenzieren ist. Demzufolge ist beim Abschluss des Anstellungsvertrags die Mitwirkung der Aufsichtsbehörde nicht erforderlich. Wenn bei der Bestellung eines Mitglieds der Börsengeschäftsführung die Börsenaufsichtsbehörde zu beteiligen ist, stellt sich zwangsläufig die Frage, ob die Mitwirkung notwendiger Teil der Bestellung als Verwaltungsakt ist. Bei einem Verwaltungsakt, der durch das Zusammenwirken mehrerer Behörden zustandekommt, handelt es sich um einen sogenannten mehrstufigen Verwaltungsakt.[152] Da das Gesetz also die Bestellung unter die Bedingung des Einvernehmens stellt, ist im Folgenden der Aussagegehalt dieser Voraussetzung zu ermitteln. Bei diesem Tatbestandsmerkmal könnte es sich um eine bindende Mitwirkungshandlung handeln. Soweit die Mitwirkungshandlung der Börsenaufsichtsbehörde für den Börsenrat bindend ist, ist es fraglich, ob in diesem Fall eine interne Mitwirkungshandlung oder ein selbständiger Verwaltungsakt vorliegt. Die Abgrenzung richtet sich sodann allein nach dem jeweiligen materiellen Recht[153], ist also durch Auslegung der einschlägigen Rechtsnormen unter Berücksichtigung der Voraussetzungen eines Verwaltungsakts zu ermitteln.[154] Wenn die Auslegung ergeben sollte, dass die Mitwirkung der Börsenaufsichtsbehörde gegenüber dem Mitglied der Börsengeschäftsführung eine eigene und unmittelbare Rechtswirkung entfaltet, ist sie als Verwaltungsakt zu qualifizieren. Soll dagegen nur die Fachkenntnis der Behörden genutzt werden, ohne dass dadurch das Verwaltungsverfahren und der Rechtsschutz verkompliziert wird[155], ist eine verwaltungsinterne Erklärung anzunehmen. Die Bestellung des Börsengeschäftsführungsmitglieds erfolgt zwar durch den Börsenrat im Einvernehmen mit der Börsenaufsichtsbehörde. Hieraus folgt aber nicht, dass die Aufsichtsbehörde ihre Zustimmung aus beliebigen Gründen verweigern darf. Die Versagungsgründe lassen sich der Vorschrift in § 15 Absatz 2 BörsG entnehmen, wonach die

---

151 *Schwark* in: Schwark/Zimmer, § 12 BörsG Rn. 17; *Groß*, Kapitalmarktrecht, § 15 BörsG Rn. 2.

152 *Stelkens* in: Stelkens/Bonk/Sachs, § 35 Rn. 169; *Henneke* in: Knack/Henneke, § 35 Rn. 57; *Maurer*, Allgemeines Verwaltungsrecht, § 9 Rn. 28; *Ruffert* in: Erichsen/Ehlers, Allgemeines Verwaltungsrecht, § 21 Rn. 63.

153 BVerwG NJW 1978, 1820, 1821; VGH Mannheim NVwZ-RR 1998, 152; OVG Münster NVwZ 1986, 581, 582.

154 *Stelkens* in: Stelkens/Bonk/Sachs, § 35 Rn. 170.

155 BVerwGE 28, 145, 148; BVerwG NJW 1994, 2435.

Börsenaufsichtsbehörde ihr Einvernehmen zu der Bestellung der Geschäftsführer nur verweigern darf, wenn aus objektiven und nachweisbaren Gründen Zweifel an der Zuverlässigkeit oder fachlichen Eignung der Geschäftsführer bestehen oder die ordnungsgemäße Leitung der Börse gefährdet erscheint. Liegen also die Versagungsgründe des § 15 Abs. 2 BörsG nicht vor, muss die Börsenaufsichtsbehörde ihre Zustimmung erklären.[156] Der Börsenaufsichtsbehörde sind bei der Mitwirkung an der Bestellung insoweit Grenzen gesetzt. Somit hat die Verweigerung des Einvernehmens nur bei Vorliegen der genannten Versagungsgründe eine bindende Wirkung für den Börsenrat. In allen anderen Fällen entsteht eine solche Bindungswirkung nicht und der Börsenrat darf die Bestellung durchführen.

Als weiteres Argument für eine lediglich verwaltungsinterne Bedeutung des Einvernehmens dient das Vorbild des gemeindlichen Einvernehmens nach § 36 BauGB. Nach überwiegender Ansicht stellt das Einvernehmen, das gleichbedeutend mit einer Zustimmung ist, keinen Verwaltungsakt, sondern ein Verwaltungsinternum dar.[157] Das ergibt sich aus folgenden Erwägungen: Das Baugenehmigungsverfahren ist von der Baugenehmigungsbehörde durchzuführen, weshalb nur sie allein gegenüber dem Bauherrn in Erscheinung tritt. Die Gemeinde hat aber wegen der ihr zukommenden Planungshoheit ein Mitwirkungsrecht, um Bauvorhaben im nicht verplanten Gemeindegebiet, die ihren Planungsvorstellungen nicht entsprechen, verhindern zu können. In diesem Zusammenhang darf die Gemeinde ihr Einvernehmen nur aus bauplanerischen Gründen (§§ 31, 33, 34, 35 BauGB) verweigern. Andernfalls ist die Zustimmung zu erteilen, sofern keine Versagungsgründe vorliegen. Das Einvernehmen bzw. seine Verweigerung ist der Baubehörde zu erklären und bleibt somit im verwaltungsinternen Bereich. Wegen dieser Vorbildwirkung des § 36 BauGB wird heute angenommen, dass immer dann ein Verwaltungsinternum vorliegt, wenn die Mitwirkungshandlung in neueren Gesetzen als „Einvernehmen“ bezeichnet wird.[158] Nicht anders ist die Situation bei der Mitwirkung der Börsenaufsichtsbehörde zu beurteilen. Die Börsenaufsichtsbehörde teilt ihre Entscheidung nur

---

156 Vgl. die insoweit vergleichbare Rechtslage hinsichtlich der Bestellung des Vorstandsmitglieds einer Sparkasse, wo die Bestellung ebenfalls von der Mitwirkung der Aufsichtsbehörde abhängig ist, bei *Hauschka*, Die Dienstrechtsstellung der Vorstandsmitglieder der öffentlich-rechtlichen Sparkassen, S. 67 mit Hinweisen auf landesrechtliche Sonderfälle.

157 BVerwGE 28, 145; BVerwG NVwZ 1986, 556; BGHZ 65, 182, 185; Maurer, Allgemeines Verwaltungsrecht, § 9 Rn. 28; *Stelkens* in: Stelkens/Bonk/Sachs, § 35 Rn. 170.

158 VG Stuttgart NVwZ-RR 2001, 668; *Stelkens* in: Stelkens/Bonk/Sachs, § 35 Rn. 170. Nur verwaltungsinterne Akte sind auch die Zustimmung nach § 9 FStrG (BVerwGE 16, 116, 127); die Entscheidung des Bundesministers über die Linienführung nach § 16 FStrG (BVerwGE 48, 56, 59); das Einvernehmen der Gemeinde zu Anordnungen der Straßenverkehrsbehörde gem. § 45 Absatz 1 b Satz 2 StVO (BVerwGE 95, 333, 336 f.). Weitere Nachweise, auch zur Zustimmung als selbständigem Verwaltungsakt, bei *Stelkens* in: Stelkens/Bonk/Sachs, § 35 Rn. 172.

dem Börsenrat mit und tritt daher gegenüber dem Bestellten nicht in Erscheinung. Auch sind der Entscheidung der Behörde gesetzliche Grenzen dadurch gesetzt, da sie nur aus Gründen, die die ordnungsgemäße Leitung einer Börse gefährden können, ihre Zustimmung verweigern darf. Sollte die Börsenaufsichtsbehörde ihr Einvernehmen verweigern, ist der Börsenrat an diese Entscheidung gebunden. Weil die Verweigerung der Genehmigung nach zutreffender Meinung eine verwaltungsinterne Erklärung gegenüber dem Börsenrat darstellt[159], kann sich das betroffene Mitglied nur gegen den Verwaltungsakt des Börsenrats wehren. In diesem Fall kann das Mitglied der Börsengeschäftsführung den Verwaltungsakt durch das zuständige Verwaltungsgericht nach § 40 VwGO überprüfen lassen, da es sich hierbei um eine öffentlich-rechtliche Streitigkeit handelt.

Von dem Genehmigungserfordernis bei der Bestellung ist die nach § 15 Absatz 1 Satz 5 BörsG zu erstattende Anzeige der Bestellung an die Börsenaufsichtsbehörde zu unterscheiden. Da § 15 Absatz 1 Satz 5 BörsG eine Bestellung voraussetzt, hat diese Anzeige erst nach dem Abschluss des Bestellungsvorgangs einschließlich der sonst erforderlichen Genehmigungsverfahren[160] unverzüglich, d.h. ohne schuldhaftes Zögern (vgl. § 121 BGB), zu erfolgen. Nach § 15 Absatz 1 Satz 6 BörsG in Verbindung mit § 4 Absatz 2 Satz 2 Nr. 2 BörsG muss die Anzeige die Namen der Mitglieder der Börsengeschäftsführung sowie Angaben, die für die Beurteilung der Zuverlässigkeit und der fachlichen Eignung dieser Personen erforderlich sind, enthalten. Des Weiteren kann die Börsenaufsichtsbehörde nach §15 Absatz 1 Satz 7 BörsG in Verbindung mit § 4 Absatz 2 Satz 3 und 4 BörsG entweder zusätzliche Angaben verlangen, soweit diese für die Prüfung erforderlich sind, oder von den in § 4 Absatz 2 Satz 2 Nr. 2 BörsG vorgesehenen Angaben absehen. Fraglich ist, in welcher Form die Anzeige zu erfolgen hat. Das BörsG enthält diesbezüglich keine Regelung. Auch erfolgt kein Verweis auf § 4 Absatz 2 Satz 1 BörsG, wonach der Antrag auf Erteilung der Börsenerlaubnis schriftlich zu stellen ist. Wenn der Gesetzgeber hier auf eine Regelung der Anzeigenform verzichtet hat, dann kann man sich auf den Standpunkt stellen, die an die Börsenaufsichtsbehörde zu richtende Anzeige sei formlos möglich. Für die Beantwortung dieser Frage kann an dieser Stelle ein Vergleich mit der Anzeige hinsichtlich der Bestellung des Vorstandsmitglieds einer Sparkasse weiter helfen. Die Vorstandsmitglieder sind als Mitglieder des Vertretungsorgans der Sparkasse Geschäftsleiter im Sinne des § 1 Absatz 2 KWG.[161] Das Kreditwesengesetz soll die allgemeine Ordnung im Kreditwesen gewährleisten und die Gläubiger der Kreditinstitute vor Verlust schützen. Diesem Ziel dient auch eine Reihe von Ordnungsvorschriften, die die Geschäftsleiter eines Kreditinstituts betreffen. Hierzu gehört auch die Regelung des § 24 Absatz 1 Nr. 1 KWG, wonach die Bestellung des Vorstandsmitglieds einer Sparkasse der BaFin und der Deutschen Bundesbank

159 *Schwark* in: Schwark/Zimmer, § 15 BörsG Rn. 2.
160 *Hauschka*, Die Dienstrechtsstellung der Vorstandsmitglieder der öffentlich-rechtlichen Sparkassen, S. 68 m.w.N.
161 *Schlierbach/Püttner*, (FN 109), S. 202.

anzuzeigen ist. Die Mitteilung ist grundsätzlich formfrei möglich, es sei denn, dass die Anzeigenverordnung (AnzV) die Verwendung vorgegebener Formulare vorschreibt. Zu § 24 Absatz 1 Nr. 1 KWG enthält die AnzV jedoch keine bestimmten Vorgaben, so dass eine formfreie, schriftliche Mitteilung als ausreichend betrachtet wird.[162] Verletzt die Sparkasse ihre Anzeigepflicht, liegt eine Ordnungswidrigkeit nach § 56 KWG vor. Zwar kann die BaFin einen solchen Verstoß mit einem Bußgeld sanktionieren, nach § 56 Abs. 2 KWG sind aber Bußgeldverfahren nur für bestimmte Anzeigepflichtverletzungen vorgesehen. Hiervon wird die Anzeigepflicht gem. § 24 Abs. 1 Nr. 1 KWG ausgenommen.[163] Da sowohl § 24 Absatz 1 Nr. 1 KWG als auch § 15 Absatz 1 Satz 5 BörsG eine unverzügliche Anzeige an die Aufsichtsbehörden vorsehen, können die für die Anzeige des § 24 Absatz 1 Nr. 1 KWG geltenden Grundsätze auch für die Anzeige des Börsengeschäftsführers entsprechend herangezogen werden. Mithin muss davon ausgegangen werden, dass die Anzeige in einfacher Schriftform der Börsenaufsichtsbehörde zuzuleiten ist. Sollte der Börsenrat dieser Pflicht nicht nachkommen, ist es fraglich, ob dieses Fehlverhalten ein Bußgeldverfahren auslösen kann. Zwar enthält § 50 BörsG für bestimmte Fehlverhalten Bußgeldvorschriften, die Verletzung der Anzeigepflicht nach § 15 Absatz 1 Satz 5 BörsG bleibt jedoch sanktionslos. Eine schriftliche Anzeige wird aber dadurch nicht obsolet. Vielmehr ist der Börsenrat weiterhin verpflichtet, diese unverzüglich der Börsenaufsichtsbehörde vorzulegen.

dd) Voraussetzung der Bestellung und Eignungsvoraussetzungen

Für die Bestellung eines Mitglieds der Börsengeschäftsführung bedarf es einer ausdrücklichen Beschlussfassung des Börsenrats als Gesamtorgan.[164] Dies ergibt sich zwar zunächst nicht ausdrücklich aus dem Gesetz. Der Wortlaut des § 12 Absatz 4 Satz 1 BörsG („setzt der Börsenrat zur Vorbereitung seiner *Beschlüsse* Ausschüsse ein...“) lässt dann aber deutlich erkennen, dass der Börsenrat seine Entscheidungen ausschließlich durch Beschlüsse trifft. Zur Beschlussfassung ist gemäß § 6 Absatz 1 Satz 2 BörsO FWB eine einfache Mehrheit der abgegebenen und gültigen Stimmen ausreichend. Bei Stimmengleichheit entscheidet die Stimme des Vorsitzenden; enthält sich der Vorsitzende in einem solchen Fall der Stimme, gilt der Beschluss als nicht gefasst (vgl. § 6 Absatz 1 Satz 3 BörsO FWB) und der Betroffene kann keine wirksame Organstellung erlangen. Von der Beschlussfassung des Börsenrats ist die Erklärung der beschlossenen Bestellung bzw. die Kundgabe des Beschlusses an den Bestellten zu unterscheiden, die durch den Vorsitzenden, ein Börsenratsmitglied oder aber auch durch einen Dritten erklärt werden kann, sofern der Börsenrat eine

---

162 Unstrittig, siehe *Süßmann* in: Schwennicke/Auerbach, 3. Auflage, § 24 KWG Rn. 5; *Braun* in: Boos/Fischer/Schulter-Mattler, 4. Auflage, § 24 KWG Rn. 49.

163 *Süßmann* in: Schwennicke/Auerbach, § 24 KWG Rn. 5 f.

164 Vgl. für den Aufsichtsrat einer AG § 108 Absatz 1 AktG und die entsprechenden Nachweise der Rechtsprechung und der Literatur BGHZ 41, 282, 286; BGHZ 65, 190. 192 f.; *Hüffer*, § 84 Rn. 5; *Spindler* in: MüKoAktG, § 84 Rn. 17, 19.

dieser Personen dazu ermächtigt. Schließlich ist zur Wirksamkeit der Bestellung zum Börsengeschäftsführer dessen Zustimmung und der Zugang der Zustimmungserklärung beim Börsenrat notwendig. Erst mit dem Vorliegen dieser Voraussetzungen erlangt der Bestellte den Status eines Organmitglieds. Weil nach § 15 Absatz 1 Satz 2 BörsG die Geschäftsführung der Börse aus einer oder mehreren Personen bestehen kann, muss bei der Bestellung mehrerer Börsengeschäftsführer gesondert in separaten Wahlgängen abgestimmt und jeweils ein Beschluss gefasst werden.[165] Ferner ist bei jeder Abstimmung natürlich die Börsenaufsichtsbehörde hinreichend zu berücksichtigen, da die Bestellung in jeder Hinsicht von der Zustimmung der Aufsichtsbehörde abhängig ist.

Da der Börsengeschäftsführung die Leitung der Börse in eigener Verantwortung obliegt, stellt sich die Frage nach den Eignungserfordernissen eines Mitglieds. Hierzu enthält das Gesetz im § 15 Absatz 1 Satz 3 BörsG eine entsprechende Vorgabe. Danach müssen die Geschäftsführer zuverlässig sein und die für die Leitung der Börse erforderliche fachliche Eignung besitzen. Bei diesen Voraussetzungen handelt es sich um unbestimmte Rechtsbegriffe, die selbst wenig Aussagekraft besitzen und deren normativer Aussagegehalt sich erst durch Auslegung ermitteln lässt. Daher kann für die Begriffsbestimmung eine vergleichbare Regelung Maßstab sein. Vergleichbare Formulierungen finden sich z. B. in § 24 Absatz 1 Satz 1 VAG und § 25c Absatz 1 Satz 1 KWG. Nach diesen Vorschriften müssen die Geschäftsleiter eines Versicherungsunternehmens oder eines Kreditinstituts ebenfalls zuverlässig sein und die erforderliche fachliche Eignung besitzen. Aufgrund des übereinstimmenden Wortlauts können die für den Geschäftsleiter eines Kreditinstituts oder einer Versicherungsgesellschaft entwickelten Grundsätze sinngemäß auf die Börsengeschäftsführer übertragen werden. Bei dem Merkmal der Zuverlässigkeit handelt es sich um ein allgemeines gewerberechtliches Erfordernis, dessen Fehlen auch nach § 35 GewO die Untersagung der Ausübung eines Gewerbes rechtfertigen kann. Dabei ist Unzuverlässigkeit in solchen Fällen anzunehmen, in denen der Betreffende nach dem Gesamtbild seines Verhaltens nicht die Gewähr dafür bietet, dass er seine Tätigkeit ordnungsgemäß ausüben wird.[166] Um die Unzuverlässigkeit des Geschäftsleiters feststellen zu können, müssen konkrete Anhaltspunkte vorliegen, die sich aus dem Verhalten, der Entwicklung und der Persönlichkeit des Betroffenen ableiten lassen, wobei Vermutungen hier nicht ausreichend sind.[167] Dabei ist es Sache des Börsenrats, diese Tatsachen abzuleiten und gegebenenfalls die Unzuverlässigkeit des Börsengeschäftsführungsmitglieds festzustellen. Da sich die Unzuverlässigkeit aus Tatsachen ergibt, ist eine Prognose des Börsenrats erforderlich, ob in Zukunft ein

165 Vgl. die Rechtslage zur Bestellung mehrerer Vorstandsmitglieder einer AG bei *Seibt* in: K. Schmidt/Lutter, § 84 Rn. 9; *Spindler* in: MüKoAktG, § 84 Rn. 19.

166 BVerwG NVwZ 1982, 559; BVerwG GewArch 1999, 72; *Schwennicke* in: Schwennicke/Auerbach, § 25c Rn. 3; *Fischer* in: Boos/Fischer/Schulte-Mattler, § 33 Rn. 35; *Tettinger* in: Tettinger/Wank, 8. Auflage, § 35 GewO Rn. 27.

167 *Schwennicke* in: Schwennicke/Auerbach, § 33 Rn. 30, 38; *Fischer* in: Boos/Fischer/Schulte-Mattler, § 33 Rn. 37.

Fehlverhalten eines Mitglieds der Geschäftsleitung im Geschäftsbetrieb der Börse wahrscheinlich ist. Bloße Zweifel oder Mutmaßungen reichen in diesem Fall nicht aus. Vielmehr ist die erhebliche Wahrscheinlichkeit eines künftigen Verhaltens erforderlich, wobei die Anforderungen an das Wahrscheinlichkeitsmaß umso geringer sind, je größer der zu befürchtende Schaden wäre.[168] Ferner hat der Börsenrat bei der Beurteilung der Zuverlässigkeit die Grundsätze der Sachgerechtigkeit und Verhältnismäßigkeit zu beachten. Daher stellen einmalige oder aus der Sondersituation resultierende Verfehlungen in der Regel noch keinen hinreichenden Grund dar, die Unzuverlässigkeit eines Mitglieds der Geschäftsführung anzunehmen.[169] Weil der Börsenrat bei seiner Wahrscheinlichkeitsfeststellung eine Prognose zu erstellen hat, stellt sich die Frage nach der gerichtlichen Überprüfung dieser Entscheidung. Trotz des Prognoseelements ist es allgemein anerkannt, dass es sich beim Begriff der Unzuverlässigkeit um einen unbestimmten Rechtsbegriff handelt, der vollständiger gerichtlicher Überprüfung unterliegt. Damit steht dem Börsenrat kein Beurteilungsspielraum zu.[170] Da er die Unzuverlässigkeit eines Geschäftsführungsmitglieds festzustellen hat, bedeutet dies, dass die Zuverlässigkeit nicht positiv nachgewiesen werden braucht, da ein solcher Nachweis kaum möglich wäre.[171] Vielmehr wird die Zuverlässigkeit unterstellt, wenn keine Tatsachen erkennbar sind, die zur Beurteilung der Unzuverlässigkeit führen. Der Gesetzgeber verlangt also nur, dass das potenzielle Mitglied der Börsengeschäftsführung alle erforderlichen Auskünfte über seine Person samt seiner persönlichen und beruflichen Entwicklung an den Börsenrat weiterleitet. Dieser muss dann die Tatsachen nachweisen, aus denen sich die Unzuverlässigkeit eines Mitglieds der Börsengeschäftsführung ergibt.[172] Solange der Börsenrat also keine Tatsachen feststellt, die zur Annahme der Unzuverlässigkeit des betroffenen Mitglieds der Geschäftsführung führen, ist damit das Merkmal der Zuverlässigkeit als erfüllt anzusehen.

---

168 VGH BW, GewArch 1993, 416; *Tettinger* in: Tettinger/Wank, § 35 GewO Rn. 31; *Schwark* in: Schwark/Zimmer, § 15 BörsG Rn. 2.

169 *Fischer* in: Boos/Fischer/Schulte-Mattler, § 33 Rn. 32.

170 *Schwark* in: Schwark/Zimmer, § 15 BörsG Rn. 2; vgl. *Schwennicke* in: Schwennicke/Auerbach, § 25c Rn. 6;ständige Rechtsprechung zur gewerblichen Unzuverlässigkeit, BVerwGE 28, 202, 209; BVerwG NVwZ 2005, 453; so für § 35 GewO auch *Tettinger* in: Tettinger/Wank, § 35 GewO Rn. 27.

171 So auch *Fischer* in: Boos/Fischer/Schulte-Mattler, § 33 Rn. 37 für den Geschäftsleiter eines Kreditinstituts.

172 *Fischer* in: Boos/Fischer/Schulte-Mattler, § 33 Rn. 37 für den Geschäftsleiter eines Kreditinstituts; vgl. für § 35 GewO allgemein *Tettinger* in: Tettinger/Wank, § 35 GewO Rn. 35. Zu den Einzelfällen, wann eine Unzuverlässigkeit eines Geschäftsleiters im Sinne des § 33 KWG angenommen werden kann, siehe *Schwennicke* in: Schwennicke/Auerbach, § 25c Rn. 5; *Fischer* in: Boos/Fischer/Schulte-Mattler, § 33 Rn. 38 ff.; problematische Einzelfälle für gewerbliche Unzuverlässigkeit vgl. *Tettinger* in: Tettinger/Wank, § 35 GewO Rn. 36 ff.

Neben der Zuverlässigkeit muss das betroffene Mitglied der Börsengeschäftsführung das erforderliche Merkmal der fachlichen Eignung erfüllen. Wann der Bestellte diese Voraussetzung erfüllt, ist dem Gesetz nicht zu entnehmen. Daher stellt sich die Frage, welche Qualifikationen an die Mitglieder der Börsengeschäftsführung zu stellen sind. Hilfreich ist in diesem Zusammenhang die für den Geschäftsleiter eines Kreditinstituts geltende Praxis. Die fachliche Eignung als Voraussetzung für den Geschäftsleiter eines Kreditinstituts findet sich in § 25c Absatz 1 Satz 2 KWG wieder. Das Erfordernis der fachlichen Eignung soll verhindern, dass Institute durch ungeeignete Geschäftsleiter in ihrem Bestand gefährdet oder in für die Interessen ihrer Kunden nachteilige Geschäfte verwickelt werden.[173] Um dieser Prämisse gerecht zu werden, muss der Geschäftsleiter den Nachweis führen, dass er fachlich zur Führung des Instituts geeignet ist. Es stehen ihm allerdings keine bestimmten Richtlinien zur Verfügung, wie er diesen Nachweis zu erbringen hat. Vielmehr bleibt die Feststellung der Geschäftsleiterqualifikation einer alle Umstände des Einzelfalles umfassenden Prüfung im Falle einer Anzeige durch das Kreditinstitut (§ 24 Absatz 1 KWG) vorbehalten[174], wobei die gesamte bisherige berufliche Tätigkeit des Bewerbers zur Größe und Geschäftsart des Instituts in Beziehung gesetzt wird.[175] Der Geschäftsleiter hat lediglich dafür zu sorgen, dass er durch einzureichende Unterlagen sowie ggf. weitere Informationen der BaFin ermöglicht, eine positive Beurteilung zu treffen.[176] Die inhaltlichen Aufforderungen an die fachliche Eignung sind in § 25c Absatz 1 Satz 2 KWG definiert. Danach setzt die fachliche Eignung ausreichende theoretische und praktische Kenntnisse in den betreffenden Geschäften sowie Leitungserfahrung voraus. § 25c Absatz 1 Satz 3 KWG enthält hierfür eine Regelvermutung, nach der die fachliche Eignung dann anzunehmen ist, wenn eine dreijährige leitende Tätigkeit bei einem Kreditinstitut von vergleichbarer Größe und Geschäftsart nachgewiesen wird. Nach Ansicht der BaFin wird als dreijährige leitende Tätigkeit im Sinne des § 25c Absatz 1 Satz 3 KWG die Leitung von büromäßigen Einheiten innerhalb eines Kreditinstituts mit einer Stellung unmittelbar unterhalb der Vorstandsebene angesehen.[177] Weiterhin muss die leitende Position mit einer nicht wesentlich eingeschränkten Kompetenz nach innen sowie Vertretungsmacht nach außen verbunden sein und nach ihrer Bedeutung, ihrem Erfolg und insbesondere nach der mit ihr verbundenen Verantwortung geeignet sein, den Nachweis zu erbringen, dass der Bewerber qualifiziert ist, nunmehr ein Kreditinstitut in vollem Umfange in eigener Verantwortung zu leiten.[178] Gelingt der

173 *Schwennicke* in: Schwennicke/Auerbach, § 25c Rn. 22.

174 Vgl. Merkblatt der BaFin zu den Geschäftsleitern gemäß KWG, ZAG und KAGB vom 04.01.2016, abrufbar unter www.bafin.de.

175 *Schwennicke* in: Schwennicke/Auerbach, § 25c Rn. 23a.

176 *Fischer* in: Boos/Fischer/Schulte-Mattler, § 33 Rn. 45; *Schwennicke* in: Schwennicke/Auerbach, § 25c Rn. 24.

177 Vgl. Merkblatt der BaFin zu den Geschäftsleitern gemäß KWG, ZAG und KAGB vom 04.01.2016, abrufbar unter www.bafin.de.

178 Ähnlich *Fischer* in: Boos/Fischer/Schulte-Mattler, § 33 Rn. 47.

Nachweis dieser hinreichenden Geschäftsführungsqualifikation, ist regelmäßig die fachliche Eignung eines Geschäftsleiters anzunehmen.[179]

Nachdem das Merkmal der fachlichen Eignung am Beispiel des Geschäftsleiters eines Kreditinstituts dargestellt wurde, kommt man nicht umhin zu fragen, ob diese Kriterien sich auf ein Mitglied der Börsengeschäftsführung übertragen lassen. Immerhin sind einerseits die jeweiligen Personen für die Leitung einer Einrichtung in eigener Verantwortung zuständig und andererseits gibt es sowohl Kreditinstitute als auch Börsen in der Form einer Anstalt des öffentlichen Rechts. Es ist daher nicht abwegig, die vorstehend ausgeführten Grundsätze auf ein Organmitglied der Börsengeschäftsführung anzuwenden. Da die Wertpapierbörsen jedoch keine Institute im Sinne des § 1 Absatz 1b KWG[180] darstellen, bedürfen die Kriterien einer Anpassung an die börsenrechtlichen Besonderheiten. Hinsichtlich der Anforderungen an die fachliche Leitung eines Börsengeschäftsführers kann zunächst auf § 25c Absatz 1 KWG zurückgegriffen werden. Für die fachliche Eignung als Geschäftsführer einer Börse sind daher in ausreichendem Maße theoretische und praktische Kenntnisse des Börsenwesens und der an der Börse getätigten Geschäfte (vgl. § 25c Absatz 1 Satz 2 KWG) zu fordern.[181] Darüber hinaus gilt auch hier das Regelbeispiel der leitenden Tätigkeit (vgl. § 25c Absatz 1 Satz 3 KWG), dass sich der künftige Börsengeschäftsführer durch eine dreijährige Tätigkeit bei einer Börse von vergleichbarer Größe fachlich für die Tätigkeit als Geschäftsleiter qualifiziert. Angesichts der Tatsache, dass in Deutschland nur acht Regionalbörsen existieren, darf angezweifelt werden, ob diese Voraussetzung jemals vorliegen wird. Es ist mithin davon auszugehen, dass der Betroffene bei Vorliegen der Kriterien fachlicher Eignung auch dann über die fachliche Eignung verfügt, wenn das Regelbeispiel der leitenden

179 Im Übrigen sieht § 24 Absatz 1 Satz 2 bis 4 des VAG dieselben Voraussetzungen für die fachliche Eignung des Geschäftsleiters eines Versicherungsunternehmens vor.

180 Nach § 1 Absatz 1b KWG sind Institute im Sinne des Kreditwesengesetzes nur Kreditinstitute und Finanzdienstleistungsinstitute. Zwar ist von dieser Vorschrift der Betrieb eines multilateralen Handelssystems erfasst, die Börse stellt aber kein multilaterales Handelssystem und damit ein Finanzdienstleistungsinstitut im Sinne des § 1 Absatz 1b KWG dar. Das ergibt sich aus Artikel 4 Absatz 1 Nr. 14 und 15 der Finanzmarktrichtlinie (abgedruckt in: Kümpel/Hammen/Ekkenga, Kapitalmarktrecht, Kennz. 925), wonach die Börsen und die multilateralen Handelssysteme denselben materiellen Anforderungen unterliegen. Allerdings steht der Betrieb der Börse unter der Bedingung einer vorher einzuholenden Genehmigung seitens der Börsenaufsichtsbehörde. Dagegen erbringt der Betreiber einer nicht als Börse genehmigten Handelsplattform eine erlaubnispflichtige Finanzdienstleistung nach § 1 Absatz 1a Satz 2 Nr. 1b KWG, die in den ausschließlichen Aufsichtsbereich der Bundesanstalt fällt. Gegen den nicht erlaubten Betrieb kann die Bundesanstalt nur nach den bankaufsichtsrechtlichen Grundsätzen einschreiten und den Betreiber gegebenenfalls nach dem Instrumentarium des KWG sanktionieren (vgl. BT-Drs. 16/4028, S. 81; *Groß*, Kapitalmarktrecht, § 2 BörsG Rn. 6 f.; *Kumpan* in: Baumbach/Hopt, HGB, § 4 BörsG Rn. 2.

181 *Schwark* in: Schwark/Zimmer, § 15 BörsG Rn. 2.

Tätigkeit nicht erfüllt ist.[182] In Ausnahmefällen können sich ausreichende praktische Kenntnisse auch durch die Tätigkeit in dem Aufsichtsorgan einer Börse ergeben sowie ausreichende Leitungserfahrung auch außerhalb einer Börse erworben worden sein.[183] Ob die fachliche Eignung ausreicht, entscheidet der Börsenrat unter Berücksichtigung aller Umstände des Einzelfalls. Für die theoretischen Kenntnisse sind vor allem volkswirtschaftliche, betriebswirtschaftliche, steuerrechtliche und allgemeinrechtliche Kenntnisse erforderlich, welche durch ein betriebs- bzw. volkswirtschaftliches Studium, ggf. mit einer wirtschaftsrechtlichen Kombination, nachgewiesen werden können. Da praktische Kenntnisse dem Nachweis dienen, dass der künftige Geschäftsleiter in der Lage ist, vorhandene theoretische Kenntnisse in der Praxis anzuwenden, ist demnach eine praktische Erfahrung in den Geschäftsbereichen wünschenswert, in denen die Börse in ihrer Funktion als Marktveranstalter tätig wird. Ferner ist erforderlich, dass das Börsengeschäftsführungsmitglied über hinreichend praktische Erfahrungen in der Leitung von Organisationseinheiten und dadurch unter Beweis gestelltes Durchsetzungsvermögen verfügt. Weil die Leitungserfahrung auch außerhalb der Börse erworben werden kann, sind für die Leitung von Organisationseinheiten eine bereits ausgeübte anderweitige Tätigkeit als Geschäftsleiter, aber auch die Funktion als Leiter einer bedeutenden Abteilung unterhalb der Leitungsebene oder als Prokurist mit entsprechenden Kompetenzen ausreichend.[184] Wie im Falle des Geschäftsleiters eines Kreditinstituts fehlt dem Börsengeschäftsführer die fachliche Eignung dann, wenn er zwar über theoretische und praktische Kenntnisse sowie Leitungserfahrung bei einer Börse oder einem Institut im Sinne des § 1 Absatz 1b KWG verfügt, dort aber wegen Nichteignung entlassen oder auf Verlangen der Börsenaufsichtsbehörde nach § 15 Absatz 2 BörsG bzw. der BaFin nach § 36 KWG abberufen wurde.[185] Wenn keine Zweifel an einer fachlichen Eignung des Börsengeschäftsführers bestehen, sind die Eignungsvoraussetzungen als erfüllt anzusehen. Damit steht auch der erfolgreichen Bestellung einer Person zum Mitglied der Börsengeschäftsführung nichts mehr im Wege.

ee) Amtsdauer der Bestellung

Nach § 15 Absatz 1 Satz 4 1 HS BörsG werden die Geschäftsführer der Börse für höchstens fünf Jahre bestellt; die wiederholte Bestellung ist jedoch gemäß § 15 Absatz 1 Satz 4 2 HS BörsG zulässig. Diese Regelung orientiert sich an der

---

182 So auch *Schwennicke* in: Schwennicke/Auerbach, § 25c Rn. 33 für den Geschäftsleiter eines Kreditinstituts.

183 Vgl. die ausdrückliche Begründung des Regierungsentwurfs zum Begriff der fachlichen Leitung als Geschäftsleiter eines Kreditinstituts, in BT-Drs. 10/1441, S. 49.

184 Vgl. die entsprechenden Nachweise für die vergleichbare Rechtslage des Geschäftsleiters eines Kreditinstituts bei *Schwennicke* in: Schwennicke/Auerbach, § 25c Rn. 34 ff.; *Fischer* in: Boos/Fischer/Schulte-Mattler, § 33 Rn. 48 ff.

185 Zu diesem ungeschriebenen Tatbestandsmerkmal und weiteren Einzelfällen, bei denen die fachliche Eignung abgelehnt wurde, siehe *Fischer* in: Boos/Fischer/Schulte-Mattler, § 33 Rn. 53; *Schwennicke* in: Schwennicke/Auerbach, § 25c Rn. 32.

aktienrechtlichen Vorschrift über die Bestellung eines Vorstandsmitglieds nach § 84 Absatz 1 Satz 1 und 2 AktG.[186] Da der Gesetzgeber in der Gesetzesbegründung ausdrücklich auf die Norm des § 84 AktG verweist, finden in diesem Zusammenhang die für das Vorstandsmitglied geltenden Grundsätze auch auf das Mitglied der Börsengeschäftsführung Anwendung. Maßgeblich für die Fristberechnung ist der Beginn der Amtszeit, also in erster Linie der im Bestellungsbeschluss bestimmte Beginn. Eine Mindestdauer der Bestellung sieht das Gesetz nicht vor, deshalb wird man davon ausgehen müssen, dass eine Geschäftsführerbestellung für einen Zeitraum unter einem Jahr kaum zu rechtfertigen sein wird, wenn es dabei nicht um bloße Überbrückung geht.[187] Eine wiederholte Bestellung ist zwar nach dem Börsengesetz zulässig, allerdings enthält das Gesetz keine Angabe über die Dauer einer solchen Bestellung. An dieser Stelle hilft der Verweis der Regierungsbegründung auf die Vorschrift des § 84 Absatz 1 Satz 2 AktG, wonach die wiederholte Bestellung ebenfalls nur für eine Amtszeit von fünf Jahren erfolgen kann. Für die Wiederbestellung eines Börsengeschäftsführungsmitglieds ist ein ausdrücklicher Börsenratsbeschluss notwendig[188], so dass die Amtszeit eines Börsengeschäftsführungsmitglieds nicht verlängert ist, wenn der Börsenrat seine Tätigkeit für die Börse lediglich duldet.[189] Damit soll vor allem bezweckt werden, dass sich der Börsenrat alle fünf Jahre in verantwortlicher Beratung über die Weiterbeschäftigung des Börsengeschäftsführungsmitglieds schlüssig wird.[190] Um Umgehungen zu vermeiden, kann der neue Börsenratsbeschluss frühestens ein Jahr vor Ablauf der Amtszeit gefasst werden. Wird er zuvor gefasst, ist der Beschluss als unwirksam zu behandeln. Demzufolge kann die Bestellung oder Verlängerung der Amtszeit ohne wirksamen Beschluss nicht wirksam begründet werden.[191]

c) Anstellung

aa) Begriff

Von der Bestellung des Börsengeschäftsführers ist seine Anstellung beim Börsenträger zu unterscheiden. Diese Anstellung bildet keine Rechtseinheit mit der Bestellung, auch wenn sie in vieler Hinsicht mit ihr in einem Zusammenhang steht. Der Anstellungsvertrag regelt die schuldrechtlichen Beziehungen zwischen Börsengeschäftsführer und Börsenträger, durch welche er Dienstverpflichteter des Trägers wird. In der Regel stellt der Anstellungsvertrag ein gegenseitiges privatrechtliches

186 BT-Drs. 12/6679, S. 64; *Ledermann* in: Schäfer/Hamann, KMG, § 12 BörsG Rn. 13.

187 OLG Karlsruhe, AG 1973, 310, 311; *Spindler* in: MüKoAktG, § 84 Rn. 43; *Seibt* in: K. Schmidt/Lutter, § 84 Rn. 14; offen *Hüffer*, § 84 Rn. 7.

188 BGHZ 10, 187, 194; 41, 282, 285; 47, 341, 343; BGH WM 1960, 803, 805.

189 *Spindler* in: MüKoAktG, § 84 Rn. 47; *Hüffer*, § 84 Rn. 6; *Seibt* in K.Schmidt/Lutter, § 84 Rn. 15.

190 So die Argumentation des BGH für die Bestellung eines Vorstandsmitglieds in BGHZ 10, 187, 194f.

191 *Seibt* in: K. Schmidt/Lutter, § 84 Rn. 16; *Spindler* in: MüKoAktG, § 84 Rn. 47 f.

Austauschverhältnis gemäß §§ 320 ff. BGB dar, das auf Leistung von Diensten gegen Entgelt gerichtet ist.[192] Wird das Börsengeschäftsführungsmitglied jedoch unentgeltlich tätig, ist das der Organstellung zugrunde liegende schuldrechtliche Rechtsverhältnis als Auftragsverhältnis im Sinne des §§ 662 ff. BGB zu qualifizieren.[193] Der Anstellungsvertrag regelt die dem Mitglied der Börsengeschäftsführung nicht als Organ, sondern als Dienstpflichtiger des Trägers obliegenden Rechte und Pflichten.

bb) Rechtsnatur des Anstellungsvertrags

Im vorliegenden Abschnitt soll der Frage nachgegangen werden, welche Rechtsnatur der zwischen einem Börsengeschäftsführungsmitglied und dem Börsenträger abgeschlossene Anstellungsvertrag hat. In Betracht kommen sowohl der unabhängige Dienstvertrag als auch der Arbeitsvertrag, der nach unstrittiger Meinung als Unterfall des Dienstvertrags im Sinne der §§ 611 ff. BGB einzustufen ist.[194] Der wesentliche Unterschied zwischen den beiden Vertragstypen besteht darin, dass nur bei einem Arbeitsvertrag eine soziale Abhängigkeit zum Dienstberechtigten vorhanden ist und fremdbestimmte Arbeit geleistet wird, während der Dienstpflichtige bei den sog. unabhängigen Dienstverträgen selbständig ist.[195] Die Abgrenzung, ob aufgrund eines Vertrags fremdbestimmte oder selbständige Arbeit zu leisten ist, wird vom Arbeitnehmerbegriff her vorgenommen. Das bedeutet, dass grundsätzlich bei einem Vertrag, der sich auf die Leistung von Diensten gegen Entgelt richtet, ein unabhängiger Dienstvertrag dann anzunehmen ist, wenn kein Arbeitsvertrag vorliegt.[196] Sollte die Untersuchung ergeben, dass der zwischen einem Börsengeschäftsführer und dem Börsenträger abgeschlossene Anstellungsvertrag ein Arbeitsverhältnis darstellt, würde dieser Umstand auch für eine Arbeitnehmereigenschaft des Börsengeschäftsführungsmitglieds sprechen. Da für die Geltung arbeitsrechtlicher Gesetze der Arbeitnehmerstatus vorausgesetzt wird, müssen in einem nächsten Schritt die Kriterien des Arbeitnehmerbegriffs herausgearbeitet werden. Anschließend wird der Frage nachgegangen, ob das Mitglied der Börsengeschäftsführung als Arbeitnehmer im Sinne der arbeitsrechtlichen Vorschriften anzusehen ist.

---

192 *Preis* in: ErfK, § 611 BGB Rn. 3 sowohl für den Arbeits- als auch den Dienstvertrag.

193 Vgl. BGHZ 10, 187, 191; 36, 142; *Hüffer*, § 84 Rn. 11; *Spindler* in: MüKoAktG, § 84 Rn. 56; *Thüsing* in: Fleischer, Handbuch des Vorstandsrechts, § 4 Rn. 53 (für das Vorstandsmitglied einer AG).

194 *Vogelsang* in: Schaub, Arbeitsrechts-Handbuch, 16. Auflage, § 9 Rn. 1; *Dütz/Thüsing*, § 3 Rn. 110; *Schliemann* in: BGB-RGRK, 12. Auflage, § 611 Rn. 1153; *Preis* in: ErfK, § 611 BGB Rn. 3.

195 *Richardi/Fischinger* in: Staudinger, Neubearbeitung 2011, Vorbem. zu §§ 611 ff., Rn. 19 ff.; *Schliemann* in: BGB-RGRK, § 611 Rn. 957 ff. mit umfangreichen Nachweisen des Schrifttums.

196 *Vogelsang* in: Schaub, Arbeitsrechts-Handbuch, § 9 Rn. 1 ff.

(1) Der Arbeitnehmerbegriff im Gesetz

Obwohl der Arbeitnehmerbegriff für das Arbeitnehmerschutzrecht von entscheidender Bedeutung ist, sucht man eine Begriffsbestimmung im Gesetz vergebens. Nach § 84 Absatz 2 HGB gilt derjenige als Angestellter, der – ohne selbständig im Sinne des Absatz 1 zu sein – ständig damit betraut ist, für einen Unternehmer Geschäfte zu vermitteln oder in dessen Namen abzuschließen. Ferner ist nach der gesetzlichen Definition des Begriffs des Handelsvertreters gemäß § 84 Absatz 1 Satz 2 HGB derjenige selbständig, der im Wesentlichen frei seine Tätigkeit gestalten und seine Arbeitszeit bestimmen kann. Aus der Formulierung dieser Vorschriften lässt sich zwar im Umkehrschluss auf die Angestellteneigenschaft im Sinne des HGB und damit auf das Vorliegen einer Arbeitnehmereigenschaft schließen. Durch einen solchen Umkehrschluss wird aber eine Legaldefinition nicht ersetzt. Trotz fehlender Definition eines Arbeitnehmerbegriffs findet sich der Begriff „Arbeitnehmer" in zahlreichen Gesetzen wieder, ohne dass jeweils seine Bedeutung oder sein Inhalt näher erläutert werden. Zudem ist der Sprachgebrauch nicht einheitlich. Vielmehr fällt die Bestimmung des Begriffs des Arbeitnehmers je nach Regelungsziel und Regelungszweck der betreffenden Vorschrift unterschiedlich aus.

(a) BGB und arbeitsrechtliche Gesetze

Das Bürgerliche Gesetzbuch verwendet den Begriff des Arbeitnehmers zur Beschreibung des Anwendungsbereichs der Norm, nämlich in §§ 612a, 613a, 619a, 630 Satz 4 BGB, wobei auf eine generelle Definition des Anwendungsbereichs dieser Regelungen verzichtet wird. § 622 Absatz 1 BGB enthält ihn in einem Klammerzusatz als Oberbegriff für Arbeiter und Angestellte. Ähnlich wie im Bürgerlichen Gesetzbuch wird der Ausdruck „Arbeitnehmer" auch in vielen arbeitsrechtlichen Gesetzen ohne jegliche Erläuterung gebraucht.[197] Entsprechend findet sich der Begriff in § 1 Absatz 1 KSchG, § 1 NachwG oder § 1 AÜG wieder, ohne dass er dort näher beschrieben wird. Darüber hinaus definiert eine Vielzahl von Gesetzen Arbeitnehmer als „Arbeiter und Angestellte einschließlich der zu ihrer Berufsausbildung Beschäftigten" (so § 2 Absatz 2 AZG, § 17 Absatz 1 Satz BetrAVG, § 5 Absatz 1 Satz 1 ArbGG, § 2 Satz 1 BUrlG, § 1 Absatz 2 Entgeltfortzahlungsgesetz). Eine ähnliche Formulierung enthält § 5 Absatz 1 Satz 1 BetrVG, wonach „Arbeitnehmer (Arbeitnehmerinnen und Arbeitnehmer) im Sinne dieses Gesetzes Arbeiter und Angestellte sind einschließlich der zu ihrer Berufsausbildung Beschäftigten, unabhängig davon, ob sie im Betrieb, im Außendienst oder mit Telearbeit beschäftigt werden". Diese formalen Begriffsbestimmungen ordnen zwar an, welche Personen als Arbeitnehmer im Sinne des jeweiligen Gesetzes anzusehen sind, eine genaue Beschreibung des Arbeitnehmerbegriffs wird hier aber nicht vorgenommen.[198] Zuweilen verwendet der Gesetzgeber

---

197 Vgl. *Wank*, Arbeitnehmer und Selbständige, 1988, S. 7; *Richardi/Fischinger* in: Staudinger, Vorbem. §§ 611 ff. Rn. 217 ff. und die dort genannten Beispiele.

198 *Schliemann* in: BGB-RGRK, § 611 Rn. 965; *Wank*, Arbeitnehmer und Selbständige, S. 7.

den Begriff der Arbeitnehmerinnen und Arbeitnehmer nur als Unterbegriff der Beschäftigten. Hierzu zählen insbesondere § 6 Absatz 1 Satz 1 Nr. 1 AGG und § 2 Absatz 2 Nr. 1 ArbSchG. Zusammenfassend kann somit festgehalten werden, dass das BGB und zahlreiche arbeitsrechtliche Gesetze den Begriff des Arbeitnehmers gebrauchen, um den persönlichen Anwendungsbereich des jeweiligen Gesetzes zu bestimmen. Allerdings beinhalten diese Umschreibungen keine Definition des Begriffs des Arbeitnehmers.

(b) Öffentlich-rechtliche Gesetze

Auch im Sozial- und Steuerrecht spielt der Arbeitnehmerbegriff eine wichtige Rolle. Der Arbeitnehmer ist in diesen Fällen zwingend vom Selbständigen abzugrenzen, da nach den steuerrechtlichen Gesetzen diese Personen unterschiedlicher Bewertung unterliegen. Dies geht zum einen aus den §§ 18, 19 EStG hervor, wo zwischen Einkünften aus selbständiger und nichtselbständiger Erwerbstätigkeit unterschieden wird. Zum anderen ist in diesem Zusammenhang auch § 1 Absatz 1 Satz 1 LStDV bedeutsam. Danach sind Arbeitnehmer solche Personen, die im öffentlichen oder privaten Dienst angestellt oder beschäftigt sind oder waren und die aus diesem Dienstverhältnis oder einem früheren Dienstverhältnis Arbeitslohn beziehen. Diese Definition ist jedoch ausschließlich für die Beurteilung steuerlicher Fälle bedeutsam, weshalb sie keine aussagekräftige Bestimmung über den hier zu untersuchenden Arbeitnehmerbegriff enthält.[199] Für die Versicherungspflicht in der Sozialversicherung enthält der Begriff der Beschäftigung, welcher im § 7 Absatz 1 Satz 1 SGB IV als „nichtselbständige Arbeit, insbesondere in einem Arbeitsverhältnis" definiert wird, eine wichtige Umschreibung. Hieraus kann geschlossen werden, dass das Beschäftigungsverhältnis einen wirksamen Arbeitsvertrag nicht voraussetzt und deshalb die Begriffe Arbeitnehmer im Arbeitsrecht und Beschäftigter im Sozialversicherungsrecht unterschiedlich zu bestimmen sind.[200] Insofern gibt es auch im Sozialversicherungs- und Steuerrecht keine Legaldefinition des Begriffes „Arbeitnehmer".

(c) Europäische Rechtsvorschriften

Wenn das nationale Recht keine Begriffsbestimmung über den Arbeitnehmer enthält, muss das nicht zwangsläufig auch für das europäische Gemeinschaftsrecht gelten. Im Vertrag über die Arbeitsweise der Europäischen Union (AEUV) gibt es zahlreiche Rechtsvorschriften, die den Begriff des „Arbeitnehmers" ausdrücklich verwenden (z. B. Art. 45, 46, 48, 50 Absatz 2 Buchstabe b des AEUV). Aber auch hier sehen die Regelungen keine Legaldefinition vor. Darüber hinaus kann der Arbeitnehmerbegriff des Gemeinschaftsrechts nicht ohne weiteres auf das deutsche Recht

---

199 *Richardi/Fischinger* in: Staudinger, Vorbem. §§ 611 ff. Rn. 219.

200 *Müller-Glöge* in: MüKoBGB, § 611 Rn. 585; *Richardi/Fischinger* in: Staudinger, Vorbem. §§ 611 ff. Rn. 219; *Boemke*, DStR 2000, 1694, 1697; *Rolfs* in: ErfK, § 7 SGB IV Rn. 2; a. M. *Greiner*, NZS 2009, 657, 665.

übertragen werden, da für diesen Begriff die Zielsetzung des Gemeinschaftsrechts maßgeblich ist. Vielmehr ist bei Geltung des Gemeinschaftsrechts darauf zu achten, dass der Arbeitnehmerbegriff des deutschen Rechts dem jeweils einschlägigen gemeinschaftsrechtlichen Arbeitnehmerbegriff angepasst werden muss.[201]

(d) Zwischenergebnis

Nach Überprüfung einschlägiger Gesetze stellt man fest, dass es keine Legaldefinition des Arbeitnehmerbegriffs gibt, obwohl dieser Begriff in verschiedener Ausführung gebräuchlich ist. Da sich eine Legaldefinition des Begriffes des Arbeitnehmers auch nicht aus einer Bezugnahme auf den Gegenbegriff des selbständig Tätigen ergibt, werden im nächsten Abschnitt die von der Rechtsprechung und der Literatur zum Arbeitnehmerbegriff entwickelten Kriterien abgehandelt.

(2) Der Arbeitnehmerbegriff in der Rechtsprechung

Was unter einem Arbeitnehmer zu verstehen ist, ist nicht nur Gegenstand der Rechtsprechung des Bundesarbeitsgerichts gewesen. Vielmehr setzte sich neben der deutschen auch die europäische Gerichtsbarkeit mit dem Begriff des Arbeitnehmers auseinander.

(a) Der Europäische Gerichtshof

Vor Ratifizierung des AEUV am 01. Dezember 2009 war der Begriff des Arbeitnehmers in Artikel 39 EGV erwähnt, welcher die Arbeitnehmerfreizügigkeit innerhalb der Mitgliedsstaaten regelte, erwähnt, ohne dass freilich Artikel 39 EGV eine genaue Begriffsbestimmung enthielt. Demzufolge hatte der Europäische Gerichtshof (EuGH) in mehreren Verfahren zu klären, inwieweit die Freizügigkeitsregeln für Arbeitnehmer im Sinne dieser Vorschrift anwendbar waren. Um den Anwendungsbereich dieser Vorschrift bestimmen zu können, musste der Begriff des Arbeitnehmers definiert werden. Nach ständiger Rechtsprechung des EuGH enthält das europäische Recht einen gemeinschaftrechtlichen Arbeitnehmerbegriff, welcher weit auszulegen ist, weil er den Anwendungsbereich einer der Grundfreiheiten der Gemeinschaft festlegt.[202] Hiernach ist Arbeitnehmer jede Person, die eine tatsächliche und echte Tätigkeit ausübt, wobei Tätigkeiten außer Betracht bleiben, die einen so geringen Umfang haben, dass sie sich als völlig untergeordnet und unwesentlich darstellen. Ferner besteht das wesentliche Merkmal des Arbeitsverhältnisses nach dieser Rechtsprechung darin, dass jemand während einer bestimmten Zeit für einen anderen nach dessen Weisung Leistungen erbringt, für

---

201 *Richardi/Fischinger* in: Staudinger, Vorbem. §§ 611 ff. Rn. 220; *Schliemann* in: BGB-RGRK, § 611 Rn. 973; *Reinecke*, ZIP 1998, 581, 584.

202 EuGH NZA 2008, 995, 996 (Ranccanelli).

die er als Gegenleistung eine Vergütung erhält.[203] Bei der Bestimmung des Arbeitnehmerbegriffs spielt es im Gegensatz zum deutschen Recht keine Rolle, ob das Beschäftigungsverhältnis auf einem privatrechtlichen Vertrag beruht oder ob es sich um ein öffentlich-rechtlich begründetes Beschäftigungsverhältnis handelt.[204] Darüber hinaus soll auch die Art der Tätigkeit grundsätzlich für die Annahme der Arbeitnehmereigenschaft keine Rolle spielen.[205] Allerdings sei, so der EuGH, der gemeinschaftsrechtliche Arbeitnehmerbegriff auf Sachverhalte, die sich innerhalb eines einzigen Mitgliedstaats vollziehen, nicht anwendbar, auch wenn behauptet werde, dass gegebenenfalls durch eine rechtswidrige Behandlung innerhalb des Mitgliedstaates eine spätere Arbeitsaufnahme in einem anderen Mitgliedstaat erschwert sein könnte.[206] Demgegenüber sei es den Mitgliedstaaten verwehrt, den Begriff des Arbeitnehmers, soweit es um die Anwendung europarechtlicher Regelungen gehe, nach dem innerstaatlichen Recht zu bestimmen. Zwar werde ihnen die Möglichkeit genommen, das Freizügigkeitsrecht einzuschränken, umgekehrt könne der nationale Gesetzgeber die Freizügigkeit aber durch nationale Gesetze erweitern.[207] Wegen des insoweit identischen Wortlauts mit den früher geltenden Vorschriften findet der von der Rechtsprechung des EuGH entwickelte gemeinschaftrechtliche Arbeitnehmerbegriff auch im Rahmen des nunmehr maßgeblichen Artikels 45 AEUV unmittelbare Anwendung.

(b) Das Bundessozialgericht

Neben dem EuGH hat sich auch die Rechtsprechung des Bundessozialgerichts (BSG) mit dem Begriff des Arbeitnehmers auseinandersetzen müssen. Dabei ist zunächst zu beachten, dass das Sozialversicherungsrecht im Grundsatz nicht vom Begriff des Arbeitnehmers, sondern vom Begriff des Beschäftigten bzw. vom Beschäftigungsverhältnis ausgeht. Gleichwohl liegt der Ausfüllung dieses sozialversicherungsrechtlichen Begriffs ein arbeitsrechtliches Grundverständnis des Begriffs des Arbeitnehmers zugrunde. Dieses Grundverständnis lässt sich bereits ausdrücklich aus § 7 Absatz 1 Satz 1 SGB IV ableiten, nach dessen Wortlaut die Beschäftigung eine nichtselbständige Arbeit ist, insbesondere in einem Arbeitsverhältnis. Deshalb sieht das BSG für das Vorliegen der tatbestandlichen Voraussetzungen der Beschäftigung als wesentlich an, dass der Arbeitnehmer vom Arbeitgeber persönlich abhängig ist. Eine persönliche Abhängigkeit sei bei einer Beschäftigung im fremden Betrieb dann

203 EuGH NJW 2011, 2343, 2344 (Danosa); EuGH NVwZ 1987, 41 (Lawrie-Blum); EuGH EuZW 2004, 507 (Collins); EuGH NZA 2005, 757 (Trojani); EuGH NZA 2008, 995, 996 (Ranccanelli); so bereits auch die Rechtsprechung des EuGH zur alten Vorschrift der Arbeitnehmerfreizügigkeit gemäß Artikel 48 EWG-Vertrag, siehe die Nachweise bei *Schliemann* in: BGB-RGRK, § 611 Rn. 973.

204 EuGH NVwZ 1987, 41 (Lawrie-Blum).

205 EuGH Slg. 1976-II, 1333, 1340 (Doná).

206 EuGH Slg. 1984-III, 2539, 2547 (Moser gegen das Land Baden-Württemberg).

207 *Schliemann* in: BGB-RGRK, § 611 Rn. 973.

gegeben, wenn der Beschäftigte in den Betrieb eingegliedert sei und dabei einem Zeit, Dauer und Ort der Ausführung umfassenden Weisungsrecht des Arbeitgebers unterliege.[208] Sei ein Weisungsrecht nicht vorhanden, könne der Betreffende seine Tätigkeit also wesentlich frei gestalten, insbesondere über die eigene Arbeitskraft, über Arbeitsort und Arbeitszeit frei verfügen, oder füge er sich nur in die von ihm selbst gegebene Ordnung des Betriebes ein, liege keine abhängige, sondern eine selbständige Tätigkeit vor, die zusätzlich durch ein Unternehmerrisiko gekennzeichnet zu sein pflege.[209] Da nach der Rechtsprechung also die Weisungsabhängigkeit und die Eingliederung in eine fremde Organisation die entscheidenden Elemente des Beschäftigungsbegriffes darstellen, haben diese Kriterien durch das Gesetz zur Förderung der Selbständigkeit[210] in die Bestimmung des § 7 Absatz 1 Satz 2 SGB IV Eingang gefunden. Ob eine selbständige oder unselbständige Tätigkeit verrichtet wird, entscheidet sich letztlich danach, welche Merkmale überwiegen. Es kommt dabei auf eine Gesamtbetrachtung des Einzelfalls an. Hierbei ist die vertragliche Ausgestaltung des Verhältnisses zu beachten. Weicht diese von den tatsächlichen Verhältnissen ab, haben diese ausschlaggebende Bedeutung.[211] Demnach sei – so wird gesagt – die tatsächliche Gestaltung der Tätigkeit entscheidend und nicht, wie die Vertragspartner selbst das Vertragsverhältnis beurteilen oder bezeichnen. Der Wille der Vertragsparteien sei nur dann von Bedeutung, sofern die tatsächlichen Verhältnisse weder in die eine noch in die andere Richtung deuten.[212]

(c) Der Bundesfinanzhof

Auch die Rechtsprechung des Bundesfinanzhofs (BFH) hat den Arbeitnehmerbegriff in mehreren Entscheidungen klären müssen. Allerdings ist dabei zu beachten, dass das Steuerrecht gegenüber dem Arbeitsrecht und Sozialversicherungsrecht, die parallel dem Schutz des Arbeitnehmers gewidmet sind, ein anderes Ziel verfolgt, nämlich dem Staat zu Einnahmen zu verhelfen und diese Einnahmen gerecht zu erheben.[213] Ferner enthält das Steuerrecht erhebliche Erweiterungen gegenüber dem Arbeitsrecht, da das Entgelt für Beamte einkommens- und lohnsteuerrechtlich zu den Einkünften aus nichtselbständiger Arbeit gehört. Dieses Ergebnis beruht auf dem Gedanken, dass Beamte mangels zugrunde liegender privatrechtlicher Verhältnisse nicht zu den Arbeitnehmern im Sinne des Arbeitsrechts zählen. Dasselbe gilt auch für das Einkommen von Organmitgliedern juristischer Personen.[214] Trotz dieser Besonderheiten knüpft auch der BFH grundsätzlich an das Vorliegen eines

208 BSG AP Nr. 30 zu § 611 BGB Abhängigkeit; BSG NZA 1991, 907, 908; BSG NZS 2007, 648, 649.
209 BSG AP Nr. 5 zu § 539 RVO; BSG BB 1962, 923.
210 Vom 20.12.1999 (BGBl. I S. 2).
211 BSG AP Nr. 30 zu § 611 BGB Abhängigkeit.
212 BSG AP Nr. 29 zu § 611 BGB Abhängigkeit.
213 *Wank*, Arbeitnehmer und Selbständige, S. 359.
214 *Wank*, Arbeitnehmer und Selbständige, S. 360.

Arbeitsverhältnisses an. Nach ständiger Rechtsprechung des BFH beschreibt § 1 LStDV zutreffend die Merkmale, anhand derer zu entscheiden sei, ob eine nichtselbständige Tätigkeit gemäß § 19 Absatz 1 EStG und damit von einem Arbeitnehmer erbracht wird.[215] Für eine Arbeitnehmereigenschaft müssten demnach folgende Merkmale erfüllt sein: Zunächst müsse der Angestellte in einem Dienstverhältnis beschäftigt sein, ferner in der Betätigung seines geschäftlichen Willens unter der Leitung des Arbeitgebers stehen oder im geschäftlichen Organismus des Arbeitgebers dessen Weisungen zu folgen verpflichtet sein und schließlich dürfe er keine selbständige gewerbliche oder freiberufliche Tätigkeit ausüben.[216] Ob eine nichtselbständige Arbeit erbracht werde, bestimme sich nach dem Gesamtbild der Verhältnisse, wobei die für und gegen Nichtselbständigkeit sprechenden Umstände gegeneinander abzuwägen oder Einzelmerkmale nach ihrer Bedeutung zu gewichten seien.[217] Zudem sei bei untergeordneten, einfachen Arbeiten eher eine Eingliederung in die fremde Arbeitsorganisation anzunehmen als bei gehobenen Tätigkeiten. Zwar setzt nach Auffassung des BFH eine unternehmerische Betätigung nicht notwendigerweise eine besondere berufliche Qualifikation voraus, jedoch stünden die Art der Arbeit und die Weisungsbefugnisse des Auftraggebers insofern in einem Wechselverhältnis zueinander, als bei einfachen Arbeiten schon organisatorische Dinge betreffende Weisungen den Beschäftigten in der Ausübung der Arbeit festgelegt und damit in den Organismus des Betriebes eingegliedert erscheinen ließen.[218] Wenn nach einer Gesamtabwägung die Merkmale für das Vorliegen einer Nichtselbständigkeit sprächen, sei demnach von einer Arbeitnehmereigenschaft des Angestellten auszugehen. Der steuerrechtliche Arbeitnehmerbegriff habe jedoch keine bindende Wirkung für die Bestimmung des Begriffes des Arbeitnehmers im Arbeits- und Sozialrecht. Dieser sei vielmehr unabhängig von anderen Rechtsgebieten zu beurteilen, weil der dem Sozial- und Arbeitsrecht zugrunde liegende Gedanke der Sozialbedürftigkeit dem Steuerrecht fremd sei und im Einzelfall zwar steuerrechtlich ein Dienstverhältnis, arbeits- und sozialversicherungsrechtlich jedoch kein Dienstverhältnis und umgekehrt vorliegen könne.[219]

(d) Bundesarbeitsgericht

Aufgrund der Zuständigkeit der Gerichte für Arbeitssachen kommt für die Definition und Abgrenzung des Arbeitnehmerbegriffes der Rechtsprechung des Bundesarbeitsgerichts (BAG) zentrale Bedeutung zu. Da der Arbeitsvertrag unstrittig einen

---

215 BFH NJW 1991, 261, 262; BFH AP Nr. 63 zu § 611 BGB Abhängigkeit; BFH DStR 2008, 1182; DStR 2008, 1923; DStR 2009, 1355, 1356.

216 Vgl. auch *Wank*, Arbeitnehmer und Selbständige, S. 357.

217 BFH AP Nr. 63 zu § 611 BGB Abhängigkeit; BFH DStR 2009, 1355, 1356.

218 BFH BB 1985, 2153, 2154; BFH AP Nr. 63 zu § 611 BGB Abhängigkeit.

219 BFH, Urt. v. 04.07.1972 - VI R 58/69, juris Rn. 20; BFH DB 1980, 1246; DStR 2009, 1355; 1357; ablehnend *Wank*, Arbeitnehmer und Selbständige, S. 362; zweifelnd *Schliemann* in: BGB-RGRK, § 611 Rn. 980.

Unterfall des Dienstvertrags bildet, setzt die Annahme der Arbeitnehmereigenschaft zwingend voraus, dass die Merkmale eines Dienstvertrags im Sinne des § 611 BGB vorliegen müssen. Bei der Begriffsbestimmung des Arbeitnehmers legt das BAG deshalb eine herkömmliche Ansicht zugrunde. Danach ist derjenige Arbeitnehmer, wer aufgrund eines privatrechtlichen Vertrages oder eines ihm gleichgestellten Rechtsverhältnisses im Dienst eines anderen zur Arbeit verpflichtet wird.[220] Damit die Arbeitnehmereigenschaft bejaht werden kann, müssen also drei Voraussetzungen erfüllt sein:

(aa) Verpflichtung zur Leistung von Arbeit

Für das Vorliegen einer Arbeitnehmereigenschaft muss zunächst das Merkmal der Verpflichtung zur Leistung von Arbeit vorliegen. Diese Voraussetzung dient der Abgrenzung des Arbeitsvertrages einerseits vom Werkvertrag und andererseits von spielerischen, sportlichen oder künstlerischen Betätigungen, die nicht auf eine Arbeitsleistung gerichtet sind. Demzufolge kann Arbeitnehmer nur sein, wer zur Leistung von Arbeit verpflichtet ist, nicht dagegen, wer einen bestimmten Arbeitserfolg schuldet. Sofern jemand einen bestimmten Arbeitserfolg schuldet, ist regelmäßig ein Werkvertrag gegeben. Deshalb kann ein Werkunternehmer niemals Arbeitnehmer sein.[221] Wenn man mit der Rechtsprechung die Arbeit als eine Betätigung im wirtschaftlichen Sinne versteht, die zur Befriedigung des Bedürfnisses eines anderen dient[222], so ist bei sportlichen, spielerischen oder künstlerischen Betätigungen stets darauf abzustellen, ob es sich um berufsmäßige Erscheinungen handelt. Erfolgt die Betätigung zum ausschließlichen Selbstzweck und nicht zur Befriedigung eines Fremdbedarfes, ist dieses Verhalten im Wirtschaftsleben nicht als Arbeit zu qualifizieren.[223]

(bb) Privatrechtlicher Vertrag

Für das Vorliegen einer Arbeitnehmereigenschaft ist weiterhin notwendig, dass die Verpflichtung zur Arbeitsleistung auf einem privatrechtlichen Vertrag oder einem gleichgestellten Rechtsverhältnis beruht. Dieses Merkmal dient vor allem dazu, den Arbeitnehmer von anderen Personengruppen zu unterscheiden, die zwar abhängige Arbeit leisten, aber nicht dem Arbeitsrecht unterstehen. Da die Arbeitsverhältnisse im Rahmen der Privatautonomie aufgrund eines schuldrechtlichen Vertrags (§§ 611 ff. BGB) geschlossen werden, scheiden mithin diejenigen Personen aus dem

---

220 St. Rspr., s. BAG NJOZ 2010, 1705, 1706; BAG NZA-RR 2007, 424; BAG NJW 2000, 1438 jeweils mit weiteren Nachweisen zur Rechtsprechung.

221 BAG AP Nr. 34 zu § 611 BGB Abhängigkeit, *Richardi* in: Münchener Handbuch zum Arbeitsrecht, 3. Auflage, § 16 Rn. 14.

222 BAG NZA 2001, 458; NZA 2002, 1163; s. auch *Griebeling*, NZA 1998, 1137, 1140; *Müller-Glöge* in: MüKoBGB, § 611 Rn. 228.

223 BAG AP Nr. 51 zu § 611 BGB Abhängigkeit; *Vogelsang* in: Schaub, Arbeitsrechts-Handbuch, § 8 Rn. 9; RGRK/*Schliemann*, § 611 Rn. 983 f.

Arbeitnehmerkreis aus, die ihre Tätigkeit aufgrund eines öffentlich-rechtlichen Rechtsverhältnisses erbringen. Zudem spielt für die Annahme einer Arbeitnehmereigenschaft die Rechtswirksamkeit des Vertrags keine Rolle.[224] Entscheidend ist vielmehr, dass die Verpflichtung zur Erbringung der Arbeitsleistung im Dienste eines anderen auf einem hierauf gerichteten Vertrag beruht. Sollte sich der Arbeitsvertrag z.B. wegen einer Anfechtung als unwirksam herausstellen, bleibt der Status als Arbeitnehmer hierdurch grundsätzlich unberührt. Um dem Einwand zu begegnen, ein rechtsunwirksamer Arbeitsvertrag lasse die Qualifikation als Arbeitnehmer entfallen[225], ist das Merkmal des gleichgestellten Verhältnisses aufgenommen worden. Demzufolge werden auch fehlerhafte Arbeitsverhältnisse erfasst.

(cc) Im Dienste eines anderen

Schließlich ist das letzte Kriterium für das Vorliegen einer Arbeitnehmereigenschaft darin zu sehen, dass die Leistung auf vertraglicher Grundlage im Dienste eines anderen zu erfolgen hat. Bei der Einordnung als Arbeitnehmer kommt es nach Ansicht der Rechtsprechung für die Bestimmung des Arbeitnehmerbegriffs auf eine Abgrenzung zum Gegenbegriff des Selbständigen an. Das Arbeitsverhältnis unterscheide sich vom Rechtsverhältnis eines freien Mitarbeiters (Dienstvertrag im Sinne von § 611 BGB) durch die persönliche Abhängigkeit, in der sich der zur Dienstleistung Verpflichtete befinde.[226] Maßgeblich für die Abgrenzung seien in erster Linie die tatsächlichen Umstände, unter denen die Dienstleistung zu erbringen sei, und nicht die Modalitäten der Bezahlung oder die steuer- und sozialversicherungsrechtliche Behandlung. Eine wirtschaftliche Abhängigkeit sei hiernach für die Annahme der Arbeitnehmereigenschaft weder erforderlich noch ausreichend.[227] Die persönliche Abhängigkeit ergebe sich in erster Linie aus der Eingliederung in eine fremdbestimmte Arbeitsorganisation und aus dem Umfang der Weisungsgebundenheit. Für die Prüfung dieser Prämisse zieht die Rechtsprechung die Bestimmung in § 84 Absatz 1 Satz 2 HGB heran. Nach dem Wortlaut der Vorschrift ist derjenige selbständig, der im Wesentlichen frei seine Tätigkeit gestalten und seine Arbeitszeit bestimmen kann. Unselbständig und damit persönlich abhängig ist folglich der Mitarbeiter, dem dies nicht möglich oder nicht hinreichend möglich ist. Nach dem unmittelbaren Zweck des Gesetzes soll damit der selbständige Handelsvertreter von dem mit gleichen Aufgaben betrauten kaufmännischen Angestellten abgegrenzt werden. Deshalb ist zwar nach Ansicht der Rechtsprechung die Vorschrift nicht unmittelbar anzuwenden, diese Norm enthalte aber

224 *Richardi* in: Münchener Handbuch zum Arbeitsrecht, § 16 Rn. 15.
225 *Vogelsang* in: Schaub, Arbeitsrechts-Handbuch, § 8 Rn. 9 f.
226 St. Rspr., z.B. BAG AP Nr. 1 zu § 611 BGB Abhängigkeit, BAG AP Nr. 38 zu § 611 BGB Abhängigkeit, BAG AP Nr. 42 zu § 611 BGB Abhängigkeit, BAG BB 90, 779, 780.
227 St. Rspr., statt aller BAG NZA 1995, 622.

über den Geltungsbereich des HGB hinaus ein typisches Abgrenzungsmerkmal.[228] Über ihren Anwendungsbereich hinaus bringe die Vorschrift eine allgemeine gesetzgeberische Wertung zum Ausdruck, die für die Abgrenzung einer selbständigen von einer unselbständigen Tätigkeit von Bedeutung sei, zumal sie die einzige Norm darstelle, die Kriterien hierfür enthalte.[229] Abhängig beschäftigt sei derjenige, der in eine fremde Arbeitsorganisation eingegliedert sei, weil er einem umfassenden Weisungsrecht des Vertragspartners bzw. Arbeitgebers unterliege. Das Weisungsrecht des Arbeitgebers könne Inhalt, Durchführung, Zeit, Dauer und Ort der Tätigkeit betreffen. Das Merkmal der persönlichen Abhängigkeit ist aber kein absolutes Kriterium für die Bestimmung der Arbeitnehmereigenschaft. Vielmehr wird gerade in den neueren Entscheidungen des BAG deutlich gemacht, dass der Grad der persönlichen Abhängigkeit auch von der Eigenart der jeweiligen Tätigkeit abhängt und sich abstrakte für alle Arbeitsverhältnisse geltenden Kriterien nicht aufstellen lassen.[230] Manche Tätigkeiten können sowohl im Rahmen des Arbeitsverhältnisses als auch im Rahmen eines freien Dienstverhältnisses (freies Mitarbeiterverhältnis) erbracht werden. Umgekehrt gebe es darüber hinaus Tätigkeiten, die für andere regelmäßig nur im Rahmen eines Arbeitsverhältnisses ausgeübt werden können. Das Bestehen des Arbeitsverhältnisses könne also auch aus Art und Organisation der Tätigkeit folgen.[231] Da eine eindeutige Abgrenzung zwischen selbständiger und unselbständiger Tätigkeit in vielen Fällen nicht möglich erscheine, sei es aus Gründen der Praktikabilität und Rechtssicherheit unumgänglich, die selbständige Arbeit typologisch abzugrenzen.[232]

Für das Kriterium der persönlichen Abhängigkeit verwendet die Rechtsprechung eine Vielzahl an Einzelmerkmalen. Hierzu wurde ein ganzer Kriterienkatalog geschaffen, der stichhaltige Hinweise für die Feststellung der Arbeitnehmereigenschaft liefern soll. Ein typisches Indiz der persönlichen Unselbständigkeit sei die Unterworfenheit des Dienstpflichtigen unter die Weisungen des Dienstgebers bezüglich Art und Weise, der Zeit und Dauer sowie des Ortes der Dienstleistung.[233] Stehe dem Dienstpflichtigen kein Bestimmungsrecht hinsichtlich dieser Modalitäten zu, sei die Tätigkeit insoweit fremdbestimmt. Hinzu komme die Tatsache, dass beim Merkmal der Fremdbestimmtheit zwischen der fachlichen Weisungsgebundenheit und der Weisungsunterworfenheit nach Ort und Zeit der Arbeitsleistung unterschieden werden müsse.[234] Für das Vorliegen einer Arbeitnehmereigenschaft könne aber nur die Weisungsgebundenheit nach Ort und Zeit der Arbeitsleistung

---

228 BAG NZA 1992, 407, 408; BAG NZA 1993, 174, 175; BAG NZA 1994, 169.
229 BAG AP Nr. 15 zu § 611 BGB Rundfunk.
230 BAG AP Nr. 26 zu § 611 BGB Abhängigkeit; EzA zu § 611 BGB (Arbeitnehmerbegriff); NZA 1997, 194; NJW 1997, 962, 963.
231 BAG AP Nr. 59 zu § 611 BGB Abhängigkeit.
232 BAG AP Nr. 34 zu § 611 BGB Abhängigkeit.
233 BAG NZA 1992, 407, 410; BAG NZA 1994, 169 ff.
234 *Richardi/Fischinger* in: Staudinger, Vorbem. §§ 611 ff. Rn. 232 ff.

sprechen[235], da auch ein Selbständiger bei seiner Tätigkeit den Weisungen seines Vertragspartners unterworfen sein könne.[236] Umgekehrt sei die fachliche Weisungsgebundenheit aber auch nicht erforderlich, um eine Arbeitnehmereigenschaft anzuerkennen, wenn dem Dienstverpflichteten ein hohes Maß an Gestaltungsfreiheit, Eigeninitiative und fachlicher Selbständigkeit verbleibe. Vor allem für die Dienste höherer Art ist die fachliche Weisungsgebundenheit nach Ansicht des BAG aus den genannten Gründen untypisch.[237]

Neben der Fremdbestimmtheit der Tätigkeit soll für das Vorliegen der persönlichen Abhängigkeit die Eingliederung in einen organisatorischen Zusammenhang sprechen. Da der Arbeitnehmer seine Dienstleistung in der Regel im Rahmen einer von Dritten bestimmten Arbeitsorganisation erbringt, zieht die Rechtsprechung deshalb dieses Merkmal zur Bestimmung der persönlichen Abhängigkeit heran.[238] Die Eingliederung in die fremde Arbeitsorganisation zeige sich vor allem dann, wenn die betreffende Person mit anderen Mitarbeitern im Betriebsablauf zusammenarbeite, insbesondere wenn sie dieselben Aufträge erledigen müsse, die auch von anderen, in einem festen Arbeitsverhältnis stehenden Personen verrichtet werden.[239] Dabei unterstehe der Arbeitnehmer einem umfassenden Weisungsrecht hinsichtlich Zeit, Dauer und Ort der Ausführung der versprochenen Dienste, weshalb man hier von einer arbeitsorganisatorischen Abhängigkeit reden könne.[240]

Formale Kriterien für die Einordnung des Beschäftigten spielen in der Arbeitsgerichtsbarkeit dagegen eine eher untergeordnete Rolle. So ist eine Bezeichnung des Verhältnisses als Arbeitnehmer oder freier Mitarbeiter durch die Vertragsparteien nicht entscheidend. Ob der Beschäftigte Arbeitnehmer ist, richtet sich nach der Rechtsprechung nicht nach der Vertragsbezeichnung oder der von den Vertragspartnern gewünschten Rechtsfolge. Vielmehr sei der Status des Beschäftigten davon abhängig, wie die Vertragsbeziehung nach ihrem Geschäftsinhalt objektiv einzuordnen sei.[241] Durch die Parteivereinbarung könne die Rechtsbeziehung als Arbeitsverhältnis nicht abbedungen und der Geltungsbereich des Arbeitnehmerschutzes nicht eingeschränkt werden. Wenn der Vertrag abweichend von den ausdrücklichen Vereinbarungen vollzogen werde, sei in diesem Fall immer die tatsächliche Durchführung maßgebend. Aus der tatsächlichen Durchführung des Vertragsverhältnisses

---

235 BAGE 14, 17, 19; BAG AP Nr. 26 zu § 611 BGB Abhängigkeit.
236 Beispielsweise geht das Werkvertragsrecht in § 645 Absatz 1 BGB davon aus, dass der Werkunternehmer den Weisungen des Bestellers unterworfen sein kann.
237 BAG AP Nr. 21 zu § 611 BGB Abhängigkeit; BAG AP Nr. 42 zu § 611 BGB Abhängigkeit; BAG AP Nr. 73 zu § 611 BGB Abhängigkeit.
238 BAG AP Nr. 37 zu § 611 BGB Abhängigkeit; BAG AP Nr. 73 zu § 611 BGB Abhängigkeit; BAGE 34, 111, 118.
239 BAG AP Nr. 10 zu § 611 BGB Abhängigkeit; BAG AP Nr. 24 zu § 611 BGB Abhängigkeit.
240 *Müller-Glöge* in: MüKoBGB, § 611 Rn. 179; *Kucera*, (FN 89), S. 62.
241 BAG AP Nr. 15 zu § 611 BGB Rundfunk; BAG AP Nr. 59 zu § 611 BGB Abhängigkeit.

ließen sich am ehesten Schlüsse daraus ziehen, von welchen Rechten und Pflichten die Parteien in Wirklichkeit ausgegangen seien.[242] Bei der Frage, in welchem Maße der Mitarbeiter in einem abhängigen Arbeitsverhältnis stehe, seien demnach die Umstände der Dienstleistung, nicht aber die Modalitäten der Entgeltzahlung oder andere formelle Merkmale wie die Abführung von Steuern oder Sozialversicherungsbeiträgen und die Führung von Personalakten entscheidend.[243]

(3) Der Arbeitnehmerbegriff in der arbeitsrechtlichen Literatur

Nachdem herausgearbeitet worden ist, dass die Rechtsprechung in der persönlichen Abhängigkeit das primäre Begriffsmerkmal für das Vorliegen einer Arbeitnehmereigenschaft sieht, wird im nächsten Schritt der aktuelle Diskussionsstand der arbeitsrechtlichen Literatur dargestellt und im Anschluss hieran erfolgt eine kritische Stellungnahme.

(a) Herrschende Lehre

Bei der Einordnung als Arbeitnehmer folgt auch der überwiegende Teil des Schrifttums für die Bestimmung der Arbeitnehmereigenschaft der herkömmlichen Sichtweise. Nach der von *Hueck* geprägten Definition ist derjenige Arbeitnehmer, der auf Grund privatrechtlichen Vertrags oder eines ihm gleichgestellten Rechtsverhältnisses im Dienst eines anderen zur Arbeit verpflichtet ist.[244] Der Rechtsprechung folgend sieht auch die herrschende Lehre den Grad der persönlichen Abhängigkeit als entscheidendes Kriterium für eine Abgrenzung vom freien Mitarbeiterverhältnis an. Bei der Definition der Abhängigkeit lassen sich insbesondere zwei Ansichten hervorheben. Nach einer auf *Hueck* zurückzuführenden Ansicht ist die Weisungsgebundenheit hinsichtlich der Arbeitsmodalitäten entscheidend.[245] Die andere auf *Nikisch*[246] zurückgehende Auffassung stellt dagegen auf die Eingliederung des Arbeitnehmers in eine fremde Organisation, den Betrieb, den Haushalt oder den privaten Lebensbereich des Arbeitgebers ab. Beide Ansichten werden in

---

242 BAG NZA 1992, 407, 408; NZA 1994, 169; BAG AP Nr. 15 zu § 611 BGB Rundfunk.

243 BAG AP Nr. 15 zu § 611 BGB Rundfunk; BAG AP Nr. 111 zu § 611 BGB Abhängigkeit.

244 *Hueck/Nipperdey*, Lehrbuch des Arbeitsrechts, 7. Auflage, V § 9 II; *Nikisch*, Arbeitsrecht Band I, § 14 I 1; *Weidenkaff* in: Palandt, Einf v § 611 Rn. 7; AnwK-ArbR/*Thüsing*, Vor § 611 BGB Rn. 24; *Schreiber* in: Hk-BGB, 6. Auflage, § 611 Rn. 4; *Mansel* in: Jauernig, § 611 Rn. 2, 6, 7 f. und Vorbemerkung § 611 Rn. 3; *Preis* in: ErfK, § 611 BGB Rn. 59 ff.; RGRK-BGB/*Schliemann*, § 611 Rn. 1015; *Vogelsang* in: Schaub, Arbeitsrechts-Handbuch, § 8 Rn. 4; *Hromadka*, NZA 1997, 569, 579; *Griebeling*, NZA 1998, 1137, 1144, *ders.* RdA 1998, 208, 215; *Schreiber*, Jura 2008, 21, 24.

245 *Hueck/Nipperdey*, Lehrbuch des Arbeitsrechts, V III 3. Hueck spricht in diesem Zusammenhang von einer „Gehorsamspflicht in einem nicht unerheblichen Umfange".

246 *Nikisch*, Arbeitsrecht Band I, § 14 I 1.

verschiedener Weise variiert und kombiniert. So wird vielfach darauf hingewiesen, dass die Arbeitnehmereigenschaft nur typologisch bestimmt werden kann. Da es an einer Definition der Abhängigkeit mangelt, werden zahlreiche Kriterien aufgeführt, die darüber entscheiden sollen, ob eine bestimmte Gruppe von Personen wegen der von ihr geleisteten Arbeit noch zu den Arbeitnehmern gezählt werden kann.[247] Während einige Autoren auf Fremdbestimmtheit von Ort und Zeit der Arbeitsleistung, arbeitsorganisatorische Abhängigkeit, Weisungsgebundenheit und Personengebundenheit der Arbeitsleistung abstellen[248], sehen andere solche Indizien wie die persönliche, fachliche und örtliche Weisungsgebundenheit und die organisatorische Weisungsgebundenheit durch Eingliederung in den Betrieb, die Angewiesenheit auf die Materialien des Dienstberechtigten sowie die Verteilung des unternehmerischen Risikos als entscheidende Bewertungskriterien für einen Arbeitnehmerstatus an.[249] Auch wenn die einzelnen Kriterien der Abhängigkeit in unterschiedlichen Variationen ausgeführt werden, bleibt der Schwerpunkt der Betrachtung eindeutig bei solchen Merkmalen, die die Voraussetzung der persönlich abhängigen Leistungserbringung erfüllen. Da die Einordnung als Arbeitnehmer im Einzelfall sehr schwierig sein kann, ist im konkreten Fall auf die Gesamtwürdigung aller maßgebenden Umstände des Einzelfalls abzustellen.[250] Im Ergebnis stimmt also die Auffassung des herrschenden Schrifttums mit der Rechtsprechung des BAG überein, wonach der Grad der persönlichen Abhängigkeit als ausschlaggebendes Merkmal für das Vorliegen einer Arbeitnehmereigenschaft fungiert.

(b) Lehre von der sozialen Schutzbedürftigkeit

Die von der Rechtsprechung und der herrschenden Lehre vertretene Auffassung von der persönlichen Abhängigkeit des Arbeitnehmers hat in der Vergangenheit viel Kritik erfahren[251]. Im Grunde soll es sich hierbei um einen unbestimmten Rechtsbegriff handeln, der in der Praxis zu mehr Unsicherheiten führen soll. Eine eindeutige Unterscheidung zwischen Arbeitnehmer und Arbeitgeber soll mit der herkömmlichen Sichtweise nicht immer möglich sein. Deshalb gibt es in der jüngsten Zeit Stimmen im Schrifttum, die den Begriff des Arbeitnehmers nicht nach der herkömmlichen Begriffsbestimmung ausrichten, sondern nach dem Normzweck des Arbeitsrechts definieren. Nach einer Ansicht soll neben der persönlichen Abhängigkeit

247 *Hromadka*, NZA 1997, 569, 571; *Vogelsang* in: Schaub, Arbeitsrechts-Handbuch, § 8 Rn. 21 ff.

248 *Müller-Glöge* in: MüKoBGB, § 611 Rn. 174 ff.; *Vogelsang* in: Schaub, Arbeitsrechts-Handbuch, § 8 Rn. 23.

249 *Preis* in: ErfK, § 611 BGB Rn. 62; *Preis* in: Ascheid/Preis/Schmidt, Kündigungsrecht, 4. Auflage, 1. Teil I C 2.

250 *Mansel* in: Jauernig, Vorbemerkung § 611 Rn. 3.

251 *Beuthien/Wehler*, RdA 1978, 2 ff.; Lieb, RdA 1977, 210 ff.; *Rancke*, AuR 1979, 9 ff.; *Ricardi*, NZA 2010, 1101 ff.; *Wank*, Arbeitnehmer und Selbständige, 1988.

die soziale Schutzbedürftigkeit als weiteres Merkmal hinzukommen.[252] Dieses zusätzliche Kriterium soll mit der Aufgabe der Selbständigkeit zusammenhängen. Die Person, die freiwillig darauf verzichte, ihre Arbeitskraft und damit verbundene eigene unternehmerische Chancen als Selbständiger am Markt einzusetzen, mache sich zur eigenen Daseinsvorsorge unfähig. Durch den Verlust freier wirtschaftlicher Dispositionsmöglichkeiten ergebe sich die Schutzbedürftigkeit des Arbeitnehmers. Deshalb sollen die Verantwortung und Vorsorge für die Gefahren der Arbeit vom denjenigen getragen werden, in dessen Wirtschaftsorganismus er eingegliedert sei. Im Sinne des Arbeitsrechts sei also die Person sozial schutzbedürftig, die wegen Verzichts der Eigenständigkeit und der Möglichkeit, ihre Arbeitskraft unternehmerisch einzusetzen, daseinsvorsorgeunfähig sei. Eine Arbeitnehmereigenschaft liege mithin nur dann vor, wenn der dienstvertraglich Beschäftigte persönlich abhängig und sozial schutzbedürftig sei.[253]

(c) Begriffsbestimmung nach soziologischen Gesichtspunkten

Nach *Rancke*[254] soll der Arbeitnehmerbegriff nach den wirtschaftlich-sozialen Existenzbedingungen einer Person bestimmt werden. Neben den wirtschaftlich-sozialen Existenzbedingungen soll das Selbstverständnis des Betroffenen als zusätzliches Kriterium für die Bestimmung des Arbeitnehmerbegriffs hinzukommen. Da es bei der Anwendbarkeit des Arbeitsrechts letztlich um den Status einer Person gehe, liege es nahe, die Arbeitnehmereigenschaft von Berufen, die auf Grund von sozialen und wirtschaftlichen Strukturveränderungen mit neuen Arbeitsbedingungen und Abhängigkeiten entstanden seien, durch einen wertenden Vergleich der neuen Personengruppen mit den bisher schon als Arbeitnehmer anerkannten Gruppen zu bestimmen.[255] Bei der Zuordnung neuer Gruppen und Berufe spiele daher der Wertungsmaßstab eine entscheidende Rolle. In diesem Zusammenhang müssten sowohl eine Fixierung des Arbeitsrechts auf typische Abhängigkeiten und typische Arbeitnehmertätigkeiten verhindert werden, was sich durch den Rückgriff auf bereits anerkannte Arbeitnehmergruppen verwirklichen ließe, als auch die gesetzlich fixierten Leitbilder des Arbeitnehmers (§ 84 Absatz 1 HGB, § 12a TVG) und die legislativen Grundentscheidungen des Arbeitsrechts (Artikel 9 Absatz 3 GG) beachtet werden. Dieses Ziel ließe sich am besten dadurch erreichen, indem ein historischer Vergleichsmaßstab der wirtschaftlich-sozialen Existenzbedingungen

---

252 *Beuthien/Wehler*, RdA 1978, 2, 5; *Lieb*, RdA 1977, 210, 215.

253 *Beuthien/Wehler*, RdA 1978, 2, 5; *Lieb* beschränkt sich in diesem Zusammenhang zu stark auf die soziale Schutzbedürftigkeit und vernachlässigt dabei die persönliche Abhängigkeit des Arbeitnehmers. Vielmehr will er sogar auf das Merkmal der organisatorischen Weisungsunterworfenheit als konstituierendes Merkmal des Arbeitnehmerbegriffs verzichten (RdA 1977, 210, 214).

254 *Rancke*, AuR 1979, 9, 17.

255 *Rancke*, AuR 1979, 9, 16.

der Arbeitnehmer zugrundegelegt werde.[256] In einem weiteren Schritt trete – so wird gesagt – neben diese wirtschaftlich-soziologischen Existenzbedingungen das Selbstverständnis des Beschäftigten als subjektiver Faktor des Arbeitnehmerbegriffs hinzu. Dieses Kriterium würde damit die Anwendung des Arbeitsrechts auf solche Personengruppen verhindern, die soziologisch nicht dem Arbeitnehmertypus entsprächen und daher nicht vollständig dem Arbeitsrecht zugeordnet werden dürfte. Hierdurch sei im Ergebnis eine über den Einzelfall hinausgehende überzeugende Einordnung der Arbeitnehmereigenschaft möglich.[257]

(d) Teleologische Begriffsbestimmung nach Richardi

Gegen die Bestimmung des Arbeitsvertrags nach dem Merkmal der persönlichen Abhängigkeit wendet sich auch *Richardi.*[258] Nach seiner Auffassung ist für die Rechtsanwendung und damit für den Arbeitnehmerbegriff nicht die persönliche Abhängigkeit entscheidend. Vielmehr müsse der Arbeitnehmerbegriff einer differenzierten Betrachtungsweise im Hinblick auf die unterschiedlichen materiellen Geltungsgründe der arbeitsrechtlichen Regelungen unterzogen werden. Die für die Anwendbarkeit arbeitsrechtlicher Vorschriften kennzeichnende Abhängigkeit sei nicht Voraussetzung, sondern Folge rechtsgeschäftlichen Leistungsversprechens.[259] Hiernach lasse sich der personelle Geltungsbereich des Arbeitsrechts nicht durch eine Aneinanderreihung deskriptiver Merkmale bestimmen. Ob und inwieweit die tatbestandlichen Voraussetzungen gegeben seien, an die das Arbeitsrecht seine Rechtsfolgen knüpfe, müsse vielmehr teleologisch begründet werden.[260] Ob jemand als Arbeitnehmer oder als Selbständiger tätig werde, hänge von der Vertragsgestaltung ab. Die Arbeitnehmereigenschaft komme nämlich erst dann in Betracht, wenn jemand mit seiner Arbeitskraft seinem Vertragspartner zur Verfügung stehe, also nicht mehr selbst organisatorisch die Erbringung einer Dienstleistung gewährleiste. Wer also nur eine bestimmte Dienstleistung als im Voraus abgegrenzte Einzelleistung schulde, wie dies beispielsweise bei Werkverträgen immer der Fall sei, stehe nicht im Dienste des Empfängers zur Dienstleistung.[261] Der für das Rechtsverhältnis als Arbeitnehmer maßgebliche Vertragstyp sei der Dienstvertrag, bei dem die rechtsgeschäftlich zugesagte Arbeitsleistung keine im Voraus bestimmte, abgegrenzte Einzelleistung darstelle, sondern sich auf eine nur der Art nach bestimmte Tätigkeit beziehe. Daraus ergebe sich eine Unterordnung des Leistungsversprechenden unter den Empfänger der Dienstleistung, weshalb derjenige typischerweise Arbeitnehmer

---

256 *Rancke*, AuR 1979, 9, 16.
257 *Rancke*, AuR 1979, 9, 17.
258 *Richardi* in: Münchener Handbuch zum Arbeitsrecht, § 16 Rn. 46 ff.; *Richardi/Fischinger* in: Staudinger, Vorbem. zu §§ 611 ff. Rn. 249 ff.; *Richardi*, NZA 2010, 1101, 1103.
259 *Richardi* in: Münchener Handbuch zum Arbeitsrecht, § 16 Rn. 49, 53.
260 *Richardi/Fischinger* in: Staudinger, Vorbem. zu §§ 611 ff. Rn. 254.
261 *Richardi* in: Münchener Handbuch zum Arbeitsrecht, § 16 Rn. 49.

sei, der in einem derartigen Vertragsverhältnis stehe.[262] Etwas anderes gelte nur, sofern besondere Umstände es ausschlössen, dass arbeitsrechtliche Grundsätze auf das Vertragsverhältnis Anwendung fänden, weil beispielsweise „wie beim Handelsvertreter die Selbständigkeit gewahrt bleibt und es daher gerechtfertigt ist, dass ihn das Unternehmerrisiko trifft".[263] Durch diesen Arbeitnehmerbegriff werde aber nur der Geltungsbereich arbeitsrechtlicher Gesetze bezeichnet, der grundsätzlich in Betracht komme. Wie weit der Geltungsbereich in Wirklichkeit gehe, müsse vom Normzweck der arbeitsrechtlichen Gesetze her bestimmt werden. Demzufolge könne diese teleologische Auslegung zu einer Abstufung in der Anerkennung der Arbeitnehmereigenschaft führen, aber auch dazu, dass die Unterscheidung zwischen Arbeitnehmern und Selbständigen überhaupt keine Rolle spiele.[264]

(e) Teleologische Begriffsbestimmung nach Wank

Mit einem ebenfalls teleologischen Ansatz geht *Wank*[265] von einer anderen Begriffsbestimmung des Arbeitnehmers aus. Die entscheidende Schwäche der herkömmlichen Definition des Arbeitnehmers durch die persönliche Abhängigkeit sieht er in ihrem ontologischen Ansatz. Dies sei fehlerhaft, weil diese Definition darauf verzichte, einen Sinnzusammenhang zwischen der Tatbestandsseite, den Merkmalen des Arbeitnehmerbegriffs, und der Rechtsfolge, der Anwendung des Arbeitsrechts, herzustellen.[266] Nach seiner Auffassung ist vielmehr von einem dualen Modell der Erwerbsbetätigung auszugehen, nämlich von den Arbeitnehmern einerseits und von den Selbständigen andererseits.[267] Während nur die abhängige Arbeit einen umfassenden Berufs- und Existenzschutz biete, müsse beim Selbständigen dagegen Eigenvorsorge unterstellt werden. Bei einer freien Wahl durch den Erwerbstätigen seien beide Modelle funktional äquivalent, insbesondere wenn der Auftraggeber zwei Vertragsmodelle anbiete, nämlich eines für die selbständige Betätigung mit höherem Entgelt, aber bei gleichzeitiger Kosten- und Risikenübernahme durch den Erwerbstätigen, und ein anderes zur Erledigung desselben arbeitstechnischen Zwecks für einen Arbeitnehmer.[268] In Zweifelsfällen müsse – so meint *Wank* – allerdings die Wahl der Rechtsform anhand objektiver Kriterien überprüft werden, wobei die freiwillige Übernahme des Unternehmerrisikos das sinntragende Merkmal darstelle. Für das Vorliegen eines Unternehmerrisikos spreche vor allem die unternehmerische Entscheidungsfreiheit bei finanzieller Zurechnung des Ergebnisses. Die in der Rechtsprechung und Literatur für die Arbeitnehmereigenschaft genannten

262 *Richardi/Fischinger* in: Staudinger, Vorbem. zu §§ 611 ff. Rn. 258 f.
263 *Richardi/Fischinger* in: Staudinger, Vorbem. zu §§ 611 ff. Rn. 259.
264 *Richardi/Fischinger* in: Staudinger, Vorbem. zu §§ 611 ff. Rn. 266.
265 *Wank*, Arbeitnehmer und Selbständige, S. 132; *ders.*, DB 1992, 90, 91; *ders.*, RdA 2010, 193, 195.
266 *Wank*, DB 1992, 90, 91; *ders.*, Arbeitnehmer und Selbständige, S. 389.
267 *Wank*, Arbeitnehmer und Selbständige, S. 117 ff.
268 *Wank*, Arbeitnehmer und Selbständige, S. 107.

Kriterien Weisungsgebundenheit und organisatorische Eingliederung könnten als teleologisch uminterpretierte Merkmale herangezogen werden, daneben Marktorientierung und eigene Unternehmensorganisation.[269] Weiterhin liegt nach Ansicht von Wank eine Eigenschaft als Selbständiger regelmäßig vor, wenn für mehrere Vertragspartner gleichzeitig gearbeitet und über eine eigene Unternehmensorganisation verfügt wird. Fehle es daran, sei Selbständigkeit noch in den Fällen mittelbarer Marktorientierung, wie z. B. beim Filialleiter, möglich. Ausnahmsweise sei eine Arbeitnehmereigenschaft trotz einer geringen eigenen Unternehmensorganisation in solchen Fällen zu bejahen, in denen dem Erwerbstätigen bei der Bindung an einen Auftraggeber kein unternehmerischer Spielraum verbleibe.[270] Für das Vorliegen einer Arbeitnehmereigenschaft sprächen demnach folgende typischen Merkmale:

- auf Dauer angelegt
- Arbeit nur für einen Arbeitgeber
- in eigener Person, ohne Mitarbeiter
- im Wesentlichen ohne eigenes Kapital und
- im Wesentlichen ohne eigene Organisation.[271]

Auf eine wirtschaftliche Abhängigkeit komme es danach nicht an. Wer zwar wirtschaftlich abhängig sei, aber aufgrund eigener Organisation mit eigenem Kapital und eigenen Mitarbeitern am Markt auftrete, sei Unternehmer. Daher liege Selbständigkeit trotz der genannten Indizien vor bei

- freiwilliger Übernahme eines Unternehmerrisikos,
- Auftreten am Markt und
- Ausgewogenheit im Hinblick auf unternehmerische Chancen und unternehmerisches Risiko.

Mittlerweile hat *Wank* seinen Ansatz modifiziert.[272] Er hält es nunmehr für möglich, dass zwischen der Weisungsbindung und der Arbeitnehmereigenschaft ein mittelbarer Zusammenhang besteht. Im Normalfall sei das Weisungsrecht gegenüber Dienstnehmern und Werkunternehmern als Selbständigen weniger ausgeprägt als gegenüber den Arbeitnehmern, weshalb er nunmehr die persönliche Abhängigkeit in Verbindung mit unternehmerischen Chancen und Risiken sehen will. Wer einer so engen Weisungsbindung unterliege, dass er zwar unternehmerische Risiken trage, aber keine unternehmerischen Chancen wahrnehmen könne, sei Arbeitnehmer. Wer dagegen so wenigen Weisungen unterliege, dass er unternehmerische Risiken trage, aber keine unternehmerischen Chancen wahrnehmen könne, sei Selbständiger.[273]

---

269 *Wank*, Arbeitnehmer und Selbständige, S. 145 ff., 159 ff, 165 ff.

270 *Wank*, Arbeitnehmer und Selbständige, S. 390.

271 *Wank*, DB 1992, 90, 91 mit weiteren Nachweisen.

272 *Wank*, DB 1992, 90, 91 f.; s. auch *Wank*, RdA 2010, 193, 195.

273 *Wank*, DB 1992, 90, 92.

(f) Einheitliche Begriffsbestimmung nach Brammsen

Einen ganz anderen Ansatz zur Bestimmung des Arbeitnehmerbegriffs hat in jüngster Zeit *Brammsen*[274] vorgeschlagen. Nach seiner Auffassung ist für die einheitliche Begriffsbestimmung der Beschäftigte als Oberbegriff heranzuziehen. Unter einem Beschäftigten sei danach eine natürliche Person zu verstehen, die einem anderen in dessen Interesse Dienste leiste, ohne währenddessen und diesbezüglich eigenes unternehmerisches Gewinn- und Verlustrisiko zu tragen.[275] Anzuknüpfen sei im ersten Schritt an dem Beschäftigten als der Grundform des fremdgesteuerten, abhängigen Dienstleisters, dessen Position durch fehlendes Erfolgs- bzw. Geschäftsrisiko und fehlende eigenunternehmerische Entscheidung und Gestaltungsfreiheit gekennzeichnet sein soll.[276] Sodann müsse in einem zweiten Schritt eine Differenzierung der Beschäftigtenpositionen anhand des nachgeordneten Merkmals der (fehlenden) umfassenden Alimentierung vorgenommen werden.[277] Dabei ist unter der Alimentierung die Verpflichtung des Unternehmers zu verstehen, Beschäftigte während des aktiven Dienstes, bei Krankheit und Dienstunfähigkeit und nach dem Ausscheiden aus dem aktiven Dienst aus Altersgründen amtsangemessene Dienstbezüge zu gewähren. Die Beschäftigten lassen sich nach *Brammsen* in alimentierte und nichtalimentierte Unselbständige untergliedern, wobei eine Arbeitnehmereigenschaft in solchen Fällen anzunehmen sei, in denen der Beschäftigte für die Bereitstellung und Erbringung seiner Dienste nicht alimentiert werde. Die daneben verbleibenden Beschäftigten seien demgegenüber institutionell alimentierte Dienstleister, denen das finanzielle Lebensrisiko wegen der besonderen Gemeinwohlbezogenheit der von ihnen wahrgenommenen Aufgaben von einer als gemeinnützig anerkannten Institution abgenommen werde.[278] Damit scheiden alle institutionell auf Grund gemeinnütziger Aufgabenfelder alimentierten Dienstleister wie Beamte, Richter, Soldaten, etc. aus dem Arbeitnehmerbegriff aus. Durch diese beiden bestimmenden Merkmale „fehlende Partizipation am finanziellen Erfolg der Dienstleistungserbringung“ und „fehlende institutionelle Abhängigkeit“ sei eine einfache und einheitliche Rechtsfindung möglich, die auch jenseits des klassischen Arbeits- und Sozialrechts in anderen Rechtsgebieten präzise Einordnungen und sichere inhaltliche Bestimmungen ermögliche.[279]

(4) Stellungnahme

Da mit dem Arbeitnehmerbegriff eine Vielzahl von Rechtsfolgen verbunden ist, empfiehlt es sich in erster Linie, den Kerngedanken des Arbeitsrechts näher zu beleuchten. Seiner Entstehungsgeschichte nach stellt das Arbeitsrecht im weitesten Sinne Arbeitnehmerschutzrecht dar, welches das Ziel verfolgt, durch eine soziale

---

274 *Brammsen*, RdA 2010, 267, 270 ff.
275 *Brammsen*, RdA 2010, 267, 271.
276 *Brammsen*, RdA 2010, 267, 271.
277 *Brammsen*, RdA 2010, 267, 274.
278 *Brammsen*, RdA 2010, 267, 271.
279 *Brammsen*, RdA 2010, 267, 274.

Schutzgesetzgebung, das Tarifvertragssystem und die Regeln der Mitbestimmung durch die Betriebsverfassung ein Gleichgewicht zwischen den Arbeitsvertragsparteien herzustellen. Ein Arbeitsverhältnis wird zwar in der Regel nur freiwillig durch einen Arbeitsvertrag begründet und ist insoweit ein Ausdruck der Privatautonomie. Diese Vertragsfreiheit genügt im wirklichen Arbeitsleben aber nicht, um einen als gerecht empfundenen Ausgleich der widersprüchlichen Interessen zwischen den Arbeitsvertragsparteien herbeizuführen. Der Arbeitnehmer, der auf seine Einkünfte angewiesen ist, um den Lebensunterhalt für sich und seine Familie zu bestreiten, ist grundsätzlich wirtschaftlich und sozial schwächer gestellt als der Arbeitgeber. Diese für den Arbeitnehmer prekäre Situation kann zu einer Überlegenheit des Arbeitgebers führen, der damit die Vertragsbedingungen einseitig diktieren kann. Dieses Ungleichgewicht zwischen den Parteien des Arbeitsvertrags wollen die arbeitsrechtlichen Vorschriften kompensieren.[280]

Die soziale Schutzbedürftigkeit der wirtschaftlich schwächeren Arbeitnehmer ist damit die wesentliche Ursache des Arbeitsrechts. Die Berücksichtigung der sozialen Schutzbedürftigkeit der Arbeitnehmer ist zwar seit Inkrafttreten des Grundgesetzes durch das Sozialstaatsprinzip (Artikel 20 Absatz 3 GG) verfassungsrechtlich geboten. Hieraus lassen sich jedoch keine unmittelbaren Ansprüche des einzelnen Arbeitnehmers ableiten. Freilich wird der Staat dazu verpflichtet, für eine gerechte Sozialordnung zu sorgen, indem er das Recht in erster Linie gesetzgeberisch ausgestaltet.[281] Aufgrund der Vielzahl an Regelungen und der Verschiedenartigkeit der damit verfolgten Schutzzwecke gibt es aber kein umfassendes soziales Schutzprinzip. Für jede Regelung müssen der Sinn und Zweck gesondert ermittelt werden.[282] Auch wenn das durch den Gesetzgeber ausgestaltete Recht nicht immer die gleichen Zwecke verfolgt, sind Schutz und Fürsorge des wirtschaftlich schwächeren Arbeitnehmers die vorrangigsten Ziele des Arbeitsrechts. Daneben wird die Persönlichkeitsentfaltung des Arbeitnehmers geschützt, indem das Arbeitsrecht dem Arbeitnehmer die Regeln der Mitbestimmung zur Verfügung stellt, um ihn an den Entscheidungen des Arbeitgebers teilhaben zu lassen. Mit den soeben dargestellten Zielen stellen die Regeln des Arbeitsrechts den als notwendig empfundenen Ausgleich der Folgen der in Deutschland herrschenden sozialen Marktwirtschaft dar. Hierdurch sollen vor allem das Funktionieren des Arbeitsmarktes und die Ordnung des Arbeitslebens gewährleistet werden.

An diesen Kerngedanken anknüpfend ist die persönliche Abhängigkeit das wesentliche Unterscheidungsmerkmal zwischen Arbeitnehmer und Arbeitgeber. Die Arbeitnehmereigenschaft wird weder durch das Unternehmerrisiko bestimmt noch kann sie einer teleologischen Begriffsbestimmung vorgezogen werden. Ebenso wenig spielen für die Einordnung soziologische Gesichtspunkte und die soziale Schutzbedürftigkeit im Einzelfall sowie die Vermögenssituation eine Rolle. Darüber

280 *Dieterich*, RdA 1995, 129, 134.
281 *Schliemann* in: BGB-RGRK, § 611 Rn. 810.
282 *Schliemann* in: BGB-RGRK, § 611 Rn. 824.

hinaus ist auch die Lehre von einheitlichem Beschäftigtenbegriff nicht in der Lage, diesem Umstand Rechnung zu tragen.

Der Rechtsprechung und herrschenden Lehre wird vor allem vorgeworfen, dass es keinen Sinnzusammenhang zwischen der persönlichen Abhängigkeit und der Anwendbarkeit arbeitsrechtlicher Vorschriften gebe.[283] Dabei wird aber zu wenig der Tatsache Beachtung geschenkt, dass die Definition des Arbeitnehmers über die persönliche Abhängigkeit nicht neu ist.

Der heutige Arbeitnehmerbegriff entstammt nämlich der industriellen und vorindustriellen Fertigungswelt vor über 100 Jahren. Leitfigur war damals der Fabrikarbeiter, welcher in erbärmlichen Verhältnissen lebte und unter harten Arbeitsbedingungen zu einem geringen Arbeitslohn schuftete.[284] Das Recht der in der Fabrik Tätigen war extrem durch eine starke Abhängigkeit des Arbeiters von seinem Dienstherrn geprägt. Es bestand ein deutliches Vermögens- und Statusgefälle zwischen dem Fabrikarbeiter und seinem Arbeitgeber, weshalb die sozialen Phänomene jener Zeit ihren Niederschlag in der bis heute gültigen Definition des Arbeitsverhältnisses gefunden haben. Die persönliche Abhängigkeit als wesentliches Unterscheidungsmerkmal wurde im Jahre 1891 vom Reichsversicherungsamt entwickelt und aus den sozialen Phänomenen des Arbeitslebens jener Zeit heraus gebildet.[285] Schon damals bestand nämlich das Bedürfnis, Lohnarbeiter, Hausindustrielle und Unternehmer voneinander abzugrenzen. Diese notwendige Abgrenzung war darauf zurückzuführen, dass der damalige Fabrikarbeiter durch seine schwächere Stellung gegenüber dem Arbeitgeber in den Notfällen des Lebens wie Krankheit, Invalidität und Alter geschützt werden sollte. Deshalb wurde es zur Aufgabe des Staates, den Arbeitnehmer vor derartigen Risiken zu schützen. Es wurde eine staatliche Sozialversicherung als öffentlich-rechtliche Zwangsversicherung eingerichtet, die hauptsächlich durch drei große Reichversicherungsgesetze, das Krankversicherungsgesetz (1883), das Unfallversicherungsgesetz (1884) und den Invaliditäts- und Altersversicherungsschutz (1889) gekennzeichnet war.[286] Auf der Grundlage dieser Gesetze musste das Reichsversicherungsamt (RVA) die Versicherungspflicht bestimmen und damit eine Abgrenzung der genannten Beschäftigungsgruppen vornehmen. Als gemeinsames Merkmal für das Vorliegen einer Versicherungspflicht erkannte das RVA die Beschäftigung in abhängiger Stellung, so dass selbständige Erwerbstätige nicht zu den versicherungspflichtigen Beschäftigten gehörten. Bis zuletzt blieb das RVA dieser Ansicht treu und stellte in mehreren Entscheidungen stets klar, dass es für den Begriff des Arbeitsverhältnisses wesentlich sei, dass der Beschäftigte von seinem Arbeitgeber nicht nur wirtschaftlich, sondern namentlich auch persönlich

283 *Wank*, Arbeitnehmer und Selbständige, S. 38 ff; *Wank*, DB 1992, 90, 91; *Richardi/Fischinger* in: Staudinger, Vorbemerkung zu §§ 611 ff. Rn. 244.

284 *Richardi* in: Münchener Handbuch zum Arbeitsrecht, § 16 Rn. 18.

285 Vgl. hierzu ausführlich *Hromadka*, NZA 1997, 569, 573 ff; *Hümmerich*, NJW 1998, 2625, 2626.

286 *Wollenschläger*, Arbeitsrecht, 3. Auflage, Rn. 5; *Reinecke*, ZIP 1998, 581, 586.

abhängig[287] oder genauer das Maß der persönlichen Abhängigkeit entscheidend sei.[288] Die persönliche Abhängigkeit finde einen besonderen Ausdruck da, wo der Auftraggeber bei der Arbeitsausführung im Einzelnen mit anleitenden Weisungen und mit Überwachung sowie mit Regelung der Arbeitszeit, der Arbeitserfolge und des anzuwendenden Verfahrens unmittelbar eingreife. Diese Weisungen seien aber nicht mit den näheren Bedingungen zu verwechseln, wie sie der Besteller einer gewerblichen Leistung auch mit unzweifelhaft selbständigen Unternehmern vereinbare. Die persönliche Abhängigkeit dürfe auch nicht allein deshalb abgelehnt werden, weil eine augenfällige Unterordnung fehle.[289] Das Reichsgericht und später die Zivil- und Arbeitsgerichte haben sich dieser Ansicht angeschlossen und bis heute hat sich hieran nichts geändert. Der historische Rückblick hat gezeigt, dass Rechtsprechung und herrschende Lehre in einer langen Tradition stehen, wenn sie den Arbeitnehmer vom Selbständigen durch die persönliche Abhängigkeit unterscheiden. Zwar bezog sich die damalige Sozialversicherungsgesetzgebung nicht direkt auf das Arbeitsverhältnis. Sie hat aber den Grundstein für die Bildung eines einheitlichen Arbeitnehmerbegriffs gelegt, weil bei der Festlegung der Versicherungspflicht die Notwendigkeit bestand, den abhängig Beschäftigten von dem Selbständigen abzugrenzen.[290]

Angesichts der langen Tradition, den Arbeitnehmerbegriff durch das Merkmal der persönlichen Abhängigkeit zu definieren, sind natürlich Zweifel angebracht, ob die herkömmliche Auffassung in der sozialen Welt des 21. Jahrhunderts überhaupt noch zeitgemäß ist. Als das damalige Reichsversicherungsamt bei der Festlegung der Versicherungspflicht den heutigen Arbeitnehmerbegriff entscheidend geprägt hatte, befand sich das 19. Jahrhundert auf einem technischen Entwicklungsstand, der sich mit der heutigen Zeit nur schwer vergleichen lässt. Der Fabrikarbeiter, der zu jener Zeit seine Arbeitskraft vollständig, arbeitstäglich und ortsgebunden für einen Arbeitgeber einsetzte, ist heute nicht mehr Leitfigur einer Gesellschaft, in der Beschäftigungsformen wie Leiharbeit, Teilzeitbeschäftigung, Telearbeit oder außerbetriebliche Tätigkeiten zunehmen und eine feste Arbeitszeit und Bindung an einen bestimmten Arbeitsleistungsort an Bedeutung verloren haben. Es lässt sich also nicht leugnen, dass es in der Gegenwart größtenteils nicht mehr um die Herstellung gewerblicher Erzeugnisse, sondern vielmehr um die Leistung von Diensten geht. Mit dem Wandel von der Industrie- zur Dienstleistungsgesellschaft kann daher davon ausgegangen werden, dass grundlegende technische Veränderungen auch zu veränderten Organisationsformen, die die Eigenverantwortung des Mitarbeiters stärken, sowie zu einem geringeren Grad an Weisungsunterworfenheit und damit persönlicher Abhängigkeit im Sinne der Arbeitnehmerdefinition geführt

287 AN 1891 (7. Jg), S. 183 f. Nr. 78.
288 AN 1893 (9. Jg), S. 101 Nr. 252, S. 135 f. Nr. 282.
289 AN 1900 (16. Jg), S. 277, 296.
290 *Richardi* in: Münchener Handbuch zum Arbeitsrecht, § 2 Rn. 14; *Reinecke*, ZIP 1998, 581, 586; *Hromadka*, NZA 1997, 569, 572.

haben. Also ist es folgerichtig, dass hierdurch das Abgrenzungsproblem zwischen Arbeitnehmer und Selbständigen größer geworden ist. Auch wenn die Zahl der Dienstverträge und damit die Zahl der Grenzfälle zugenommen hat, bedeutet das keineswegs, dass die traditionellen Kriterien ihre Bedeutung verloren haben. Das sehen auch die Kritiker des Merkmals der persönlichen Abhängigkeit, wenn sie vom jahrzehntelangen Erfolg dieses Abgrenzungsmerkmals reden.[291] Der Rechtsprechung ist es zwar nicht gelungen, eine alle Randfälle aus sich heraus erfassende Definition des Arbeitnehmerbegriffs zu schaffen, jedoch ist man auch heute in der Lage, mit Hilfe der von der Rechtsprechung aufgestellten Kriterien eine zufriedenstellende Abgrenzung vorzunehmen.

Bei der hier vertretenen Ansicht besteht die Schwierigkeit gerade darin, dass sich kaum für jeden einzelnen Fall passende Merkmale finden lassen. Deshalb gibt es auch Stimmen in der Literatur, die davon ausgehen, es werde nicht der Begriff des Arbeitnehmers gebraucht, sondern vielmehr der Typus des Arbeitnehmers bestimmt.[292] Eine solche Sichtweise verstößt damit aber nicht gegen die geltende Rechtsordnung. Der Arbeitnehmerbegriff muss vielmehr allgemein sein, um nahezu in allen Lebensbereichen und einer außerordentlichen Vielfalt von Berufen eine Abgrenzung zu ermöglichen.[293] Dass hier die Definition des Arbeitnehmerbegriffs Schwierigkeiten bereitet, ist keine Besonderheit des Arbeitsrechts. Auch in anderen Rechtsgebieten trifft man auf viele unbestimmte Rechtsbegriffe und Generalklauseln, die erst durch Rechtsprechung und Literatur ihre Begriffsbestimmung erfahren. Gegen eine solche Vorgehensweise wird zum Teil eingewendet, dass gerade bei der Bestimmung des Arbeitnehmerbegriffs Rechtsunsicherheit erzeugt werde.[294] Dem muss jedoch entgegengehalten werden, dass die Rechtsprechung durchaus mit Erfolg um überschaubare Strukturen bemüht ist und nach praxistauglichen Vorgaben sucht, indem sie Fallgruppen bildet. Die normative Offenheit des Arbeitnehmerbegriffs sorgt nämlich dafür, dass der Arbeitnehmerbegriff nicht statisch bleibt, sondern vielmehr eine Anpassung an geänderte soziale Strukturen ermöglicht.[295] Dass diese Rechtsfortbildung ihre Berechtigung hat, zeigt ein Beschluss des BVerfG[296], in dem es um die Verfassungsmäßigkeit der unbestimmten Fassung des § 7 SGB IV ging. Nach Ansicht des BVerfG ist es gerade der Verwendung der Rechtsfigur des Typus zu verdanken, dass die Vorschriften über die Versicherungspflicht und die Beitragspflicht mit ihrer Konkretisierung durch Rechtsprechung und Literatur über Jahrzehnte hinweg auch bei geänderten sozialen Strukturen ihren Regelungszweck erfüllten und insbesondere die Umgehung der Versicherungs- und Beitragspflicht zum Nachteil abhängig beschäftigter Personen verhindern konnten. Demzufolge

291 *Wank*, DB 1992, 90, 91.
292 *Hilger*, RdA 1989, 1, 2.
293 *Griebeling*, NZA 1998, 1137, 1138; RGRK-BGB/*Schliemann*, § 611 Rn. 1013.
294 *Rüthers*, RdA 1985, 129.
295 *Reinecke*, ZIP 1998, 581, 587.
296 BVerfG NJW 1996, 2644 ff.

steht die typologische Erfassung von Arbeitnehmern angesichts der immer weiter ausdifferenzierten Arbeitswelt einer rechtssicheren Abgrenzung zwischen Arbeitnehmern und Selbständigen nicht entgegen.

Die Ansicht, die den Begriff des Arbeitnehmers durch wirtschaftlich-soziologische Gesichtspunkte zu definieren versucht, ist abzulehnen. Gegen diese Auffassung spricht schon allein der Umstand, dass die Einordnung nach dem sozialen Erscheinungsbild des Betroffenen zu einer erheblichen Rechtsunsicherheit führen würde. Im Ergebnis würde die Bestimmung der Arbeitnehmereigenschaft auf eine im Einzelfall zu bewertende Tätigkeit hinauslaufen, wobei die wirtschaftlich-sozialen Existenzbedingungen der Person ausschlaggebend wären. Als zusätzliches Kriterium soll nach Rancke das Selbstverständnis hinzukommen.[297] Mit dem Rückgriff auf solche Gesichtspunkte stellt diese Sichtweise auf außerrechtliche Merkmale ab, die mit dem von den arbeitsrechtlichen Normen benutzten Rechtsbegriff des Arbeitnehmers nicht in Einklang zu bringen sind.[298] Zudem wäre man der Gefahr ausgesetzt, dass sich die Beschäftigten je nach momentaner Interessenlage bei unveränderter Rechtslage einmal als Arbeitnehmer und ein andermal als Nichtarbeitnehmer einordnen können. Die Folge wäre ein uneinheitlicher Arbeitnehmerbegriff, der für eine erhebliche Rechtsunsicherheit sorgen würde.

Weiterhin kann die Bestimmung des Arbeitnehmerbegriffs auch nicht aufgrund sozialer Schutzbedürftigkeit erfolgen. Sie kann allein schon deshalb nicht überzeugen, weil bei Zugrundelegung dieses Merkmals die einschlägigen gesetzlichen Vorschriften unberücksichtigt bleiben. Zu nennen ist an dieser Stelle die Regelung über die arbeitnehmerähnliche Person (z. B. § 12a Absatz 1 Nr. 1 TVG), die zwar vergleichbar einem Arbeitnehmer sozial schutzbedürftig ist, aber in der entsprechenden Rechtsbeziehung nach Vorstellung des Gesetzgebers gerade kein Arbeitnehmer, sondern Selbständiger ist. Ferner ist die Sozialschutzbedürftigkeit kein praxistaugliches Mittel für den Arbeitnehmerbegriff. Die Zuordnung als Arbeitnehmer liefe sonst Gefahr, nach subjektiven Kriterien bestimmt zu werden. Es müsste immer erst das konkrete, individuelle Bedürfnis festgestellt werden, um den Betroffenen richtig einzuordnen. Der soziale Schutz des Arbeitsrechts folgt aber aus der Eigenart des Beschäftigungsverhältnisses, ohne dass es auf die Bedürftigkeit des einzelnen Arbeitnehmers ankommt.[299] Es ist mithin davon auszugehen, dass der besondere soziale Schutz des Arbeitsrechts nicht Voraussetzung für das Vorliegen einer Arbeitnehmereigenschaft ist, sondern vielmehr die Folge hiervon darstellt.[300]

Die Auffassung, die den Arbeitnehmerbegriff dem Beschäftigtenbegriff unterstellen möchte, kann ebenfalls nicht überzeugen. Diese Ansicht setzt sich über die gesetzlichen Regelungen hinweg und schafft damit einen Zustand, welcher mit dem geltenden Recht nicht in Einklang zu bringen ist. Im Interesse praktikabler

297 *Rancke*, AuR 1979, 9, 16.
298 RGRK-BGB/*Schliemann*, § 611 Rn. 1008.
299 LAG Düsseldorf, BB 1997, 891, 892.
300 In diesem Sinne auch *Boemke*, ZfA 1998, 285, 299; *Kucera*, (FN 89), S. 75.

Rechtsanwendung wird hier unterstellt, dass der Arbeitnehmer ein Beschäftigter sei, der für die Bereitstellung und Erbringung seiner Dienste nicht alimentiert werde[301] und es daher keiner besonderen Begriffsbestimmung des Arbeitnehmers bedürfe. Zwar zählt die Begriffsbestimmung der Beschäftigten in einigen Gesetzen als erste Untergruppe die Arbeitnehmerinnen und Arbeitnehmer auf (vgl. §§ 6 Absatz 1 Satz 1 AGG, 7 Absatz 1 PflgZG). Allerdings wird dieser Begriff des Arbeitnehmers zumeist als Gebrauchsbegriff verwendet, ohne dass damit seine Bedeutung erläutert wird.[302] Darüber hinaus zeigt zwar die sozialversicherungsrechtliche Beschäftigungsregelung, welche den Begriff der Beschäftigung in der nichtselbständigen Arbeit, insbesondere in einem Arbeitsverhältnis sieht (vgl. § 7 Absatz 1 SGB IV), dass das Beschäftigungsverhältnis in einem gewissen Zusammenhang zum Arbeitsverhältnis steht. Dennoch sind in diesen Fällen das Beschäftigungsverhältnis und das Arbeitsverhältnis nicht immer deckungsgleich, da gerade für das Leistungsrecht (z.B. Anspruch auf Arbeitslosengeld) der rechtliche Bestand des Arbeitsverhältnisses keine notwendige Voraussetzung ist.[303]

Wenn *Richardi*[304] davon ausgeht, dass die Arbeitnehmereigenschaft vertragsrechtlich bestimmt werde und die Anwendbarkeit des Arbeitsrechts somit von der Vertragsgestaltung abhänge, ist diese Annahme nur zum Teil zutreffend. In der Tat ist für das Arbeitsverhältnis entscheidend, dass sich die zugesagte Arbeitsleistung auf eine nur der Art nach bestimmte Tätigkeit bezieht. Für die Abgrenzung des Arbeitsverhältnisses von sonstigen Rechtsverhältnissen spielt aber nicht nur die Frage der Leistungsverpflichtung eine Rolle. Vielmehr kann sich die Frage nach der Arbeitnehmereigenschaft ebenso auch beim Vollzug des Rechtsverhältnisses stellen. Da die Durchführung des Arbeitsverhältnisses auf der Vollzugsebene das Spiegelbild der rechtsgeschäftlichen Leistungsvereinbarung auf der Verpflichtungsebene darstellt, erscheint es sinnvoll, bei der Bestimmung der Arbeitnehmereigenschaft auf beiden Ebenen dieselben Abgrenzungskriterien heranzuziehen.[305] Aus diesem Grund ist ein einheitlicher Lösungsansatz vorzugswürdig, weshalb die Ansicht vom rechtsgeschäftlichen Leistungsversprechen abzulehnen ist.

Wank[306] geht in seinem Alternativmodell von einem dualen Erwerbstätigkeitsmodell aus. Nach seiner Vorstellung muss die Begriffsbestimmung einer teleologischen Methode unterzogen werden, weshalb er zumindest im Ausgangspunkt übereinstimmend mit der Rechtsprechung des BAG und der herrschenden Lehre auf den Selbständigen als Gegenbegriff zum Arbeitnehmer abstellt. Selbständigkeit liege in solchen Fällen vor, in denen der Betroffene Chancen und Risiken des Marktes übernehme und eine Arbeitnehmereigenschaft sei dann in den Fällen

301 *Brammsen*, RdA 2010, 267, 271.
302 *Richardi*, NZA 2010, 1101, 1102.
303 *Richardi*, NZA 2010, 1101, 1102.
304 *Richardi/Fischinger* in: Staudinger, Vorbemerkung zu §§ 611 ff. Rn. 260.
305 *Boemke*, ZfA 1998, 285, 307.
306 *Wank*, Arbeitnehmer und Selbständige, S. 82 ff.

anzunehmen, in denen sich der Betreffende nicht in diesem Sinne unternehmerisch betätigen könne.[307] Trotz bedenkenswerter Begründung sprechen gewichtige Argumente gegen die Lehre vom Unternehmerrisiko. Im *Wank'schen* Modell wird nur zwischen Selbständigen und Arbeitnehmern unterschieden. Die Kategorie der arbeitnehmerähnlichen Person[308] wird dabei völlig unberücksichtigt gelassen. Die einschlägigen Gesetze gehen aber nicht von einem dualen System aus, sondern von einem dreigeteilten. In § 5 Absatz 1 Satz 2 ArbGG, § 2 Satz BUrlG, § 12a TVG und § 6 Absatz 1 Satz 1 Nr. 3 AGG hat der Gesetzgeber auch Regelungen für die arbeitnehmerähnliche Person getroffen. Nach Vorstellung des Gesetzgebers stehen sich Selbständige und Arbeitnehmer zwar diametral gegenüber, dazwischen steht jedoch die Gruppe der arbeitnehmerähnlichen Personen. Das erkennt zwar auch *Wank*[309], dennoch setzt er sich über die gesetzlichen Regelungen hinweg und ordnet die arbeitnehmerähnlichen Personen den Selbständigen zu.[310] In diesem Zusammenhang ist es einerseits zutreffend, von den arbeitnehmerähnlichen Personen als Selbständigen zu sprechen, andererseits ist nicht zu verkennen, dass sich beide Personengruppen durch die persönliche Selbständigkeit unterscheiden. Wird die persönliche Selbständigkeit als Abgrenzungsmerkmal zugrunde gelegt, dann ist derjenige, der sich auf dem Wirtschaftsmarkt, dem Markt der Güter und Dienstleistungen, betätigt und deshalb in der Lage ist, für die Wechselfälle des Lebens eine eigene Vorsorge zu treffen, als Selbständiger zu definieren.[311] Die arbeitnehmerähnliche Person, die aufgrund eines Dienstvertrags auf einen anderen, der die Arbeitsergebnisse verwerten darf, angewiesen ist, ist dagegen aus tatsächlichen Gründen nicht in der Lage, die Chancen am Wirtschaftsmarkt wahrzunehmen und deshalb vom Auftraggeber wirtschaftlich abhängig.[312] Ein Arbeitnehmer wird demgegenüber über die persönliche Abhängigkeit von den Arbeitnehmerähnlichen abgegrenzt.[313] Arbeitnehmerähnliche sind mit anderen Worten solche Personen, die wegen ihrer wirtschaftlichen Abhängigkeit von ihrem Auftraggeber in gleichem Maße wie Arbeitnehmer sozial schutzbedürftig sind.[314]

Indem Wank die persönliche Abhängigkeit durch die wirtschaftliche Abhängigkeit ersetzt, setzt er sich nicht nur über die gesetzliche Dreiteilung hinweg, sondern sorgt mit seiner Umdefinition des Arbeitnehmerbegriffs für weitere

307 LAG Köln AP Nr. 80 zu § 611 BGB Abhängigkeit.

308 Zur historischen Entwicklung des Begriffs der arbeitnehmerähnlichen Person vgl. *Hromadka*, NZA 1997, 1249 ff.

309 *Wank*, Arbeitnehmer und Selbständige, S. 25 f., 43 f., 125 f., 172 f.

310 *Wank*, Arbeitnehmer und Selbständige, S. 239 ff.

311 *Hromadka*, NZA 1997, 569, 575.

312 *Hromadka*, NZA 1997, 569, 575.

313 *Beuthien/Wehler*, RdA 1978, 2, 6.

314 *Hromadka*, NZA 1997, 1249, 1254; vgl. auch hierzu den insoweit identischen Wortlaut des § 12a TVG, der eine Legaldefinition der arbeitnehmerähnlichen Personen enthält. Danach sind solche Personen als arbeitnehmerähnlich einzustufen, die wirtschaftlich abhängig und vergleichbar einem Arbeitnehmer sozialschutzbedürftig sind.

Rechtsunsicherheit. Wenn der Selbständige im Rahmen eigener Unternehmensorganisation am Markt auftritt und sowohl Risiken des Markts übernimmt als auch deshalb Chancen wahrnimmt, so stellt sich die Frage, woher diese Inhalte gewonnen werden und inwieweit sich diese Begriffsbildung mit den gesetzlichen Vorgaben und Wertentscheidungen deckt.[315] Darüber hinaus muss angezweifelt werden, ob die von Wank aufgestellten Indizien trennschärfer als die des BAG sind. Wie sollen nämlich solche Kriterien wie „im Wesentlichen" ohne eigenes Kapital, „im Wesentlichen" ohne eigene Organisation und „freiwillige" Übernahme des Unternehmensrisikos beurteilt werden?[316] Insoweit werden dem Grunde nach neue unbestimmte Rechtsbegriffe geschaffen, denen jedweder Gesetzesbezug fehlt. Bei näherer Betrachtung stellt die Änderung des Arbeitnehmerbegriffs durch das duale Erwerbstätigkeitsmodell eine Rechtsfortbildung contra legem dar. Weil es hier um eine grundsätzliche Neuausrichtung geht und damit die Grenzen des Arbeitsrechts geändert werden, bedarf eine solche Rechtsfortbildung einer entsprechenden Begründung. Diese sind aber die Vertreter des Alternativmodells bislang schuldig geblieben. Darüber hinaus steht die Arbeitnehmerdefinition auch nicht zur Disposition der Rechtsprechung. Die Gerichte sind an die grundlegende Entscheidung des Gesetzgebers gebunden, die Beschäftigten in drei Kategorien einzuteilen, weshalb es an dieser Stelle keinen gesetzesfreien Raum gibt. Sollte der Gesetzgeber der Ansicht sein, der von der Rechtsprechung entwickelte Arbeitnehmerbegriff führe zu unerwünschten Ergebnissen, so kann dieser nur de lege ferenda neu bestimmt werden.[317] Es ist also auch mit Hilfe der teleologischen Methode nicht möglich, allgemeingültige Ergebnisse zu erzielen. Vielmehr muss sich das Alternativmodell entgegenhalten lassen, dass auch hier keine exakten Definitionen zu finden sind und es letztendlich auf eine Einzelfallbewertung hinausläuft.[318]

Des Weiteren kritisiert *Wank* die inhaltliche Weisungsbindung als konstituierendes Merkmal für den Arbeitnehmerbegriff. Wenn die herkömmliche Auffassung zutreffend sei, dann müsse die Arbeitnehmereigenschaft in solchen Fällen verneint werden, in denen Beschäftigte wie Ärzte oder Rechtsanwälte in der Ausführung ihrer Tätigkeit keinen Weisungen unterliegen können.[319] Das ist jedoch unzutreffend. Auch eine fehlende fachliche Weisungsgebundenheit kann für eine Arbeitnehmereigenschaft sprechen. Bedeutsam ist vielmehr, dass nach der zugrunde liegenden Rechtsbeziehung der Leistungsempfänger berechtigt ist, fachliche Weisungen zu geben. Ob er hiervon Gebrauch macht, ist unerheblich. Dies gilt auch dann, wenn der Dienstberechtigte aufgrund mangelnder Fach- und Sachkenntnis hierzu nicht in der Lage ist.[320] Mithin kann davon ausgegangen werden, dass es bei der fachlichen

315 *Boemke*, ZfA 1998, 285, 300.

316 *Reinecke*, ZIP 1998, 581, 587; *Griebeling*, NZA 1998, 1137, 1143; *Hümmerich*, NJW 1998, 2625, 2632.

317 In diesem Sinne auch *Reinecke*, ZIP 1998, 581, 587; *Griebeling*, NZA 1998, 1137, 1144.

318 *Hilger*, RdA 1989, 1, 6; *Reinecke*, ZIP 1998, 581, 587.

319 *Wank*, DB 1992, 90, 91.

320 *Hromadka*, NZA 1997, 569, 576.

Weisungsbindung um die Befugnis geht, ablauf- und verfahrensorientierte Anweisungen zu geben. Entscheidend ist hierbei, dass der Leistungsempfänger den Inhalt der Tätigkeit bestimmen kann, auch wenn dem Leistungsverpflichteten bei der Art und Weise der Durchführung ein erheblicher Gestaltungsspielraum zusteht.[321] Deshalb besteht kein Anlass, aus dem Fehlen der inhaltlichen Weisungsgebundenheit die Unbrauchbarkeit dieses Merkmals für den Begriff des Arbeitnehmers zu schließen.

Wenn über eine Veränderung des Arbeitnehmerbegriffs nachgedacht wird, sollte man in diesem Zusammenhang die innerstaatlichen Regelungen anderer Mitgliedstaaten der Europäischen Union nicht außer Acht lassen. Das Arbeitsrecht wird in der Gegenwart nicht mehr allein durch das nationale Recht geprägt, sondern wird auch wesentlich durch die Europäische Union und den EuGH beeinflusst. Langfristig gesehen wird das Europäische Arbeitsrecht nicht ohne einen einheitlichen Arbeitnehmerbegriff auskommen, da in vielen europäischen Ländern zahlreiche Vorschriften an die Definition des Arbeitsverhältnisses geknüpft sind.[322] Trotz individueller nationalstaatlicher Rechtsentwicklungen ist es auffällig, dass die Mitgliedstaaten einen Arbeitnehmerbegriff besitzen, der sich an einer übergeordneten Entscheidungsbefugnis des Arbeitgebers und der rechtlichen Unterordnung des Arbeitnehmers orientiert.[323] Nichts anderes gilt für die Rechtsprechung des EuGH. Auch wenn bereits an früherer Stelle ausgeführt worden ist, dass der EuGH bei seinen Entscheidungen einen gemeinschaftsrechtlichen Arbeitnehmerbegriff zugrundelegt und dieser für die nationale Gerichtsbarkeit unverbindlich ist, ist es doch bezeichnend, dass der EuGH ebenso wie die deutsche Rechtsprechung die Weisungsbindung des Arbeitnehmers als echtes Tatbestandsmerkmal des Arbeitnehmerbegriffs heranzieht.[324] Es lässt sich also in diesem Zusammenhang nicht bestreiten, dass sich sowohl im nationalen Recht als auch auf europäischer Ebene der persönlichen Abhängigkeit eine gewisse vorgesetzliche Bedeutung nicht absprechen lässt. Demzufolge darf bei einer Umdefinition des Arbeitnehmerbegriffs auch die europäische Sichtweise nicht außer Acht gelassen werden.

Trotz aller Differenzen und beachtlicher Kritik ist nach wie vor der von der Rechtsprechung und herrschenden Lehre entwickelte Begriff des Arbeitnehmers für die Anwendbarkeit arbeitsrechtlicher Vorschriften zugrundezulegen. Der Status als Arbeitnehmer ist in solchen Fällen gegeben, in denen der Beschäftigte aufgrund eines privatrechtlichen Vertrags im Dienste eines anderen zur Leistung weisungsgebundener, fremdbestimmter Arbeit in persönlicher Abhängigkeit verpflichtet ist.[325]

---

321 *Boemke*, ZfA 1998, 285, 311.

322 Einen ausführlichen Überblick über den Arbeitnehmerbegriff in den europäischen Ländern findet man bei *Rebhahn*, RdA 2009, 154 ff; vgl. ebenfalls *Hümmerich*, NJW 1998, 2625, 2629 ff.

323 *Rebhahn*, RdA 2009, 154, 175.

324 EuGH, NJW 1992, 1493, EuGH NZA 2004, 201, 204; EuGH, NZA 2010, 213, 214.

325 St. Rspr. BAG, NJOZ 2010, 1705, 1706; BAG AP Nr. 119 zu § 611 BGB Abhängigkeit; BAG, NZA-RR 2004, 9, 10.

(5) Übertragbarkeit des Arbeitnehmerbegriffs auf Organmitglieder juristischer Personen

Nachdem vorstehend die persönliche Abhängigkeit als maßgebliches Kriterium für das Vorliegen der Arbeitnehmereigenschaft herausgearbeitet worden ist, muss im nächsten Schritt der Frage nachgegangen werden, inwiefern sich dieser Maßstab auf Organmitglieder juristischer Personen des Privatrechts übertragen lässt. Als Organmitglieder in dem hier interessierenden Sinn kommen vor allem die Vorstandsmitglieder der AG und die Geschäftsführer der GmbH in Betracht. Beiden Kapitalgesellschaften ist gemeinsam, dass ihre Organmitglieder deren laufende Geschäfte führen[326] und wegen deren privatrechtlicher Organisationsform zu ihnen in einem privatrechtlichen Vertragsverhältnis stehen. Trotz dieser Gemeinsamkeiten unterscheiden sich beide Gesellschaftsformen durch ihre Organisationsstruktur. Während die AG auf einem dreigliedrigen Organisationssystem (Vorstand, Aufsichtsrat, Hauptversammlung) beruht, ist die GmbH dagegen grundsätzlich durch eine zweigliedrige Organisationsstruktur (Geschäftsführer, Gesellschafterversammlung) gekennzeichnet, sofern bei ihr weniger als 500 Arbeitnehmer beschäftigt werden. Aus diesem Grund bietet sich an dieser Stelle an, die Arbeitnehmereigenschaft des Vorstandsmitglieds und des GmbH-Geschäftsführers getrennt voneinander zu untersuchen.

(a) Das Vorstandsmitglied einer AG

Die Vorstandsmitglieder bilden aufgrund des organisationsrechtlichen Bestellungsakts das zur autonomen Leitung, Geschäftsführung und Vertretung der AG berufene Organ (vgl. §§ 76, 77, 78 AktG). Daneben steht jedes Mitglied des Vorstands individualrechtlich aufgrund des Anstellungsvertrags als Dienstverpflichteter der Aktiengesellschaft gegenüber. Da der Vertrag in der Regel die Haupteinnahmequelle der Vorstandsmitglieder darstellt und somit eine gewisse wirtschaftliche Abhängigkeit nicht auszuschließen ist, stellt sich die Frage, ob die Vorstandsmitglieder nach dem herkömmlichen Arbeitnehmerbegriff als Arbeitnehmer zu qualifizieren sind.

(aa) Die Arbeitnehmereigenschaft des Vorstandmitglieds im Lichte der Rechtsprechung

Die ständige Rechtsprechung des BGH lehnt eine Arbeitnehmereigenschaft des Vorstandsmitglieds ausnahmslos ab.[327] Gegen eine Arbeitnehmereigenschaft spreche vor allem die Tatsache, dass sie als Mitglieder des Vertretungsorgans der AG gegenüber deren Arbeitnehmern selbst das Weisungsrecht des Arbeitgebers und seine

---

326 *Hüffer*, § 76 AktG Rn. 4; *Spindler* in: MüKoAktG, § 76 Rn. 1, 7; *Zöllner/Noack* in: Baumbach/Hueck, § 35 GmbHG Rn. 28; *Uwe H. Schneider/Sven H. Schneider* in: Scholz, § 35 GmbHG Rn. 11 f., 23.

327 BGHZ 10, 187, 191; BGHZ 12, 1, 8; BGHZ 36, 142; BGH WM 1964, 675, 677; BGH NJW 1968, 396; BGH NJW 1981, 757; BGH WM 1988, 298, 299.

sonstigen Funktionen ausübten und nicht in gleicher Weise wie diese in einem sozialen Abhängigkeitsverhältnis stünden.[328] Dabei fällt vor allem ins Gewicht, dass das Reichsgericht bereits in einer Entscheidung von 1928[329] ausgeführt hatte, dass die gesetzlichen Vertreter der juristischen Person ihre Organe und nicht ihre Angestellten seien. Vielmehr seien sie der konkrete Prinzipal im Gegensatz zum abstrakten Prinzipal, also der juristischen Person selbst. Diese Rechtsprechung hat der BGH im Wesentlichen übernommen und in seinen Entscheidungen fortgeführt. Er stützt sich auf die Argumentation, dass der Vorstand unter eigener Verantwortung handele und eine Weisungsgebundenheit aus diesem Grund nicht vorliege, der Vorstand also vielmehr zu den willensbildenden Organen der Gesellschaft gehöre.[330] Hierbei verweist der BGH auf die gesetzlichen Vorschriften der nunmehr geltenden § 5 Absatz 3 Satz 3 ArbGG und § 14 Absatz 1 Nr. 1 KSchG, wonach die gesetzlichen Vertretungsorgane keine Arbeitnehmer im Sinne der Gesetze sind. Anhand dieser Vorschriften ordnet die Rechtsprechung die Vorstandsmitglieder der Arbeitgeberseite zu, wobei zugleich klargestellt wird, dass es unter besonderen Umständen geboten sein könnte, arbeitsrechtliche Grundsätze auf das Anstellungsverhältnis eines Vorstandsmitglieds anzuwenden, wenn sich das Dienstverhältnis an ein Arbeitsverhältnis annähere.[331]

(bb) Die Stellung des Vorstandsmitglieds aus Sicht der herrschenden Literatur

Der überwiegende Teil der Literatur[332] hat sich dieser Rechtsprechung nicht nur im Ergebnis angeschlossen, sondern ist sich auch weitgehend in der Begründung mit der Rechtsprechung einig. Die Vertreter dieser Ansicht heben vor allem die Repräsentationsfunktion des Vorstandes hervor und verweisen auf die Unvereinbarkeit der Funktion als Arbeitgeber und der Stellung der Arbeitnehmer.[333] Dabei

328 BGH WM 1964, 675, 677.

329 RGZ 120, 300, 303.

330 BGH NJW 1953, 1465.

331 BGHZ 10, 187, 192.

332 *Hueck/Nipperdey*, Lehrbuch des Arbeitsrechts, V § 15 III; *Fleischer* in: Spindler/Stilz, § 84 AktG Rn. 26; *Mertens/Cahn* in: KölnerKomm, § 84 AktG Rn. 35; *Kort* in: GroßKommAktG, § 84 Rn. 274; *Hüffer*, § 84 AktG Rn. 11; *Thüsing* in: Fleischer, Handbuch des Vorstandsrechts, § 4 Rn. 54; *Röller* in: Küttner, Personalbuch 2015 *Arbeitnehmer (Begriff)* Rz. 21; *Spindler* in: MüKoAktG, § 84 Rn. 57; *Beiner*, Der Vorstandsvertrag, Rn. 180; *Wiesner* in: MünchHdbAG, § 21 Rn. 7 ff.; *Seibt* in: K. Schmidt/Lutter, § 84 Rn. 23; *Henssler*, RdA 1992, 289, 291 f; *Preis* in: ErfK, § 611 BGB Rn. 137; *Vogelsang* in: Schaub, Arbeitsrechts-Handbuch, § 14 Rn. 2; *Fleck* in: FS-Hilger/Stumpf, 197, 208; *Fleck*, WM 1981, Sonderbeilage Nr. 3, 1, 3; *Dersch*, RdA 1951, 212, 215; *Hueck*, DB 1954, 274, 275; *Hueck* in: FS-Hilger/Stumpf, 365, 379; *Wilhelmi/Wilhelmi*, BB 1968, 137, 140.

333 *Fleck*, WM 1985, 677; *Fleck* in: FS-Hilger/Stumpf, 197, 203.

greifen sie auf die von *Titze*[334] vorgenommene Unterscheidung zwischen abstraktem und konkretem Prinzipal zurück. Nach seiner Auffassung ist unter einem abstrakten Prinzipal grundsätzlich der Inhaber eines Handelsgeschäfts zu verstehen, welcher hinsichtlich der Dienste dem Personal gegenüber forderungsberechtigt ist, ohne Rücksicht darauf, ob der Kaufmann die sich aus dem Dienstvertrag für ihn ergebende Rechtsmacht auch selbst zu handhaben vermag.[335] Daneben entwickelt er den Begriff des konkreten Prinzipals, worunter solche Personen zu fassen seien, denen das Personal in allen Geschäftsangelegenheiten zum Gehorsam verpflichtet sei, während ihnen selbst im Geschäft eine solche Gehorsamspflicht niemanden gegenüber obliege.[336] Angewendet auf die juristische Person bedeute dies, dass sie selbst den abstrakten Prinzipal darstelle, weil sie die Dienste der Angestellten zu fordern habe, während das Vorstandsmitglied der konkrete Prinzipal sei, da die Gesellschaft als juristische Person die Ansprüche auf Dienstleistung des Personals nicht selbst einfordern könne.[337] Nach Titze ist also derjenige, der originär zugewiesene Arbeitgeberfunktionen ausübt, dem Arbeitgeber gleichgestellt und wer Arbeitgeber sei, könne nicht gleichzeitig Arbeitnehmer sein.

Dieser Begriffsbestimmung folgend wird ferner die grundsätzliche Inkompatibilität von Organmitgliedschaft und Arbeitnehmerstellung herangezogen. Im Rahmen der Rechtsbeziehungen zwischen dem Vorstandsmitglied und der Gesellschaft komme der Organstellung die vorrangige Bedeutung zu, welche sich auch auf die Beurteilung des Anstellungsverhältnisses auswirken müsse.[338] Auf ein derart gesellschaftsrechtlich geprägtes Rechtsverhältnis könne das Arbeitsrecht grundsätzlich keine Anwendung finden. Vielmehr repräsentierten die Organmitglieder die Gesellschaft unmittelbar als Arbeitgeber.[339] Aus dieser originären Arbeitgeberfunktion schlussfolgern die Vertreter dieser Ansicht die Inkompatibilität von Organmitgliedschaft und Arbeitnehmerstatus, die wegen dieser gesellschaftsrechtlichen Besonderheiten zu einem Vorrang der Organstellung führe.

Dersch[340] begründet seine Meinung darüber hinaus mit einer auf Interessenkollision beruhenden Inkompatibilität von Organ- und Arbeitnehmerstellung. Nach seiner Ansicht sind Arbeits- und Sozialrecht soziale Schutznormen, welche den in abhängigem Arbeitsverhältnis stehenden Arbeitnehmern Schutz im Bezug auf das Arbeitsverhältnis gewähren sollen. Der Arbeitnehmer soll vor der Übermacht des

---

334 *Titze* in: Ehrenberg, Handbuch des gesamten Handelsrechts, Zweiter Band, S. 545 ff.

335 *Titze* in: Ehrenberg, Handbuch des gesamten Handelsrechts, Zweiter Band, S. 548 f.

336 *Titze* in: Ehrenberg, Handbuch des gesamten Handelsrechts, Zweiter Band, S. 551 f.

337 *Titze* in: Ehrenberg, Handbuch des gesamten Handelsrechts, Zweiter Band, S. 554, 557.

338 *Martens* in: FS-Hilger/Stumpf, 437. 443.

339 *Richardi/Fischinger* in: Staudinger, Vorbem. §§ 611 ff. Rn. 329; *Röller* in: Küttner, Personalbuch 2015 *Arbeitnehmer (Begriff)* Rz. 21; *Dersch*, RdA 1951, 212, 217.

340 *Dersch*, RdA 1951, 212, 216 ff.

Arbeitgebers geschützt werden, so dass für Arbeitnehmer- und Arbeitgeberseite unterschiedliche Interessenlagen und eine soziale Gegnerschaft bestünden.[341] Ferner unterscheidet er zwischen einer kollektiven und einer individuellen Interessenkollision. Auf kollektiver Ebene könne es nicht angehen, dass das Vorstandsmitglied als Organ die Arbeitgeberfunktion wahrnehme und sie sogar zu einem Teil mitgestalte und gleichzeitig der Gegenseite, den Arbeitnehmern des Betriebes, zugehöre.[342] Die individuelle Arbeitnehmerkollision sei dagegen in solchen Fällen gegeben, in denen das Vorstandsmitglied kraft einer Kapitalbeteiligung an der Gesellschaft einen ausschlaggebenden Einfluss auf die Willensbildung des betreffenden Organs habe.[343]

Nach *Packebusch*[344] stellen die Organmitglieder einer juristischen Person arbeitgeberähnliche Personen dar. Arbeitgeberähnliche Personen seien solche Personen, die bei Betrieben einer juristischen Person oder Personengesamtheit kraft Gesetzes, Satzung oder Gesellschaftsvertrages allein als Mitglied des Vertretungsorgans zur Vertretung der juristischen Person oder Personengesamtheit berufen seien.[345] Der Unterschied zu den Arbeitgebern liege darin, dass sie zwar mit Wirkung für und gegen den Arbeitgeber handeln, die Ansprüche der Arbeitnehmer sich aber nicht gegen sie, sondern gegen den Arbeitgeber selbst richten.[346] Daneben seien sie nicht gleichzeitig als Arbeitnehmer einzustufen. Die Tätigkeit der arbeitgeberähnlichen Personen unterliege zum einen nicht der Leitungsbefugnis eines Vorgesetzten, weshalb auch keine Bindung an Weisungen bestehe. Hieran ändere sich auch nichts, wenn andere Organe (z.B. der Aufsichtsrat) in Bezug auf Einzelfragen der Geschäftsführung nur in beschränktem Maße Auskunft erteilen könnten.[347] Zum anderen nehme das Organmitglied reine Arbeitgeberfunktionen wahr, die wesensmäßig nur dem Arbeitgeber zustehen. Folglich seien die arbeitgeberähnlichen Personen aus der Sicht der Arbeitnehmer mit den Arbeitgebern und somit als Mitglieder der Gegenpartnerschaft gleichzustellen.[348]

Zu den soeben genannten Argumenten kommt ferner die fehlende persönliche Abhängigkeit der Vorstandsmitglieder hinzu. Überwiegend wird nämlich der Tätigkeit von Vorstandsmitgliedern die persönliche Abhängigkeit abgesprochen, weil sie ausweislich der Vorschrift des § 76 Absatz 1 AktG zwingend zur unabhängigen Leitung der Gesellschaft verpflichtet und berechtigt sind. Da aber die persönliche Abhängigkeit für das Vorliegen einer Arbeitnehmereigenschaft ein wichtiges Merkmal

341 *Dersch*, RdA 1951, 212, 217.
342 *Dersch*, RdA 1951, 212, 217.
343 *Dersch*, RdA 1951, 212, 218.
344 *Pakebusch*, BB 1963, 230 ff; auch *Hohlfeld*, GmbHR 1987, 255f.
345 *Pakebusch*, BB 1963, 230.
346 *Pakebusch*, BB 1963, 230, 232.
347 *Pakebusch*, BB 1963, 230, 233.
348 *Pakebusch*, BB 1963, 230, 233.

darstellt, geht die aktienrechtliche Literatur davon aus, dass das Vorstandsmitglied nicht im arbeitsrechtlichen Sinn als Arbeitnehmer zu qualifizieren ist.[349]

(cc) Abweichende Ansätze in der Literatur

Der herrschenden Meinung wird vor allem entgegengehalten, dass die Organmitglieder die einzigen auf Dauer gegen Festgehalt für andere Personen Tätigen seien, den der volle Schutz des Arbeitsrechts versagt werde. Zudem entspreche ihre Stellung als Nicht-Arbeitnehmer auch nicht dem Leitbild eines Selbständigen, der Arbeit auf Rechnung und für häufig wechselnde Auftraggeber leiste.[350] Deshalb gibt es vereinzelte Stimmen in der Literatur, die mit unterschiedlicher Abgrenzung die Vorstandsmitglieder in den Kreis der Arbeitnehmer einbeziehen wollen.[351] Nach *Trinkhaus*[352] hängt die Arbeitnehmereigenschaft der Vorstandsmitglieder von den Umständen des Einzelfalls ab. Im Zweifel seien solche Vorstandsmitglieder nicht als Arbeitnehmer einzustufen, die selbst oder deren nahe Familienangehörige einen wesentlichen Teil des Aktienkapitals besäßen. Dagegen kommt *Krauss*[353] aufgrund einer eingehenden soziologischen Untersuchung zu der Ansicht, dass eine pauschale Einordnung zwar nicht möglich sei, aber Vorstandsmitglieder teilweise Arbeitnehmer sein könnten. Während beide Kritiker der herrschenden Ansicht im Ergebnis auf eine Einzelfallbewertung abstellen, bejaht *Wehrmeyer*[354] grundsätzlich die Arbeitnehmereigenschaft der Vorstandsmitglieder. Zu diesem Ergebnis kommt er freilich nicht durch die Subsumtion unter die herkömmliche Begriffsbestimmung des Arbeitnehmers. Vielmehr wählt er einen streng typologischen Ansatz, mit dem er insgesamt dreizehn typische Merkmale untersucht und somit zur Arbeitnehmereigenschaft der Vorstandsmitglieder gelangt.[355]

(dd) Sonderfall der Drittanstellung

Die Diskussion um die Arbeitnehmereigenschaft eines Vorstandsmitglieds spielt nicht nur zwischen der Gesellschaft und ihrem Organmitglied eine Rolle, sondern erlangt darüber hinaus in solchen Fällen Bedeutung, in denen der Anstellungsvertrag

---

349 Beiner, Der Vorstandsvertrag, Rn. 180; *Röller* in: Küttner, Personalbuch 2015 *Arbeitnehmer (Begriff)* Rz. 21; *Thüsing* in: Fleischer, Handbuch des Vorstandsrechts, § 4 Rn. 54; *Fleischer* in: Spindler/Stilz, § 84 AktG Rn. 25; *Spindler* in: MüKoAktG, § 84 Rn. 57; *Kort* in: GroßKommAktG, § 84 Rn. 275; *Mertens/Cahn* in: KölnerKomm, § 84 Rn. 35.

350 *Diller*, Gesellschafter und Gesellschaftsorgane als Arbeitnehmer, S. 52.

351 *Trinkhaus*, DB 1968, 1756 ff.; *Krauss*, Status und Kündigungsschutz von arbeitnehmerähnlichen Vorstandsmitgliedern einer Aktiengesellschaft, S. 72; *Wehrmeyer*, Die arbeitsrechtliche Einordnung der Organe juristischer Personen, S. 211.

352 *Trinkhaus*, DB 1968, 1756, 1761.

353 *Krauss*, (FN 349), S. 72 f.

354 *Wehrmeyer*, (FN 349), S. 211.

355 *Wehrmeyer*, (FN 349), S. 140 ff., 211.

nicht mit der Gesellschaft selbst, sondern mit einem Dritten abgeschlossen wird. In der Praxis handelt es sich dabei in den meisten Fällen um einen Konzernanstellungsvertrag mit dem herrschenden Unternehmen, dessen Mitarbeiter Organ der Tochtergesellschaft ist oder werden soll.[356] Regelmäßig beschränkt sich der Anstellungsvertrag dabei nicht auf die Ausübung der Organtätigkeit, sondern sieht vielmehr auch die Verpflichtung vor, auf entsprechende Anordnung der Konzernmutter Führungsaufgaben bei Konzerntöchtern wahrzunehmen.[357] Unabhängig davon, ob eine solche Drittanstellung zulässig ist[358], stellt sich die Frage, ob das Vorstandsmitglied hier einen Arbeitnehmerstatus erlangt. Eine Ansicht begründet die Arbeitnehmereigenschaft mit der Kompetenz der Muttergesellschaft, nach Beendigung der Organstellung weiter über die Arbeitskraft des ehemaligen Organmitglieds zu verfügen und ihm eine andere Tätigkeit zuweisen zu können. Eine solche Disposition der Arbeitskraft würde dem Unternehmen eine Rechtsmacht verleihen, wie sie typischerweise nur dem Arbeitgeber zusteht.[359] Die Gegenansicht lehnt dagegen die Arbeitnehmereigenschaft auch in Fällen der Drittanstellung ab. Danach habe das aus den Drittanstellungsfällen resultierende Weisungsrecht gegenüber dem Vorstandsmitglied seine Grundlage im Gesellschaftsrecht. Es handele sich hierbei um unternehmensbezogene Weisungen, die sich nicht an das Vorstandsmitglied ad personam richten. Gegenstand der Weisung sei vielmehr allein die Gesellschaft, weil das Vorstandsmitglied in diesem Fall als Organ für das Unternehmen tätig werde.[360]

(ee) Stellungnahme

Bekennt man sich zu der in § 84 AktG gesetzlich verankerten Trennung zwischen der organschaftlichen Bestellung und dem schuldrechtlichen Anstellungsverhältnis, so muss die Ausgangsüberlegung darüber angestellt werden, ob die Tätigkeit eines Organmitglieds nur in einem freien Dienstverhältnis oder aber auch in einem Arbeitsverhältnis erbracht werden kann. In den meisten Fällen wird das Anstellungsverhältnis eines Organmitglieds als Dienstverhältnis ausgestaltet sein, weshalb davon ausgegangen werden kann, dass das Vorstandsmitglied keinesfalls stets Arbeitnehmer seiner Gesellschaft ist.[361] Als Mitglied im obersten Leitungsorgan einer AG besitzt ein Vorstandsmitglied im Gegensatz zu den Arbeitnehmern, die sich

---

356 *Hüffer*, § 84 AktG Rn. 14; *Mertens/Cahn* in: KölnerKomm, § 84 Rn. 35; *Fleischer* in: Spindler/Stilz, § 84 AktG Rn. 39.

357 *Thüsing* in: Fleischer, Handbuch des Vorstandsrechts, § 4 Rn. 67.

358 Auf die Zulässigkeit einer Drittanstellung wird noch näher einzugehen sein.

359 *Martens* in: FS-Hilger/Stumpf, 437, 445; *Henssler*, RdA 1992, 289, 301; *Krauss*, (FN 349), S. 155 ff.; *Beiner*, Der Vorstandsvertrag, Rn. 180.

360 *Hueck* in: FS-Hilger/Stumpf, 365, 377; *Thüsing* in: Fleischer, Handbuch des Vorstandsrechts, § 4 Rn. 70.

361 *Fleck* in: FS-Hilger/Stumpf, 197, 208; *Hueck* in: FS-Hilger/Stumpf, 365, 367, der sich dabei auf die in den fünfziger Jahren geführte Diskussion beruft; *Henssler*, RdA 1992, 289, 291.

durch den Abschluss des Arbeitsvertrages gegen die Übernahme von Marktrisiken entscheiden und sich somit einen weitreichenden Bestandschutz für ihren Arbeitsplatz sichern, ein größeres Existenzrisiko, da das Vorstandsmitglied unmittelbar am Erfolg der von ihm getroffenen unternehmerischen Entscheidungen durch eine erfolgsabhängige Vergütung beteiligt ist. Das Organmitglied hat es also selbst in der Hand, seinen vertraglichen Besitzstand durch eine erfolgreiche Unternehmensführung zu sichern.[362] Da ihm im Gegensatz zu den Arbeitnehmern in der Regel eine Mitverantwortung für die unternehmenspolitischen Fehlschläge zukommt, die seine Stellung als Vorstandsmitglied gefährden können, ist es gerechtfertigt, das Anstellungsverhältnis grundsätzlich als freies Dienstverhältnis anzuerkennen. Dagegen erscheint die generelle Zuordnung aller Organmitglieder zur Arbeitnehmerschaft[363] geradezu eigenwillig und aus den eben genannten tatsächlichen Gründen nicht nachvollziehbar. Gerade in solchen Fällen, wo das Vorstandsmitglied über einen maßgeblichen gesellschaftsrechtlichen Einfluss verfügt und damit jederzeit Beschlüsse, die seine schuldrechtliche Stellung verschlechtern würden, durch Überstimmung anderer Gesellschafter verhindern kann, ist dem Organmitglied der Arbeitnehmerstatus zu versagen. Mithin sind also Vorstandsmitglieder, die zu 50 % oder mehr am Gesellschaftsvermögen beteiligt sind, aus der Diskussion über die Arbeitnehmereigenschaft auszuschließen.[364]

Weitgehende Einigkeit besteht auch darüber, dass gesetzliche Wertungen, welche die Organmitglieder ausdrücklich von der Geltung der jeweiligen Vorschrift ausnehmen, weder eine positive noch eine negative Aussagekraft über die Arbeitnehmereigenschaft besitzen.[365] Nach § 5 Absatz 1 Satz 3 ArbGG stellen nämlich die Personen, die kraft Gesetzes, Satzung oder Gesellschaftsvertrag allein oder als Mitglieder des Vertretungsorgans zur Vertretung der juristischen Person berufen sind, keine Arbeitnehmer dieses Betriebes dar. Mit dieser negativen gesetzlichen Formulierung[366] hat der Gesetzgeber keine eigenständige Regelung über den Arbeitnehmerstatus eines Organmitglieds getroffen. Vielmehr werden durch diese Umschreibung die bezeichneten Personen aus dem Zuständigkeitsbereich der Arbeitsgerichte auch dann herausgenommen, wenn sie im Einzelfall aufgrund ihrer Weisungsabhängigkeit den Arbeitnehmern gleichzustellen sind.[367] Mithin ist davon auszugehen, dass sich die hierzu existierenden gesetzlichen Vorschriften gegenüber der Einordnung des Vorstandsmitglieds als Arbeitnehmer neutral verhalten und insofern einer Subsumtion unter den Arbeitnehmerbegriff nicht entgegenstehen.

---

362 *Martens* in: FS-Hilger/Stumpf, 437, 438.

363 *Wehrmeyer*, (FN 349), S. 211.

364 *Henssler*, RdA 1992, 289, 291.

365 BAG AP Nr. 6 zu § 5 ArbGG 1979; *Hueck* in: FS-Hilger/Stumpf, 365, 369; *Kucera*, (FN 89), S. 95; *Henssler*, RdA, 289, 293; *Wilhelmi/Wilhelmi*, BB 1968, 137.

366 BAG AP Nr. 1 zu § 14 KSchG 1969; BAG NZA 1986, 792.

367 BAG NZA 1987, 845, 855.

Gegen die Einordnung als Arbeitnehmer wird ferner das Argument herangezogen, eine solche Gleichstellung führe zu Interessenkonflikten.[368] Wenn Vorstandsmitglieder die Aktiengesellschaft als Arbeitgeber repräsentieren, können sie nicht gleichzeitig an den Interessen der Arbeitnehmer beteiligt werden. Eine solche Interessenkollision kann aber nur vorliegen, wo die Interessen des Arbeitnehmers zu den Interessen des von dem Vorstandsmitglied personifizierten Arbeitgebers in Gegensatz stehen, weil sie seine Stellung gegenüber dem Arbeitgeber betreffen. Da das Recht des Arbeitnehmers und seine Stellung gegenüber dem Arbeitgeber Hauptgegenstand der gesamten arbeitsrechtlichen Vorschriften darstellt, kann es eine Interessenkollision in der Praxis gar nicht geben, weil hierfür der Gesetzgeber die Mitglieder des zur Vertretung der juristischen Person berufenen Organs von der Anwendung der gesetzlichen Vorschriften ausgeschlossen hat (z.B. § 5 Abs. 1 Satz 3 ArbGG, § 14 Abs. 1 Nr. 1 KSchG).[369] Auch die Bedenken, dass das Vorstandsmitglied im Falle der Gleichbehandlung mit dem Arbeitnehmer die Möglichkeit hätte, in eigenen Angelegenheiten gleichzeitig als gesetzlicher Vertreter der Gesellschaft für diese und für sich selbst tätig zu werden, greifen vorliegend nicht durch. Das Bestehen einer solchen Möglichkeit würde zu dem Schluss führen, dass dem Vorstandsmitglied nach dem Grundsatz des § 181 BGB das Kontrahieren mit sich selbst gestattet werden könnte. Einer solchen Sichtweise steht jedoch bereits die Vorschrift des § 112 AktG entgegen, wonach den Vorstandsmitgliedern gegenüber die Gesellschaft durch den Aufsichtsrat vertreten wird und daher das Selbstkontrahieren eines Organmitglieds mit sich selbst ausgeschlossen worden ist.[370] Mithin liegt in der Praxis eine Interessenkollision nicht vor.

Die Verneinung der Arbeitnehmereigenschaft wird von der herrschenden Ansicht[371] überwiegend auf die repräsentationsrechtliche Formalstruktur des Vertretungsorgans gestützt. Ausgangspunkt für diese Ansicht ist, dass die Organstellung für das Verhältnis des Vorstandsmitglieds zur Gesellschaft prägend sei, während dem Anstellungsverhältnis lediglich die Funktion zukomme, die allgemeinen Rahmenbedingungen für die Tätigkeitsverpflichtung, insbesondere die dem Organmitglied zustehenden Ansprüche auf die Gegenleistungen, zu konkretisieren.[372] Die sich aus der Organstellung ergebende Arbeitgeberfunktion und Unternehmerstellung führe dann zu einem generellen Vorrang des Organverhältnisses und schließe damit die Anwendung arbeitsrechtlicher Schutzwertungen aus. In der Tat ist dieser Auffassung darin zuzustimmen, dass aus gesellschaftsrechtlicher Sicht aus der Satzungsautonomie und den Normzwecken der §§ 84, 87 AktG tatsächlich ein Vorrang

368 *Dersch*, RdA 1951, 212 ff.

369 Vgl. ebenfalls *Kucera*, (FN 89), S. 96; *Wilhelmi/Wilhelmi*, BB 1968, 137, 138.

370 Vgl. BGHZ 103, 213, 216; BGH NJW 1989, 2055, 2056; *Hüffer*, § 112 AktG Rn. 1; *Wilhelmi/Wilhelmi*, BB 1968, 137, 139.

371 *Hüffer*, § 84 AktG Rn. 11; *Spindler* in: MüKoAktG, § 84 Rn. 57; *Kort* in: GroßKomm-AktG, § 84 Rn. 275; *Mertens/Cahn* in: KölnerKomm, § 84 AktG Rn. 35.

372 *Martens* in: FS-Hilger/Stumpf, 437, 442.

des Organverhältnisses folgt.[373] Dafür spricht vor allem die Koppelung der Dauer des Dienstverhältnisses an den für die Organbestellung zulässigen Zeitraum (§ 84 Absatz 1 AktG). Da die gesetzlichen und satzungsmäßigen Regelungen der Geschäftsführungsbefugnis durch den Anstellungsvertrag nicht abgeändert werden können, können entgegenstehende Vereinbarungen zu Kollisionen zwischen körperschaftsrechtlichen Regelungen und dem Anstellungsvertrag führen. Die vereinbarten Anstellungsbedingungen bleiben zwar in diesem Fall wirksam, müssen aber interessengerecht angepasst werden.[374] Um solche Pflichtenkollisionen zu vermeiden, ist demzufolge ein Gleichlauf von Organstellung und Anstellungsverhältnis anzustreben. Dort, wo das Anstellungsverhältnis diejenigen Rechte und Pflichten des Vorstandsmitglieds, die sich nicht bereits aus der Organstellung ergeben, ergänzt, ist also davon auszugehen, dass im Kollisionsfalle die aktienrechtlichen Regelungen den allgemeinen für den Dienstvertrag geltenden Vorschriften vorgehen.[375]

Demgegenüber halten die Gegner der herrschenden Ansicht eine Arbeitnehmereigenschaft des Vorstandsmitglieds trotz seiner Organstellung und der damit verbundenen Arbeitgeberfunktion für möglich. Wer Arbeitgeberfunktionen ausübt, kann nach ihrer Auffassung trotzdem seinerseits persönlich abhängig sein. Das soll vor allem auf die leitenden Angestellten zutreffen.[376] Diese Beschäftigten üben im Rahmen ihrer Personalführungskompetenz ebenfalls Arbeitgeberfunktionen aus und es werden ihnen darüber hinaus unternehmerische Entscheidungskompetenzen übertragen. Beide Besonderheiten schließen ihre Arbeitnehmerstellung gleichwohl keineswegs aus, weshalb die Wahrnehmung von Arbeitgeberfunktionen nicht zwingend zum Ausschluss einer persönlichen Abhängigkeit führen soll. Zutreffend ist in diesem Zusammenhang, dass leitende Angestellte gewisse Arbeitgeberbefugnisse ausüben. Allerdings kommt ihnen eine andere Qualität zu. Anders als bei den leitenden Angestellten sind die Arbeitgeberfunktionen, die vom Organmitglied wahrgenommen werden, nicht bloß vertraglich abgeleitet. Sie folgen aus dem Umstand, dass die Gesellschaft als juristische Person nicht selbst handeln kann und deshalb das Vorstandsmitglied nach § 76 AktG zur Vertretung der juristischen Person berufen ist und auch die oberste Leitungsbefugnis gegenüber allen Arbeitnehmern ausüben kann.[377] Demgegenüber nehmen die leitenden Angestellten stets nur abgeleitete, ihnen vom Arbeitgeber rechtsgeschäftlich übertragene Arbeitgeberfunktionen wahr. Wie weit diese Funktionen auch reichen mögen, so bleiben diese doch immer sekundärer Art, weil nur den Organmitgliedern die primäre Arbeitgeberfunktion zusteht.[378] Der Vergleich mit den leitenden Angestellten spricht also nicht zwangsläufig für das Vorliegen einer Arbeitnehmereigenschaft der Organmitglieder.

---

373 BGHZ 91, 1, 5; BGH WM 1981, 567; *Hueck*, ZfA 1985, 25, 33f.; *Henssler*, RdA 1992, 289, 292; *Martens* in: FS-Hilger/Stumpf, 437, 442; *Kucera*, (FN 89), S. 96.

374 *Wehrmeyer*, (FN 349), S. 105; *Martens* in: FS-Hilger/Stumpf, 437, 442 f.

375 *Spindler* in: MüKoAktG, § 84 Rn. 56; *Henssler*, RdA 1992, 289, 293.

376 *Kucera*, (FN 89), S. 99; *Henssler*, RdA 1992, 289, 292.

377 *Hueck* in: FS-Hilger/Stumpf, 365, 375.

378 *Hueck* in: FS-Hilger/Stumpf, 365, 375.

Ebenso wenig lässt sich aus den §§ 22 Absatz 2 Nr. 1 ArbGG, 16 Absatz 4 Nr. 2 SGG ein allgemeiner Schluss für die rechtliche Einordnung eines Vorstandsmitglieds ziehen. Nach den genannten Vorschriften können die Vorstandsmitglieder zu ehrenamtlichen Richtern der Arbeitgeberseite bestellt werden. Damit wird aber ihre Arbeitnehmereigenschaft weder bestätigt noch ausgeschlossen. Vielmehr knüpft das Gesetz in beiden Fällen lediglich an die tatsächlich im Unternehmen ausgeübten Arbeitgeberfunktionen an, ohne damit eine weitergehende Wertung vorzunehmen.[379]

In Ermangelung einer allgemeinen Regelung für die rechtliche Einordnung der Anstellungsverhältnisse von Vorstandsmitgliedern und einer anderweitigen Begriffsbestimmung muss hierfür auf den für das Arbeitsrecht generell maßgeblichen Begriff des Arbeitnehmers zurückgegriffen werden. Dazu sei an dieser Stelle daran erinnert, dass das Anstellungsverhältnis von der Organstellung nach zutreffender Ansicht rechtlich zu trennen ist. Die Unterscheidung zwischen Bestellung und Anstellung lässt sich zwar nicht in jeder Beziehung durchführen, weshalb diese in den meisten Fällen auch in einem Rechtsakt vorgenommen werden und deshalb auch innerlich verbunden sind;[380] hieraus folgt aber nicht, dass es sich dabei um ein einziges Rechtsverhältnis handelt. Daher ist für die rechtliche Beurteilung einer Arbeitnehmereigenschaft von Vorstandsmitgliedern nach dem Trennungsprinzip auf das Anstellungsverhältnis abzustellen. Erforderlich ist also eine persönliche Abhängigkeit, für die auch beim Vorstandsmitglied als wichtigstes Element eine Weisungsabhängigkeit hinsichtlich der Konkretisierung der Arbeitspflicht zu fordern ist. Es kommt also darauf an, ob Vorstandsmitglieder die wichtigsten Merkmale der persönlichen Abhängigkeit, nämlich Unterordnung unter das Weisungsrecht des Arbeitgebers in Bezug auf Zeit, Dauer, Ort und Art der Arbeitsausführung oder Eingliederung in einen fremdorganisierten Betrieb, erfüllen. Entscheidend ist in diesem Zusammenhang die Regelung des § 76 AktG, wonach der Vorstand die Gesellschaft unter eigener Verantwortung zu leiten hat. Schon begrifflich schließt die Eigenverantwortlichkeit die Möglichkeit aus, dass die Tätigkeit des Vorstandsmitglieds fremdbestimmt und damit abhängig ist. Als Organmitglied entscheidet es über die gesamte Wirtschaftsführung und Marktbeteiligung des Unternehmens. Diese Funktion beinhaltet die Möglichkeit und das Recht des Vorstandsmitglieds, Ort, Zeit und Art der eigenen Dienstleistung im Rahmen des vertraglich Vereinbarten allein zu entscheiden, weshalb seine Arbeit insofern nicht fremd-, sondern eigenbestimmt ist.[381] Eine Weisungsgebundenheit nach Ort und Zeit scheidet ferner bereits deshalb aus, weil nach der gesetzlichen Konzeption dem Vorstandsmitglied das Recht und die Pflicht eingeräumt werden, entsprechende Weisungen an die übrigen Beschäftigten zu erteilen. Die sich hieraus ergebende persönliche Unabhängigkeit des

379 *Hueck* in: FS-Hilger/Stumpf, 365, 371.

380 BGHZ 89, 48, 52; 113, 237, 242; *Hüffer*, § 84 AktG Rn. 2; *Beiner*, Der Vorstandsvertrag, Rn. 25 f.; *Spindler* in: MüKoAktG, § 84 Rn. 10.

381 *Fleck* in: FS-Hilger/Stumpf, 197, 204; *Wilhelmi/Wilhelmi*, BB 1968, 137, 139; *Kucera*, (FN 89), S. 104.

Vorstandsmitglieds wird auch nicht dadurch aufgehoben, wenn sich das Organmitglied dem Gesellschaftsinteresse, den wirtschaftlichen Gegebenheiten oder sonstigen Umständen unterzuordnen hat. Derartige Vorgänge begründen keineswegs eine Unterordnung unter einen Arbeitgeber oder einen sonstigen Dritten und auch keine Abhängigkeit im hier allein interessierenden arbeitsrechtlichen Sinne, da diese Gepflogenheiten jede Aktiengesellschaft betreffen, die sich in die Gesamtwirtschaft und die Interessen der Allgemeinheit einzufügen hat.[382] Da zu den Aufgaben des Vorstandes die eigenverantwortliche Leitung des Unternehmens gehört, kann die persönliche Unabhängigkeit des Organmitglieds ohne weiteres von einer Zustimmung des Aufsichtsrates abhängig gemacht werden. Nach § 114 Abs. 4 Satz 2 AktG kann die Satzung oder der Aufsichtsrat vorschreiben, dass für bestimmte Arten von Geschäften die Zustimmung des Aufsichtsrats einzuholen ist. Das Zustimmungserfordernis gibt dem Aufsichtsrat die Möglichkeit, auf bestimmte Maßnahmen der Unternehmensleitung Einfluss nehmen zu können. Hieraus folgt aber nicht, dass diesem die Möglichkeit eingeräumt wird, darüber zu entscheiden, ob und welche Geschäftsführungsmaßnahmen in welcher Form auszuführen sind und damit auch nicht das Recht, die Tätigkeit der Vorstandsmitglieder zu bestimmen.[383] Zudem dürfen sich die Zustimmungsvorbehalte nur auf bestimmte Arten von Geschäften beziehen, weshalb eine Generalklausel, wonach alle wichtigen Geschäfte der Zustimmung des Aufsichtsrates bedürfen, nicht zulässig ist.[384] Mithin dürfen nur solche Maßnahmen oder Entscheidungen an die Zustimmung des Aufsichtsrates gebunden werden, die für die Gesellschaft von ganz besonderer Bedeutung sind.[385]

Nichts anderes kann auch im Verhältnis zur Hauptversammlung gelten. Für eine Bindung an Weisungen der Hauptversammlung besteht wegen § 119 Absatz 2 AktG kein Raum. Hiernach kann die Hauptversammlung über Fragen der Geschäftsführung nur entscheiden, sofern der Vorstand es verlangt. Die Anrufung der Hauptversammlung liegt also im freien Ermessen des Vorstands. Selbst wenn in diesem Fall die Hauptversammlung eine Entscheidung trifft und diese im Ergebnis eine bindende Wirkung[386] für den Vorstand hat, so enthält dieser Beschluss keine weitergehende Weisungsbindung betreffend die konkrete Ausführung der Geschäftsführungsmaßnahme.

---

382 *Spindler* in: MüKoAktG, § 76 Rn. 25 f., 60 f., 70; *Kort* in: GroßKommAktG, § 76 Rn. 158; *Fleischer* in: Spindler/Stilz, § 76 AktG Rn. 60; *Wilhelmi/Wilhelmi*, BB 1968, 137, 139.

383 *Wilhelmi/Wilhelmi*, BB 1968, 137, 140.

384 *Drygala* in: K. Schmidt/Lutter, AktG, § 111 Rn. 55; *Hüffer*, § 111 AktG Rn. 18; *Habersack* in: MüKoAktG, § 111 Rn. 106; *Hopt/Roth* in: GroßKommAktG, § 111 Rn. 643.

385 *Hopt/Roth* in: GroßKommAktG, § 111 Rn. 641; *Mertens/Cahn* in: KölnerKomm, § 111 AktG Rn. 66; *Drygala* in: K. Schmidt/Lutter, AktG, § 111 Rn. 56; *Wilhelmi/Wilhelmi*, BB 1968, 137, 140.

386 *Hüffer*, § 119 AktG Rn. 15; *Kubis* in: MüKoAktG, § 119 Rn. 27; *Spindler* in: K. Schmidt/Lutter, AktG, § 119 Rn. 25.

Ferner stellt sich die Frage, ob durch das Vorhandensein anderer gleichberechtigter Vorstandsmitglieder eine persönliche Abhängigkeit des Vorstandsmitglieds begründet werden kann. Verfügt eine AG über einen mehrgliedrigen Vorstand, so sind die Vorstandsmitglieder gemäß § 77 Absatz 1 Satz 1 AktG nur gemeinschaftlich zur Geschäftsführung befugt. Der Vorstand darf also erst dann handeln, wenn alle Mitglieder der Maßnahme ausdrücklich oder konkludent zugestimmt haben.[387] Nach geltendem Aktienrecht kann also der Vorstandsvorsitzende nicht mehr alleine entscheiden, wie es noch nach der alten Regelung des § 70 Absatz 2 AktG 1937 möglich gewesen war. Ein solches Recht würde die anderen Vorstandsmitglieder zu bloßen Hilfskräften degradieren und könnte außerdem die Gesellschaft wegen möglichen Machtmissbrauchs in gefährliche Situationen bringen.[388] Nunmehr ist es unmöglich, dass eine Minderheit bei Meinungsverschiedenheiten im Vorstand gegen die Mehrheit entscheiden kann. Alle Vorstandsmitglieder haben den gleichen Einfluss auf Entscheidungen des Vorstandes, so dass eine Abhängigkeit des einzelnen Vorstandsmitglieds damit ausgeschlossen ist. Auch wenn das Vorstandsmitglied im Einzelfall die Maßnahme nicht durchführen kann, weil es von der Mehrheit überstimmt worden ist, kann hieraus keine persönliche Abhängigkeit gegenüber der Mehrheit abgeleitet werden. Das Vorstandsmitglied ist zwar an einen internen Beschluss gebunden, aber es bleibt weiterhin frei in der Verfügung über seine Arbeitskraft und Arbeitszeit.

Zudem spricht auch die Tatsache, dass der Vorstand nach § 90 AktG dem Aufsichtsrat Bericht zu erstatten hat, nicht für das Vorliegen einer Arbeitnehmereigenschaft. Dass das Bestehen von Berichtspflichten schon von vornherein ungeeignet ist, selbständige von unselbstständiger Tätigkeit zu unterscheiden, geht bereits aus dem Auftragsrecht hervor (vgl. z.B. § 666 BGB), wonach der Beauftragte dem Auftraggeber gegenüber über den Stand des Auftrags zwar zur Rechenschaft verpflichtet ist, der Beauftragte jedoch hinsichtlich der Ausübung des Auftrags selbständig bleibt. Die Berichtspflichten nach § 90 AktG bezwecken einerseits, dem Aufsichtsrat zu ermöglichen, seiner Überwachungspflicht nach § 111 AktG nachzukommen; andererseits sollen die Berichtspflichten verhindern, dass sich Mitglieder des Aufsichtsrates auf Unkenntnis berufen können, wenn sie gemäß §§ 113, 96 AktG auf Schadensersatz in Anspruch genommen werden.[389] Um seinen Berichtspflichten nachzukommen, muss der Vorstand von sich aus in periodischen Abständen bestimmte Berichte abgeben (vgl. § 90 Absatz 1 AktG). Allerdings gehört es nicht zu seinen Aufgaben, dem Aufsichtsrat über jede einzelne Geschäftsführungsmaßnahme

387 Allgemeine Meinung, vgl. *Hüffer*, § 77 Rn. 6; *Spindler* in: MüKoAktG, § 77 Rn. 11; *Seibt* in: K. Schmidt/Lutter, AktG, § 77 Rn. 5; *Kort* in: GroßKommAktG, § 77 Rn. 7.

388 *Spindler* in: MüKoAktG, § 77 Rn. 14.

389 *Spindler* in: MüKoAktG, § 90 Rn. 1; *Hüffer*, § 90 AktG, Rn. 1; *Krieger/Sailer-Coceani* in: K. Schmidt/Lutter, AktG, § 90 Rn. 1.

regelmäßig Bericht zu erstatten. Er bleibt also weiterhin frei in seiner selbständigen und eigenverantwortlichen Tätigkeit als leitendes Organmitglied der Gesellschaft.[390]

Es kann also insgesamt festgehalten werden, dass die vorstehend ausgeführten Gründe gegen die Arbeitnehmereigenschaft eines Vorstandsmitglieds sprechen. In den meisten Fällen handelt es sich bei dem zwischen der Gesellschaft und dem Vorstandsmitglied abgeschlossenen Anstellungsverhältnis um ein freies Dienstverhältnis, auf das die arbeitsrechtlichen Vorschriften keine Anwendung finden. Hinsichtlich der Einordnung der Arbeitnehmereigenschaft eines Vorstandsmitglieds spielt zudem die repräsentationsrechtliche Formalstruktur des Vertretungsorgans keine Rolle. Die Ansicht des Vorrangprinzips beruht auf einer formalen Sichtweise.[391] Wie aber bereits an früherer Stelle ausgeführt, knüpft der Arbeitnehmerbegriff nicht an formale Kriterien an.[392] Vielmehr orientiert sich die Statusbeurteilung an den aus der persönlichen Abhängigkeit folgenden materiellen Schutzinteressen, so dass weder vertragliche Absprachen[393] noch gesellschaftsrechtliche Formalzwänge die Geltung des Arbeitnehmerschutzrechts verhindern können. Deshalb ist mit dem hier zugrundeliegenden Trennungsprinzip zwischen der Verfügungsbefugnis über die Arbeitskraft des Vorstandsmitglieds und den Weisungsbefugnissen auf korporationsrechtliche Ebene strikt zu unterscheiden. Soweit also auf der korporationsrechtlichen Ebene Weisungen erteilt werden können, handelt es sich regelmäßig um unternehmensbezogene Weisungen, welche die unternehmerische Entscheidung des Vorstandsmitglieds beeinflussen. Die Beschränkungen dieser unternehmerischen Entscheidungsfreiheit betreffen aber nicht das Ob, Wann und Wie der Erbringung der geschuldeten Arbeitsleistung.[394] Auch wenn sich beide Komponenten in den meisten Fällen berühren mögen, muss dennoch zwischen beiden unterschieden werden, da nur arbeitsbezogene Weisungen eine arbeitsrechtliche Abhängigkeit begründen können. Eine Unterordnung unter ein irgendwie geartetes Weisungsrecht der AG als Arbeitgeber lässt sich daher für das Vorstandsmitglied nicht feststellen, da ihm nach § 76 AktG eine eigenverantwortliche Unternehmensleitung zusteht. Bei der strikten gesetzlichen Kompetenzverteilung des Aktienrechts sind also arbeitsrechtsbezoge Weisungen an den Vorstand kaum denkbar und selbst unternehmensbezoge Weisungen nur eingeschränkt möglich. Ferner ist darauf zu achten, dass der Grad der persönlichen Abhängigkeit auf einer Gesamtwürdigung aller Umstände des Einzelfalls beruht. So wird in der Regel der Arbeitnehmerstatus eines Vorstandsmitglieds abzulehnen sein. Allerdings sind in die Gesamtbetrachtung Beschränkungen der Geschäftsführungsbefugnisse mit einzubeziehen. Je umfassender nämlich

390 *Wilhelmi/Wilhelmi*, BB 1968, 137, 140.

391 *Martens* in: FS-Hilger/Stumpf, 437, 441 f.

392 BAG AP Nr. 6 zu § 611 BGB Abhängigkeit; BAG AP Nr. 54 zu § 611 BGB Abhängigkeit.

393 BAG AP Nr. 54 zu § 611 BGB Abhängigkeit.

394 BAG AP Nr. 54 zu § 611 BGB Abhängigkeit; *Hueck* in: FS-Hilger/Stumpf, 365, 376; *Hueck*, ZfA 1985, 25, 29; *Henssler*, RdA 1992, 289, 294; *Fleck* in: FS-Hilger/Stumpf, 197, 203 f.

das Vorstandsmitglied mit Arbeitgeber- und Unternehmerfunktionen ausgestattet ist, desto unwahrscheinlicher wird in diesen Fällen ein Abhängigkeitsverhältnis bestehen. Sollte allerdings die unternehmerische Entscheidungsfreiheit des Organmitglieds derart eingeschränkt sein, wie dies im Bereich der kleinen oder mittleren Unternehmen der Fall sein kann, ist die Tatsache zu berücksichtigen, dass damit auch die Verantwortung des Organmitglieds für den wirtschaftlichen Misserfolg des Unternehmens entfällt und damit seine Schutzbedürftigkeit aus einer Eingliederung in den Betrieb und die Direktionsgewalt des Arbeitgebers hergeleitet werden sollte.[395] Im Ergebnis sind also die Beschränkungen der unternehmerischen Entscheidungsfreiheit bei der Gesamtbewertung zu berücksichtigen, aber diese allein können die Arbeitnehmereigenschaft eines Vorstandsmitglieds in keiner denkbaren Konstellation begründen.

Die Unterscheidung zwischen unternehmensbezogenen und arbeitsrechtlichen Weisungen trägt auch dazu bei, die Anstellungsverhältnisse des Vorstandsmitglieds in konzernverbundenen Gesellschaften richtig einzuordnen. In den Fällen des Beherrschungsvertrags und der Eingliederung bestehen auf den ersten Blick tatsächlich Weisungsrechte des herrschenden Unternehmens bzw. der Hauptgesellschaft nach den §§ 308 Absatz 1 Satz 1 bzw. 323 Absatz 1 Satz 1 AktG. Diese Weisungen betreffen stets das unternehmerische Verhalten, sind also unternehmensbezogen und können daher keine arbeitsrechtliche Abhängigkeit erzeugen.[396] Bei den erteilten Weisungen handelt es sich um strategische Entscheidungen und deren Umsetzung im Detail. Das herrschende Unternehmen bzw. die Hauptgesellschaft können zwar unternehmerische Entscheidungen der abhängigen Gesellschaft bzw. der Untergesellschaft beeinflussen oder die Unternehmenspolitik neu ausrichten, allerdings können dabei keine Vorgaben hinsichtlich der Arbeitszeit oder der Art und Weise der Zusammenarbeit im Vorstand getroffen werden. Für eine arbeitsrechtlich relevante Unabhängigkeit spricht weiterhin die Tatsache, dass die Weisungen des herrschenden Unternehmens bzw. der Hauptgesellschaft nicht an das Vorstandsmitglied persönlich gerichtet sind, sondern vielmehr die Leitung der Gesellschaft betreffen.[397] Wenn nach §§ 308 Absatz 1 Satz 1 bzw. 323 Absatz 1 Satz 1 die Weisungen des herrschenden Unternehmens bzw. der Hauptgesellschaft an den Vorstand des abhängigen Unternehmens bzw. der Untergesellschaft gerichtet werden, so geschieht dies deshalb, weil die Aktiengesellschaft selbst nicht handlungsfähig ist und der Vorstand als gesetzliches Vertretungsorgan für diese in Erscheinung tritt. Folglich trifft die Weisungspflicht das Vorstandsmitglied nur mittelbar aufgrund seiner Verpflichtung gegenüber der eigenen Gesellschaft. Eine persönliche Abhängigkeit von dem herrschenden Unternehmen bzw. der Hauptgesellschaft wird hierdurch aber

---

395 So im Ganzen auch *Henssler*, RdA 1992, 289, 294.

396 *Boemke*, ZfA 1998, 209, 213; *Henssler*, RdA 1992, 289, 294; *Jooß*, Die Drittanstellung des Vorstandsmitglieds einer Aktiengesellschaft, S. 90.

397 *Hueck* in: FS-Hilger/Stumpf, 365, 377; *Wilhelmi/Wilhelmi*, BB 1968, 137, 140; *Thüsing* in: Fleischer, Handbuch des Vorstandsrechts, § 4 Rn. 70.

nicht begründet.[398] Zudem ist in den Blick zu nehmen, dass die arbeitsrechtliche Abhängigkeit stets die Weisungsbefugnis des Arbeitgebers voraussetzt, also desjenigen, mit dem das Vorstandsmitglied das Anstellungsverhältnis abgeschlossen hat.[399] Um beim Beispiel der Verträge mit konzernverbundenen Gesellschaften zu bleiben: Nur das Weisungsrecht der Bestellungsgesellschaft, zu der das Vorstandsmitglied auch gleichzeitig in einem Anstellungsverhältnis steht, kann zu einer arbeitsrechtlichen Abhängigkeit führen, nicht aber das eines Drittunternehmens, welches nur unternehmensbezoge Weisungen an den Vorstand erteilen kann.

Anstellungsverträge mit Drittgesellschaften sind auch außerhalb konzernverbundener Unternehmen anzutreffen. In der Praxis handelt es sich dabei um Fälle, in denen an die Stelle der eigenen Gesellschaft eine externe Rechtsperson in den Anstellungsvertrag eintritt. Hier gilt ebenfalls im Grundsatz, dass der Anstellungsvertrag als Dienstvertrag zu qualifizieren ist, sofern der Anstellungsvertrag nur auf die organschaftlichen Befugnisse und Pflichten Bezug nimmt, ohne selbst zusätzliche Pflichten des Vorstandsmitglieds zu begründen.[400] Da der Anstellungsvertrag in diesen Fällen lediglich die Grundlage des Organverhältnisses bildet, ist das Drittunternehmen auch nicht berechtigt, über die Dienstleistungen des Vorstandsmitglieds zu verfügen. Anders ist die Rechtslage dann zu beurteilen, wenn der Anstellungsvertrag mit dem Drittunternehmen ein so weitgehendes Weisungsrecht enthält, das die Grenzen des § 76 Absatz 1 AktG überschreitet und das bei einem Anstellungsvertrag mit der Bestellungsgesellschaft nicht möglich wäre.[401] Wenn sich nach einer Gesamtabwägung aller Umstände Anhaltspunkte ergeben sollten, dass die Organtätigkeit nur aufgrund anstellungsrechtlicher Weisung übernommen worden ist und durch Zuweisung von Führungsaufgaben ohne organrechtlichen Status auch anderweitig generell über die Arbeitskraft verfügt werden darf, kann ein derartiger Anstellungsvertrag als Arbeitsvertrag zu qualifizieren sein.[402] Erst recht ist eine Arbeitnehmereigenschaft eines Vorstandsmitglieds in solchen Fällen gegeben, wenn zwischen der Drittgesellschaft und dem Vorstandsmitglied ein arbeitsrechtliches Weisungsrecht ausdrücklich vereinbart wird. Da nach dem Trennungsprinzip zwischen unternehmensbezogenen und arbeitsbezogenen Weisungen unterschieden werden muss, bestehen diesbezüglich keine Bedenken, wenn das Vorstandsmitglied sich einem arbeitsrechtlichen Weisungsrecht vertraglich unterwirft. Schließlich führt die Anwendung des Trennungsprinzips in umgekehrter Richtung zu dem

---

398 *Jooß*, (FN 394), S. 90; *Mertens/Cahn* in: KölnerKomm, § 84 AktG Rn. 35.

399 *Hueck* in: FS-Hilger/Stumpf, 365, 378; *Hueck*, ZfA 1985, 25, 30; *Jooß*, (FN 394), S. 90.

400 *Martens* in: FS-Hilger/Stumpf, 437, 446; *Thüsing* in: Fleischer, Handbuch des Vorstandsrechts, § 4 Rn. 70.

401 So im Ergebnis auch *Henssler*, RdA 1992, 289, 301 f; *Fleck*, ZHR 149, 387, 404 ff.; *Hueck*, ZfA 1985, 25, 36; *Richardi/Fischinger* in: Staudinger, Vorbem. §§ 611 ff. Rn. 331; *Jooß*, (FN 394), S. 94; *Martens* in: FS-Hilger/Stumpf, 437, 447 ff.; dagegen die Arbeitnehmereigenschaft generell verneinend *Mertens/Cahn* in: KölnerKomm, § 84 AktG Rn. 35; *Spindler* in: MüKoAktG, § 84 Rn. 76.

402 Vgl. auch *Martens* in: FS-Hilger/Stumpf, 437, 449 f.

Ergebnis, dass die Bindung an arbeitsbezogene Weisungen ihrerseits die unternehmerische Entscheidungsfreiheit unberührt lässt.[403] In diesem Zusammenhang gilt es jedoch zu beachten, dass die schuldrechtlichen Vereinbarungen und die daraus resultierenden Weisungsrechte dort ihre Grenzen haben, wo sie an die gesetzlichen und satzungsmäßigen Anforderungen und Pflichten des Organmitglieds stoßen. Da die Vorstandsmitglieder in erster Linie Gesetz und Satzung unterliegen, sind vertragliche Regelungen, die dagegen verstoßen, unwirksam und darauf gestützte Weisungen unbeachtlich.[404] Vereinbaren also die Vertragsparteien im Anstellungsvertrag ein arbeitsbezogenes Weisungsrecht, ist folglich das Vorstandsmitglied, vorbehaltlich einer Gesamtwürdigung aller Umstände, Arbeitnehmer.

(b) Der Geschäftsführer einer GmbH

Wie die AG bedarf auch die GmbH als juristische Person zu ihrer Handlungsfähigkeit eines Organs. Die GmbH hat notwendigerweise zwei Organe: die Gesellschafterversammlung und den Geschäftsführer, wobei letzterer das Handlungsorgan der Gesellschaft nach § 35 GmbHG darstellt. Seine Organstellung erhält der Geschäftsführer durch die Bestellung seitens der Gesellschafterversammlung gem. § 37 Absatz 1 GmbHG. Nach dem geltenden Trennungsprinzip muss auch in diesen Fall zwischen dem Bestellungsakt und dem Anstellungsverhältnis unterschieden werden. Da weder der Wortlaut des GmbH-Gesetzes noch einzelne arbeitsrechtliche Normen Anhaltspunkte für die rechtliche Einordnung der Person des Geschäftsführers liefern, stellt sich auch hier die Frage nach dem Arbeitnehmerstatus des Geschäftsführers.

(aa) Der Rechtsstatus des GmbH-Geschäftsführers in der Rechtsprechung

Der Rechtsstatus des Geschäftsführers wird in der Rechtsprechung nicht einheitlich beurteilt. Nach ständiger Rechtsprechung des BGH ist der Geschäftsführer einer GmbH kein Arbeitnehmer.[405] Der Status als Arbeitnehmer scheide schon deshalb aus, weil der Geschäftsführer aufgrund der ihm übertragenen Organstellung die Arbeitgeberfunktion für die Gesellschaft gegenüber den Arbeitnehmern wahrnehme. Insofern bestehen hier also keine Unterschiede zur Rechtsprechung bezüglich des Vorstandsmitglieds. Dagegen hat das Bundesarbeitsgericht (BAG)[406] in den Fällen, in denen das Anstellungsverhältnis des Geschäftsführers zu einem Drittunternehmen bestand, entschieden, dass der GmbH-Geschäftsführer als Arbeitnehmer gelten kann. Die Annahme einer Arbeitnehmereigenschaft sei auch mit seiner Organstellung zur GmbH vereinbar. Es bestehe nämlich kein striktes

---

403 *Henssler*, RdA 1992, 289, 294.

404 *Theobald* in: FS-Raiser, 421, 427; *Mertens/Cahn* in: KölnerKomm, § 84 AktG Rn. 42; *Hueck*, ZfA 1985, 25, 36; *Martens* in: FS-Hilger/Stumpf, 437, 447; *Fleck*, ZHR 145, 387, 398, 401, 402.

405 BGH NJW 1968, 396; BGH NJW 1978, 1335, 1337; BGH NJW 1981, 1270, 1271.

406 BAG ZIP 1992, 1496; BAG NZA 1999, 839; BAG NZA 1999, 987.

Ausschlussverhältnis, wonach derjenige, der selbst Arbeitgeberrechte ausübe und eine Unternehmerstellung einnehme, nicht zugleich Arbeitnehmer sein könne. Allerdings stelle das Anstellungsverhältnis in der Regel ein Dienstverhältnis dar und nur in extremen Fällen sei ein Arbeitsverhältnis anzunehmen.[407] Für die Bestimmung der Arbeitnehmereigenschaft ist also nach Auffassung des BAG in erster Linie der Grad der persönlichen Abhängigkeit entscheidend. Die persönliche Abhängigkeit des Geschäftsführers liegt nach Ansicht des Gerichts dann vor, wenn dieser regelmäßig einem Zeit, Dauer, Ort und Art der Ausführung umfassenden Direktionsrecht der Gesellschafter unterliegt. Dagegen sei eine Selbständigkeit anzunehmen, wenn der Geschäftsführer seine Tätigkeit frei gestalten und seine Arbeitszeit bestimmen könne. Dies sei der Fall, wenn der Geschäftsführer zugleich Gesellschafter der GmbH sei und nach seiner Kapitalbeteiligung einen so erheblichen Einfluss auf die Beschlussfassung der Gesellschaft habe, dass er jede ihm nicht genehme Entscheidung verhindern könne.[408] Unter Zugrundelegung dieser Kriterien muss also im Ergebnis mit dem BAG davon ausgegangen werden, dass im Rahmen einer wertenden Gesamtschau und unter Berücksichtigung sämtlicher Abgrenzungskriterien das Anstellungsverhältnis des Geschäftsführers im Einzelfall ein Arbeitsverhältnis darstellen kann.

(bb) Die Doktrin der Geschäftsführerstellung in der Literatur

Die herrschende Ansicht in der Literatur folgt der Rechtsprechung des BGH.[409] Zur Begründung wird ausgeführt, der GmbH-Geschäftsführer sei nicht weisungsgebunden, sondern im Gegenteil seinerseits willensbildendes Organ der Gesellschaft.[410] Außerdem nehme er Arbeitgeberfunktionen wahr, mit denen eine Einordnung als Arbeitnehmer nicht zu vereinbaren sei.[411] Eine an Bedeutung gewinnende Auffassung geht dagegen aus, dass das Anstellungsverhältnis des vertretungsberechtigten Organmitglieds kein Dienstverhältnis, sondern ein Arbeitsverhältnis darstellt.[412]

---

407 BAG NZA 2006, 366; BAG NZA 1999, 987.

408 BAG NJW 1983, 2405, 2407; BAG ZIP 1992, 1496, 1497 f.

409 *Bauer/Gragert*, ZIP 1997, 2177, 2178; *Boemke*, ZfA 1998, 209, 212 ff.; *Nägele*, BB 2001, 305, 306; *Richardi/Fischinger* in: Staudinger, Vorbem. §§ 611 ff. Rn. 330; *Zöllner/Noack* in: Baumbach/Hueck, GmbHG, § 35 Rn. 174; *Holthausen/Steinkraus*, NZA-RR 2002, 281, 282; *Hueck*, ZfA 1985, 25, 31; *Bauer*, BB 1979, 2178; *Fleck*, WM 1981, Sonderbeilage 3, 3; *Hohlfeld*, GmbHR 1987, 255, 258; *Eckardt*, ZfA 1989, 467; *Hümmerich*, NJW 1995, 1177, 1178; *Wimmer*, DStR 1997, 247.

410 *Boemke*, ZfA 1985, 209, 213.

411 *Richardi/Fischinger* in: Staudinger, Vorbem. §§ 611 ff. Rn. 330.

412 Mit teilweise unterschiedlicher Begründung wird die Arbeitnehmereigenschaft generell bejaht von *Diller*, Gesellschafter und Gesellschaftsorgane als Arbeitnehmer, S. 137 ff.; *Groß*, Das Anstellungsverhältnis des GmbH-Geschäftsführers im Zivil-, Arbeits-, Sozialversicherungs- und Steuerrecht, S. 223 ff.; 259 ff.; *Kamanabrou*, DB 2002, 146, 147 f.; *Trinkhaus*, DB 1968, 1756, 1759; *Lücke*, NJOZ 2009, 3469, 3472; *Miller*, BB 1977, 723; *Miller*, ZIP 1981, 578, 581.

Dies soll insbesondere für den Fremdgeschäftsführer und den Minderheitsgesellschafter-Geschäftsführer gelten, da sie aufgrund der Bestimmungen in den Satzungen oder ihrer geringen Beteiligung keinen beherrschenden Einfluss hätten und deshalb ihre Position mit derjenigen eines leitenden Angestellten vergleichbar sei.[413] Ferner stehe die Wahrnehmung von Arbeitgeberfunktionen der Arbeitnehmerstellung der Geschäftsführer nicht entgegen.[414] Zudem könne das nach § 37 GmbHG bestehende gesellschaftsrechtliche Weisungsrecht so ausgestaltet sein, dass der Geschäftsführer der GmbH auch hinsichtlich der Art und Weise der Tätigkeit gebunden sei.[415] Schließt man sich den Gegnern der herrschenden Ansicht an, so kann nicht nur in den Fällen, in denen der Geschäftsführer in einem Anstellungsverhältnis zur Drittgesellschaft steht, ein Arbeitnehmerstatus vorliegen, sondern darüber hinaus auch bei der Anstellung in der eigenen Gesellschaft.

(cc) Stellungnahme

Weil zwischen Organstellung und Anstellung unterschieden werden muss, kommt es für das Vorliegen der Arbeitnehmereigenschaft auf das Anstellungsverhältnis des Geschäftsführers an. Hierbei können die zum Vorstandsmitglied einer AG gewonnenen Ergebnisse unter Berücksichtigung der Besonderheiten des GmbH-Rechts zum Teil übertragen werden. Bei der Prüfung der Frage, inwieweit sich aus dem Dienstvertrag eine persönliche Abhängigkeit des Geschäftsführers ergibt, sind zunächst solche Fälle außer Betracht zu lassen, in denen der Geschäftsführer einen maßgeblichen Geschäftsanteil an der Gesellschaft besitzt und somit die Willensbildung der Gesellschaft entscheidend beeinflussen kann. Wie bei den Vorstandsmitgliedern muss auch hier davon ausgegangen werden, dass der Geschäftsführer kraft seiner Beteiligung die Begründung einer persönlichen Abhängigkeit in jeden Fall zu verhindern vermag.[416] Die Inkompatibilität von Organstatus und Arbeitnehmerstellung ergibt sich also bereits aus der Beteiligung am Gesellschaftsvermögen.

Wenngleich einzelne Stimmen in der Literatur[417] analog zum leitenden Angestellten eine persönliche Abhängigkeit und damit eine Arbeitnehmereigenschaft des GmbH-Geschäftsführers annehmen wollen, kann dem nicht gefolgt werden. Der leitende Angestellte übt zwar bestimmte Arbeitgeberbefugnisse aus. Allerdings handelt es sich dabei um eine abgeleitete Funktion, die der obersten Leitungsmacht des Geschäftsführers untersteht, welche das Organmitglied als gesetzliches Vertretungsorgan unmittelbar für die juristische Person ausübt.[418] Mithin lässt der

---

413 *Uwe H. Schneider/Sethe* in: Scholz, § 35 GmbHG Rn. 267; *Kamanabrou*, DB 2002, 146, 147.
414 *Kamanabrou*, DB 2002, 146, 147.
415 *Groß*, (Fn. 408), S. 224 ff.
416 *Henssler*, RdA 1992, 289, 291.
417 *Kamanabrou*, DB 146, 147 m. w. N.
418 *Hüffer*, ZfA 1985, 25, 31; *Hümmerich*, NJW 1995, 1177, 1178.

Vergleich mit dem leitenden Angestellten keine Rückschlüsse auf eine persönliche Abhängigkeit des GmbH-Geschäftsführers zu.

Problematisch ist weiterhin, ob eine persönliche Abhängigkeit darin zu sehen ist, dass der Geschäftsführer im Innenverhältnis weisungsabhängig ist. Im Unterschied zum Vorstand der Aktiengesellschaft leitet der Geschäftsführer die Gesellschaft nicht in eigener Verantwortung. Vielmehr unterliegt er den Weisungen der Gesellschafterversammlung (vgl. § 37 Absatz 1 GmbHG). Da es keinen weisungsimmunen Entscheidungsbereich zu Gunsten des Geschäftsführers gibt, gibt es auch kaum inhaltliche Grenzen für das Weisungsrecht, weshalb die Gesellschafterversammlung umfassend weisungsberechtigt ist.[419] Derartige Bindungen sollen hier nicht in Frage gestellt werden, da sie aus gesellschaftsrechtlicher Sicht von wichtiger Bedeutung sind. Zu fragen ist allerdings, ob solche Bindungen auch eine arbeitsrechtliche Abhängigkeit zu begründen vermögen. Wenn man zwischen unternehmensbezogenen und arbeitsrechtlichen Weisungen unterscheidet, wird in diesem Zusammenhang deutlich, dass auch bei einer GmbH die innergesellschaftsrechtlichen Weisungen stets das unternehmerische Handeln als Organ betreffen.[420] Entsprechendes gilt für Weisungen in einem Konzernverhältnis, wo sie sich nicht an den Geschäftsführer selbst richten, sondern an die Gesellschaft.[421] Dagegen können diese internen Vorgänge eine arbeitsrechtliche Abhängigkeit des Geschäftsführers grundsätzlich nicht begründen. Wesentlich für das Vorliegen einer persönlichen Abhängigkeit sind vielmehr arbeitsrechtliche Weisungen hinsichtlich der Erbringung der Arbeitsleistung. Folglich ist auch hier im Rahmen einer wertenden Gesamtschau und unter Berücksichtigung sämtlicher Abgrenzungskriterien zu entscheiden, ob das Vertragsverhältnis ein Arbeits- oder Dienstverhältnis darstellt. Hierbei können die Beschränkungen der Geschäftsführungsbefugnisse alleine den Arbeitnehmerstatus nicht begründen, sie sind aber bei der Gesamtwertung zu berücksichtigen.[422] Weil es kaum inhaltliche Grenzen für das Weisungsrecht gibt, kann sich dieses auf das Tagesgeschäft, die gewöhnlichen und außergewöhnlichen Geschäftsführungsmaßnahmen und die Art und Weise der Erfüllung der den Gesellschaftern obliegenden öffentlich-rechtlichen Pflichten erstrecken mit der Folge, dass der Geschäftsführer sein Amt nur noch als reines Ausführungsorgan ausübt.[423] Sollte demnach die Gesamtwertung der Tätigkeit ergeben, dass der Geschäftsführer nicht mehr die Möglichkeit besitzt, die Art der Ausführung der Richtlinien selbst zu bestimmen, ist in diesen Fällen eine Arbeitnehmereigenschaft des Geschäftsführers anzuerkennen. Insofern unterscheidet sich der Geschäftsführer vom Vorstandsmitglied einer AG, der das Unternehmen in

---

419 OLG Düsseldorf, ZIP 1984, 1476, 1478; *Uwe H. Schneider/Sven H. Schneider* in: Scholz, § 37 GmbHG Rn. 38; *Nägele*, BB 2001, 305.

420 Das sehen auch die Gegner der herrschenden Ansicht, vgl. *Uwe H. Schneider/Sethe* in: Scholz, § 35 GmbHG Rn. 176.

421 *Hueck* in: FS-Hilger/Stumpf, 365, 377 f.; *ders.*, ZfA 1985, 25, 30.

422 *Henssler*, RdA 1992, 289, 294.

423 OLG Düsseldorf, ZIP 1984, 1476; OLG Nürnberg, NZG 2000, 154; *Nägele*, BB 2001, 305; *Uwe H. Schneider/Sven H. Schneider* in: Scholz, § 37 GmbHG Rn. 37,

eigener Verantwortung leitet, keinen Weisungen unterworfen ist und auch selbst die Art der Ausführung der Geschäftsführungsmaßnahmen bestimmen kann.

Der Rechtsstatus des Geschäftsführers ist auch im Rahmen der Drittanstellung nicht anders zu beurteilen. Wenn das Anstellungsverhältnis nicht zur Gesellschaft selbst, sondern zu einem Dritten besteht, kann auch hier im Ausnahmefall eine Arbeitnehmereigenschaft des Geschäftsführers gegeben sein.[424] Bei der Wertung des Arbeitnehmerstatus ist erneut das Gesamtbild der Tätigkeit zugrunde zu legen. Ergeben sich Anhaltspunkte dafür, dass die Drittgesellschaft über die Arbeitskraft des Geschäftsführers generell verfügen darf, so ist auch hier, wie bei den Vorstandsmitgliedern einer AG, von einer Arbeitnehmereigenschaft auszugehen. Auch vertragliche Vereinbarungen können eine Arbeitnehmereigenschaft des Geschäftsführers begründen, sofern der Geschäftsführer durch das vertraglich eingeräumte Weisungsrecht nicht zu einem Verhalten angehalten wird, welches gegen zwingende gesetzliche Bestimmungen oder satzungsmäßige Regelungen verstößt[425] und auch das Gesamtbild der Tätigkeit nicht gegen die Einordnung in eine Arbeitnehmereigenschaft spricht.

(c) Ergebnis

Abschließend lässt sich sagen, dass sowohl Vorstandsmitglieder einer AG als auch GmbH-Geschäftsführer grundsätzlich in einem Dienstverhältnis zur Gesellschaft stehen und ihnen damit kein Arbeitnehmerstatus zukommt. Da der Arbeitnehmerbegriff durch den Grad der persönlichen Abhängigkeit gekennzeichnet wird, kann im Einzelfall eine Arbeitnehmereigenschaft anzuerkennen sein, sofern nach einer wertenden Gesamtschau unter Berücksichtigung sämtlicher Abgrenzungsmerkmale das Vertragsverhältnis für das Vorliegen eines Arbeitsverhältnisses spricht. Wenngleich das Vorstandsmitglied die Gesellschaft unter eigener Verantwortung zu leiten hat, steht dies einer möglichen Arbeitnehmerstellung nicht zwingend entgegen. Vielmehr kann im Einzelfall das Dienstverhältnis als Arbeitsverhältnis ausgestaltet sein, wenn der Anstellungsvertrag nicht mit der Gesellschaft selbst, sondern mit einer Drittgesellschaft besteht. Anders als beim Vorstandsmitglied kann das Anstellungsverhältnis des Geschäftsführers nicht nur in den Fällen der Drittanstellung als Arbeitsverhältnis ausgestaltet sein, sondern auch in Fällen, in denen das Anstellungsverhältnis zur eigenen Gesellschaft besteht. Dieser Umstand ist darauf zurückzuführen, dass der GmbH-Geschäftsführer im Vergleich zum Vorstandsmitglied einer AG im Innenverhältnis einem umfassenden Weisungsrecht unterworfen sein kann. Er kann dann keine eigenverantwortlichen Entscheidungen treffen. Zudem ist er auch an die vorgegebene Art der Ausführung der Beschlüsse gebunden. Eine solche Weisungsabhängigkeit ist beim Vorstandsmitglied grundsätzlich nicht

424 BAG ZIP 1980, 1014; BAG ZIP 1983, 607, 610 f.; BAG ZIP 1992, 1496, 1497; *Boemke*, ZfA 1998, 209, 212 ff.; *Hueck* in: FS-Hilger/Stumpf, 365, 368; *ders.*, ZfA 1998, 25, 36.

425 *H. Schneider/Sven H. Schneider* in: Scholz, § 37 GmbHG Rn. 58 ff. mit weiteren Beispielen zu den Schranken hinsichtlich der Weisungsbefugnis.

vorstellbar, da es keinen Weisungen im Innenverhältnis unterliegt, die zu einer arbeitsrechtlichen Abhängigkeit führen können. Es trifft also die unternehmerischen Entscheidungen selbst und eigenverantwortlich. Sofern ein arbeitsrechtliches Weisungsrecht zwischen der Gesellschaft und dem Organmitglied vertraglich vereinbart wird, spricht dieser Umstand, vorbehaltlich einer Gesamtwertung, für eine Einordnung als Arbeitnehmer. Auf diese Weise kann eine arbeitsrechtliche Gleichstellung der Organmitglieder mit sonstigen Arbeitnehmern erzielt werden, so dass das Anstellungsverhältnis hier grundsätzlich dem Anwendungsbereich des Arbeitsrechts unterliegen würde.[426]

(6) Die Übertragung des Arbeitnehmerbegriffs auf das Mitglied der Börsengeschäftsführung

Der Gesetzgeber hatte sich im Zuge des Zweiten Finanzmarktförderungsgesetzes zu einer neuen Börsenorganisationsstruktur durchgerungen, innerhalb derer er die allgemeinen Leitungsfunktionen der Börsengeschäftsführung zuordnete. Zudem wurde das Gremium des Börsenrats eingerichtet, welches überwiegend Kontroll- und Rechtsetzungsaufgaben wahrnehmen soll. Als Vorbild für die innere Organisationsstruktur diente dabei das aktienrechtliche Modell.[427] Bis heute ist es bei dieser Leitungsstruktur geblieben. Während die Börsengeschäftsführung also dem Vorstand einer AG entsprechen soll, stellt der Börsenrat das Gegenstück zum aktienrechtlichen Aufsichtsrat dar. Weil sowohl die Börse als auch die Aktiengesellschaft eine ähnliche Leitungsstruktur haben, kommt man nicht umhin zu fragen, ob die zur Arbeitnehmereigenschaft eines Vorstandsmitglieds gewonnen Ergebnisse auf das Börsengeschäftsführungsmitglied übertragen werden können. In der Tat scheint sich dieser Eindruck im ersten Moment zu bestätigen, wenn man den Wortlaut des § 15 Absatz 1 Satz 1 BörsG mit dem aus § 76 Absatz 1 AktG vergleicht. Sowohl das Vorstandsmitglied als auch das Mitglied der Börsengeschäftsführung haben die Gesellschaft bzw. die Anstalt „in eigener Verantwortung" zu leiten. Der insoweit identische Wortlaut der Regelungen darf aber nicht darüber hinwegtäuschen, dass es sich dabei um zwei verschiedenartige Rechtssubjekte handelt. Während das Vorstandsmitglied als gesetzliches Vertretungsorgan für eine juristische Person des Privatrechts handelt, ist das Börsengeschäftsführungsmitglied für ein Rechtssubjekt des öffentlichen Rechts tätig. Daher sind bei der Einordnung der Arbeitnehmereigenschaft eines Börsengeschäftsführungsmitglieds die Besonderheiten aus dem öffentlichen Recht zu berücksichtigen. Zudem erfolgt die Bestimmung der Arbeitnehmereigenschaft aufgrund einer Gesamtbetrachtung der Tätigkeit unter Hinzuziehung sämtlicher Abgrenzungsmerkmale. Hierbei spielen die Beschränkungen der Geschäftsführungsbefugnisse eine nicht unerhebliche Rolle. Auch ist hier zwischen korporationsrechtlichen und arbeitsbezogenen Weisungen zu unterscheiden.

---

426 *Martens* in: FS-Hilger/Stumpf, 437, 443.
427 BT-Drs. 12/6678, S. 62.

Als oberstes Leitungsorgan einer Wertpapierbörse haben die Börsengeschäftsführungsmitglieder als Kollegialorgan die Börse in eigener Verantwortung zu leiten. Mit dieser Formulierung hat der Gesetzgeber an die insoweit gleichlautende Bestimmung in § 76 Absatz 1 AktG angeknüpft, nach welcher der Vorstand einer Aktiengesellschaft Leitungsentscheidungen nach eigenem Ermessen treffen kann.[428] Das Aktienrecht unterscheidet hierbei zwischen der Leitung der Gesellschaft nach § 76 AktG und der Geschäftsführung gemäß § 77 AktG. Während die Geschäftsführung jegliche tatsächliche oder rechtsgeschäftliche Tätigkeiten für die Gesellschaft umfasst, geht es bei der Leitung um die Führungsfunktion des Organmitglieds, mithin um einen herausgehobenen Teilbereich der Geschäftsführung.[429] Da es für die Unterscheidung zwischen Leitung und Geschäftsführung keine subsumtionsfähigen Kriterien gibt, wird der Leitungsbegriff aufgrund einer typologischen Zuordnung unter Orientierung an betriebswirtschaftlichen Erkenntnissen vorgenommen. Zu den Leitungsaufgaben des Vorstands zählen nach einer weit verbreiteten Ansicht insbesondere die Unternehmensplanung, Unternehmenskoordinierung, Unternehmenskontrolle und Führungspostenbesetzung.[430] Der Vorstand ist demnach selbständig und eigenverantwortlich für die Führung des Unternehmens zuständig, indem er die Richtlinien der Unternehmenspolitik festlegt und über die zu übernehmenden geschäftlichen und finanziellen Risiken sowie über Maßnahmen, die der organisatorischen Durchsetzung der Unternehmenspolitik dienen, entscheidet.[431] Diese Unabhängigkeit und Weisungsfreiheit des Vorstands wird zwar durch die aktienrechtlich zwingende Kompetenzzuordnung zu den drei Unternehmensorganen gesichert. Gleichwohl kommt in diesem Zusammenhang dem Aufsichtsrat trotz des Grundsatzes der Nichtübertragbarkeit von Geschäftsführungsmaßnahmen (§ 111 Absatz 4 Satz 1 AktG) eine Mitleitungsfunktion (z.B. § 111 Absatz 4 Satz 2) sowie die Aufgabe einer zukunftsgerichteten, unternehmerischen Beratung zu.[432] Wegen der gleichlautenden Bestimmung lassen sich diese Grundsätze auf die Börsengeschäftsführung im Wesentlichen übertragen. Dass die Börse dabei kein privatrechtliches Unternehmen darstellt, steht einer Anwendung des für den Vorstand einer Aktiengesellschaft zugrundegelegten Leitungsbegriffs nicht entgegen. Es entspricht nämlich allgemeiner Meinung, dass auch Einrichtungen des öffentlichen

---

428 Hierzu BGHZ 125, 239, 346; *Hüffer*, § 76 AktG Rn. 12.

429 *Hüffer*, § 76 AktG Rn. 7; *Spindler* in: MüKoAktG, § 76 Rn. 14, 18; *Fleischer* in: Fleischer, Handbuch des Vorstandsrechts, § 1 Rn. 11; *ders.*, ZIP 2003, 1, 3.

430 *Seibt* in: K. Schmidt/Lutter, AktG, § 76 Rn. 9; *Hüffer*, § 76 AktG Rn. 8; *Fleischer* in: Fleischer, Handbuch des Vorstandsrechts, § 1 Rn. 15; *ders.*, ZIP 2003, 1, 5; *Spindler* in: MüKoAktG, § 76 Rn. 16 f.; *Kort* in: GroßKommAktG, § 76 Rn. 38.

431 *Spindler* in: MüKoAktG, § 76 Rn. 16.

432 *Seibt* in: K. Schmidt/Lutter, AktG, § 76 Rn. 11; vgl. auch Ziff. 3.1, 3.2 und 4.1.2 Deutscher Corporate Governance Kodex (DCGK), abgedruckt in: Kümpel/Hammen/Ekkenga, Kapitalmarktrecht, Kennz. 805.

Rechts sich erwerbswirtschaftlich betätigen können.[433] Da die Börsen den Handelsteilnehmern die Möglichkeit eines organisierten Wertpapier- und Devisenhandels gegen die Zahlung von Zulassungs- und Transaktionsgebühren anbieten und damit gewerbliche Leistungen im Geschäftsverkehr erbringen[434], sind sie als öffentliche Unternehmen im Sinne des § 130 Absatz 1 Satz 1 GWB zu qualifizieren, so dass sie trotz ihrer Qualifizierung als teilrechtsfähige Anstalten des öffentlichen Rechts sowohl das deutsche als auch das europäische Kartellrecht zu beachten haben.[435] Somit ist auch die Börsengeschäftsführung selbständig und eigenverantwortlich für die Börsenleitung zuständig. Hierzu gehören insbesondere die Sorge für das rechtmäßige Verhalten der Börse im Außenverhältnis, die Einrichtung der Börsenorganisation, die Steuerung und Überwachung des Börsenhandels, die Abwicklung des Tagesgeschäfts sowie die allgemeine Verwaltung der Börse.[436] Zusammenfassend kann festgehalten werden, dass die Börsengeschäftsführer alle Maßnahmen, die zum gewöhnlichen Betrieb der Börse und zur gewöhnlichen Verwaltung der Börse gehören, nach eigenem Ermessen treffen können. Dabei stößt das Entscheidungsermessen der Börsengeschäftsführer freilich an eine Grenze. Die Börsenleitung darf nämlich keine Entscheidungen treffen, die dem Anstaltszweck zuwiderlaufen.[437] Was unter dem Anstaltszweck zu verstehen ist, kann dem Börsengesetz zwar nicht entnommen werden, aber die Börsenordnungen sehen einen solchen in ihren Fassungen vor. Der Zweck der Frankfurter Wertpapierbörse ist in § 2 Abs. 1 Satz 1 FWB-BörsO festgelegt. Hiernach dient die FWB dem Abschluss von Handelsgeschäften vornehmlich in Wertpapieren. Im Rahmen ihrer Leitungsfunktion haben die Geschäftsführer also ihre Entscheidungen danach auszurichten, dass der Bestand der Börse und ihre Entwicklung und damit ihre Funktionsfähigkeit nicht gefährdet werden. Hierbei steht der Börsengeschäftsführung – entsprechend der Ermessensausübung des Vorstandes einer Aktiengesellschaft[438] – ein großer Ermessensspielraum zu.[439]

Auch wenn die Börsengeschäftsführer in ihrer Amtsfunktion eigenverantwortliche Entscheidungen im Interesse der Börse treffen, stellt sich die Frage, ob sie

---

433 Vgl. *Beck*, WM 1996, 2313 ff. mit dem Hinweis auf die erwerbswirtschaftliche Betätigung der Gemeinden sowie *Weides*, DÖV, 1984, 41 ff. zu den Sparkassen als öffentlich-rechtlichen Wirtschaftsunternehmen.

434 *Beck* in: Schwark/Zimmer, § 9 BörsG Rn. 6.

435 *Emmerich/Rehbinder/Markert* in: Immenga/Mestmäcker, GWB, 4. Auflage, § 130 Rn. 18; *Beck* in: Schwark/Zimmer, § 9 BörsG Rn. 5 f.; *Beck*, WM 2000 597, 598; *v. Olenhusen*, Börsen und Kartellrecht, S. 73 ff., 86; *Mues*, Die Börse als Unternehmen, S. 177 ff.; *Christoph*, Börsenkooperationen und Börsenfusionen, S. 252 ff., 254.; allgemein zum Begriff des öffentlichen Unternehmens siehe *Püttner*, Die öffentlichen Unternehmen, S. 23 ff.

436 *Schwark* in: Schwark/Zimmer, § 15 BörsG Rn. 4 ff.; die einzelnen Kompetenzen der Börsengeschäftsführung werden zu einem späteren Zeitpunkt näher erörtert.

437 *Kümpel/Hammen*, WM 2000, Sonderbeilage 3, 1, 6; *Jaskulla*, WM 2002, 1093, 1099.

438 Vgl. hierzu *Hüffer*, § 76 AktG Rn. 12 ff.

439 *Kümpel/Hammen*, WM 2000, Sonderbeilage 3, 1, 6.

dabei so weitreichenden unternehmerischen Beschränkungen unterliegen, dass die Börsengeschäftsführung zu einem reinen Exekutivorgan herabgestuft wird und dies zu einer arbeitsrechtlichen Weisungsabhängigkeit führen kann. Hier ist insbesondere deren Stellung zum Börsenrat entscheidend. Die börsenrechtliche Organisationsstruktur ist zwar nach aktienrechtlichem Vorbild geschaffen worden, dennoch kommt dem Börsenrat eine ungleich stärkere Stellung als dem Aufsichtsrat einer Aktiengesellschaft zu. Während der Aufsichtsrat als reines Aufsichtsorgan zwingend von der Geschäftsführung ausgeschlossen ist (§ 111 Absatz 4 Satz 1 AktG), stehen dem Börsenrat dagegen gewisse Befugnisse zu, die typischerweise einer Geschäftsführung obliegen. Mangels eines anderen selbständigen Börsenorgans mit Grundlagenzuständigkeit ist der Börsenrat insbesondere für den Erlass der Börsenordnung (§ 12 Absatz 2 Satz 1 Nr. 1 Var. 1 BörsG) zuständig. Ferner obliegen ihm der Erlass der Börsenusancen (§ 12 Absatz 2 Satz 1 Nr. 1 Var. 2 BörsG) und der Erlass der Gebührenordnung (§ 12 Absatz 2 Satz 1 Nr. 1 Var. 3 BörsG).[440] Hierbei handelt es sich um Aufgaben, die bei einer Aktiengesellschaft der Vorstand verantwortet.[441] Weiterhin ist in diesem Zusammenhang auch die Tatsache zu berücksichtigen, dass der Börsenrat nach § 12 Absatz 2 Satz 2 BörsG der Entscheidung der Börsengeschäftsführung über die Einführung technischer Systeme für den Handel oder die Abwicklung von Börsengeschäften zustimmen muss. Zudem können die Börsenordnungen für andere Maßnahmen der Geschäftsführung von grundsätzlicher Bedeutung ebenfalls eine Zustimmung des Börsenrates vorsehen (vgl. § 12 Absatz 2 Satz 3 BörsG). Eine vergleichbare Vorschrift für den Aufsichtsrat einer Aktiengesellschaft findet sich auch in § 111 Absatz 4 Satz 2 AktG wieder, wonach der Vorstand für bestimmte Arten von Geschäften die Zustimmung des Aufsichtsrats einholen muss. Da dem Börsenrat also ein Teil der Geschäftsführungsbefugnisse zusteht, die normalerweise in den Verantwortungsbereich der Geschäftsleitung fallen, besitzt er insofern eine größere Machtstellung als der Aufsichtsrat einer Aktiengesellschaft.[442] Obgleich dem Börsenrat faktisch eine stärkere Stellung gegenüber der Börsengeschäftsführung zukommt, kann hieraus keine arbeitsrechtliche Weisungsabhängigkeit der Börsengeschäftsführer abgeleitet werden. Als Organ der Börse mit Grundlagenzuständigkeit trifft der Börsenrat zwar Maßnahmen von grundsätzlicher Bedeutung, damit schafft er aber nur die rechtlichen Rahmenbedingungen, innerhalb derer die Börsengeschäftsführung selbständig und eigenverantwortlich ihre Aufgaben wahrzunehmen hat. Der Börsenrat kann hierbei nicht die Art und Weise der Aufgabenausführung bestimmen. Man muss sich in diesem Zusammenhang

440 Die Börsenordnung, die Börsengeschäftsbedingungen sowie die Gebührenordnung werden dabei als Satzungen erlassen. Die Rechtssetzungsbefugnis des Börsenrats resultiert aus dem Selbstverwaltungsrecht der Börse als Anstalt des öffentlichen Rechts. Hierdurch wird der Börse ermöglicht, die rechtlichen Rahmenbedingungen ohne Mitwirkung der Handelsteilnehmer einseitig zu gestalten, vgl. hierzu *Kümpel/Hammen*, Börsenrecht, S. 128 f.; Breitkreuz, Die Ordnung der Börse, S. 113 ff.

441 *Hammen*, AG 2001, 549, 558.

442 *Schwark* in: Schwark/Zimmer, § 12 BörsG Rn. 20; *Hammen*, AG 2001, 549, 558.

auch klar machen, dass die korporationsrechtliche Kompetenzverteilung zwischen den einzelnen Börsenorganen einen ganz eine andere Bedeutung hat als die arbeitsrechtlich relevante Weisungsabhängigkeit. Soweit einzelne Geschäftsführungsmaßnahmen von der Zustimmung des Börsenrats abhängen, handelt es sich hierbei um korporationsrechtliche Weisungen, welche die unternehmerische Entscheidung der Börsengeschäftsführung beeinflussen. Dagegen betreffen sie nicht das Ob, Wann und Wie der Erbringung der geschuldeten Arbeitsleistung, welche für eine arbeitsrechtlich relevante Abhängigkeit von Bedeutung ist. Auch wenn sich beides in manchen Fällen berühren mag, so kann nur eine Bindung an rein arbeitsbezogene Weisungen eine arbeitsrechtliche Abhängigkeit und damit eine Arbeitnehmereigenschaft begründen.

Ebenso wenig erzeugen die Überwachung durch den Börsenrat (§ 12 Absatz 2 Satz 1 Nr. 3 BörsG) sowie seine Befugnis zur Bestellung und Abberufung der Geschäftsführer (§ 12 Absatz 2 Satz 1 Nr. 2 BörsG) eine persönliche Abhängigkeit im Sinne des Arbeitnehmerbegriffs. Die Überwachungspflicht des Börsenrats lässt sich in Anlehnung an das AktG und bezogen auf die spezifischen Aufgaben der Geschäftsführung einer Börse bestimmen. In entsprechender Anwendung des § 90 AktG[443] genügt der Börsenrat seiner Pflicht, wenn die Börsengeschäftsführung über alle wesentlichen Angelegenheiten regelmäßig und vollständig berichtet und er diese Berichte sorgfältig prüft sowie bei Zweifelsfragen weitere Auskünfte, Unterlagen und ggf. gutachterliche Äußerungen verlangt.[444] In diesem Zusammenhang ist bedeutsam, dass sich die Überwachungspflicht nicht nur auf vergangenheitsbezoge Maßnahmen beschränkt, sondern auch zukünftige Entscheidungen erfasst, um dem Börsenrat zu ermöglichen, auf die künftige Geschäftspolitik durch Beratung Einfluss zu nehmen.[445] Trotz dieser Überwachungspflichten kann davon ausgegangen werden, dass die Börsengeschäftsführung dem Börsenrat nicht regelmäßig Rede und Antwort stehen muss, so dass hierdurch erst recht keine arbeitsrechtlich relevante Abhängigkeit begründet werden kann. Hinsichtlich der Bestellung und Abberufung kann nichts anderes gelten. Dieses Instrumentarium dient dazu, dem Mitglied der Börsengeschäftsführung eine Organstellung innerhalb der Börse einzuräumen, mit der der Börsengeschäftsführer für die als solche handlungsunfähige Börse agieren soll. Sollte der Börsenrat im Rahmen seiner Überwachungspflicht zu dem Ergebnis gelangen, die Börsengeschäftsführung nehme den Börsenbetrieb nicht ordnungsgemäß wahr, kann er als ultima ratio die Organmitglieder im Einvernehmen mit der Börsenaufsichtsbehörde abberufen. Hierdurch ist das Mitglied der Geschäftsführung zwar in seiner Organstellung betroffen, nach der in dieser Arbeit zugrunde gelegten Trennung zwischen Organstellung und Anstellung bleibt seine durch den

---

443 *Schwark* in: Schwark/Zimmer, § 12 BörsG Rn. 16; *Ledermann* in: Schäfer/Hamann, KMG, § 9 BörsG Rn. 24.

444 *Breitkreuz*, Die Ordnung der Börse, S. 142; zur entsprechenden Kompetenz des Aufsichtsrats einer Aktiengesellschaft vgl. *Hüffer*, § 111 AktG Rn. 8.

445 Vgl. *Hüffer*, § 111 AktG Rn. 5 mit weiteren Nachweisen.

Dienstvertrag begründete Rechtsstellung aber unberührt. Mithin lässt sich aus der Bestellung sowie der Abberufung keine arbeitsrechtliche Abhängigkeit ableiten.

Soweit korporationsrechtliche Weisungen des Börsenrats zu keiner arbeitsrechtlichen Weisungsabhängigkeit der Börsengeschäftsführung führen, ist in einem weiteren Schritt danach zu fragen, ob etwas anderes im Verhältnis zur Börsenaufsichtsbehörde gilt. Gemäß § 3 Absatz 1 Satz 1 BörsG unterliegt die Geschäftsleitung der Börse einer Aufsicht durch die zuständige oberste Landesbehörde. Im Rahmen dieser Aufsicht ist die Börsenaufsichtsbehörde nach § 3 Absatz 5 Satz 1 BörsG befugt, zur Aufrechterhaltung der Ordnung und für den Geschäftsverkehr an der Börse Anordnungen zu erlassen. Hierfür enthält § 3 Absatz 5 Satz 2 BörsG eine Generalklausel, wonach die Börsenaufsichtsbehörde ermächtigt wird, gegenüber der Börse gewisse Anordnungen zu treffen, um Missstände zu beseitigen, welche die ordnungsgemäße Durchführung des Handels an der Börse und der Börsengeschäftsabwicklung sowie deren Überwachung beeinträchtigen können.[446] Da solche Maßnahmen gegenüber der Börse erlassen werden, wird die Börse in diesen Fällen durch die Börsengeschäftsführung vertreten.[447] Sobald die Börsenaufsichtsbehörde ihre Entscheidung der Börsengeschäftsführung mitgeteilt hat, muss diese der Anordnung Folge leisten. Fraglich ist also, ob solche Anordnungen zu einer arbeitsrechtlichen Weisungsabhängigkeit der Börsengeschäftsführungsmitglieder führen. Obwohl die Mitglieder der Geschäftsleitung als Träger der öffentlichen Verwaltung hoheitliche Funktionen wahrnehmen und sie deshalb eigenverantwortliche Entscheidungen treffen, hat die Börsenaufsichtsbehörde sie zu überwachen. Aus der Verpflichtung, den Anordnungen der Börsenaufsichtsbehörde nachzukommen, ergibt sich jedoch keine arbeitsrechtliche Abhängigkeit. Vielmehr treffen solche öffentlich-rechtliche Anordnungen jedermann, weshalb sie auch kein Merkmal arbeitsvertraglicher Weisungsgebundenheit darstellen.[448] Zudem ist an dieser Stelle zu beachten, dass solche Anordnungen nicht an die Börsengeschäftsführungsmitglieder persönlich gerichtet werden, sondern an sie als Organ, das für die Börse tätig wird und damit an die Börse selbst. Somit ergibt sich auch aus dem Weisungsrecht der Börsenaufsichtsbehörde keine arbeitsrechtlich relevante Abhängigkeit und damit auch kein Arbeitnehmerstatus der Geschäftsführer.

---

446 Siehe zu diesen und weiteren Anordnungen *Beck* in: Schwark/Zimmer, § 3 BörsG Rn. 58 ff. mit weiteren Nachweisen.

447 *Beck* in: Schwark/Zimmer, § 3 BörsG Rn. 14.

448 So in der Begründung auch das Urteil vom BAG AP Nr. 117 zu § 611 BGB Abhängigkeit, in dem es um die Wirksamkeit einer ordentlichen Kündigung einer staatlich geprüften Hauswirtschaftsleiterin ging, welche in einer für den Landesbetrieb Erziehung und Berufsbildung zuständigen Behörde eine Außenwohngruppe leitete. Da in diesem Zusammenhang auch über die Frage, ob zwischen den Parteien ein wirksames Arbeitsverhältnis bestand, entschieden worden war, hat das BAG ausgeführt, dass öffentlich-rechtliche Anordnungen im Rahmen der Aufsicht im Jugendhilferecht keine arbeitsrechtliche Abhängigkeit erzeugen und diese gegen eine Einordnung als Arbeitnehmer sprechen.

Eine persönliche Abhängigkeit der Börsengeschäftsführer kann auch aus dem Vorhandensein anderer gleichberechtigter Mitglieder der Geschäftsleitung abgeleitet werden. Da nach § 15 Absatz 1 Satz 2 BörsG die Börsengeschäftsführung aus mehreren Personen bestehen kann, handelt es sich hierbei um ein Kollegialorgan, das durch eine gemeinschaftliche Geschäftsführung gekennzeichnet ist. Die Börsengeschäftsführung darf also nur handeln, wenn alle Mitglieder einer Maßnahme ausdrücklich zugestimmt haben. Die Willensbildung erfolgt hier also durch einen einstimmigen Beschluss. Daran ändert sich auch nichts, wenn die Börsengeschäftsführung einen Vorsitzenden hat. In entsprechender Anwendung von § 77 AktG ist es dem Vorsitzenden der Geschäftsführung untersagt, bei Meinungsverschiedenheiten gegen die Mehrheit zu entscheiden. Hieraus ergibt sich, dass alle Mitglieder den gleichen Einfluss auf Entscheidungen der Geschäftsführung haben und somit auch eine persönliche Abhängigkeit des einzelnen Mitglieds ausgeschlossen ist.[449] Sollte ein Mitglied der Börsengeschäftsführung im Einzelfall überstimmt werden, kann die Maßnahme zwar nicht durchgeführt werden, eine Abhängigkeit gegenüber der Mehrheit kann hieraus aber nicht abgeleitet werden. Vielmehr bleibt das Mitglied der Geschäftsführung in der Verfügung über seine Arbeitskraft und Arbeitszeit weiterhin frei. Es ist zwar an den Beschluss gebunden, nicht aber an irgendwelche Weisungen eines anderen Mitglieds der Geschäftsführung.

Ebenso wenig lässt sich aus dem Verhältnis zur Handelsüberwachungsstelle eine persönliche Unabhängigkeit der Börsengeschäftsführungsmitglieder feststellen. Die Handelsüberwachungsstelle ist als eigenständiges Börsenorgan für die Marktaufsicht zuständig. Hierbei ist sie der Börsengeschäftsführung nicht unterstellt. Da die Handelsüberwachungsstelle wie alle anderen Börsenorgane der Aufsicht durch die Börsenaufsichtsbehörde unterliegt (vgl. § 3 Absatz 1 BörsG), kann letztere der Handelsüberwachungsstelle Weisungen erteilen. Zudem kann die Börsengeschäftsführung die Handelsüberwachungsstelle nach § 7 Absatz 1 Satz 5 BörsG mit der Durchführung von Untersuchungen beauftragen, soweit sie nicht den Weisungen der Börsenaufsichtsbehörde widersprechen.[450] Umgekehrt ist es der Handelsüberwachungsstelle nicht gestattet, irgendwelche Weisungen an die Börsengeschäftsführung zu richten. Vielmehr hat diese nach § 7 Absatz 4 Satz 1 BörsG der Geschäftsleitung der Börse wichtige Daten zu übermitteln, soweit sie für die Aufgabenstellung der Geschäftsführung erforderlich sind. Dass sich eine Abhängigkeit der Börsengeschäftsführungsmitglieder nicht durch ihre Stellung zur Handelsüberwachungsstelle begründet lässt, zeigt bereits die Tatsache, dass der Geschäftsführung als Leitungsorgan der Börse das

449 Vgl. zur aktienrechtlichen Parallele des Vorstands *Hüffer*, § 77 AktG Rn. 6; *Spindler* in: MüKoAktG, § 77 Rn. 1, 8 f.; *Seibt* in: K. Schmidt/Lutter, AktG, § 77 Rn. 5 f.

450 BT-Drs. 12/6679, S. 60; *Kümpel*, WM 1994, 229, 231; *Brockhausen*, WM 1997, 1924, 1925.

arbeitsrechtliche Direktionsrecht zusteht.[451] Mit diesem Recht kann sie zwar nicht in die Untersuchungs- und Entscheidungsrechte der Handelsüberwachungsstelle eingreifen[452], allerdings kann sie den Mitarbeitern der Handelsüberwachungsstelle arbeitsbezogene Weisungen erteilen, die das Ob, Wie und Wann der Erbringung der geschuldeten Arbeitsleistung betreffen. Demzufolge bleibt es dabei, dass die Börsengeschäftsführung auch im Verhältnis zur Handelsüberwachungsstelle ihre Unabhängigkeit nicht verliert und daher eine Arbeitnehmerstellung hieraus nicht begründet werden kann.

Neben der Stellung zum Börsenrat und zu der Handelsüberwachungsstelle bedarf auch das Verhältnis der Börsengeschäftsführer zum Sanktionsausschuss einer näheren Betrachtung. Als Börsenorgan ist dem Sanktionsausschuss die Aufgabe zugewiesen, an der Börse Transparenz, Fairness und Chancengleichheit sicherzustellen und das Vertrauen der Anleger, Emittenten und unmittelbaren Börsenbenutzer in die Funktionsfähigkeit der Börse zu schützen.[453] Um dieser Pflicht nachzukommen, steht dem Sanktionsausschuss das Recht zu, bestimmtes Fehlverhalten von Handelsteilnehmern sowie Verstöße von Emittenten gegen Zulassungsfolgepflichten zu ahnden.[454] Hinsichtlich der Erfüllung dieser Aufgabe ist der Sanktionsausschuss unabhängig von der Börsengeschäftsführung. Der Börsengeschäftsführung steht allerdings nach § 22 Absatz 4 Satz 2 BörsG das Recht zu, jederzeit Berichte zu verlangen und das Verfahren an sich zu ziehen. In diesem Falle verwandelt sich allerdings der Verfahrensgegenstand von der Sanktionierung von Fehlverhalten in die Aufhebung der Zulassung (vgl. § 22 Absatz 4 Satz 3 BörsG).[455] Zwar ist in diesem Zusammenhang ein sehr weitreichendes Kontrollrecht der Börsengeschäftsführung anzunehmen[456], diese Befugnis reicht aber nicht so weit, Weisungen hinsichtlich des Sanktionsverfahrens zu erteilen. Aufgrund dieser unterschiedlichen Kompetenzen ist davon auszugehen, dass weder die Börsengeschäftsführung noch der Sanktionsausschuss im Verhältnis zueinander irgendwelchen Weisungen unterworfen sind, aus denen sich eine arbeitsrechtlich relevante Abhängigkeit der Börsengeschäftsführer ableiten ließe.

Nachdem die vorliegende Untersuchung der Börsenstruktur zu keinem Nachweis einer arbeitsrechtlichen Abhängigkeit der Börsengeschäftsführung geführt hat, ist im nächsten Schritt deren Verhältnis zum Börsenträger in den Blick zu nehmen. Auf die grundlegende Unterscheidung zwischen Bestellung und Anstellung muss hier nicht nochmals eingegangen werden. Allerdings ist in diesem Zusammenhang zu berücksichtigen, dass die Mitglieder der Börsengeschäftsführung nicht in einem

---

451 BT-Drs. 12/6679, S. 60; *Beck* in: Schwark/Zimmer, § 7 BörsG Rn. 7; *Kümpel*, WM 1994, 229, 231; *Brockhausen*, WM 1997, 1924, 1925; *Ledermann* in: Schäfer/Hamann, KMG, § 4 BörsG Rn. 5.

452 *Brockhausen*, WM 1997, 1924, 1925.

453 BT-Drs. 14/8017, S. 75; BT-Drs. 12/6679, S. 68.

454 *Marxsen* in: Schäfer/Hamann, KMG, § 20 BörsG Rn. 3.

455 *Beck* in: Schwark/Zimmer, § 22 BörsG Rn. 25.

456 *Kurth* in: Kümpel/Hammen/Ekkenga, Kennz. 515, S. 23 Rn. 71.

Anstellungsverhältnis zur Bestellungskörperschaft, sondern zum Börsenträger stehen. Da sich eine arbeitsrechtliche Abhängigkeit nicht wie dargelegt aus der internen Stellung der Mitglieder der Geschäftsführung begründet lässt, ist hier auf den Dienstvertrag abzustellen. Fraglich ist also, ob die Börsengeschäftsführungsmitglieder weisungsabhängig vom Börsenträger sind. Zieht man den in dieser Arbeit zugrundegelegten Arbeitnehmerbegriff heran, liegt in der Regel ein unabhängiger Dienstvertrag und damit keine Arbeitnehmerstellung des Börsengeschäftsführers vor. Der Börsenträger schließt zwar den Anstellungsvertrag mit dem Mitglied der Börsengeschäftsführung ab, der Geschäftsführer bleibt aber weiterhin frei in der Verfügung über seine Arbeitskraft und Arbeitszeit. Der Börsenträger kommt in diesem Fall nur seiner aus § 5 Absatz 1 Satz 2 BörsG erwachsenen Pflicht nach, auf Anforderung des Börsenrats den Geschäftsführer unter Vertrag zu nehmen.[457] Der Anstellungsvertrag dient hier also lediglich dazu, die allgemeinen Rahmenbedingungen für die Tätigkeitsverpflichtung zu konkretisieren[458], indem solche Anstellungsbedingungen wie Vergütung, Aufnahme und Dauer der Tätigkeit, Altersversorgung, Urlaubsanspruch etc. vereinbart werden.[459] Auf die einzelnen Geschäftsführungsmaßnahmen sowie auf deren konkrete Ausführung hat der Träger keinerlei Einfluss, weshalb eine Bindung an arbeitsbezogene Weisungen auch nicht vorliegen kann. Daher ist er auch grundsätzlich nicht in der Lage, über die Dienstleistungen der Börsengeschäftsführer anderweitig zu verfügen oder diesen aufzugeben, ihre Organstellung zu beenden und sich in den Dienst des Börsenträgers zu begeben. Anders ist die Rechtslage nur dann zu beurteilen, wenn das Börsengeschäftsführungsmitglied seine Organtätigkeit lediglich aufgrund anstellungsrechtlicher Weisung übernommen hat und der Börsenträger durch Zuweisung von Führungsaufgaben neben der Führung der Börsengeschäfte auch anderweitig über die Arbeitskraft des Organmitglieds verfügen darf. In diesem Fall ist der Dienstvertrag als Arbeitsvertrag zu qualifizieren, sofern die Parteien eine solche Bindung zum Ausdruck bringen. Dies kann dadurch erzielt werden, dass die arbeitsrechtliche Gleichstellung der Börsengeschäftsführer mit sonstigen Arbeitnehmern vereinbart wird. Wird also ausdrücklich auf ein arbeitsrechtliches Weisungsrecht Bezug genommen oder ergeben sich Anhaltspunkte für eine entsprechende Auslegung, ist hierin eine Verweisung über die arbeitsrechtliche Qualifikation des Anstellungsvertrages zu sehen.[460] Einer solchen Vereinbarung steht auch nicht der arbeitsrechtliche

---

457 Von *Heusinger*, Börsen-Zeitung vom 06.10.2000, S. 5.

458 Vgl. allgemein für Organmitglieder *Martens* in: FS-Hilger/Stumpf, 437, 442; dagegen nur *Baums*, Der Geschäftsleitervertrag, S. 53 ff., 54, der in der Bestellung bereits einen Vertrag sieht, so dass die weiteren Vertragsbedingungen zu den Bestandteilen eines „ergänzenden Anstellungsvertrags" gehören sollen.

459 *Hüffer*, § 84 AktG Rn. 16 f.; *Spindler* in: MüKoAktG, § 84 Rn. 56 ff.; *Seibt* in: K. Schmidt/Lutter, AktG, § 84 Rn. 29 ff.

460 *Martens* in: FS-Hilger/Stumpf, 437, 444.

Rechtsformzwang entgegen.[461] Aufgrund des arbeitsrechtlichen Rechtsformzwangs sind nämlich Tätigkeitsvereinbarungen unabhängig von der konkreten Parteivereinbarung als Arbeitsverhältnisse einzustufen, sofern nach der Gesamtwürdigung aller Umstände die Voraussetzungen des Arbeitnehmerbegriffs erfüllt sind. Im Hinblick auf die innere Struktur des Organschaftverhältnisses wird aber dieser arbeitsrechtliche Rechtsformzwang gelockert und die Parteien können in Ausübung ihrer privatautonomen Gestaltungsfreiheit die Rechtsform bestimmen und auf diese Weise die arbeitsrechtliche Gleichstellung mit sonstigen Arbeitnehmern zum Vertragsinhalt machen.[462] Freilich ist dabei zu beachten, dass wegen der Vorrangigkeit des Organverhältnisses vertragliche Abreden nicht in die gesetzliche oder statuarische Ausgestaltung des Organverhältnisses eingreifen dürfen, weshalb der vertragliche Gestaltungsspielraum durch die zwingenden Anforderungen begrenzt werden muss, welche sich im Interesse einer Gewährleistung der Funktionstüchtigkeit der Börse aus dem Organverhältnis ergeben. Deshalb kommt im Falle eines bestehenden Regelungskonflikts zwischen dem Organschafts- und Anstellungsverhältnis der Organregelung der Vorrang zu.[463] Insgesamt ist mithin davon auszugehen, dass es auf das in dem Anstellungsvertrag vorbehaltene Weisungsrecht ankommt. Wenn der Anstellungsvertrag ausschließlich eine tätigkeitsspezifische Rahmenregelung für die Organstellung als Börsengeschäftsführer darstellt, ohne ein jederzeit ausübbares Versetzungsrecht in andere Tätigkeitsbereiche zu enthalten, spricht dies für das Vorliegen eines Dienstvertrags. Umfasst dagegen die Vereinbarung auch andere Tätigkeitsbereiche und besteht für den Börsenträger somit eine umfassende Verfügbarkeit über die Arbeitskraft, stehen der Annahme eines Arbeitsverhältnisses keine Bedenken entgegen. In der Praxis wird eine solche Vereinbarung selten vorliegen. Der Börsenträger wird grundsätzlich nur das Interesse verfolgen, seiner Betriebspflicht nachzukommen. Der Anstellungsvertrag mit dem Börsengeschäftsführer wird daher lediglich als Grundlage des Organverhältnisses abgeschlossen, indem durch einen pauschalen Verweis im Anstellungsvertrag auf die organschaftlichen Rechte und Pflichten hingewiesen wird. Darüber hinaus ist in der Praxis kaum ein Fall denkbar, in dem der Anstellungsvertrag eine Vereinbarung über ein arbeitsrechtliches Weisungsrecht vorsehen wird. Das Mitglied der Börsengeschäftsführung bleibt daher im Ergebnis in seiner weitreichenden Entscheidungsgewalt hinsichtlich Arbeitszeit, Arbeitsort und sonstiger Modalitäten frei. Der Börsenträger ist auch nicht in der Lage, den Börsengeschäftsführer kraft des Anstellungsvertrags in

461 Zum arbeitsrechtlichen Rechtsformzwang vgl. BAG AP Nr. 10 zu § 611 BGB Abhängigkeit; BAG AP Nr. 20 zu § 611 BGB Abhängigkeit; BAG AP Nr. 26 zu § 611 BGB Abhängigkeit; zur arbeitsrechtlichen Literatur vgl. *Jahnke*, ZHR 146, S. 595 ff., 613 ff.

462 Siehe für Organmitglieder *Martens* in: FS-Hilger/Stumpf, 437, 443, *Henssler*, RdA 1992, 289, 292; *Jahnke*, ZHR 1946, 595, 621; ausdrücklich für das Vorstandsmitglied einer AG *Jooß*, Die Drittanstellung, S. 94.

463 BGH NJW 2010, 2343, 2344; *Fleck*, ZHR 149, 387, 402.

anderen Tätigkeitsbereichen als der Börse einzusetzen, solange der Geschäftsführer in seiner Amtsfunktion für die Börse tätig ist.

Aufgrund dieser Gesamtwürdigung ist im Ergebnis festzustellen, dass der Börsengeschäftsführer sowohl fachlich als auch persönlich weisungsfrei seine Dienstleistungen erbringt. Da er die Börse nach innen und außen repräsentiert und börsenspezifische Entscheidungen eigenverantwortlich trifft, unterwirft er sich weder den Weisungen eines anderen Organs noch der Börsenaufsichtsbehörde oder den Weisungen des Börsenträgers, zu dem er in einem Anstellungsverhältnis steht. Auch wenn seine Stellung mit der des Vorstandsmitglieds einer AG nicht vergleichbar ist, kommt ihm gleichwohl ein stärkerer Rechtsstatus als dem GmbH-Geschäftsführer zu, der im Innenverhältnis sehr weitreichenden Weisungen unterliegen kann. Solche unternehmensbezogenen Weisungen, die beim GmbH-Geschäftsführer so ausgestaltet sein können, dass sie sogar genaue Vorgaben an die Ausführung einer Geschäftsführungsmaßnahme beinhalten, sind innerhalb der Börsenstruktur nicht möglich. Dem würde zudem auch die Intention des Gesetzgebers entgegenstehen, eine eigenverantwortliche Börsenleitung zu schaffen. Wird zwischen dem Börsenträger und dem Börsengeschäftsführungsmitglied dagegen ein arbeitsrechtliches Weisungsrecht vereinbart oder ergeben sich Anhaltspunkte für eine entsprechende Auslegung, ist das Börsengeschäftsführungsmitglied als Arbeitnehmer zu qualifizieren, sofern dies mit seiner Tätigkeit als Organmitglied der Börse zu vereinbaren ist. Mithin ist im Ergebnis davon auszugehen, dass das Anstellungsverhältnis des Börsengeschäftsführers grundsätzlich ein unabhängiges Dienstverhältnis im Sinne des § 611 BGB darstellt, das auf Erbringung von Diensten – die eigenverantwortliche Leitung der Börse (§§ 15 Absatz 1 Satz 1 BörsG, § 7 Abs. 1 Satz 1 BörsO FWB) – gegen Entgelt gerichtet ist.

cc) Zuständigkeit des Börsenträgers

Für den Abschluss des Anstellungsvertrags ist der Börsenträger nach § 5 Absatz 1 Satz 2 BörsG zuständig. Hiernach wird er verpflichtet, der Börse auf Anforderung der Geschäftsführung der Börse die zur Durchführung und angemessenen Fortentwicklung des Börsenbetriebs erforderlichen Ressourcen zur Verfügung zu stellen. Da es vorliegend um den Abschluss von Dienstverträgen der Geschäftsführer geht, ist die Norm dahingehend zu verstehen, dass diese Anforderung durch den Börsenrat erfolgen muss.[464] Dies stellt auch die Vorschrift des § 3 Abs. 2 BörsO-FWB klar, die ein Anforderungsrecht des Börsenrats ausdrücklich vorsieht („Die Träger stellen auf Anforderung der Geschäftsführung oder des *Börsenrates*...die erforderlichen personellen...Mittel zur Verfügung“). Auch wenn hier eine gewisse Parallele zur Aktiengesellschaft besteht, wo der Aufsichtsrat nach § 112 AktG die Gesellschaft gegenüber den Vorstandsmitgliedern vertritt[465], ist dieser Rechtszustand nur eingeschränkt mit

---

464 Von *Heusinger*, Börsen-Zeitung vom 06.10.2000, S. 5.

465 Dem Aufsichtsrat steht hierbei eine ausschließliche Vertretungsmacht für alle Rechtsgeschäfte mit Vorstandsmitgliedern und für Rechtsstreitigkeiten jeder Art

dem bei der Börse vergleichbar. Innerhalb der Börsenorganisation tritt der Börsenrat als Vertretungsorgan für die Börse nur dann in Erscheinung, sofern das Mitglied der Geschäftsleitung in seinem Status als Börsenorgan berührt wird. Soweit die persönliche Rechtsstellung des Börsengeschäftsführungsmitglieds betroffen ist, handelt nicht der Börsenrat, sondern der Vorstand des Börsenträgers als dessen gesetzliches Vertretungsorgan. Weil in diesem Zusammenhang die Zuständigkeiten zwischen Bestellung und Anstellung auseinanderfallen, ergeben sich hieraus zwei Problempunkte, die der näheren Beleuchtung bedürfen. Zunächst ist danach zu fragen, ob die Börse selbst in der Lage ist, die Verträge mit den Mitgliedern der Börsengeschäftsführung abzuschließen. In einem zweiten Schritt ist sodann das Problem zu untersuchen, ob das Auseinanderfallen der Kompetenzen überhaupt zulässig ist.

(1) (Teil-)Rechtsfähigkeit der Börse

Ob die Börse an dem Abschluss der Anstellungsverträge mit ihren Geschäftsführern beteiligt sein kann, hängt in erster Linie davon ab, wie weit ihre Rechtsfähigkeit reicht. Während früher die Auffassung vertreten worden ist, die Börse als Anstalt des öffentlichen Rechts sei in keiner Weise rechtsfähig[466], hat sich schließlich die Ansicht durchgesetzt, ihr komme wenigstens im Bereich des öffentlichen Rechts Rechtssubjektivität zu.[467] Mittlerweile hat sich auch der Gesetzgeber der letztgenannten Meinung angeschlossen, indem er mit dem FRUG die Börsen als teilrechtsfähige Anstalten des öffentlichen Rechts charakterisiert hat (vgl. § 2 Absatz 1 BörsG). In diesem Zusammenhang hat er es aber unterlassen, näher zu erläutern, was genau unter dieser Teilrechtsfähigkeit zu verstehen ist. Insbesondere fehlt an dieser Stelle

---

sowie der Verfolgung von Ersatzansprüchen gegen einzelne Vorstandsmitglieder zu, vgl. *Hüffer*, § 112 AktG Rn. 3 m. w. N. Weit problematischer verhält es sich dann, wenn das Vorstandsmitglied zum Organmitglied der Tochtergesellschaft bestellt werden soll. Während die Rechtsprechung hier eine Vertretung durch den Aufsichtsrat verlangt (LG Berlin, NJW-RR 2007, 1534), wird diese von der aktienrechtlichen Literatur abgelehnt (*Habersack* in: MüKoAktG, § 112 Rn. 7); vgl. hierzu ausführlich *Hüffer*, § 112 AktG Rn. 3a mit weiteren Fundstellen.

466 Aus der älteren börsenrechtlichen Literatur *Wiede*, Die Börse als selbstverwaltungsrechtliches Problem, 1965, S. 63, 142 ff.; *Göppert*, Das Recht der Börsen, S. 39, 70; *Schwark*, 2. Auflage, § 1 BörsG Rn. 19; so auch der damalige Gesetzgeber in der amtlichen Begründung zum Zweiten Finanzmarktförderungsgesetz, BT-Drs. 12/6679, S. 64.

467 So bereits zur alten Rechtslage *v. Olenhusen*, S. 86; aus jüngster Zeit siehe *Lorenz*, Die Wertpapierbörse und ihr Träger, S. 50; *Breitkreuz*, Die Ordnung der Börse, S. 112; *Kunz*, Ausgewählte Rechtsprobleme des Zentralen Kontrahenten, S. 138; *Beck*, WM 1996, 2313, 2315; *Hammen/Kümpel*, WM 2000, Sonderbeilage 3, 1, 23; *dies.*, Börsenrecht, S. 130; *Hammen*, AG 2001, 549, 550; *Uwe H. Schneider/Burgard*, WM 2000, Sonderbeilage 3, 24, 27; *Posegga*, WM 2002, 2402; *Seiffert* in: Kümpel/Wittig, Bank- und Kapitalmarktrecht, Rn. 4.186; *Beck* in: Schwark/Zimmer, § 2 BörsG Rn. 34.

eine inhaltliche Beschreibung dieser Fähigkeit. Daher stellt sich nach wie vor die Frage, ob sich die Rechtsfähigkeit der Börse auf das öffentliche Recht beschränkt oder ob ihr auch eine Rechtsfähigkeit in anderen Teilgebieten, insbesondere auf dem Felde des Privatrechts zukommt.

(a) Fehlende Vollrechtsfähigkeit der Börse

Bereits früher ist im Zusammenhang mit den Regelungen des BörsG die Ansicht vertreten worden, der Börse komme Vollrechtsfähigkeit zu.[468] Diese Ansicht stützt sich vor allem auf die Einführung von § 4 Absatz 5 BörsG a.F. (§ 2 Absatz 5 BörsG n.F.) durch das Zweite Finanzmarkförderungsgesetz i.V.m. § 3c BörsG a.F. (§ 15 Absatz 3 BörsG n.F.), wonach der Gesetzgeber die Börsengeschäftsführung als Organ und damit eine Vertretung nach § 31 BGB geschaffen habe, die nur für rechtsfähige Einrichtungen denkbar sei.[469] Gegen eine solche Einordnung sprechen jedoch gewichtige Argumente. Unter einer vollrechtsfähigen Anstalt ist eine rechtlich selbständige Einrichtung zu verstehen, die berechtigt und verpflichtet wird, die ihr obliegenden Aufgaben eigenverantwortlich wahrzunehmen. Sie ist somit eigener Verwaltungsträger und nicht Teil eines anderen Verwaltungsträgers.[470] Um die volle Rechtsfähigkeit erlangen zu können, bedarf es hierzu eines entsprechenden hoheitlichen Verleihungsaktes, der jedoch bei der Errichtung einer Börse fehlt.[471] Die eine Vollrechtsfähigkeit vertretende Ansicht möchte in diesem Fall auf einen Verleihungsakt verzichten, da das Verlangen nach einem solchen Verleihungsakt kurios erscheine, wenn der Landesgesetzgeber über die Errichtung der Börse, die seit über 400 Jahren besteht, ein Gesetz erlassen müsste.[472] Allerdings wird hier verkannt, dass mit einem solchem Gesetz nicht die Börse neu geschaffen wird, sondern nur eine volle Rechtsfähigkeit zugestanden wird.[473] Ferner kann der Gesetzgeber diese Vollrechtsfähigkeit mittels einer Änderung des Börsengesetzes erreichen[474], was er bisher nicht getan hat. Zudem sprechen die genannten Vorschriften gegen die Vollrechtsfähigkeit.[475] Die in § 2 Absatz 5 BörsG getroffene Regelung, nach der den Börsen die Beteiligtenfähigkeit nur im verwaltungsgerichtlichen Verfahren zugesprochen wird, dient

468 *Claussen/Hoffmann*, ZBB 1995, 68, 70; an dieser Auffassung hält *Claussen* allerdings in der 3. Auflage nicht mehr fest, siehe Bank- und Börsenrecht, § 9 Rn. 21.

469 *Claussen/Hoffmann*, ZBB 1995, 68, 70.

470 *Maurer*, Allgemeines Verwaltungsrecht, § 23 Rn. 49; *Kümpel* in: Kümpel/Hammen/Ekkenga, Kapitalmarktrecht, Kennz. 060, S. 94 Rn. 260.

471 VG Frankfurt, AG 1963, 306; *Kümpel/Hammen*, WM 2000, Sonderbeilage 3, 1, 23; *Kümpel* in: Kümpel/Hammen/Ekkenga, Kapitalmarktrecht, Kennz. 060, S. 93 Rn. 258; *Seiffert* in: Kümpel/Wittig, Bank- und Kapitalmarktrecht, Rn. 4.185.

472 *Claussen/Hoffmann*, ZBB 1995, 68, 70.

473 *Lorenz*, Die Wertpapierbörse und ihr Träger, S. 48.

474 *Zahn*, AG 1978, 1, 2.

475 *Breitkreuz*, Die Ordnung der Börse, S. 112; *Lorenz*, Die Wertpapierbörse und ihr Träger, S. 48; *Kunz*, (Fn. 465), S. 135 ff.; so nun auch *Claussen*, 3. Auflage, § 9 Rn. 21.

lediglich einer Klarstellung.[476] Wäre die Börse rechtsfähig, hätte diese besondere Hervorhebung an Bedeutung verloren. Ebenso wenig kann eine Vollrechtsfähigkeit der Vorschrift in § 15 Absatz 3 BörsG, wonach die Geschäftsführer die Börse vertreten, soweit nicht der Träger der Börse zuständig ist, entnommen werden. Mit dieser Einschränkung soll vielmehr verdeutlicht werden, dass die Rechtsfähigkeit der Börse nicht weiterreichen soll als es die duale Struktur mit dem Träger zulässt.[477] Deshalb ist die Vorschrift dahingehend zu verstehen, dass der Börse nur eine begrenzte Rechtsfähigkeit zukommt, andernfalls ihr ansonsten kein Regelungsgehalt zukäme. Schließlich spricht auch die ausdrückliche Bezeichnung der Börse als teilrechtsfähige Anstalt gegen eine Vollrechtsfähigkeit, weshalb diese Auffassung als überholt angesehen werden kann. Mit den genannten Argumenten ist hier deshalb den Börsen die Vollrechtsfähigkeit abzusprechen.

(b) (Teil-)Privatrechtsfähigkeit der Börse

Nachdem vorgehend abgehandelt worden ist, dass der Börse die Vollrechtsfähigkeit fehlt, ist im nächsten Schritt zu untersuchen, was der Gesetzgeber mit der in § 2 Abs. 1 BörsG genannten „Teilrechtsfähigkeit" meint. Zwar sind die Gesetzesmaterialien hinsichtlich der Reichweite dieser Fähigkeit unergiebig[478], aber man wird davon ausgehen müssen, dass der Börse nur bestimmte Rechte und Pflichten im öffentlich-rechtlichen Bereich zukommen sollen. Für die Annahme der Beschränkung auf das öffentliche Recht enthält § 2 Abs. 5 BörsG eine Andeutung, wonach die Börse in verwaltungsgerichtlichen Verfahren unter ihrem Namen klagen und verklagt werden kann. Ebenso kann § 15 Abs. 3 BörsG für eine solche Vermutung herangezogen werden. Danach vertritt die Geschäftsführung die Börse gerichtlich und außergerichtlich, soweit nicht der Börsenträger zuständig ist. Fraglich ist also, ob aufgrund dieser Vorschriften der Börse die Rechtsfähigkeit in anderen Rechtsgebieten abzusprechen ist. Während der überwiegende Teil im Schrifttum sowie die neueste Rechtsprechung sich gegen eine Teilprivatrechtsfähigkeit der Börse stellen[479], mehren sich gewichtige Stimmen in der Literatur[480], die dem Gesetz eine Teilprivatrechtsfähigkeit entnehmen möchten. Eine solche Annahme würde im Ergebnis dazu führen, dass die Börse die Anstellungsverträge mit dem Personal

---

476 BT-Drs. 12/6679, S. 33; *Groß*, Kapitalmarktrecht, § 2 BörsG Rn. 17.

477 *Kümpel*, Bank- und Kapitalmarktrecht, 2. Auflage, Rn. 17.147.

478 BT-Drs. 16/4028, S. 79.

479 LG Frankfurt, Urteil v. 21.1.2010, Az. 2–03, O 575/09; *Kunz*, (FN 465), S. 165; *Burgi*, WM 2009, 2337, 2339; *J. Schäfer* in: Grunewald/Schlitt, Einführung in das Kapitalmarktrecht, S. 182; *Beck* in: Schwark/Zimmer, § 2 BörsG Rn. 37; *ders.*, WM 1996, 2313, 2315; *Kümpel* in: Kümpel/Hammen/Ekkenga, Kapitalmarktrecht, Kennz. 060, S. 95 Rn. 262; *Seiffert* in: Kümpel/Wittig, Bank- und Kapitalmarktrecht, Rn. 4.170.

480 *Kümpel/Hammen*, WM 2000, Sonderbeilage 3, 1, 23; *Hammen* in: FS-Uwe H. Schneider, 455, 469; *Rinker*, Der Vertragsschluss im börslichen elektronischen Handelssystem, S. 75 ff.

selbst abschließen könnte. Für eine Teilprivatrechtsfähigkeit der Börse wird vor allem ins Feld geführt, dass die im Börsengesetz geregelten Zahlungsansprüche (§§ 17, 22 Absatz 2 BörsG) als öffentlich-rechtliche Ansprüche im Ausgangspunkt der Börse selbst zustehen, weshalb die Börse vermögensrechtlich rechtsfähig sei und hieraus eine Privatrechtsfähigkeit abgeleitet werden könne.[481] Auch wenn diese Ansicht bemerkenswerte Argumente für eine mögliche Teilprivatrechtsfähigkeit der Börse ausführt, ist diese Schlussfolgerung nicht zwingend. Das Börsengesetz gibt selbst keine ausdrückliche Auskunft zu der Frage, wem die Gebührenansprüche zustehen. Das Gesetz sieht nur die Möglichkeit einer Gebührenerhebung mittels der Gebührenordnung vor. In Ausfüllung dieser Bestimmung haben die Börsen Gebührenordnungen erlassen, die unterschiedliche Regelungen hinsichtlich der Gläubigereigenschaft enthalten. So sieht die Gebührenordnung der Baden-Württembergischen Börse in § 5 ihrer Fassung vor, dass die Gebühren und Auslagen dem Börsenträger zustehen. Demgegenüber sollen nach § 5 der Gebührenordnung der Frankfurter Wertpapierbörse diese Ansprüche der Börse gehören, die sie unmittelbar an den Börsenträger auszukehren hat. Weil hier also unterschiedliche Vorschriften bestehen, kann hieraus keine eindeutige Erkenntnis gezogen werden. Da die Zahlungsansprüche, die gemäß § 17 BörsG hier für die Inanspruchnahme der Börse als öffentliche Einrichtung gefordert werden[482], öffentlich-rechtlicher Natur sind, ist danach zu fragen, wer der Inhaber dieser öffentlich-rechtlichen Ansprüche ist. Nach einer neueren Meinung werden die Ansprüche auf die Börsengebühren der Börse zugeordnet.[483] Für diese Einordnung spricht zunächst, dass die Börse der Marktveranstalter ist und der Börsenträger keine Einflussmöglichkeiten auf den Inhalt und die Höhe der Börsengebühren hat. Zudem spricht auch die Tatsache dafür, dass zwischen der Börse und den Handelsteilnehmern ein öffentlich-rechtliches Leistungs- und Nutzungsverhältnis besteht und die Gebühren deshalb die Leistungen der Börse synallagmatische Gegenleistungen darstellen[484]. In diesem Zusammenhang ist allerdings zu berücksichtigen, dass die Börse für die Bereitstellung ihres Leistungsangebots und bei der Erbringung ihrer Leistungen nichts selbst aufwendet. Die hierfür benötigten Mittel erhält sie nämlich unentgeltlich von ihrem Träger zur Verfügung gestellt. Trotz der rechtlichen Trennung zwischen Börse und Börsenträger darf also nicht außer Acht gelassen werden, dass der Börsenträger als Beliehener die Börse betreibt. Diese Rechtslage kann also mit dem aktienrechtlichen Betriebsführungsvertrag (vgl. § 292 Absatz 2 Nr. 3 AktG) verglichen werden, wonach dem Börsenträger die Rolle der Besitzgesellschaft zukommt, dem sämtliche

---

481 *Hammen* in: FS-Uwe H. Schneider, 455, 458.

482 *Schwark* in: Schwark/Zimmer, § 17 BörsG Rn. 1.

483 *Seiffert* in: Kümpel/Wittig, Bank- und Kapitalmarktrecht, Rn. 4.170; *Hammen* in: FS-Uwe H. Schneider, 455, 461; *Schwark* in: Schwark/Zimmer, § 17 BörsG Rn. 5; wohl auch *Lenenbach*, Rn. 3.46, obwohl er an dieser Stelle davon spricht, die Börse selbst sei „Gebührenschuldner".

484 *Hammen* in: FS-Uwe H. Schneider, 455, 467; *Schwark* in: Schwark/Zimmer, § 17 BörsG Rn. 5.

Vermögensrechte und Verbindlichkeiten zugeordnet werden und die Börse die Rolle als Geschäftsbesorger des Börsenträgers einnimmt.[485] Dabei erfolgt diese Geschäftsbesorgung für Rechnung des Börsenträgers als Inhaber der Börsengenehmigung, so dass alle damit verbundenen Vor- und Nachteile dem Börsenträger zugute kommen oder zur Last fallen.[486] Wenngleich die Gebührenleistung die Gegenleistung der von der Börse erbrachten Leistungen darstellt, so ist gleichwohl nicht die Börse als Geschäftsbesorger, sondern der Börsenträger als Besitzunternehmen Gläubiger dieser Forderungen.[487] Hierfür spricht, dass die öffentlich-rechtlichen Gebühren ihrem Zweck nach zur Refinanzierung der Börseneinrichtungen dienen, die der Börsenträger für die Durchführung des Börsenhandels zur Verfügung zu stellen hat.[488] Daher steht der Anspruch auf öffentlich-rechtliche Gebühren dem Börsenträger und nicht der Börse als solcher zu. Soweit also die Gebühren durch die Geschäftsführung eingezogen werden, so wird diese im unwiderruflichen Auftrag des Börsenträgers tätig. Mithin ist davon auszugehen, dass sich im Gesetz keine eindeutigen Hinweise für eine Gläubigereigenschaft der Börse finden lassen.

Soweit man sich dennoch auf den Standpunkt stellt, die Börse sei die originäre Gläubigerin der öffentlich-rechtlichen Börsengebührenansprüche, ist im Hinblick auf die Erfüllung zu beachten, dass es sich dabei um einen zivilrechtlichen Vorgang handelt. Da sich die Übereignung der Banknoten nach dem Recht der beweglichen Sachen vollzieht (§§ 929 ff. BGB) muss also die Börse in der Lage sein, die ihr geschuldete Leistung entgegenzunehmen und das Eigentum daran zu erwerben. Aufgrund ihrer Handlungsunfähigkeit erfolgen sowohl der Eigentumserwerb als auch die Besitzerlangung durch die Börsengeschäftsführung, so dass im Ergebnis davon ausgegangen werden kann, die Börse sei in Teilen sachenrechtsfähig und mithin auch (teil-)privatrechtsfähig.[489] Nach dieser Auffassung beinhaltet daher die in § 2 Absatz 1 BörsG geregelte Teilrechtsfähigkeit der Börse eine zivilrechtliche Eigentums- und Besitzfähigkeit. Soweit an dieser Stelle eine Teilprivatrechtsfähigkeit der Börse angenommen wird, gilt dies aber nur für die Erfüllung der öffentlich-rechtlichen

---

485 *Kümpel* in: Kümpel/Hammen/Ekkenga, Kapitalmarktrecht, Kennz. 060, S. 69 ff. Rn. 172 ff.,; *Seiffert* in: Kümpel/Wittig, Bank- und Kapitalmarktrecht, Rn. 4.115 ff; *Kümpel*, BKR 2003, 3, 7 ff.

486 *Seiffert* in: Kümpel/Wittig, Bank- und Kapitalmarktrecht, Rn. 4.123.

487 *Kümpel* in: Kümpel/Hammen/Ekkenga, Kapitalmarktrecht, Kennz. 060, S. 71 Rn. 180; *Beck*, WM 1996, 2313, 2316; *v. Olenhusen*, Börsen- und Kartellrecht, S. 88; *Bremer*, JR 1957, 328, 329; *Breitkreuz*, Die Ordnung der Börse, S. 131; *Lorenz*, Die Wertpapierbörse und ihr Träger, S. 90; *Groß*, Kapitalmarktrecht, § 17 BörsG Rn. 7; *Ledermann* in: Schäfer/Hamann, KMG, § 14 BörsG Rn. 1; *Wilmanowski* in: Heidel, Aktienrecht und Kapitalmarktrecht, 3. Auflage, § 17 BörsG Rn. 6; *Schlüter*, Börsenhandelsrecht, 2. Auflage, S. 386.

488 *Kümpel*, BKR 2003, 3, 6; *v. Olenhusen*, Börsen- und Kartellrecht, S. 88; *Lorenz*, Die Wertpapierbörse und ihr Träger, S. 90.

489 *Hammen* in: FS-Uwe H. Schneider, 455, 468 f.

Gebührenansprüche.[490] Mithin ist hieraus zu schließen, dass die Börse an vermögensrechtlichen Verhältnissen, welche aus einem öffentlich-rechtlichen Benutzungsverhältnis zu den Handelsteilnehmern entstehen, beteiligt sein kann.

Fraglich ist allerdings, ob eine Beteiligung auch dann möglich ist, wenn es um die Begründung eines privatrechtlichen Dienstverhältnisses geht. Gegen eine solche Kompetenz spricht vor allem, dass mit der Begründung eines Dienstvertrags gegenseitige Rechte und Pflichten einhergehen und dies zwangsläufig zu einer Vollrechtsfähigkeit der Börse führen würde.[491] Da es die Aufgabe des Börsenträgers ist, der Börse das Personal bei Bedarf zur Verfügung zu stellen und somit auch die dafür nötigen Verträge abzuschließen, würde aber damit die Entscheidung des Gesetzgebers, gerade keine Vollrechtsfähigkeit verleihen zu wollen, missachtet. Zudem ist das Argument der Sachenrechtsfähigkeit auch nicht zwingend. Wenn davon ausgegangen wird, dass die Börsengeschäftsführung im unwiderruflichen Auftrag des Börsenträgers die Börsengebühren einzieht, lässt sich die Eigentumsübertragung wie folgt begründen. Hinsichtlich der Einigung über den Eigentumsübergang handelt die Börsengeschäftsführung als Vertreterin für und gegen den Börsenträger gemäß § 164 Abs. 3 i. V. m. § 164 Abs. 1 BGB. Die nach § 929 S. 1 BGB erforderliche Besitzübergabe erfolgt ebenfalls an die Börsengeschäftsführung als Besitzmittlerin. Werden die Börsengebühren durch das Börsenorgan eingezogen, so erwirbt es den unmittelbaren Besitz, der Börsenträger dagegen aufgrund des Auftragsverhältnisses den mittelbaren Besitz. Das Auftragsverhältnis ist hier als konkretes Besitzmittlungsverhältnis im Sinne von § 868 BGB ausgestaltet. Da der Auftrag als Besitzmittlungsverhältnis von der Rechtsordnung allgemein anerkannt ist[492], besteht somit kein Bedürfnis nach der Teilprivatrechtsfähigkeit der Börse. Denn sobald die Börsengeschäftsführung die Börsengebühren an den Börsenträger auskehrt, verliert sie den unmittelbaren Besitz an den Geldwertzeichen, so dass sich in diesem Moment der mittelbare Besitz des Börsenträgers in unmittelbaren Besitz umwandelt. Solange also keine höchstrichterliche Entscheidung zur Privatrechtsfähigkeit der Börse ergangen ist und auch der Gesetzgeber keinen Anlass sieht, eine Änderung dieser Rechtslage herbeizuführen, ist auch in Zukunft davon auszugehen, dass die in § 2 Absatz 1 BörsG geregelte Teilrechtsfähigkeit der Börse auf den öffentlich-rechtlichen Bereich beschränkt ist. Deshalb ist sie auch nicht in der Lage, die Anstellungsverträge mit den Mitgliedern der Börsengeschäftsführung selbst abzuschließen.

---

490 *Hammen* in: FS-Uwe H. Schneider, 455, 458.

491 Die Börse als Anstalt des öffentlichen Rechts würde in diesem Fall unter § 89 BGB fallen, wonach ihr die volle Rechtsfähigkeit im Sinne des § 1 BGB zukommen würde, vgl. hierzu *Kümpel* in: Kümpel/Hammen/Ekkenga, Kapitalmarktrecht, Kennz. 060, S. 93 Rn. 258.

492 So die allgemeine Meinung im Rahmen eines Besitzmittlungsverhältnisses RGZ 100, 193; 109, 167, 170; *Joost* in: MüKoBGB, § 868 Rn. 38; *Chr. Berger* in: Jauernig, § 868 BGB Rn. 6.

(2) Zulässigkeit der Anstellungskompetenz des Börsenträgers

Es ist bereits an früherer Stelle darauf hingewiesen worden, dass die börsenrechtliche Struktur dem Organisationsmodell einer Aktiengesellschaft nachgebildet worden ist. In der Praxis findet man auch bei Aktiengesellschaften häufig Fälle, in denen die Anstellungsverträge nicht mit der Gesellschaft selbst, sondern mit einem Drittunternehmen abgeschlossen werden. Zwar hat die Rechtsprechung die Drittanstellung eines GmbH-Geschäftsführers grundsätzlich anerkannt[493], aber sie hat noch keine Stellung zu solchen Vertragskonstellationen eines Vorstandsmitglieds bezogen. Da im Aktienrecht Anstellungsverträge auch außerhalb konzernverbundener Unternehmen anzutreffen sind[494], wird die Zulässigkeit der Drittanstellungsverträge in der aktienrechtlichen Literatur kontrovers behandelt. Nach einer Ansicht[495] sind solche Drittanstellungsverträge aufgrund der rechtlichen Trennung zwischen Bestellung und Anstellung zulässig, solange in Konfliktfällen zwischen Organstellung und Verpflichtung aus dem Anstellungsvertrag ein strikter Vorrang für die zwingende aktienrechtliche Pflichtenlage des Vorstands, insbesondere die Bestellungsgesellschaft im Unternehmensinteresse eigenverantwortlich zu leiten (§ 76 Absatz 1 AktG), besteht.[496] Demgegenüber lehnt eine andere Auffassung[497] die Zulässigkeit solcher Vertragskonstellationen ab. Gegen das Auseinanderfallen von Bestellungs- und Anstellungspartner sprächen vor allem die Verweise in § 84 Absatz 1 Satz 5 und Absatz 3 Satz 5 AktG auf die Bestellungs- und Widerrufsregeln, so dass hieraus geschlossen werden könne, die Anstellung falle zwingend in die Zuständigkeit des Bestellungsorgans, also des Aufsichtsrats der AG.[498] Angesichts

---

493 S. etwa BAG DB 2008, 355; BAG NJW 2003, 3290; BAG GmbHR 1997, 837, 838; BAG DB 1972, 2358; BAG ZIP 1980, 1014; in der arbeitsrechtlichen Literatur siehe *Uwe H. Schneider*, GmbHR 1993, 10, 13; Fleck, ZHR 149, 387, 388 f.

494 Zu den möglichen Gestaltungsformen eines Drittanstellungsvertrags mit dem Vorstandsmitglied siehe *Beiner*, Der Vorstandsvertrag, Rn. 175 f.; allgemein zur Drittanstellung der Organmitglieder außerhalb konzernverbundener Unternehmen *Henssler*, RdA 1992, 289, 301 f.

495 *Martens* in: FS-Hilger/Stumpf, 437, 442; *Seibt* in: K. Schmidt/Lutter, AktG, § 84 Rn. 26; *Krieger*, Personalentscheidungen des Aufsichtsrats, S. 186f.; *Beiner*, Der Vorstandsvertrag, Rn. 176 f.; *Wiesner* in: MünchHdbAG, § 21 Rn. 3 ff.; *Henssler*, RdA 1992, 289, 301 f.; *Niewiarra*, BB 1998, 1961; vorsichtig bejahend bei Bestehen von Beherrschungsvertrag oder Eingliederung *Hüffer*, § 84 AktG Rn. 14.

496 *Seibt* in: K. Schmidt/Lutter, AktG, § 84 Rn. 26.

497 *Kort* in: GroßKommAktG, § 84 Rn. 319 ff., 320; *Spindler* in: MüKoAktG, § 84 Rn. 76 f.; *Thüsing* in: Fleischer, Handbuch des Vorstandsrechts, § 4 Rn. 68; *Mertens/Cahn* in: KölnerKomm, § 84 AktG Rn. 56; *Theobald* in: FS-Raiser, 421, 435 ff.; *Schüppen* in: FS-Tiedemann, 749, 755; *Baums*, Der Geschäftsleitervertrag, S. 73 f.; unentschieden *Fleischer* in: Spindler/Stilz, § 84 AktG Rn. 39.

498 *Mertens/Cahn* in: KölnerKomm, § 84 AktG Rn. 56; *Theobald* in: FS-Raiser, 421, 435.

dieser Rechtsunsicherheit wird deshalb der Praxis geraten, von solchen Drittanstellungsverträgen Abstand zu nehmen.[499]

Die für das Vorstandsmitglied einer AG aufgestellten Bedenken greifen für die Anstellung des Börsengeschäftsführungsmitglieds nicht durch. Zum einen fehlt es im BörsG an einer entsprechenden Verweisung auf die Bestellungsregelung, die für eine ausschließliche Kompetenz des Börsenrats sprechen könnte, und zum anderen ist das Auseinanderfallen von Bestellung und Anstellung durch den Gesetzgeber vorgegeben. Im Rahmen des Selbstverwaltungsrechts der Börse wird die Börsengeschäftsführung durch den Börsenrat nach §§ 12 Absatz 2 Satz 2 Nr. 1 BörsG, 4 Absatz 1 Nr. 6 BörsO FWB bestellt bzw. wird ihre Bestellung durch den Börsenrat widerrufen. Aufgrund ihrer fehlenden Vollrechtsfähigkeit ist die Börse aber nicht in der Lage, die Anstellungsverträge mit ihrem Personal abzuschließen. Als rechtliches Zuordnungssubjekt der Börse ist hierfür der Börsenträger nach §§ 5 Absatz 1 Satz 2 BörsG, 3 Absatz 2 BörsO FWB verpflichtet, der auf Anforderung des Börsenrats die Börsengeschäftsführer unter Vertrag nimmt. Trotz gewisser Ähnlichkeiten mit der Organisationsstruktur der Aktiengesellschaft spricht also nichts gegen das Auseinanderfallen von Bestellungs- und Anstellungskompetenz. Mithin ist die Anstellungskompetenz des Börsenträgers durch den Gesetzgeber bewusst vorgegeben und damit rechtlich zulässig.

(3) Drittanstellungsvertrag oder Vertrag zugunsten Dritter?

Bei dem zwischen dem Börsengeschäftsführungsmitglied und dem Börsenträger abgeschlossenen Vertrag handelt es sich um einen Drittanstellungsvertrag. Teilweise wird der Drittanstellungsvertrag nur als ein echter Vertrag zugunsten Dritter (vgl. § 328 BGB) anerkannt.[500] Hiernach wäre zwar der Börsenträger der Vertragspartner des Anstellungsvertrags, aber die Börse selbst würde einen eigenen Anspruch auf die Leistungen der Börsengeschäftsführung erwerben. Als Begründung für diese Auffassung wird ausgeführt, nur durch einen echten Vertrag zugunsten Dritter könne die Pflichtenstellung des Geschäftsleiters begründet werden.[501] Diese Meinung beruht offenbar auf der Annahme, die Pflicht zur Geschäftsleitung werde durch den Anstellungsvertrag begründet. Dem kann jedoch nicht gefolgt werden. Es ist bereits dargelegt worden[502], dass organschaftliche Pflichten des Börsengeschäftsführungsmitglieds nicht durch die Anstellung, sondern schon aufgrund der Bestellung entstehen und der Anstellungsvertrag somit lediglich die schuldrechtliche Beziehung der Vertragspartner untereinander regelt. Ferner wird ein echter Vertrag zugunsten Dritter deshalb verlangt, weil andernfalls der Dritte das Bestellungsverhältnis durch

499 *Hüffer*, § 84 AktG Rn. 14; *Beiner*, Der Vorstandsvertrag, Rn. 178 mit jeweils weiteren Nachweisen.

500 *Winter*, GmbHR 1965, 195 f. zum GmbH-Geschäftsführer; Krieger, Personalentscheidungen des Aufsichtsrats, S. 187 f. zum Vorstandsmitglied einer AG.

501 *Winter*, GmbHR 1965, 195, 196.

502 Siehe die Ausführungen auf S. 27 f.

die Kündigung des Anstellungsverhältnisses beeinflussen könne, indem das Mitglied der Geschäftsführung hierdurch zur Amtsniederlegung faktisch gedrängt werde.[503] Diesen Bedenken steht jedoch die Tatsache entgegen, dass der Drittanstellungsvertrag aufgrund der Trennungstheorie keinen rechtlichen oder tatsächlichen Einfluss auf das Bestellungsverhältnis des Börsengeschäftsführers vermittelt. Des Weiteren ist in diesem Zusammenhang zu beachten, dass die Anstellung nur aufgrund der Bestellung als Organ der Geschäftsleitung erfolgt und der Börsenträger hiermit seiner Betriebspflicht aus § 5 Absatz 1 Satz 2 BörsG nachkommt. In der Praxis wird es also der Börsenträger unterlassen, den Anstellungsvertrag zu kündigen, da er andernfalls seine Betriebspflicht verletzen würde. Somit ist kein Grund ersichtlich, weshalb ein echter Vertrag zugunsten Dritter unter diesem Gesichtspunkt erforderlich ist.[504] Ferner steht einem Anspruch der Börse nach § 328 BGB nach der hier vertretenen Auffassung die fehlende Privatrechtsfähigkeit der Börse entgegen. Zudem besteht auch kein Bedürfnis danach, den Drittanstellungsvertrag als echten Vertrag zugunsten Dritter auszugestalten. Die durch das Vierte Finanzmarktförderungsgesetz eingeführte Regelung des § 5 Absatz 1 Satz 2 BörsG stellt die wesentlichen Rechte und Pflichten des Trägers auf eine gesetzliche Grundlage und bestimmt sein Verhältnis zur Börse damit näher. Während der Zeitdauer des Bestehens seiner Börsenerlaubnis hat der Börsenträger sicherzustellen, dass die Börse ihren öffentlichen Auftrag erledigen kann. Deshalb ist er gesetzlich zum Unterhalt der Börse verpflichtet.[505] Wenn der Börsenträger die Zurverfügungstellung des Personals verweigert, verletzt er damit seine Betriebspflicht. § 5 Absatz 1 Satz 2 BörsG gewährt der Börse in diesem Fall einen Anspruch gegenüber dem Börsenträger, ihr die personellen Mittel zur Nutzung zu überlassen.[506] Weil dieser Anspruch als Korrelat zur Betriebspflicht des Börsenträgers öffentlich-rechtlicher Natur ist[507], kann die Börse ihn im Wege eines verwaltungsgerichtlichen Verfahrens (§ 2 Absatz 4 BörsG) durchsetzen und den Träger zur entsprechenden Ausstattung der Börse

---

503 *Krieger*, Personalentscheidungen des Aufsichtsrats, S. 187.

504 So auch die herrschende Auffassung zu den Drittanstellungsverträgen bei den Kapitalgesellschaften, vgl. *Theobald* in: FS-Raiser, 421, 436 f.; *Zöllner/Noack* in: Baumbach/Hueck, GmbHG, § 35 Rn. 165; *Jooß*, Die Drittanstellung des Vorstandsmitglieds einer Aktiengesellschaft, S. 196 f.; *Kleindiek* in: Lutter/Hommelhoff, GmbHG, Anh. § 6 Rn. 9.

505 *Breitkreuz*, Die Ordnung der Börse, S. 186 ff; diese Betriebspflicht zählt zur schlichten Hoheitsverwaltung, s. *Kümpel/Hammen*, Börsenrecht, S. 109; *Beck* in: Schwark/Zimmer, § 5 BörsG Rn. 3; ausführlich zur Inhaltsbestimmung der Betriebspflicht vgl. *Lorenz*, Die Wertpapierbörse und ihr Träger, S. 94 ff.

506 *Kümpel/Hammen*, Börsenrecht, S.109; *Breitkreuz*, Die Ordnung der Börse, S. 192; *Göppert*, Das Recht der Börsen, S. 91; *Schwark* in: Schwark/Zimmer, § 15 BörsG Rn. 2; *Köndgen/Mues*, WM 1988, 53, 57; *Beck*, WM 1996, 2313, 2316.

507 *Huber*, Wirtschaftsverwaltungsrecht, S. 626; *Lorenz*, Die Wertpapierbörse und ihr Träger, S. 129; *Breitkreuz*, Die Ordnung der Börse, S. 192; *Wiede*, Die Börse als selbstverwaltungsrechtliches Problem, S. 61.

zwingen. Deshalb besteht kein Bedürfnis nach einem echten Vertrag zugunsten Dritter im Sinne des § 328 BGB.

d) Der Drittanstellungsvertrag als Geschäftsbesorgungsvertrag

Von einer Drittanstellung spricht man nur dann, wenn das Organmitglied nicht aufgrund eines Anstellungsvertrags mit diesem Unternehmen selbst, sondern aufgrund eines Anstellungsvertrags zu einem Dritten tätig wird. Aufgrund der fehlenden Vollrechtsfähigkeit der Börse hat dieser Umstand zur Folge, dass der Börsenträger den Börsengeschäftsführer unter Vertrag nimmt und dieser als Dritter anzusehen ist. Weil der Drittanstellungsvertrag im Gesetz weder geregelt noch angedeutet ist, verwundert die Meinungsvielfalt zu diesem Thema nicht, wie die Ausführungen zuvor gezeigt haben. Aufgrund der in Deutschland herrschenden, durch Art. 2 Abs. 1 GG garantierten Vertragsfreiheit, ist es den Parteien aber unbenommen, ihre privaten Lebensverhältnisse autonom durch Verträge zu gestalten. Hiervon erfassst sind sowohl die Abschlussfreiheit als auch die Gestaltungsfreiheit. Von diesen Grundsätzen ausgehend kann man einem Börsengeschäftsführer nicht verwehren, mit einem Dritten einen Anstellungsvertrag zu schließen. Aber auch die Dienstleistung im Unternehmen eines Dritten kann zum Inhalt eines Schuldverhältnisses gemacht werden.[508] Deshalb ist es auch nicht verwunderlich, dass die Zulässigkeit von Drittanstellungsverträgen von der Rechtsprechung nicht in Zweifel gezogen wird.[509] Bei dem Drittanstellungsvertrag handelt es sich zudem um einen schuldrechtlichen Austauschvertrag, auf den das allgemeine Schuldrecht des Bürgerlichen Rechts Anwendung findet, denn die Vergütungspflicht des Börsenträgers auf der einen und die Dienstleistungspflicht des Börsengeschäftsführers auf der anderen Seite sind synallagmatisch verknüpft. Zugleich ist der Drittanstellungsvertrag als Geschäftsbesorgungsvertrag im Sinne des § 675 Abs. 1 BGB zu qualifizieren, weshalb neben einigen auftragsrechtlichen Normen vor allem die dienstvertraglichen Vorschriften anwendbar sind.[510] Sollte der Drittanstellungsvertrag im Ausnahmefall ein Arbeitsvertrag sein, dann gelten erst recht die Vorschriften der §§ 611 ff. BGB.

e) Die rechtliche Beurteilung fehlerhafter Bestellung und Anstellung

Der Rechtsstatus des Börsengeschäftsführers ist durch Bestellung und Anstellung der betreffenden Person gekennzeichnet. In diesem Zusammenhang kann eine Vielzahl von Fehlern bzw. Missständen auftreten. So wäre es durchaus denkbar, dass ein unzuständiges Gremium tätig wird, die Genehmigung der Börsenaufsichtsbehörde nicht eingeholt bzw. eine verweigerte Genehmigung missachtet wird oder eine Beschlussfassung fehlerhaft ist. Diese möglichen Fehler lassen sich in zwei Kategorien einordnen: Verfahrensfehler und sonstige Mängel. Da Bestellung und

---

508 *Jooß*, Die Drittanstellung des Vorstandsmitglieds einer Aktiengesellschaft, S. 115.
509 BGH, WM 1964, 1320, 1321.
510 *Jooß*, Die Drittanstellung des Vorstandsmitglieds einer Aktiengesellschaft, S. 79.

Anstellung mangels entgegenstehender Vereinbarung rechtlich unabhängig voneinander sind[511], müssen mögliche Mängel auch getrennt untersucht werden.

aa) Mängel hinsichtlich der Bestellung

Hinsichtlich der rechtlichen Beurteilung einer fehlerhaften Bestellung enthalten weder das BörsG noch die Börsenordnungen hierzu Regelungen. Da die Beurteilung der Rechtsfolgen einer fehlerhaften Bestellung unter Berücksichtigung ihrer Rechtsnatur zu erfolgen hat und die Bestellung als Verwaltungsakt zu qualifizieren ist, müssen folglich die §§ 43 ff. VwVfG zur Anwendung herangezogen werden. Anhand dieser Vorschriften ist sodann zu ermitteln, ob der jeweilige Mangel die Nichtigkeit und damit die Unwirksamkeit der Bestellung zur Folge hat oder nur die Rechtswidrigkeit in sich birgt, so dass in diesem Fall der Verwaltungsakt nach § 43 Absatz 1 VwVfG wirksam bleibt, solange er nicht aufgehoben wird.[512] Für die Verleihung einer Organstellung an ein Mitglied der Börsengeschäftsführung sind ein Bestellungsbeschluss des Börsenrats, eine Einvernehmenserteilung der Börsenaufsichtsbehörde und die Annahme durch den Bestellten erforderlich.[513]

Nach § 15 Absatz 5 BörsG kann der Börsenrat Ausschüsse zur Vorbereitung seiner Beschlüsse im Rahmen seiner Zuständigkeit einsetzen. Wenn die Ausschüsse bestimmte Personen zur Börsengeschäftsführung berufen, so liegt hierin ein Verstoß gegen die sachliche Zuständigkeit des Börsenrates vor. Ein solches Verhalten ist zwar in der Praxis kaum denkbar, dennoch stellt sich die Frage, welche Auswirkungen ein solcher Verstoß auf die Bestellung haben könnte. Da dem Börsenrat die Vornahme des Verwaltungsaktes vorbehalten ist und er diese nicht an die Ausschüsse übertragen kann, sind die gesetzlichen Vorschriften über die Zuständigkeiten zur Bestellung zwar abschließend und zwingend. Gleichwohl führt eine Verletzung gegen die sachliche Zuständigkeit[514] in der Regel nur zur Rechtswidrigkeit, nicht

---

511 *Hauschka*, Die Dienstrechtsstellung der Vorstandsmitglieder der öffentlich-rechtlichen Sparkassen, S. 68 mit dem Hinweis auf BGH WM 1958, 675, 676 ausdrücklich zum GmbH-Geschäftsführer, siehe auch OLG Saarbrücken, DB 2013, 2321 ff. zu einer Kopplungsklausel eines GmbH-Geschäftsführeranstellungsvertrags.

512 In der verwaltungsrechtlichen Lehre werden die Begriffe „rechtswidrig“ und „fehlerhaft“ in der Regel synonym gebraucht, wobei diese sowohl Fehler, die zur Nichtigkeit führen, als auch die, die bloß zur Anfechtung berechtigen, umfassen, vgl. *Stober* in: Wolff/Bachof/Stober/Kluth, Verwaltungsrecht I, § 49 Rn. 43.

513 Zur vergleichbaren Rechtslage der Vorstandsmitglieder der öffentlich-rechtlichen Sparkassen *Rothe*, Städte- und Gemeinderat 1971, 94, 95; *Hauschka*, Die Dienstrechtsstellung der Vorstandsmitglieder der öffentlich-rechtlichen Sparkassen, S. 68 ff.; *Weber*, Die Begründung und Beendigung, S. 175 ff.

514 Eine Regelung über den Verstoß gegen die sachliche Zuständigkeit enthält der Negativkatalog des § 44 Absatz 2 VwVfG nicht. Auch ist kein Fall des § 44 Absatz 1 VwVfG gegeben, da es insoweit an der erforderlichen absoluten sachlichen Zuständigkeit fehlt, vgl. BVerwG DÖV 1972, 173; *Sachs* in: Stelkens/Bonk/Sachs, VwVfG, § 44 Rn. 136, 165, 169 f.; *Schliesky* in: Knack/Henneke, VwVfG, vor § 3

aber zur Nichtigkeit des Verwaltungsakts. Gleiches gilt für einen Verstoß gegen die örtliche Zuständigkeit[515], was freilich in der Praxis nicht vorkommt.

Unabhängig von den genannten Mängeln kann die Bestellung in solchen Fällen fehlerhaft sein, in denen das erforderliche Einvernehmen der Börsenaufsichtsbehörde nicht eingeholt bzw. dieses verweigert wird oder der Börsenrat ein verweigertes Einvernehmen missachtet. Hierbei ist zu beachten, dass es sich bei der Mitwirkung der Börsenaufsichtsbehörde lediglich um eine interne Maßnahme handelt, ein sog. Verwaltungsinternum, welches keine Außenwirkung gegenüber dem Betroffenen entfaltet.[516] Da die Bestellung im Einvernehmen mit der Börsenaufsichtsbehörde zu erfolgen hat (vgl. §§ 12 Absatz 2 Satz 1 Nr. 2 BörsG, 4 Absatz 1 Nr. 6 BörsO FWB), sollte die Einvernehmenserteilung vom Börsenrat eingeholt werden, bevor er über die Bestellung einen Beschluss fasst. Damit ist die bei der Bestellung erforderliche Mitwirkungshandlung der Börsenaufsichtsbehörde Wirksamkeitsvoraussetzung der Bestellung. Dies ergibt sich aus den genannten Vorschriften und zusätzlich aus § 15 Absatz 2 BörsG, wonach die Börsenaufsichtsbehörde ihr Einvernehmen zu der Bestellung aus den dort aufgezählten Gründen „zu verweigern hat". Erfolgt also die Bestellung ohne erforderliche gesetzliche Beteiligung der Börsenaufsichtsbehörde, so liegt keine wirksame Bestellung vor und diese ist deshalb nichtig.[517] §§ 44 Absatz 3 Nr. 4 und 45 Absatz 1 Nr. 5 VwVfG finden hier keine Anwendung, da die für die Bestellung des Börsengeschäftsführungsmitglieds getroffene spezielle Regelung des Börsenrechts die Anwendbarkeit der verwaltungsverfahrensrechtlichen Vorschriften über die Nichtigkeit eines Verwaltungsakts und die Heilung

---

Rn. 21; *Hauschka*, Die Dienstrechtsstellung der Vorstandsmitglieder der öffentlich-rechtlichen Sparkassen, S. 69; a. A. *Weber*, Die Begründung und Beendigung, S. 177, der in der Bestellung einen körperschaftsrechtlichen Akt sieht mit der Folge, dass ein Verstoß gegen die sachliche Zuständigkeit zur Nichtigkeit der Bestellung nach § 134 BGB führt.

515 Dass ein Verstoß gegen die örtliche Zuständigkeit nur zur Rechtswidrigkeit und damit zur Anfechtbarkeit führt, ergibt sich aus den Vorschriften in § 44 Absatz 2 Nr. 3, Absatz 3 Nr. 1 i.V.m. § 3 VwVfG des jeweiligen Bundeslandes; vgl. hierzu auch *Sachs* in: Stelkens/Bonk/Sachs, VwVfG, § 44 Rn. 136, 160; *Meyer* in: Knack/Henneke, VwVfG, § 44 Rn. 36, 47. Im Übrigen ist hier von einer örtlichen Zuständigkeit nach § 3 Absatz 1 Nr. 2 VwVfG auszugehen, da sowohl der Betrieb eines Unternehmens als auch die Ausübung eines Berufes betroffen sind, ebenso *Hauschka*, Die Dienstrechtsstellung der Vorstandsmitglieder der öffentlich-rechtlichen Sparkassen, S. 69; a. A. konsequent *Weber*, Die Begründung und Beendigung, S. 177.

516 S. dazu oben C II 1. b) cc).

517 Ebenso *Hauschka*, Die Dienstrechtsstellung der Vorstandsmitglieder der öffentlich-rechtlichen Sparkassen, S. 69 für das Vorstandsmitglied öffentlich-rechtlicher Sparkassen; auch *Schlierbach/Püttner*, Das Sparkassenrecht in der Bundesrepublik Deutschland, S. 203: „...der Beschluss über die beabsichtigte Bestellung wird gegenstandslos".

von Verfahrens- und Formfehlern (§§ 44, 45 VwVfG) ausschließt.[518] Ohne vorherige Einvernehmenserteilung kann also die Bestellungserklärung nicht ausgesprochen werden, weshalb der Mangel dieser zwingend erforderlichen Wirksamkeitsvoraussetzung nicht geheilt werden kann.[519] Eine nachträgliche Zustimmung der Börsenaufsichtsbehörde lassen also die Vorschriften § 12 Absatz 2 Satz 1 Nr. 2 i.V.m. § 15 Absatz 2 BörsG nicht zu. Die gleiche Rechtsfolge gilt auch für die Verweigerung oder die Missachtung der Einvernehmens. Diese lösen ebenfalls die Unwirksamkeit und damit die Nichtigkeit der Bestellung aus. In diesem Zusammenhang stellt sich ferner das Problem, wie sich die fehlende bzw. missachtete Mitwirkung rechtlich auf die Wirksamkeit des Dienstvertrags auswirkt. Da die Anstellung von der Bestellung zu trennen ist, besteht auch kein rechtlicher Bedingungszusammenhang, weshalb ein fehlendes bzw. missachtetes Einvernehmen die Wirksamkeit eines etwa bereits abgeschlossenen Vertrags unberührt lässt.[520]

Ferner benötigt man für eine wirksame Verleihung der Organstellung die Annahme bzw. die Zustimmung des Betroffenen. Fehlt dieses, so stellt sich auch hier die Frage nach der Erlangung eines wirksamen Organstatus. Die Folgen einer fehlenden Zustimmung werden in der verwaltungsrechtlichen Literatur kontrovers behandelt. Während teilweise angenommen wird, der Verwaltungsakt sei schwebend unwirksam[521], geht eine andere Auffassung von der bloßen heilbaren Rechtswidrigkeit und damit Anfechtbarkeit des Verwaltungsakts aus.[522] Allerdings wird dabei nicht zwischen verfahrensrechtlichen und materiell-rechtlichen Mitwirkungshandlungen unterschieden. Auf diese Unterscheidung kommt es aber hier an. Das Fehlen eines verfahrensrechtlichen Antrags löst in der Regel nur die die Folgen der Anfechtbarkeit aus (vgl. § 45 Absatz 1 HS 1 VwVfG). Wenn die fehlende Zustimmung eine Frage der materiellen Wirksamkeitsvoraussetzung betrifft und in diesem Zusammenhang auf die Mitwirkung des Betroffenen nicht verzichtet werden kann, ist

518 BVerwG NVwZ 1989, 757; BVerwG NVwZ-RR 2003, 370, 371.

519 Vgl. BVerwG NVwZ-RR 2003, 370, 371; *Hauschka*, Die Dienstrechtsstellung der Vorstandsmitglieder der öffentlich-rechtlichen Sparkassen, S. 66; a. A. *Schwark* in: Schwark/Zimmer, § 15 BörsG Rn. 2, der zwar von der Unwirksamkeit der Bestellung ohne Einwilligung „oder" Genehmigung ausgeht, aber gleichzeitig ausführt, das Einvernehmen mit der Börsenaufsicht brauche nicht vor Bestellung des Geschäftsführers hergestellt zu werden. Die von ihm angesprochene Einwilligung meint die vorherige Zustimmung (vgl. § 183 BGB), weshalb von der Wirksamkeitsvoraussetzung der Mitwirkungshandlung ausgegangen werden muss. Auch spricht § 15 Absatz 1 Satz 5 BörsG nicht zwingend für seine Annahme, da die Vorschrift eine Anzeigepflicht erst nach dem Abschluss des Bestellungsvorganges einschließlich der sonst erforderlichen Genehmigungsverfahren vorsieht.

520 A. A. *Hauschka*, Die Dienstrechtsstellung der Vorstandsmitglieder der öffentlich-rechtlichen Sparkassen, S. 69, der die Anstellung von der Genehmigung abhängig macht.

521 *Stober* in: Wolff/Bachof/Stober/Kluth, Verwaltungsrecht I, § 46 Rn. 29.

522 BVerwG NVwZ 1989, 969; BVerwG NVwZ 1998, 401; VGH Kassel NVwZ-RR 1994, 342, 344; VGH Mannheim NVwZ-RR 1991, 490.

von der Nichtigkeit im Sinne des § 44 Absatz 1 VwVfG auszugehen.[523] Dies ist auch bei der Verleihung der Organstellung als Börsengeschäftsführer anzunehmen, weil nur so verhindert werden kann, dass eine solche Amtsfunktion gegen den Willen der betroffenen Person verliehen wird.

Darüber hinaus sind hinsichtlich der Bestellung sonstige Mängel allgemeiner Art denkbar. Diese sind im Einzelnen schwer erfassbar, allerdings dürften Situationen auftreten, in denen beispielsweise die Beschlussfassung des Börsenrats fehlerhaft ist. Ob dies der Fall ist, beurteilt sich nach den für den Börsenrat geltenden spezialgesetzlichen Vorschriften der Börsenordnungen der jeweiligen Regionalbörse. Die Frankfurter Wertpapierbörse enthält hierzu in § 6 BörsO bestimmte Voraussetzungen für eine inhaltlich wirksame und formal ordnungsgemäß zustandegekommene Beschlussfassung des Börsenrats. Da der Börsenordnung als Satzung wegen § 2 EGBGB Gesetzesqualität zukommt, ist bei Nichteinhaltung einer dieser Bestimmungen von einem Mangel auszugehen, welcher zur Nichtigkeit des Beschlusses führt.[524]

Unter die sonstigen Mängel sind ferner fehlende gesetzliche Eignungsvoraussetzungen einzuordnen. Wenn das betreffende Mitglied der Börsengeschäftsführung die börsenrechtlichen oder sonstige satzungsgemäße Eignungsvoraussetzungen nicht erfüllt[525], ist die Bestellung nach § 44 Absatz 1 VwVfG nichtig, eine wirksame Verleihung der Organstellung damit nicht möglich und auch nicht heilbar.[526] Dass eine Amtsfunktion dem zu Bestellenden nicht wirksam übertragen werden kann,

523 VGH Kassel, DÖV 1968, 809; BSG NVwZ 1983, 767; *U. Stelkens* in: Stelkens/Bonk/Sachs, VwVfG, § 35 Rn. 239; *Hauschka*, Die Dienstrechtsstellung der Vorstandsmitglieder der öffentlich-rechtlichen Sparkassen, S. 63.

524 Ebenso *Hauschka*, Die Dienstrechtsstellung der Vorstandsmitglieder der öffentlich-rechtlichen Sparkassen, S. 70; *Weber*, Die Begründung und Beendigung, S. 192, der an dieser Stelle auf die Ähnlichkeit zum Aufsichtsrat einer Aktiengesellschaft hinweist und damit eine Nichtigkeit der Bestellung annimmt; zur Nichtigkeitsfolge fehlerhafter Aufsichtsratsbeschlüsse einer AG vgl. ferner BGHZ 122, 342, 351; BGHZ 135, 244, 247; *Hüffer*, § 108 AktG Rn. 18 m.w.N.

525 Für Vorstandsmitglieder öffentlich-rechtlicher Sparkassen *Weber*, Die Begründung und Beendigung, S. 194 ff.; *Hauschka*, Die Dienstrechtsstellung der Vorstandsmitglieder der öffentlich-rechtlichen Sparkassen, S. 70 f.; für Vorstandsmitglieder einer AG *Hüffer*, § 76 AktG Rn. 25 ff.; *Seibt* in: K. Schmidt/Lutter, AktG, § 76 Rn. 24 ff.; für Geschäftsführer einer GmbH *Hueck/Fastrich* in: Baumbach/Hueck, GmbHG, § 6 Rn. 8 ff.; *Kleindiek* in: Lutter/Hommelhoff, GmbHG, § 6 Rn. 16 ff.

526 *Hauschka*, Die Dienstrechtsstellung der Vorstandsmitglieder der öffentlich-rechtlichen Sparkassen, S. 70; konsequent *Weber*, Die Begründung und Beendigung, S. 194, der hier eine Nichtigkeit nach § 134 BGB annimmt; so auch für die Aktiengesellschaft *Spindler* in: MüKoAktG, § 84 Rn. 27. Dies trifft jedoch nur auf die gesetzlichen Voraussetzungen der Vorstandsmitglieder zu. Die Nichtbeachtung einer satzungsmäßigen Eignungsvoraussetzung macht die Bestellung als solche nicht nichtig, da die aktienrechtliche Satzung Bestandteil des Gesellschaftsvertrags ist und damit die satzungsmäßigen Voraussetzungen mangels Gesetzesqualität

ergibt sich aus dem Wortlaut des § 15 Absatz 1 Satz 3 BörsG, wonach die Geschäftsführer der Börse zuverlässig sein und die für die Leitung der Börse erforderliche fachliche Eignung besitzen müssen. Inwieweit die Bestellung einer ungeeigneten Person sich auf ihren Anstellungsvertrag auswirkt, wird im nächsten Abschnitt ausgeführt.

bb) Mängel hinsichtlich der Anstellung

Nach der Bestellung zum Mitglied der Börsengeschäftsführung wird zwischen dem Börsenträger und dem Geschäftsführer der Anstellungsvertrag abgeschlossen. Da der Börsenträger als juristische Person des Privatrechts handlungsunfähig ist, handelt in diesem Fall der Vorstand als sein gesetzliches Vertretungsorgan. Jedoch sind auch beim Abschluss einer Anstellung mögliche Mängel denkbar, auf die im Folgenden eingegangen werden soll. Hat die AG einen mehrgliedrigen Vorstand, so kann die Willensbildung wegen des Gesamtgeschäftsführungsprinzips (§ 77 Absatz 1 Satz 1 AktG) nur durch einen einstimmigen Beschluss erfolgen.[527] Ist der Geschäftsführervertrag abgeschlossen worden, ohne dass zuvor ein wirksamer Vorstandsbeschluss gefasst worden ist, kann der Börsenträger bei bestehender Gesamtvertretung im Sinne des § 77 Abs. 2 Satz 1 AktG auch nicht wirksam vertreten worden sein. Fraglich ist also, ob ein Anstellungsvertrag, dem kein wirksamer Beschluss zugrundeliegt, von einem vollmachtlosen Vertreter i.S.d. § 177 BGB abgeschlossen worden ist. Diese Frage wird sowohl in der Rechtsprechung als auch im Schrifttum uneinheitlich behandelt. Während nach einer Ansicht der Vertrag nach § 177 BGB schwebend unwirksam sein und damit die Wirksamkeit des Vertrags von der Genehmigung durch das zuständige Organ abhängen soll[528], ist nach anderer Auffassung der Vertrag nach § 134 BGB nichtig.[529] Für die erstgenannte Ansicht sprechen die besseren Argumente. Die Anwendung des § 177 BGB gibt dem Vorstand die rechtliche Möglichkeit, einem zunächst unwirksamen Vertrag durch einen wirksamen Beschluss nachträglich zur Wirksamkeit zu verhelfen. Demgegenüber hätte § 134 BGB die Folge, dass der Vorstand den Vertrag mit dem Börsengeschäftsführer neu verhandeln müsste. Der Handlungsspielraum des Vorstands wird also

---

mit den gesetzlichen Anforderungen nicht auf einer Stufe stehen, vgl. *Spindler* in: MüKoAktG, § 84 Rn. 28 ff. m.w.N.

527 *Spindler* in: MüKoAktG, § 77 Rn. 10; *Hüffer*, § 77 AktG Rn. 6; *Seibt* in: K. Schmidt/Lutter, AktG, § 77 Rn. 8 mit jeweils weiteren Fundstellen.

528 BGH NJW 1967, 1711, 1712; BGH ZIP 1986, 1381; OLG Celle, AG 2003, 433; OLG Karlsruhe, AG 1996, 224, 225; OLG München, AG 2008, 423, 425; *Beiner*, Der Vorstandsvertrag, Rn. 205; *Fleischer*, NZG 2008, 161, 164; *Hauschka*, Die Dienstrechtsstellung der Vorstandsmitglieder der öffentlich-rechtlichen Sparkassen, S. 69; für eine differenzierende Ansicht *Hüffer*, § 112 AktG Rn. 7; *Drygala* in: K. Schmidt/Lutter, AktG, § 112 Rn. 19; *Habersack* in: MüKoAktG, § 112 Rn. 31 f.

529 OLG Stuttgart, BB 1992, 1669, 1670; OLG Hamburg, AG 1986, 259, 260; *Ekkenga*, AG 1985, 40, 41 f.; *Stein*, AG 1999, 28, 37 f.; *Weber*, Die Begründung und Beendigung, S. 185.

durch § 177 BGB erweitert, während § 134 BGB ihm diese Handlungsfreiheit wieder nimmt.[530] Darüber hinaus ist bei der Anwendung des § 177 BGB auch das Interesse des Börsengeschäftsführungsmitglieds zu berücksichtigen. Da der unwirksame Anstellungsvertrag seine berufliche Existenz bedroht, ist sein Vertrauen auf die Wirksamkeit des Vertrags besonders schutzwürdig. Eine Nichtanwendung des § 177 BGB würde dazu führen, dass dem Mitglied der Börsengeschäftsführung, das auf die Wirksamkeit des Anstellungsvertrags vertraut, auch keine Schadensersatzansprüche nach § 179 BGB gegen den für den Börsenträger Handelnden zustünden.[531] Ein Fehler in der Beschlussfassung hat zur Folge, dass ein wirksamer Anstellungsvertrag zwischen dem Börsenträger und dem Börsengeschäftsführungsmitglied nicht besteht, sofern nicht noch eine Genehmigung durch den Vorstand erfolgt. Gleiches gilt für Fehler in der Zuständigkeit, wenn beispielsweise nicht der Vorstand, sondern der Aufsichtsrat oder ein sonstiger Dritter den Börsenträger bei Abschluss des Anstellungsvertrags vertreten würde.[532]

Wenn ein Börsengeschäftsführungsmitglied nicht die gesetzlichen oder sonstigen satzungsgemäßen Eignungsvoraussetzung erfüllt, ist die Bestellung nach § 44 I VwVfG nichtig. Ungeachtet dessen stellt sich an dieser Stelle die Frage nach der Wirksamkeit des Anstellungsvertrags. Weil Bestellung und Anstellung verschiedene Rechtsverhältnisse begründen, haben beide Rechtsakte in der Regel ein unterschiedliches Schicksal. Der Anstellungsvertrag des Börsengeschäftsführers wegen fehlender Eignungsvoraussetzungen könnte gemäß § 134 BGB nichtig sein. Hiernach ist ein Rechtsgeschäft, das gegen ein gesetzliches Verbot verstößt, nichtig, wenn sich nicht aus dem Gesetz etwas anderes ergibt. Die gesetzlichen Eignungsvoraussetzungen sind zwar in § 15 Absatz 1 Satz 3 BörsG geregelt, die Vorschrift enthält jedoch keine Verbote für die Anstellung. Folglich ist das Anstellungsverhältnis ohne Einschränkung wirksam. Dies gilt selbst dann, wenn eine Person infolge fehlender Eignungsvoraussetzungen abberufen wird. Deshalb ist in diesen Fällen vielmehr davon auszugehen, dass die Wirksamkeit des Dienstvertrags durch eine Anfechtung beseitigt werden kann, wobei sich die Anfechtungsgründe aus §§ 119 II, 123 BGB ergeben können.[533]

Hinsichtlich der Dauer der Rechtsstellung regelt § 15 Absatz 1 Satz 4 1 HS BörsG, dass die Bestellung höchstens für 5 Jahre erfolgen kann. Für den Anstellungsvertrag ist gesetzlich keine Dauer vorgeschrieben. Wegen des Trennungsprinzips muss zwar

530 *Fleischer*, NZG 2008, 161, 163.
531 *Fleischer*, NZG 2008, 161, 163.
532 Ebenso für Vorstandsmitglieder öffentlich-rechtlicher Sparkassen *Hauschka*, Die Dienstrechtsstellung der Vorstandsmitglieder der öffentlich-rechtlichen Sparkassen, S. 69; für Vorstandsmitglieder einer Aktiengesellschaft *Fleischer*, NZG 2008, 161, 163.
533 Für Vorstandsmitglieder öffentlich-rechtlicher Sparkassen *Weber*, Die Begründung und Beendigung, S. 197 f.; *Hauschka*, Die Dienstrechtsstellung der Vorstandsmitglieder der öffentlich-rechtlichen Sparkassen, S. 71; für Vorstandsmitglieder einer AG *Thüsing* in: Fleischer, Handbuch des Vorstandsrechts, § 4 Rn. 137 m.w.N.

die Dauer der Anstellung nicht der Bestellungsdauer entsprechen. Grundsätzlich wird aber auch der Dienstvertrag mit dem Börsengeschäftsführungsmitglied – wie für das Vorstandsmitglied einer AG nach § 84 Absatz 1 Satz 5 i.V.m § 84 Absatz 1 Satz 2 AktG – für die Dauer seiner Amtszeit als Organ der Börse abgeschlossen. Sieht der Anstellungsvertrag eine längere Anstellungsdauer als 5 Jahre vor, führt das zu einer Reduktion auf die Höchstfrist der Bestellungsdauer, jedoch nicht zur Nichtigkeit des Gesamtvertrags.[534] Da nach § 15 Absatz 1 Satz 4 2 HS BörsG eine wiederholte Bestellung zulässig ist, ist problematisch, ob eine automatische Verlängerungsklausel im Anstellungsvertrag wirksam ist, wenn sie mit der Verlängerung der Organstellung verbunden wird. Gegen eine solche Klausel sind jedoch keine schwerwiegenden Bedenken ersichtlich. Zum einen wird der Dienstvertrag nur aufgrund der Bestellung abgeschlossen und zum anderen hat der Börsenträger überhaupt keinen Einfluss auf die Einräumung der Organstellung des Börsengeschäftsführers. Somit werden im Anstellungsvertrag lediglich die rechtlichen Folgen der Bestellung vereinbart, so dass gegen eine Klausel des Inhalts, dass sich der Anstellungsvertrag automatisch für den Fall der Wiederbestellung verlängert, keine rechtlichen Bedenken bestehen.[535]

cc) Die rechtliche Behandlung einer nichtigen Bestellung

Sofern die Bestellung des Börsengeschäftsführers an einem Wirksamkeitserfordernis mangelt, ist der ausgesprochene Verwaltungsakt nichtig und somit nach § 43 Absatz 3 VwVfG unwirksam. Ein unwirksamer Verwaltungsakt löst keine rechtlichen Wirkungen aus, braucht also weder von dem Betroffenen noch von einem Dritten beachtet zu werden, so dass der von einem Verwaltungsakt Betroffene grundsätzlich das Risiko der irrtümlichen Annahme der Wirksamkeit trägt und sich nicht auf seinen guten Glauben berufen kann.[536] Handelt ein unwirksam bestellter Börsengeschäftsführer im operativen Geschäft nach außen, stellt sich die Frage, ob ein Vertrauensschutz für Dritte besteht. Hinsichtlich juristischer Personen des Privatrechts wird dem Dritten dieser Vertrauensschutz nach § 15 Absatz 3 HGB zugestanden, sofern die Bestellung ins Handelsregister eingetragen und bekannt gemacht worden ist.[537] Hier ist allerdings die Tatsache zu berücksichtigen, dass es sich bei der Börse um eine juristische Person des öffentlichen Rechts handelt. Für diese besteht keine Eintragungspflicht, sondern nur eine Anzeigepflicht nach § 15 Absatz 1 Satz 5

534 BAG NZA 2009, 1205, 1206; *Hüffer*, § 84 AktG Rn. 15.

535 BGHZ 3, 90, 94; BGHZ 10, 187, 194; *Hüffer*, § 84 AktG Rn. 15; *Spindler* in: MüKo-AktG, § 84 Rn. 79; *Thüsing* in: Fleischer, Handbuch des Vorstandsrechts, § 4 Rn. 73; *Beiner*, Der Vorstandsvertrag, Rn. 210.

536 *Sachs* in: Stelkens/Bonk/Sachs, VwVfG, § 43 Rn. 222 f.; *Stober* in: Wolff/Bachof/Stober/Kluth, Verwaltungsrecht II, § 49 Rn. 41.

537 So muss beispielsweise jede Änderung des Vorstands oder der Vertretungsbefugnis eines Vorstandsmitglieds einer AG ins Handelsregister eingetragen werden, vgl. § 81 Absatz 1 AktG.

BörsG. Anders als bei den juristischen Personen des Privatrechts genießt der Dritte nur dann Vertrauensschutz, wenn der unwirksam bestellte Börsengeschäftsführer den durch Gesetz, Satzung und Anstaltszweck festgelegten Geschäftsbereich der Börse eingehalten hatte.[538] Mithin ist davon auszugehen, dass die Nichtigkeit der Bestellung für die Außenbeziehung der Börse weitgehend ohne Bedeutung ist.

Fraglich ist, welche Auswirkungen die nichtige Bestellung auf das Innenverhältnis des Mitglieds der Börsengeschäftsführung zur Börse hat. Auch hier bietet sich ein Vergleich mit den juristischen Personen des Privatrechts an, weil die börsenrechtliche Organisationsstruktur dem aktienrechtlichen Modell nachgebildet worden ist. Nach überwiegender Auffassung sind Organmitglieder juristischer Personen des Privatrechts, deren körperschaftsrechtliche Stellung unwirksam ist, unter bestimmten Voraussetzungen als faktische Organe zu behandeln. Wegen ihrer tatsächlich ausgeübten Organstellung sind die Organmitglieder hinsichtlich ihrer Rechte und Pflichten so zu behandeln, als sei die Organmitgliedschaft rechtswirksam begründet worden.[539] Insbesondere gilt das für Vorstandsmitglieder, deren fehlerhafte Bestellung hier für die unwirksame Bestellung eines Börsengeschäftsführers von Interesse ist. In den Fällen, in denen das Vorstandsmitglied ohne wirksame Bestellung mit Wissen des Aufsichtsrats oder eines Aufsichtsratsmitglieds für die AG als Vorstandsmitglied tätig ist, sollen die Grundsätze über die Rechtsstellung eines faktischen Organs Anwendung finden.[540] Hierbei werden die gleichen Grundsätze auch auf die nichtige Bestellung von Vorstandsmitgliedern öffentlich-rechtlicher Sparkassen angewendet.[541] Es drängt sich also die Frage auf, ob diese Grundsätze ebenfalls auf die Stellung des Börsengeschäftsführers übertragbar sind. Den börsenrechtlichen Vorschriften lässt sich jedenfalls nichts Gegenteiliges entnehmen. Vielmehr spricht für eine entsprechende Anwendbarkeit zunächst die Tatsache, dass sowohl das rechtsgeschäftliche als auch das tatsächliche Handeln eines fehlerhaft bestellten Vertretungsorgans bei allen juristischen Personen weitgehend übereinstimmende rechtliche Konsequenzen erfahren hat. Darüber hinaus ist bereits dargelegt worden, dass zwischen dem Börsengeschäftsführer und dem Vorstandsmitglied einer AG im Hinblick auf ihre Rechts- und Aufgabenstellung bei dem jeweiligen Rechtssubjekt durchaus Gemeinsamkeiten bestehen. Schließlich darf auch in diesem Zusammenhang nicht unberücksichtigt bleiben, dass die

---

538 Zur Einschränkung bei juristischen Personen des öffentlichen Rechts BGH NJW 1956, 746, 748, anders dagegen die Rechtslage bei Kapitalgesellschaften, vgl. *Hüffer*, § 78 AktG Rn. 5 für das Vorstandsmitglied einer AG.

539 BGHZ 41, 282, 287; BGHZ 47, 341, 343; *Hüffer*, § 84 AktG Rn. 10; *Seibt* in: K. Schmidt/Lutter, AktG, § 84 Rn. 22; *Beiner*, Der Vorstandsvertrag, Rn. 100; *Zöllner/Noack* in: Baumbach/Hueck, GmbHG, § 35 Rn. 8; *K. Schmidt* in: Scholz, § 46 GmbHG Rn. 78; *Baums*, Der Geschäftsleitervertrag, S. 158 ff., 163 ff.; *Stein*, Das faktische Organ, S. 100 ff.

540 BGHZ 41, 282, 287; *Kort* in: GroßKommAktG, § 84 Rn. 93 f. m.w.N.

541 *Weber*, Die Begründung und Beendigung, S. 201 f.; *Hauschka*, Die Dienstrechtsstellung der Vorstandsmitglieder der öffentlich-rechtlichen Sparkassen, S. 71.

börsenrechtliche Organisationsstruktur den organisationsrechtlichen Strukturen einer Aktiengesellschaft angeglichen worden ist. Mithin rechtfertigt sich aus den genannten Gründen eine Anwendung der Grundsätze über die Rechtsstellung des fehlerhaften Organs auf die nichtige Bestellung eines Börsengeschäftsführers. Wenn also ein unwirksam bestelltes Mitglied der Börsengeschäftsführung mit Wissen des Börsenrats oder eines Börsenratsmitglieds für die Börse als gesetzliches Vertretungsorgan tätig ist, gelten in der Regel dieselben Grundsätze wie für wirksam bestellte Börsengeschäftsführer. Hieraus folgt, dass der Börsengeschäftsführer so lange im Amt bleibt, bis der Börsenrat die Nichtigkeit der Bestellung durch einen Börsenratsbeschluss feststellt oder der faktische Börsengeschäftsführer sein Amt niederlegt.[542] In beiden Fällen wird das nichtige Bestellungsverhältnis ex nunc beendet. Demgegenüber ist die fehlerhafte Organstellung für die Vergangenheit so zu behandeln, als habe eine wirksame Bestellung von Anfang an bestanden.[543]

dd) Die rechtliche Beurteilung einer unwirksamen Anstellung

Ist der Anstellungsvertrag nichtig, ist als nächstes zu fragen, welche rechtlichen Konsequenzen sich für die schuldrechtliche Stellung des Börsengeschäftsführers zum Börsenträger ergeben. An dieser Stelle bietet sich ein Vergleich zur rechtlichen Behandlung eines fehlerhaften Arbeitsverhältnisses an. Es besteht weitgehende Einigkeit darüber, dass vor Arbeitsantritt die allgemeinen Regeln des bürgerlichen Rechts über die Nichtigkeit und Anfechtung gelten. Dies führt dazu, dass ein von Mängeln gekennzeichneter Arbeitsvertrag entweder von Anfang an nichtig ist oder mittels einer Anfechtung (§ 142 BGB) ex tunc beseitigt werden kann.[544] In den Fällen, in denen das Arbeitsverhältnis bereits in Vollzug gesetzt worden ist, führt dagegen die Nichtigkeit des Arbeitsvertrags zur Anwendung der Lehre vom fehlerhaften Arbeitsverhältnis[545], wonach das Arbeitsverhältnis rückwirkend wie

542 *Spindler* in: MüKoAktG, § 84 Rn. 162 ff., 201; *Thüsing* in: Fleischer, Handbuch des Vorstandsrechts, § 4 Rn. 48; *Beiner*, Der Vorstandsvertrag, Rn. 101; *Mertens/Cahn* in: KölnerKomm, § 84 AktG Rn. 30; a. A. *Hüffer*, § 84 AktG Rn. 10: „Widerruf nach § 84 Absatz 3 AktG"; *Stein*, Das faktische Organ, S. 125: „wenn der Bestellungsmangel den Beteiligten bekannt wird"; wohl auch *Weber*, Die Begründung und Beendigung, S. 212 f.

543 *Stein*, Das faktische Organ, S. 199.

544 *Linck* in: Schaub, Arbeitsrechts-Handbuch, § 34 Rn. 48; *Schreiber* in: Hk-BGB, § 611 Rn. 9; *Mansel* in: Jauernig, Vorbemerkung § 611 Rn. 5; *Walker*, JA 1985, 138, 140.

545 Gelegentlich ist in der arbeitsrechtlichen Literatur die Bezeichnung „Lehre vom faktischen Arbeitsverhältnis" anzutreffen, s. *Weber*, Die Begründung und Beendigung, S. 218 ff.; diese Begriffsbestimmung ist nur dann zutreffend, wenn es an einem Vertragsschluss fehlt. Liegt dagegen eine Einigung der Vertragsparteien vor, wird es angebracht sein, von einem fehlerhaften Arbeitsverhältnis zu sprechen, s. auch *Walker*, JA 1985, 138, 148; *Preis* in: ErfK, § 611 BGB Rn. 145 mit weiteren Nachweisen.

ein fehlerfrei zustande gekommenes Arbeitsverhältnis zu behandeln ist.[546] Eine Rückabwicklung der erbrachten Leistungen i.S.d. §§ 812 ff. BGB kommt grundsätzlich nicht in Betracht. Für die Vergangenheit wird also der Arbeitnehmer so behandelt, als sei ein wirksames Arbeitsverhältnis zustande gekommen, weshalb er die ursprünglich vereinbarte Vergütung verlangen kann, sofern er seine Arbeitsleistung bereits erbracht hat.[547] Etwas anderes soll nur dann gelten, wenn ein besonders schwerer Mangel vorliegt. Hier führt die Nichtigkeit des Arbeitsverhältnisses zur Rückabwicklung der erbrachten Leistungen nach bereicherungsrechtlichen Vorschriften.[548] Sobald sich das Arbeitsverhältnis als nichtig erweist, besteht für die Zukunft keine Bindung mehr und das fehlerhafte Arbeitsverhältnis kann jederzeit durch einseitige Erklärung beendet werden; einer Kündigung bedarf es in diesem Fall nicht.[549] Die Lehre vom fehlerhaften Arbeitsverhältnis findet auch auf Vorstandsmitglieder einer Aktiengesellschaft sinngemäße Anwendung. Nach überwiegender Auffassung ist das fehlerhafte Anstellungsverhältnis rückwirkend als wirksam zu behandeln, sofern das betreffende Vorstandsmitglied mit Kenntnis des Aufsichtsrats oder eines Aufsichtsratsmitglieds tätig ist.[550] Für diese Ansicht wird als Begründung ausgeführt, dass ein fehlerhaft angestelltes Vorstandsmitglied die Verpflichtung zur ordentlichen und gewissenhaften Geschäftsführung, zum Schadensersatz bei Obliegenheitsverletzungen, zur Verschwiegenheit sowie die Bindungen an Treuepflicht und Wettbewerbsverbote wie ein Vorstandsmitglied, das ein wirksames Vertragsverhältnis zur Gesellschaft hat, zu beachten hat.[551] Die Lehre vom fehlerhaften Anstellungsverhältnis findet ausnahmsweise nur dann keine Anwendung, wenn eine Partei die Nichtigkeit gekannt hat.[552] In diesem Fall hat die Rückabwicklung des fehlerhaften Anstellungsverhältnisses nach bereicherungsrechtlichen Vorschriften stattzufinden. Die Lehre vom fehlerhaften Anstellungsverhältnis wird auch für die Dienstverhältnisse von GmbH-Geschäftsführern[553]

546 BAG NZA 2005, 1409, 1410; *Müller-Glöge* in: MüKoBGB, § 611 Rn. 638; *Preis* in: ErfK, § 611 BGB Rn. 145; *Schreiber* in: Hk-BGB, § 611 Rn. 10; *Mansel* in: Jauernig, Vorbemerkung § 611 Rn. 5.

547 BAG NZA 1986, 561; *Linck* in: Schaub, Arbeitsrechts-Handbuch, § 34 Rn. 51.

548 BAG NZA 2005, 1409, 1410; BAG AP Nr. 18 zu § 611 BGB Faktisches Arbeitsverhältnis.

549 *Müller-Glöge* in: MüKoBGB, § 611 Rn. 639; *Preis* in: ErfK, § 611 BGB Rn. 147.

550 BGHZ 41, 282, 286 f.; *Hüffer*, § 84 AktG Rn. 19; *Thüsing* in: Fleischer, Handbuch des Vorstandsrechts, § 4 Rn. 137; *Fleischer*, NZG 2008, 161, 164; *Henze/Rosch*, ArbRAktuell 2010, 310; *Beiner*, Der Vorstandsvertrag, Rn. 218; *Mertens/Cahn* in: KölnerKomm, § 84 AktG Rn. 57 ff.; *Kort* in: GroßKommAktG, § 84 Rn. 309 ff.

551 BGHZ 41, 282, 287.

552 *Müller-Glöge* in: MüKoBGB, § 611 Rn. 638; *Hauschka*, Die Dienstrechtsstellung der Vorstandsmitglieder der öffentlich-rechtlichen Sparkassen, S. 71.

553 *Zöllner/Noack* in: Baumbach/Hueck, GmbHG, § 35 Rn. 170; *Altmeppen* in: Roth/Altmeppen, GmbHG, § 6 Rn. 83.

und von Vorstandsmitgliedern öffentlich-rechtlicher Sparkassen herangezogen.[554] Wegen der Gemeinsamkeiten mit dem Vorstandsmitglied einer AG kann die Lehre vom fehlerhaften Anstellungsverhältnis auch auf das fehlerhafte Anstellungsverhältnis des Börsengeschäftsführers sinngemäß übertragen werden. Die Argumente des BGH treffen hier, wie bei den oben genannten Gesellschaften des Privatrechts und den öffentlich-rechtlichen Sparkassen, teilweise zu. So ist beispielsweise anerkannt, dass die Börsengeschäftsführer bei Erfüllung ihrer Aufgaben die Sorgfalt eines ordentlichen und gewissenhaften Geschäftsleiters gemäß § 93 AktG analog anzuwenden haben.[555] Damit unterliegen die Börsengeschäftsführer einer gewissen Treue- und Fürsorgepflicht, indem sie – wie die Vorstandsmitglieder der AG – die ihnen obliegenden gesetzlichen und satzungsmäßigen Pflichten zu beachten haben. Ferner sind sie auch einer Verschwiegenheitspflicht im Sinne des § 10 BörsG unterworden. Zudem soll die börsenrechtliche Organisationsstruktur nach Vorstellung des Gesetzgebers dem Modell einer AG entsprechen, was insbesondere durch vergleichbare Regelungen hinsichtlich der Bestellung des Börsengeschäftsführers in § 15 Absatz 1 BörsG zum Ausdruck kommt. Diese Gründe rechtfertigen demnach eine Übertragung der Lehre vom fehlerhaften Anstellungsverhältnis auf die unwirksame Anstellung des Börsengeschäftsführers. Hieraus folgt, dass der Betroffene so zu behandeln ist, als sei der Anstellungsvertrag rechtswirksam zustande gekommen, sofern der Börsengeschäftsführer mit Wissen des Vorstands oder eines Vorstandsmitglieds des Börsenträgers tätig ist. Für die Zukunft genießt der Börsengeschäftsführer aber keinen Bestandsschutz, weshalb er jederzeit und ohne wichtigen Grund durch Kündigung oder Aufhebung aus der tatsächlichen Stellung entlassen werden kann.[556]

ee) Wechselwirkung zwischen Bestellung und Anstellung

Nach der hier vertretenen Trennungstheorie besteht zwischen der Bestellung und Anstellung ohne besondere Vereinbarung kein rechtlicher Bedingungszusammenhang.[557] Beide Rechtsverhältnisse sind rechtlich voneinander zu trennen, so dass sowohl die Bestellung als auch die Anstellung ein unterschiedliches Rechtsschicksal haben können. Demnach wäre es möglich, dass die durch den Börsenrat erfolgte Bestellung nichtig ist, aber die Wirksamkeit des Anstellungsvertrags des Börsengeschäftsführers hiervon unberührt bleibt und die Parteien nach wie vor an die Vereinbarungen gebunden sind. Gerade beim Auseinanderfallen der Zuständigkeiten für An- und Bestellung wird deutlich, dass beide Rechtsakte unterschiedliche Rechtsfolgen auslösen können. Deshalb kann die Ansicht, die mit der wirksamen

554 *Hauschka*, Die Dienstrechtsstellung der Vorstandsmitglieder der öffentlich-rechtlichen Sparkassen, S. 72; *Weber*, Die Begründung und Beendigung, S. 218 ff.
555 *Schwark* in: Schwark/Zimmer, § 15 BörsG Rn. 5.
556 BGH NJW 2000, 2983, 2983 f.; *Hüffer*, § 84 AktG Rn. 19; *Fleischer* in: Spindler/Stilz, § 84 Rn. 86; *Weber* in: Hölters, § 84 Rn. 56.
557 BGH NJW 1991, 1727, 1728; so auch früher bereits BGH NJW 1958, 945.

Vertragskündigung automatisch das Ende der Organstellung annimmt[558], nicht überzeugen. Trotz einer wirksamen Vertragskündigung bleibt also das Bestellungsverhältnis des Börsengeschäftsführers nach wie vor bestehen, solange der Börsenrat die Bestellung nicht widerruft oder das Mitglied der Börsengeschäftsführung sein Mandat niederlegt. Das Trennungsprinzip gebietet es daher, beide Rechtsverhältnisse rechtlich unabhängig voneinander zu bewerten. Auch wenn zwischen Bestellung und Anstellung kein rechtlicher Bedingungszusammenhang besteht, ist eine tatsächliche Wechselwirkung zwischen beiden Rechtsinstituten nicht von der Hand zu weisen. In der Praxis wird nämlich der eine Rechtsakt dem anderen nachfolgen, so dass die rechtliche Beurteilung von Mängeln nach einer Gesamtauslegung gem. §§ 133, 157 BGB häufig zu einer Fehleridentität führen wird, durch die sowohl das Bestellungs- als auch Anstellungsverhältnis betroffen ist.[559] In diesen Fällen wird man von der Unwirksamkeit beider Rechtsverhältnisse ausgehen müssen.

2. Aufgaben und Befugnisse des Börsengeschäftsführers

Mit der Verleihung der Organstellung obliegt dem Börsengeschäftsführer bzw. der Börsengeschäftsführung die Leitung der Börse in eigener Verantwortung (vgl. § 15 Absatz 1 Satz 1 BörsG). Als Leitungsorgan der Börse ist er für alle Aufgaben zuständig, die nicht ausdrücklich den anderen Börsenorganen zugewiesen sind (vgl. § 7 Absatz 2 BörsO FWB). Im Rahmen seiner umfassenden Geschäftsführungskompetenz stehen ihm daher folgende Aufgaben und Befugnisse zu:

a) Leitungsaufgaben

Unter die Leitungsaufgaben fallen alle Maßnahmen, die mit dem operativen Geschäft einer Wertpapierbörse zusammenhängen. In Bezug auf die Organisation der Börse und ihrer Gremien hat die Börsengeschäftsführung

- den Geschäftsablauf der Börse zu regeln, den Beginn und das Ende der Preisfeststellungen festzulegen sowie den Ort und den zeitlichen Ablauf des Börsenhandels zu bestimmen (§ 8 Absatz 1 Nr. 2 BörsO FWB);
- den Leiter der Handelsüberwachungsstelle für die Wahl bzw. die Wiederwahl vorzuschlagen (§ 12 Absatz 2 Satz 1 Nr. 5 BörsG);
- die in einem elektronischen Handelssystem der Börse handelbaren Wertpapiere, die maßgebenden Handelsregelungen und den Mindestschluss von Aktien und festverzinslichen Wertpapieren, die in diesem System gehandelt werden können, nach Maßgabe der Börsenordnung zu bestimmen[560];

558 BGH WM 1958, 675, 676 „in aller Regel"; BGH WM 1967, 540, 541.

559 OLG Saarbrücken, NZG 2013, 784, 785 m. w. N.; *Weber*, Die Begründung und Beendigung, S. 227; *Hauschka*, Die Dienstrechtsstellung der Vorstandsmitglieder der öffentlich-rechtlichen Sparkassen, S. 68.

560 Vgl. *Schwark* in: Schwark/Zimmer, § 15 BörsG Rn. 4; *Ledermann* in: Schäfer/Hamann, KMG, § 12 BörsG Rn. 3.

- die Geschäfte unter die einzelnen skontroführenden Makler zu verteilen (§ 29 BörsG);
- die Art der Preisermittlung unter Berücksichtigung der Erfordernisse des Handels in Wertpapieren, des Schutzes des Publikums und eines ordnungsgemäßen Börsenhandels festzulegen[561] und
- der Börsenaufsichtsbehörde ein aktuelles Verzeichnis der zugelassenen Handelsteilnehmer zu übermitteln (§ 8 Absatz 1 Nr. 9 BörsO FWB).

Neben diesen organisatorischen Maßnahmen kommt der Börsengeschäftsführung im Zusammenhang mit der Zulassung von handelbaren Gütern die Entscheidung zu über

- die Zulassung von Wertpapieren zum regulierten Markt (§ 8 Absatz 1 Nr. 8 BörsO FWB) sowie deren Widerruf (§ 39 BörsG);
- die Einbeziehung von Wertpapieren zum regulierten Markt (§ 33 BörsG) sowie deren Widerruf (§ 33 Absatz 4 i.V.m § 39 BörsG);
- die Zulassung von Wirtschaftsgütern und Rechten, die an der Börse gehandelt werden sollen und nicht zum Handel im regulierten Markt zugelassen oder in den Freiverkehr einbezogen worden sind (§ 23 Absatz 1 Satz 1 BörsG);
- die Aufnahme (§ 38 BörsG), die Aussetzung (§ 25 Absatz 1 Satz 1 Nr. 1 BörsG) und die Einstellung (§ 25 Absatz 1 Satz 1 Nr. 2 BörsG) der Notierung von Wertpapieren im regulierten Markt;
- die Aufnahme, Aussetzung, Unterbrechung und Einstellung der Preisfeststellung mit ausländischen Zahlungsmitteln (§ 51 BörsG).

Im Zusammenhang mit der Nutzung der Börseneinrichtungen durch die Handelsteilnehmer obliegt der Börsengeschäftsführung die Entscheidung über

- die Zulassung sowie den Ausschluss von Unternehmen oder Personen zur bzw. von der Teilnahme am Börsenhandel und zum bzw. vom Börsenbesuch (§ 19 Absatz 1 BörsG, § 8 Absatz 1 Nr. 1 BörsO FWB);
- das Ruhen der Zulassung von Unternehmen (§ 19 Absatz 8 BörsG) sowie deren Widerruf, sofern bestimmte Melde- und Informationspflichten nicht erfüllt worden sind (§ 19 Absatz 9 BörsG);
- die Zulassung von Börsenbesuchern und sonstigen Personen ohne Befugnis zur Teilnahme am Handel (§ 19 Absatz 3 BörsG, § 17 BörsO FWB);
- die Zulassung der Skontroführer im regulierten Markt (§ 27 Absatz 1 BörsG), das Ruhen ihrer Zulassung (§ 27 Absatz 3 BörsG) sowie nach Maßgabe des § 27 Absatz 2 BörsG den Widerruf der Zulassung und die sofortige Untersagung der Tätigkeit.

561 Vgl. § 8 Absatz 1 Nr. 7 BörsO FWB.

b) *Überwachungspflichten*

Aufgrund seiner Stellung als Mitglied des Leitungsorgans der Börse hat der Börsengeschäftsführer ferner für einen ordnungsgemäßen Börsenhandel zu sorgen. Um dieser Pflicht nachzukommen, stehen ihm im Rahmen seiner Leitungsfunktion zahlreiche Überwachungskompetenzen zu. So hat er etwa die Ordnung an der Börse aufrechtzuerhalten und für eine ordnungsgemäße Benutzung der Börseneinrichtungen, insbesondere der EDV-Anlagen, zu sorgen.[562] Nach § 9 Absatz 1 der BörsO FWB hat er hierfür die entsprechenden Maßnahmen zu treffen, die geeignet sind, die Durchführung des Börsenhandels und der Börsengeschäftsabwicklung sicherzustellen.[563] Unbeschadet der Zuständigkeit anderer Börsenorgane und der Börsenaufsichtsbehörde ist das Mitglied der Börsengeschäftsführung ferner befugt, die Befolgung börsenrelevanter Gesetze, Verordnungen, Geschäftsbedingungen und sonstiger Regelungen zu überwachen.[564] Des Weiteren hat die Börsengeschäftsführung geeignete Maßnahmen nach § 20 Absatz 4 Satz 4 BörsG zu treffen, um die Erfüllung der Verpflichtungen aus den börslichen Geschäften zu gewährleisten. Infolgedessen kann sie das Ruhen der Unternehmenszulassung bzw. der Börsenhändlerzulassung nach § 17a BörsO FWB anordnen. Wenn ein ordnungsgemäßer Wertpapierhandel zeitweilig gefährdet ist oder wenn ihr diese Maßnahme zum Schutz des Publikums notwendig erscheint, kann die Börsengeschäftsführung im Rahmen seiner Überwachungspflicht ferner die vorübergehende Unterbrechung des Börsenhandels anordnen oder diesen sogar einstellen, sofern ein ordnungsgemäßer Börsenhandel für Wertpapiere nicht mehr gewährleistet ist (§ 25 BörsG).

c) *Beauftragungs- und Weisungsbefugnis*

Der Börsengeschäftsführung stehen ferner Beauftragungs- und Weisungsbefugnisse zu, die sie zum Zwecke eines funktionsfähigen Wertpapierhandels ausüben darf. Da die Marktveranstaltung vor allem eine neutrale Preisermittlung gewährleisten soll[565], hat die Börsengeschäftsführung im Hinblick darauf eine Vielzahl an Maßnahmen zu treffen, um diese im öffentlichen Interesse stehende Aufgabe ordnungsgemäß zu erfüllen. Damit die Geschäftsführung in diesem Zusammenhang wirksame organisatorische Vorkehrungen treffen kann, steht ihr nach § 8 Absatz 2 BörsO FWB die Befugnis zu, auch andere Personen mit der Wahrnehmung bestimmter Aufgaben zu beauftragen. Diese Befugnis erscheint gerade unter diesem Gesichtspunkt so wichtig, weil im operativen Tagesgeschäft wichtige Entscheidungen getroffen werden müssen und es deshalb aus Effizienzgründen gerechtfertigt ist, bestimmte Aufgaben an andere Personen zu delegieren, um die Börsengeschäftsführung im Tagesgeschäft zu entlasten. Dies gilt insbesondere

---

562 Vgl. § 8 Absatz 1 Nr. 3 BörsO FWB.
563 So auch die Regierungsbegründung, BT-Drs. 12/6679, S. 68.
564 Vgl. § 8 Absatz 1 Nr. 4 BörsO FWB.
565 *Kümpel/Hammen*, Börsenrecht, S. 126.

hinsichtlich der Überwachungsaufgaben. Im Hinblick auf die Überwachung des Börsenhandels, die Aufrechterhaltung der Ordnung in den Börsenräumen und die Sicherstellung der ordnungsgemäßen Benutzung der Börseneinrichtungen kommt vorrangig der Einsatz von Angestellten des Börsenträgers in Betracht[566], die für die Börsengeschäftsführung unterstützend tätig werden. Ob auch außenstehende Dritte mit der Wahrnehmung solcher Aufgaben beauftragt werden können, ist dem Wortlaut der Börsenordnungen nicht zu entnehmen. Allerdings wird man angesichts der Regelungen in §§ 5 Absatz 1 Satz 2 BörsG, 3 Absatz 2 BörsO FWB, wonach der Börsenträger auf Anforderung der Geschäftsführer die personellen Mittel zur Verfügung zu stellen hat, davon ausgehen müssen, dass nur Personen, die für die Börse tätig werden – und nicht etwa außenstehende Dritte – beauftragt werden dürfen.[567] Ferner spricht gegen eine solche Delegation auch der Umstand, dass auf diese Weise Verwaltungsaufgaben von privaten, nicht beliehenen Personen wahrgenommen werden und damit auch kein behördliches Handeln mehr gegeben ist.[568] Einen besonderen Fall der Beauftragung sieht dagegen § 7 Absatz 2 Satz 3 BörsG vor. Nach dieser Vorschrift kann die Börsengeschäftsführung den bei der Handelsüberwachungsstelle mit Überwachungsaufgaben betrauten Personen auch andere Aufgaben übertragen. Diese Übertragung ist von der Zustimmung der Börsenaufsichtsbehörde abhängig. Sie hat die Zustimmung dann zu erteilen, wenn hierdurch die Erfüllung der Überwachungsaufgaben der Handelsüberwachungsstelle nicht beeinträchtigt wird (vgl. § 7 Absatz 2 Satz 4 BörsG).

Auch aus dem Börsenbenutzungsverhältnis zu den Handelsteilnehmern und Emittenten[569] resultiert eine Weisungsbefugnis der Börsengeschäftsführung. Wegen ihrer Eilzuständigkeit nach § 7 Absatz 5 Satz 2 BörsG kann die Börsengeschäftsführung eilbedürftige Anordnungen treffen, die geeignet sind, den ordnungsgemäßen Börsenhandel und die ordnungsgemäße Börsengeschäftsabwicklung sicherzustellen. Sowohl die Handelsteilnehmer als auch die Emittenten sind hiernach verpflichtet, den Anordnungen der Börsengeschäftsführung Folge zu leisten (vgl. § 9 Absatz 1 BörsO FWB). Sollten sich die Börsennutzer der Anordnung der Geschäftsführung

---

566 *Ledermann* in: Schäfer/Hamann, KMG, § 12 BörsG Rn. 8; *Foelsch/Wittmann* in: BuB, Rn.7/538.

567 In diese Richtung gehend *Ledermann* in: Schäfer/Hamann, KMG, § 12 BörsG Rn. 8: „unzulässig“ und *Foelsch/Wittmann* in: BuB, Rn. 7/538, „dürfte hingegen unzulässig sein”, allerdings ohne nähere Begründung.

568 *Gebhardt* in: Schäfer/Hamann, KMG, § 31 BörsG Rn. 31; vgl. hierzu auch insoweit die vergleichbare Rechtslage der Vorstandsmitglieder der Deutschen Bundesbank, die ebenso wie die Börsengeschäftsführer in einem öffentlich-rechtlichen Amtsverhältnis stehen, *v. Spindler/Becker/Starke*, Die Deutsche Bundesbank, 4. Auflage, § 7 Anm. 4, S. 230 f.

569 S. dazu *Kümpel/Hammen*, Börsenrecht, S. 177 ff.; *v. Olenhusen*, Börsen und Kartellrecht, S. 60 ff.; *Breitkreuz*, Die Ordnung der Börse, S. 76 ff.; *Seiffert* in: Kümpel/Wittig, Bank- und Kapitalmarktrecht, Rn. 4.411 ff.; Müssig, Börsenbenutzungsverhältnisse unter Berücksichtigung multilateraler Handelssysteme, S. 31 ff., 143 ff.

widersetzen, so sind die Börsengeschäftsführungsmitglieder oder ihre Beauftragten befugt, diese aus den Börsensälen entfernen zu lassen oder im Einzelfall von der Benutzung von Börseneinrichtungen auszuschließen, solange sie deren Funktionsfähigkeit beeinträchtigen (§§ 15 Absatz 4 BörsG, 9 Absatz 2 BörsO FWB). Die gleichen Konsequenzen betreffen auch solche Personen, die die Ordnung oder den Geschäftsverkehr an der Börse stören. Hierbei steht den Mitgliedern der Börsengeschäftsführung ein erheblicher Entscheidungsspielraum zu, innerhalb dessen sie geeignete Vorkehrungen treffen können, um einen reibungslosen Börsenhandel zu gewährleisten.

d) Vertretung der Börse

Nach § 15 Absatz 3 Satz 1 BörsG vertreten die Mitglieder der Börsengeschäftsführung die Börse in öffentlich-rechtlichen Angelegenheiten sowohl gerichtlich als auch außergerichtlich. Gemäß § 15 Absatz 3 Satz 2 BörsG i.V.m. § 7 Absatz 3 Satz 1 BörsO FWB erfolgt dabei die Vertretung der Frankfurter Wertpapierbörse durch zwei Geschäftsführer. Damit tritt also die Börsengeschäftsführung als gesetzliches Vertretungsorgan einer teilrechtsfähigen Anstalt auf, welche in verwaltungsgerichtlichen Verfahren unter ihrem Namen selbst klagen oder verklagt werden kann (§ 2 Absatz 5 BörsG). Der Gesetzgeber hat mit dieser Regelung klargestellt, dass Partei in verwaltungsgerichtlichen Verfahren nicht das genehmigende Bundesland, sondern die Börse selbst ist.[570] Insofern sind die Börsen in einem Aktivprozess als Beteiligte im Sinne des § 61 Nr. 2 VwGO und zugleich in einem Passivprozess als Beklagte gemäß § 78 Absatz 1 Nr. 1 VwGO anzuerkennen.[571] Denkbar sind also Klagen der Börse gegen den Börsenträger, falls letzterer seiner Ausstattungspflicht nicht nachkommt, sowie Klagen gegen die Börse, wenn Handelsteilnehmer gegen Maßnahmen der Börsengeschäftsführung gerichtlich vorgehen möchten. Hierbei wird die Börse in der Regel durch ihre Geschäftsführer vertreten. Die Börsenordnungen können und dürfen nach § 15 Absatz 3 Satz 2 BörsG jedoch auch abweichende Bestimmungen vorsehen. Die FWB hat von dieser Befugnis Gebrauch gemacht und eine Regelung in § 7 Absatz 3 Satz 2 BörsO getroffen, nach der die Mitglieder der Börsengeschäftsführung berechtigt sind, auch andere Bedienstete mit der Vertretung zu beauftragen. So wird sichergestellt, dass die Börsengeschäftsführung im operativen Tagesgeschäft entlastet werden kann und nicht selbst in allen Angelegenheiten die Börse vertreten muss.

Die Vertretung der Börse durch die Börsengeschäftsführer erfolgt nach § 15 Absatz 3 Satz 1 BörsG nur, sofern nicht der Börsenträger zuständig ist. Mit dieser Einschränkung wird hervorgehoben, dass die Börsengeschäftsführer die Börse nur innerhalb der ihr zugewiesenen öffentlich-rechtlichen Aufgaben und Befugnisse

---

570 *Foelsch/Wittmann* in: BuB, Rn. 7/541; *Schwark* in: Schwark/Zimmer, § 15 BörsG Rn. 8.

571 *Schwark* in: Schwark/Zimmer, § 15 BörsG Rn. 8.

vertreten. Außerhalb dieses Bereiches handelt die Börsengeschäftsführung nicht als gesetzliches Vertretungsorgan für die Börse, sondern wird im Auftrag des Börsenträgers privatwirtschaftlich tätig.[572] Wegen der fehlenden Vollrechtsfähigkeit der Börse erscheint es in diesem Zusammenhang sinnvoll, die Mitglieder der Börsengeschäftsführung im Auftrag des Börsenträgers handeln zu lassen, weil die vermögensmäßige Grundlage der Börse von diesem zur Verfügung gestellt wird.[573] Hiervon betroffen sind vor allem Investitionen, die im Zusammenhang mit dem Betrieb der Börse stehen. So wird die Börsengeschäftsführung etwa dann privatwirtschaftlich für den Börsenträger tätig, wenn sie beim Abschluss eines Vertrages über den Kauf von Büromaterial oder beim Abschluss des Anstellungsvertrags mit dem erforderlichen Personal rechtsgeschäftlich mit Wirkung für und gegen den Börsenträger handelt.[574] Ferner ist ein privatwirtschaftliches Handeln auch bei Bereitstellung und Modernisierung der EDV-Systeme[575] sowie bei Einziehung der Gebühren, welche dem Börsenträger als Gebührengläubiger zustehen, gegeben. In allen Fällen, in denen die Mitglieder der Börsengeschäftsführung mithin privatwirtschaftlich für den Börsenträger handeln, kommt ihnen die Stellung von Vertretern, Erfüllungs- und Verrichtungsgehilfen zu.[576] Bei einem privatrechtlichen Handeln der Börsengeschäftsführung sind selbstverständlich auch Rechtsstreitigkeiten nicht von der Hand zu weisen. Da es sich hierbei um zivilrechtliche Streitigkeiten handelt, steht den Parteien der Weg zur Zivilgerichtsbarkeit offen. Hier ist allein der Börsenträger als Beliehener zuständig, der hierbei nicht von der Börsengeschäftsführung, sondern vom Vorstand als dessen gesetzlichem Vertretungsorgan vertreten wird.[577]

3. Die Beendigung der Börsengeschäftsführerstellung

Die Rechtsstellung als Börsengeschäftsführer kann aus verschiedenen Gründen beendet werden. So kann beispielsweise die Rechtsstellung aufgrund besonderer Umstände, etwa durch den plötzlichen Tod des Betroffenen, vorzeitiges Ausscheiden aufgrund einvernehmlicher vertraglicher Beendigung oder aufgrund Befristung enden. Daneben kann aber auch die Börse die Organstellung des Börsengeschäftsführers durch Abberufung oder der Börsenträger das Anstellungsverhältnis durch

572 *Foelsch/Wittmann* in: BuB, Rn. 7/543 f.; *Schwark* in: Schwark/Zimmer, § 15 BörsG Rn. 9; *Groß*, Kapitalmarktrecht, § 15 BörsG Rn. 6; *Ledermann* in: Schäfer/Hamann, KMG, § 12 BörsG Rn. 11; kritisch zu dieser Einschränkung *Hammen* in: FS-Uwe H. Schneider, 455, 458; *Faßbender/Reichenegger*, WM 2009, 732, 735; *Breitkreuz*, Die Ordnung der Börse, S. 145 f.

573 *Schwark* in: Schwark/Zimmer, § 15 BörsG Rn. 9.

574 *Groß*, Kapitalmarktrecht, § 15 BörsG Rn. 6; *Schwark* in: Schwark/Zimmer, § 15 BörsG Rn. 9.

575 *Foelsch/Wittmann* in: BuB, Rn. 7/542.

576 *Schwark* in: Schwark/Zimmer, § 15 BörsG Rn. 9.

577 *Groß*, Kapitalmarktrecht, § 15 BörsG Rn. 6; *Schwark* in: Schwark/Zimmer, § 15 BörsG Rn. 9.

außerordentliche Kündigung beenden. Der Verlust der Rechtsstellung als Organmitglied kann freilich nicht nur durch die Börse oder ihren Träger herbeigeführt werden, sondern kann ebenso aus der Sphäre der betroffenen Person herrühren. Seitens des Börsengeschäftsführers kann die Organstellung durch eine Amtsniederlegung oder die Anstellung durch ordentliche oder außerordentliche Kündigung beendet werden. Die folgenden Ausführungen sollen sich auf die Abberufung und die Kündigung beschränken, da die vorstehend erstgenannten Beendigungsgründe keine nennenswerten Probleme mit sich bringen.

a) Das Verhältnis zwischen Abberufung und Kündigung

Bevor die einzelnen Beendigungsgründe näher ausgeleuchtet werden können, ist zunächst das Verhältnis der Abberufung zur Kündigung zu klären. Da die Rechtsstellung durch die Bestellung und die Anstellung begründet wird, ist danach zu fragen, ob bei der Beendigung in ähnlicher Weise zwischen zwei separaten Rechtshandlungen zu unterscheiden ist. Nach § 12 Absatz 2 Satz 1 Nr. 2 BörsG kann der Börsengeschäftsführer durch den Börsenrat im Einvernehmen mit der Börsenaufsichtsbehörde abberufen werden, so dass nach dieser Regelung eine vorzeitige Beendigung der Organstellung möglich ist. Dagegen ist für die Beendigung des Anstellungsverhältnisses nicht die Börse zuständig, sondern der Börsenträger, weil letzterer die Anstellungsverträge mit dem Personal der Börse abschließt. Da also die Zuständigkeiten hinsichtlich der Beendigung der jeweiligen Rechtsstellung auseinanderfallen, gelten deshalb bei Abberufung und Kündigung die gleichen Grundsätze wie bei Anstellung und Bestellung. Mithin ist grundsätzlich eine Trennung vorzunehmen, auch wenn in der Praxis den Rechtsverhältnissen eine wechselseitige Wirkung zukommt.[578]

b) Abberufung

aa) Rechtliche Konstruktion der Abberufung

Der Gesetzgeber hat zwar in § 12 BörsG die vorzeitige Beendigung der Organstellung ausdrücklich zugelassen, dem Wortlaut der Vorschrift lässt sich aber nicht entnehmen, welche Rechtsqualität dem Abberufungsverfahren zukommen soll. Hier bietet es sich an, darauf abzustellen, das Abberufungsverfahren dem Verfahren

578 Ganz herrschende Meinung, vgl. *Schwark* in: Schwark/Zimmer, § 15 BörsG Rn. 2; zu den Vorstandsmitgliedern einer AG *Hüffer*, § 84 AktG Rn. 24; *Weber* in: Hölters, § 84 AktG Rn. 64; *Spindler* in: MüKoAktG, § 84 Rn. 159 ff.; zum GmbH-Geschäftsführer *Zöllner/Noack* in: Baumbach/Hueck, GmbHG, § 38 Rn. 2; *Altmeppen* in: Roth/Altmeppen, GmbHG, § 38 Rn. 5; zu den Vorstandsmitgliedern öffentlich-rechtlicher Sparkassen *Hauschka*, Die Dienstrechtsstellung der Vorstandsmitglieder der öffentlich-rechtlichen Sparkassen, S. 98, *Weber*, Die Begründung und Beendigung, S. 234; a. A. folgerichtig *Baums*, Der Geschäftsleitervertrag, S. 290 ff., 295 ff.

gleichzugesetzen, das der Bestellung der Börsengeschäftsführer vorangeht. Da die Bestellung einen Verwaltungsakt darstellt, muss daher davon ausgegangen werden, dass es sich bei der Abberufung um den actus contrarius zur Bestellung handelt, mithin die Abberufung ebenfalls als Verwaltungsakt zu qualifizieren ist.[579] Der mit der Abberufung verbundene Entzug der Befugnis, weiterhin das Amt als Organmitglied der Börse auszuüben, kann nur hoheitlich in Anwendung des öffentlichen Rechts erfolgen. Ferner beendet die Abberufung die hauptamtlich ausgeübte Organwaltertätigkeit des Börsengeschäftsführers und hat damit auch unmittelbare Auswirkung auf seine persönliche Rechtsstellung. Zudem erfolgt die Abberufung durch den Börsenrat in seiner Eigenschaft als Behörde, weshalb alle diese Gesichtspunkte die Annahme rechtfertigen, die Abberufung als Verwaltungsakt zu qualifizieren.

bb) Zuständigkeit und Verfahren

Für die Abberufung des Börsengeschäftsführers ist nach § 12 Absatz 2 Satz 1 Nr. 2 BörsG der Börsenrat zuständig, der hierüber durch einen Beschluss entscheidet. Eine fehlerhafte Beschlussfassung führt zur Nichtigkeit des Beschlusses[580] und damit auch zur Gegenstandslosigkeit der Abberufung. Hieraus folgt, dass der Börsengeschäftsführer seine Organstellung behält und seine Tätigkeit als Organwalter der Börse weiterhin ausüben darf. Wie bei der Bestellung ist auch bei der Beendigung der Organstellung das Erfordernis einer Mitwirkung der Börsenaufsichtsbehörde zu beachten. Die Abberufung erfolgt nämlich nur im Einvernehmen mit der Börsenaufsichtsbehörde, d.h. der Börsenrat und die Börsenaufsichtsbehörde müssen hier zusammenwirken. Die Erteilung des Einvernehmens stellt daher ein Wirksamkeitserfordernis der Abberufung dar, so dass die Abberufung ohne das Vorliegen dieser Mitwirkungshandlung nicht wirksam erfolgen kann.[581] Nach einer früher bestehenden Rechtslage war eine gemeinsame Entscheidung nicht erforderlich.

---

579 Vgl. hierzu insoweit die vergleichbaren Fälle im Rahmen funktionaler Selbstverwaltung OVG Lüneburg, GewArch 2009, 30, 31; OVG Lüneburg, GewArch 2010, 74, 75 jeweils zur Abberufung des Hauptgeschäftsführers einer IHK; *Häde*, WM 2005, 205, 211; *v. Spindler/Becker/Starke*, Die Deutsche Bundesbank, § 7 Anm. 4, S. 230 f. jeweils zur Abberufung von Vorstandsmitgliedern der Deutschen Bundesbank; *Hauschka*, Die Dienstrechtsstellung der Vorstandsmitglieder der öffentlich-rechtlichen Sparkassen, S. 101 f. zur Abberufung von Vorstandsmitgliedern öffentlich-rechtlicher Sparkassen; a.A. konsequent *Weber*, Die Begründung und Beendigung, S. 237.

580 Wann die fehlerhafte Beschlussfassung im Einzelfall zur Nichtigkeit führt, ist nach den für dieses Kollegialorgan gültigen börsenrechtlichen Regelungen der jeweiligen Börse zu beurteilen, vgl. hierzu § 6 BörsO FWB.

581 Vgl. in diesem Zusammenhang die Ausführungen zur Mitwirkungshandlung hinsichtlich der Bestellung, S. 41 ff.; ausdrücklich für die Abberufung von Vorstandsmitgliedern öffentlich-rechtlicher Sparkassen *Hauschka*, Die Dienstrechtsstellung der Vorstandsmitglieder der öffentlich-rechtlichen Sparkassen, S. 100; a.A. offenbar *Schwark* in: Schwark/Zimmer, § 15 BörsG Rn. 2.

Vielmehr konnte sich der Börsenrat über etwaige Bedenken seitens der Börsenaufsichtsbehörde hinwegsetzen und einen Kandidaten gegen ihren Willen bestellen oder abberufen.[582] Mit der jetzigen Regelung ist der Börsenrat nunmehr gesetzlich dazu verpflichtet, mit der Börsenaufsichtsbehörde eine gemeinsame Entscheidung zu treffen, so dass gute Gründe dafür sprechen, das Einvernehmen als Wirksamkeitserfordernis anzusehen. Da die Mitwirkungshandlung nicht gegenüber dem betroffenen Börsengeschäftsführer, sondern dem Börsenrat mitgeteilt wird, stellt das Mitwirkungserfordernis lediglich eine verwaltungsinterne Maßnahme und keinen selbständigen Verwaltungsakt dar. Dies beruht auf dem Umstand, dass das Einvernehmen keine eigene und unmittelbare Rechtswirkung gegenüber dem Abberufenen entfaltet und nur dem Börsenrat und nicht der Aufsichtsbehörde die ausschließliche Wahrnehmung dieser Aufgabe zukommt.

Bevor die Abberufung erfolgen kann, muss nach § 28 Absatz 1 VwVfG dem betroffenen Mitglied der Börsengeschäftsführung Gelegenheit gegeben werden, sich zu den für die Entscheidung erheblichen Tatsachen zu äußern. Als verfahrensrechtliche Voraussetzung hat die Anhörung den Zweck, dem Beteiligten die Möglichkeit einzuräumen, auf das Verfahren Einfluss zu nehmen und damit auf diese Weise auf eine materiellrechtlich richtige Entscheidung hinzuwirken.[583] Wenn der Börsengeschäftsführer von seinem Recht Gebrauch macht, ist der Börsenrat zwar verpflichtet, das auf Grund der Anhörung Vorgebrachte zur Kenntnis zu nehmen und ernsthaft in Erwägung zu ziehen[584], es ist aber nicht erforderlich, das Benehmen oder Einvernehmen mit dem Börsengeschäftsführer herzustellen.[585] Zudem steht nach § 28 Absatz 2 VwVfG dem Börsenrat die Befugnis zu, von einer Anhörung abzusehen, sofern diese nach den Umständen des Einzelfalles nicht geboten ist. Während die dort aufgezählten Gründe überwiegend das öffentliche Interesse schützen, wird die Generalklausel in der Regel solche Fälle erfassen, in denen durch die Anhörung schutzwürdige Interessen des Beteiligten selbst oder eines Dritten verletzt werden würden.[586] Da für das Absehen vom Anhörungserfordernis strenge Maßstäbe anzulegen sind[587], sind in der Praxis kaum Fälle denkbar, in denen dem Börsenrat der Verzicht auf eine Anhörung zu empfehlen ist.

Im Gegensatz zur Bestellung, deren Wirksamkeit von der Mitwirkung des Betroffenen abhängt, ist eine solche Beteiligung des Börsengeschäftsführers bei der Abberufung nicht erforderlich. Da der Börse das Recht zusteht, die Organstellung des Börsengeschäftsführers vorzeitig beenden zu können, ist für eine wirksame

---

582 *Beck*, BKR 2002, 662, 665; zum Unterschied zwischen Benehmen und Einvernehmen vgl. nur *Henneke* in: Knack/Henneke, VwVfG, § 35 Rn. 57.
583 *Bonk/Kallerhoff* in: Stelkens/Bonk/Sachs, VwVfG, § 28 Rn. 16.
584 BVerwGE 66, 111, 114; VGH Kassel NVwZ 1987, 510.
585 BVerwG DVBl 1997, 856; *Bonk/Kallerhoff* in: Stelkens/Bonk/Sachs, VwVfG, § 28 Rn. 16.
586 *Ritgen* in: Knack/Henneke, § 28 Rn. 22; *Kluth* in: Wolff/Bachof/Stober/Kluth, Verwaltungsrecht I, § 60 Rn. 84.
587 BGH NVwZ 2002, 509, 510.

Abberufung zu fordern, dass der Verwaltungsakt als empfangsbedürftige Willenserklärung durch den Börsenrat in den Verkehr gebracht wird, also dem Betroffenen gegenüber nach § 130 BGB analog bekanntgegeben wird.[588] Danach gilt also die Abberufung dem Börsengeschäftsführer als bekanntgegeben, wenn sie so in den Machtbereich des Börsengeschäftsführers gelangt ist, dass dieser bei gewöhnlichem Verlauf und unter normalen Umständen unter Berücksichtigung der Verkehrsanschauung die Möglichkeit hat, von ihr Kenntnis zu nehmen.[589] Regelmäßig werden Abgabe und Zugang des Verwaltungsakts zusammentreffen, da die Abberufung dem Börsengeschäftsführer nach erfolgtem Beschluss durch ein Börsenratsmitglied übermittelt wird. Eine gesonderte Übermittlung des Abberufungsbeschlusses ist nur dann entbehrlich, wenn das betroffene Börsengeschäftsführungsmitglied auf der Börsenratssitzung anwesend war.[590] Damit ist zwar die Abberufungserklärung grundsätzlich formfrei möglich, allerdings ist aus Beweiszwecken in diesen Fällen eine Schriftform empfehlenswert.[591]

cc) Sachliche Voraussetzungen

Dem Börsenrat wird zwar in § 12 BörsG die Befugnis zur Abberufung des Börsengeschäftsführers eingeräumt, eine ausdrückliche Regelung zu der Frage, unter welchen Voraussetzungen die Abberufung erfolgen kann, enthält das Börsengesetz hingegen nicht. Auch in den Börsenordnungen finden sich diesbezüglich keine Vorgaben. Deshalb ist in diesem Zusammenhang danach zu fragen, ob die Abberufung jederzeit ohne besonderen Grund möglich ist. Diese Problematik wird bereits für die Organmitglieder juristischer Personen des Privatrechts kontrovers behandelt. Während die Bestellung zum GmbH-Geschäftsführer jederzeit ohne Vorliegen besonderer Gründe widerrufen[592] werden kann[593], ist für den Widerruf der Organstellung eines Vorstandsmitglieds einer AG nach § 84 Absatz 3 Satz 1 AktG ein wichtiger Grund erforderlich. Obwohl das Börsengesetz die Abberufung ausdrücklich erwähnt, darf

---

588 *U. Stelkens* in: Stelkens/Bonk/Sachs, VwVfG, § 35 Rn. 21; *Kluth*, NVwZ 1990, 608, 612; *de Wall*, Die Anwendbarkeit privatrechtlicher Vorschriften im Verwaltungsrecht, S. 126; *Pünder* in: Erichsen/Ehlers, Allgemeines Verwaltungsrecht, § 14 Rn. 56; ebenso für die Abberufung von Vorstandsmitgliedern einer AG *Hüffer*, § 84 AktG Rn. 25; *Weber* in: Hölters, § 84 AktG Rn. 67.

589 So die ganz herrschende Meinung BGH NJW 2002, 2391, 2393; BGH NJW-RR 1996, 641, 642; BGHZ 67, 271, 275; BAG NJW 1984, 1651; *Einsele* in: MüKoBGB, § 130 Rn. 16; *Ellenberger* in: Palandt, § 130 Rn. 5; *Mansel* in: Jauernig, § 130 Rn. 4 f.; *U. Stelkens* in: Stelkens/Bonk/Sachs, VwVfG, § 41 Rn. 62; *Pünder* in: Erichsen/Ehlers, Allgemeines Verwaltungsrecht, § 14 Rn. 56.

590 *Fleischer* in: Spindler/Stilz, § 84 AktG Rn. 97.

591 *Weber* in: Hölters, § 84 AktG Rn. 68.

592 Der Begriff des Widerrufs (z.B. in § 38 GmbHG, § 24 Absatz 3 GenG) ist gleichbedeutend mit dem der Abberufung gebräuchlich.

593 OLG NZG 1999, 1011; *Zöllner/Noack* in: Baumbach/Hueck, GmbHG, § 38 Rn. 3; *Altmeppen* in: Roth/Altmeppen, GmbHG, § 38 Rn. 2.

an dieser Stelle nicht außer Acht gelassen werden, dass es sich bei der Börse um ein Rechtssubjekt des öffentlichen Rechts handelt und damit die genannten Vorschriften auf die Abberufung des Börsengeschäftsführers keine unmittelbare Anwendung finden. Aus diesem Grunde finden sich sowohl in der Rechtsprechung als auch in der Literatur verschiedene Ansätze, unter welchen Voraussetzungen eine Abberufung des Organmitglieds erfolgen kann.

(1) Anwendbarkeit von § 49 VwVfG

Nach *Hauschka*[594] stellt die Abberufung eine Umkehrung des vorangegangenen Verwaltungsaktes dar, die als Widerruf eines begünstigenden Verwaltungsaktes durch belastenden Verwaltungsakt zu beurteilen ist. In den Fällen, in denen eine spezialgesetzliche Regelung fehle, sei auf die daneben anwendbaren Grundsätze des allgemeinen Verwaltungsrechts zurückzugreifen mit der Folge, dass § 49 VwVfG anzuwenden sei. Eine Abberufung sei dann nur unter den Einschränkungen des § 49 II VwVfG möglich, wobei zumindest aus den Gründen des § 49 Absatz 2 Nr. 3, der nachträglichen Tatsachenänderung bei öffentlichem Interesse, oder Nr. 5, der Verhinderung schwerer Nachteile für das Gemeinwohl, ein Widerrufsgrund gegeben sein dürfe.[595] Dort, wo spezialgesetzliche Vorschriften nicht bestünden, solle dabei dem letztgenannten Widerrufsgrund eine vorrangige Bedeutung als Rechtsgrundlage für eine vorzeitige Abberufung zukommen.[596]

(2) Rückgriff auf allgemeine Rechtsgrundsätze

Eine andere Ansicht geht beim Fehlen spezieller Regelungen davon aus, dass Bestellung und Abberufung zwei eigenständige und ganz unterschiedliche Rechtsakte darstellen und die Beendigung einer hauptamtlichen Tätigkeit anderen Voraussetzungen unterliege als die Begründung, während sich gemäß § 49 VwVfG der Widerruf eines Verwaltungsakts grundsätzlich an den für den Erlass geltenden Bestimmungen orientiere.[597] Ferner sei die Regelung in § 49 Absatz 2 VwVfG ungeeignet, die sich bei der Abberufung vom Amt eines hauptamtlich tätigen Organmitglieds stellenden Fragen sachgerecht zu lösen. Deshalb bedürfe es zur Klärung der Frage, unter welchen Voraussetzungen das Organmitglied aus seinem Amt abberufen werden könne, des Rückgriffs auf allgemeine Rechtsgrundsätze über die Abberufung des Inhabers eines Spitzenamtes einer Körperschaft oder einer

---

594 *Hauschka*, Die Dienstrechtsstellung der Vorstandsmitglieder der öffentlich-rechtlichen Sparkassen, S. 102.

595 *Hauschka*, Die Dienstrechtsstellung der Vorstandsmitglieder der öffentlich-rechtlichen Sparkassen, S. 102 f.

596 *Hauschka*, Die Dienstrechtsstellung der Vorstandsmitglieder der öffentlich-rechtlichen Sparkassen, S. 103; so im Ergebnis auch OVG Bautzen, NVwZ-RR 1992, 442, 443.

597 OVG Lüneburg, GewArch 2010, 74, 75; *Rickert* in: Frentzel/Jäkel/Junge, IHKG, § 7 Rn. 7.

rechtsfähigen Anstalt im Rahmen funktionaler Selbstverwaltung, also eines Amtsinhabers, der hauptberuflich tätig sei, nicht in einem Beamtenverhältnis stehe und von einem mit ehren- oder nebenamtlichen Vertretern besetzten Gremium berufen und überwacht werde.[598] Zur Konkretisierung der Voraussetzungen für eine Abberufung des Organmitglieds könne dabei auf die Regelung des § 35 a Absatz 7 Satz 2 SGB IV, wonach ein Vorstandsmitglied einer Krankenkasse bei einem Vertrauensentzug durch den Verwaltungsrat abberufen werden kann, es sei denn, dass das Vertrauen aus offenbar unsachlichen Gründen entzogen worden ist, oder auf die Vorschrift des § 382 Absatz 3 Satz 4 SGB III, nach dessen Wortlaut ein Mitglied des Vorstandes der Bundesanstalt für Arbeit entlassen werden kann, wenn das Vertrauensverhältnis gestört ist oder ein wichtiger Grund vorliegt, zurückgegriffen werden.[599]

(3) Entsprechende Anwendbarkeit des § 84 Absatz 3 AktG

Einer dritten Meinung zufolge ist die Frage, unter welchen Voraussetzungen ein Organmitglied aus seinem öffentlich-rechtlichen Amtsverhältnis vorzeitig entlassen werden kann, nach den Grundsätzen des § 84 Absatz 3 AktG analog zu beurteilen.[600] Aus der Formulierung des Gesetzes ergebe sich dabei, dass nach dem Willen des Gesetzgebers eine vorzeitige Abberufung des Organmitglieds nicht ohne Grund möglich sei, bei Vorliegen eines wichtigen Grundes der Börsenrat aber berechtigt sein soll, den Börsengeschäftsführer seines Amtes zu entheben.

(4) Stellungnahme

Zur Klärung der Frage, nach welchen Vorschriften die Abberufung eines Börsengeschäftsführers zu beurteilen ist, ist der letztgenannten Ansicht zu folgen. Für die Anwendbarkeit des § 84 Absatz 3 AktG analog finden sich Anhaltspunkte sowohl im Börsengesetz als auch in der Gesetzesbegründung. Bereits im Zweiten Finanzmarktförderungsgesetz hat sich der Gesetzgeber dafür entschieden, die börsenrechtliche Organisationsverfassung dem Vorbild privatrechtlicher Gesellschaftsformen, insbesondere dem Leitbild der AG nachzubilden.[601] Aus diesem Grund erscheint es auch nicht abwegig, die Lösung organverfassungsrechtlicher Fragen nicht im öffentlichen Recht zu suchen, sondern aktiengesetzlichen Regelungen zu unterstellen.[602] Die Analogie zum Aktiengesetz liegt deshalb näher, weil dieses Gesetz das

598 OVG Lüneburg, GewArch 2010, 74, 75; OVG Lüneburg, GewArch 2009, 30, 31.

599 OVG Lüneburg, GewArch 2010, 74, 76; *Rickert* in: Frentzel/Jäkel/Junge, IHKG, § 7 Rn. 7.

600 *Schwark* in: Schwark/Zimmer, § 15 BörsG Rn. 2; BGH ZIP 1981, 45, 48; OLG Naumburg, NJOZ 2001, 1066, 1071; *Weber*, Die Begründung und Beendigung, S. 237 jeweils für Vorstandsmitglieder öffentlich-rechtlicher Sparkassen; *Starke*, DÖV 1957, 606, 612; *v. Spindler/Becker/Starke*, Die Deutsche Bundesbank, § 7 Anm. 4, S. 231 jeweils für Vorstandsmitglieder der Deutschen Bundesbank.

601 BT-Drs. 12/6679, S. 62.

602 *Rümker* in: FS-Werner, 745, 755.

Zusammenspiel von Kollegialorganen einerseits und die gegenseitige Abgrenzung der Kompetenzen der einzelnen Organe andererseits als einziges gesellschaftsrechtliches Gesetz in allen wichtigen Punkten ausführlich regelt.[603] Dies lässt sich anhand der Gesetzesbegründung beweisen, wo ausdrücklich davon die Rede ist, die Leitungsstruktur an das Organisationsmodell der Aktiengesellschaft anzupassen und dem Börsenrat eine ähnliche Stellung wie dem Aufsichtsrat einer AG zukommen zu lassen.[604] Ferner orientiert sich die Regelung über die Bestellung (§ 15 Absatz 1 Satz 3 BörsG) an § 84 Absatz 1 Satz 1 und 2 AktG, was ebenfalls auf eine Intention des Gesetzgebers zurückgeführt werden kann, aktienrechtliche Vorschriften als Leitbildfunktion heranzuziehen.[605] Daher sprechen die Gesetzesmaterialien zum Zweiten Finanzmarktförderungsgesetz für eine entsprechende Anwendbarkeit einzelner Regelungen aus dem AktG.

Gegen eine analoge Anwendung aktienrechtlicher Regelungen spricht auch nicht die Erkenntnis, dass es sich bei der Abberufung um einen Verwaltungsakt handelt. Zwar ist es zutreffend, die Abberufung nach dem actus contrarius-Gedanken dem öffentlichen Recht zuzuordnen und sie als Verwaltungsakt zu begreifen. Der Annahme, ein Widerruf sei jedoch nur unter den Einschränkungen des § 49 Absatz 2 VwVfG möglich[606], stehen aber erhebliche Bedenken gegenüber. Zum einen ist die Regelung in § 49 Absatz 2 VwVfG ungeeignet, einen Widerruf allein wegen Erreichens einer Altersgrenze zu erlauben, und zum anderen stellt die Vorschrift auch keine hinreichend klare Entscheidungsgrundlage für die Frage dar, ob ein Mitglied der Börsengeschäftsführung bei eingeschränkter gesundheitlicher Leistungsfähigkeit oder bei einem gestörten Verhältnis zu anderen Börsenorganen abberufen werden kann.[607] Damit ist die Vorschrift des § 49 Absatz 2 VwVfG nicht in der Lage, alle Fragen, die sich hinsichtlich der Abberufung eines Börsengeschäftsführers stellen, sachgerecht zu lösen. Darüber hinaus ist § 49 Absatz 2 VwVfG auch nicht als allgemeine Auffangvorschrift beim Fehlen spezieller Regelungen über den Widerruf von Verwaltungsakten im jeweiligen Fachgesetz zu begreifen. Zwar beendet die Abberufung das durch die Bestellung begründete öffentlich-rechtliche Amtsverhältnis des Börsengeschäftsführers. Es muss aber hierbei beachtet werden, dass die Bestellung und die Abberufung zwei eigenständige und ganz unterschiedliche Rechtsakte darstellen und die Beendigung einer solchen hauptamtlichen Tätigkeit mithin ganz anderen Voraussetzungen unterliegt als die Begründung einer solchen Rechtsstellung.[608] Während für die Begründung der Organstellung die Mitwirkung des Betroffenen erforderlich ist, ist für deren Beendigung ausreichend, dass der Verwaltungsakt dem Mitglied der Börsengeschäftsführung lediglich zugeht. Damit

---

603 *Rümker* in: FS-Werner, 745, 753 f.

604 BT-Drs. 12/6679, S. 36.

605 BT-Drs. 12/6679, S. 64.

606 *Hauschka*, Die Dienstrechtsstellung der Vorstandsmitglieder der öffentlich-rechtlichen Sparkassen, S. 102.

607 OVG Lüneburg, GewArch 2010, 74, 75.

608 OVG Lüneburg, GewArch 2010, 74, 75.

haben beide Rechtsakte unterschiedliche Wirksamkeitsvoraussetzungen. Zudem spricht für die Möglichkeit einer Analogiebildung zum Zivilrecht, dass sie in der Jurisprudenz weitgehend anerkannt ist.[609] Für eine Anwendung privatrechtlicher Vorschriften ist entscheidend, ob das öffentliche Recht hinsichtlich des in den Blick genommenen Regelungsbereiches eine Lücke enthält und ob diese Lücke unbeabsichtigt ist oder der Gesetzgeber gar bewusst von einer Lückenfüllung durch Rückgriff auf das Zivilrecht ausging.[610] Sollte die Untersuchung ergeben, dass der geregelte und der ungeregelte Sachverhalt im Hinblick auf die zu entscheidende Rechtsfrage einander ausreichend weit ähneln, ist an dieser Stelle eine Anwendung der in Betracht kommenden Vorschrift geboten.[611] Da der Gesetzgeber in seiner Gesetzesbegründung mehrmals darauf hingewiesen hat, dass die börsenrechtliche Organisationsverfassung dem aktienrechtlichen Modell entspricht[612], kann die Stellung des Börsengeschäftsführers insoweit mit der eines Vorstandsmitglieds verglichen werden. Während der Widerruf des Vorstandsmitglieds in § 84 Absatz 3 AktG ausdrücklich geregelt ist, ist in § 12 Absatz 2 Satz 1 Nr. 2 BörsG nur von der Abberufung die Rede, ohne weitere Voraussetzungen hierfür zu nennen. Es ist also davon auszugehen, dass der Gesetzgeber keinen Anlass sah, die Abberufungsvoraussetzungen detailliert zu regeln, sondern vielmehr von der Lückenfüllung durch einen Rückgriff auf die aktiengesetzlichen Vorschriften ausgegangen ist. Angesichts der Tatsache, dass die börsenrechtlichen Vorschriften zu einem nicht unerheblichen Teil den aktienrechtlichen Bestimmungen entsprechen, erscheint der Rückgriff auf die Grundsätze aus § 84 Absatz 3 AktG analog in diesem Zusammenhang gerechtfertigt.

Der Ansatz der Analogiebildung und der Rückgriff auf allgemeine Rechtssätze haben dieselbe Vorgehensweise, indem sie im Rahmen der Vergleichbarkeit nach einem der Regelung zugrunde liegenden allgemeinen Grundsatz suchen, dessen Anwendungsgebiet man bei dem nicht geregelten Sachverhalt als gegeben ansieht.[613] Dennoch ist die erstgenannte Methode vorzugswürdig, weil hier keine

---

609 Die analoge Anwendung zivilrechtlicher Vorschriften im öffentlichen Recht war lange Zeit umstritten gewesen. Mittlerweile ist man sich im Ergebnis darüber einig, dass zivilrechtliche Vorschriften zur Auslegung öffentlich-rechtlicher Normen herangezogen werden können. Nur über ihre dogmatische Herleitung bestehen kontroverse Meinungen, vgl. allgemein dazu *Maurer*, Allgemeines Verwaltungsrecht, § 3 Rn. 41 ff.; *de Wall*, Die Anwendbarkeit privatrechtlicher Vorschriften im Verwaltungsrecht, S. 53 m. w. N.; speziell im Bereich des Börsenrechts siehe *Bressler*, Public Private Partnership im Bank- und Börsenrecht, S. 99 ff.

610 *de Wall*, Die Anwendbarkeit privatrechtlicher Vorschriften im Verwaltungsrecht, S. 83.

611 *de Wall*, Die Anwendbarkeit privatrechtlicher Vorschriften im Verwaltungsrecht, S. 64.

612 BT-Drs. 12/6679, S. 36, 62, 64.

613 *de Wall*, Die Anwendbarkeit privatrechtlicher Vorschriften im Verwaltungsrecht, S. 70, 76 f., 80; *Bressler*, Public Private Partnership im Bank- und Börsenrecht, S. 100.

Verallgemeinerung der Rechtssätze stattfindet[614], sondern die zivilrechtlichen Vorschriften einzeln auf ihre konkrete Analogiefähigkeit im öffentlich-rechtlichen Bereich überprüft werden. Ungeachtet des Sonderstatus der Abberufung als Verwaltungsakt erweisen sich aktiengesetzliche Regelungen als geeignet, lückenfüllend analog herangezogen zu werden, ohne gleichzeitig das komplette Aktiengesetz für anwendbar zu erklären. Demzufolge sind für die Abberufung eines Börsengeschäftsführers die in § 84 Absatz 3 AktG genannten Voraussetzungen entsprechend anzuwenden.

dd) Wichtiger Grund als Abberufungsvoraussetzung

Die vorzeitige Abberufung eines Börsengeschäftsführers durch den Börsenrat im Einvernehmen mit der Börsenaufsichtsbehörde richtet sich vorliegend nach § 84 Absatz 3 AktG analog. Hiernach ist also die Beendigung der Organstellung nur bei Vorliegen eines wichtigen Grundes zulässig. Ein den Widerruf der Organstellung rechtfertigender wichtiger Grund ist regelmäßig dann anzunehmen, wenn aufgrund einer Einzelfallbeurteilung die Fortsetzung des Organverhältnisses bis zum Ende der Amtszeit für die Börse als Anstalt des öffentlichen Rechts nicht zumutbar ist.[615] Der Gesetzgeber hat in § 84 Absatz 3 Satz 2 AktG exemplarisch drei wichtige Gründe benannt, die die Abberufung eines Organmitglieds rechtfertigen. Nach dem Wortlaut der Vorschrift können grobe Pflichtverletzungen, die Unfähigkeit zur ordnungsgemäßen Geschäftsführung oder ein Vertrauensentzug durch den Aufsichtsrat (bei der Börse: durch den Börsenrat) – es sei denn, dass das Vertrauen aus offenbar unsachlichen Gründen entzogen worden ist – einen wichtigen Grund für eine vorzeitige Amtsenthebung darstellen. Da die genannten Gründe nicht abschließend sind[616], kommen weitere Fallgruppen aus der Rechtsprechung und Literatur hinzu, die sich erst im Laufe der Zeit herausgebildet haben.[617] Bei Vorliegen eines wichtigen Grundes ist für die Abberufung ferner erforderlich, dass die weitere Ausübung der Amtstätigkeit durch den Börsengeschäftsführer für die Börse unzumutbar ist. Für die Feststellung der Unzumutbarkeit steht in der Diskussion, welche Interessen gegeneinander abzuwägen sind. Nach einer im Vordringen befindlichen Auffassung in der Literatur sind bei der Abberufung ausschließlich die Interessen der Börse zu berücksichtigen.[618] Die Vertreter dieser Ansicht stützen sich im Wesentlichen auf die

---

614 *Bressler*, Public Private Partnership im Bank- und Börsenrecht, S. 100.

615 Allgemeine Meinung, vgl. BGH NZG 2007, 189; OLG Stuttgart AG 2003, 211, 212; OLG Karlsruhe NZG 2000, 264, 265; *Tschöpe/Wortmann*, NZG 2009, 161; *Hüffer*, § 84 AktG Rn. 26; *Weber* in: Hölters, § 84 AktG Rn. 70; *Spindler* in: MüKoAktG, § 84 Rn. 125 ff.; *Beiner*, Der Vorstandsvertrag, Rn. 113.

616 *Janzen*, NZG 2003, 468, 470; *Fleischer*, DStR 2006, 1507, 1509.

617 Vgl. dazu die umfangreiche Übersicht bei *Tschöpe/Wortmann*, NZG 2009, 161, 162 ff.

618 *Seibt* in: K. Schmidt/Lutter, AktG, § 84 Rn. 49; *Thüsing* in: Fleischer, Handbuch des Vorstandsrechts, § 5 Rn. 9; *Fleischer*, DStR 2006, 1507, 1509.

Abgrenzung zur Kündigung und auf systematische Aspekte. Zum einen wird argumentiert, die individuellen Interessen des Organwalters sollten erst bei der Frage der Fortsetzung des Anstellungsverhältnisses berücksichtigt werden, wo sie hinreichend geschützt seien.[619] Darüber hinaus wird ausgeführt, das betroffene Organmitglied habe kein berechtigtes Interesse an einer Amtsfortführung, da die in § 84 Absatz 3 Satz 2 AktG genannten Widerrufsgründe ausschließlich auf die Interessen der Börse ausgerichtet seien.[620] Demgegenüber sind nach anderer Meinung die Interessen des Organwalters, bis zum Ende des Bestellungszeitraums im Amt zu verbleiben, in die Abwägung mit einzubeziehen.[621] Hierfür spreche vor allem der Regelungszweck des § 84 Absatz 3 Satz 1 AktG, wonach die Koppelung des Widerrufsrechts an einen wichtigen Grund die Unabhängigkeit des Börsengeschäftsführers während der Dauer seiner Amtszeit sichern soll.[622] Die unabhängige Stellung des Mitglieds der Geschäftsführung werde aber nur dann gesichert, wenn der sofortige Widerruf auch die amtsbezogenen Interessen des abzuberufenden Organmitglieds berücksichtige.[623] Als amtsbezogene Interessen seien danach bisherige amtsbezogene Verdienste und die Folgen einer vorzeitigen Abberufung für den Organwalter in der Interessenabwägung zu berücksichtigen.[624] Diese Ansicht verdient den Vorzug, weil sie zu sachgerechten Ergebnissen führt. Wenn man bedenkt, dass die Abberufung die Bestellung des Börsengeschäftsführers beseitigt und damit in die Bestandskraft eines Verwaltungsakts eingreift[625], stellt sie einen Nachteil für den Betroffenen dar, weil ihm hierdurch die Rechte als Organmitglied wieder genommen werden. Deshalb ist es auch systemgerecht, die unabhängige Position des Börsengeschäftsführers zu stärken, indem seine amtsbezogenen Interessen in der Interessenabwägung berücksichtigt werden. Im Rahmen der durch den Börsenrat vorzunehmenden Zumutbarkeitsprüfung werden amtsbezogene Interessen des Börsengeschäftsführers aber dann zurücktreten müssen, wenn die bis zum Ende des Bestellungszeitraums dauernde Amtsführung den öffentlichen Auftrag der Börse gefährdet.[626]

---

619 *Fleischer*, DStR 2006, 1507, 1509.

620 *Thüsing* in: Fleischer, Handbuch des Vorstandsrechts, § 5 Rn. 9.

621 BGH NJW-RR 1988, 352, 353; BGH WM 1962, 811, 812; OLG Stuttgart NZG 2002, 971, 972; OLG Karlsruhe NZG 2000, 264, 265; *Hüffer*, § 84 AktG Rn. 26; *Weber* in: Hölters, § 84 AktG Rn. 71; *Mertens/Cahn* in: KölnerKomm, § 84 AktG Rn. 121; *Beiner*, Der Vorstandsvertrag, Rn. 127; *Tschöpe/Wortmann*, NZG 2009, 161, 162; *Janzen*, NZG 2003, 468, 470.

622 *Weber* in: Hölters, § 84 AktG Rn. 71; *Tschöpe/Wortmann*, NZG 2009, 161, 162.

623 *Janzen*, NZG 2003, 468, 470.

624 *Beiner*, Der Vorstandsvertrag, Rn. 125; *Tschöpe/Wortmann*, NZG 2009, 161, 162.

625 Dies ergibt sich bereits aus § 43 Absatz 2 VwVfG, wonach der Verwaltungsakt so lange wirksam bleibt, bis ein Widerruf erfolgt oder sich auf andere Weise selbst erledigt.

626 Ähnlich zur Abberufung von Vorstandsmitgliedern öffentlich-rechtlicher Sparkassen *Hauschka*, Die Dienstrechtsstellung der Vorstandsmitglieder der öffentlich-rechtlichen Sparkassen, S. 103.

Wenngleich sich die Abberufung des Börsengeschäftsführers nach § 84 Absatz 3 AktG analog richtet, darf dabei nicht außer Acht gelassen werden, dass die Abberufung einen Verwaltungsakt darstellt, also im pflichtgemäßen Ermessen des Börsenrats steht (vgl. § 40 VwVfG). Während die Feststellung des wichtigen Grundes vollständig der gerichtlichen Überprüfung unterliegt[627], steht dem Börsenrat hinsichtlich der Frage, ob er den Börsengeschäftsführer bei gegebenem Grund auch wirklich abberuft, ein überprüfungsfreier Beurteilungsspielraum zu.[628] Dies ergibt sich einerseits bereits aus der „Kann"-Formulierung des § 84 Absatz 3 Satz 1 AktG, andererseits ist im Hinblick auf die besondere Entscheidungssituation oder die besondere Sachmaterie davon auszugehen, dass diese einer gerichtlichen Überprüfung nicht im vollen Umfang zugänglich ist.[629] Allerdings kann in den Fällen, in denen eine schwerwiegende Pflichtverletzung auf Seiten des Börsengeschäftsführers vorliegt, bei bestehender Wiederholungsgefahr das Ermessen auf Null reduziert sein.[630]

Als wichtige Gründe zählt das Gesetz die in § 84 Absatz 3 Satz 2 AktG genannten Fälle auf. Darüber hinaus existiert eine Vielzahl an anerkannten Fallgruppen, auf die im Einzelnen an dieser Stelle nicht eingegangen werden kann. Im Folgenden soll aber wenigstens ein Überblick über die wichtigsten dieser Gründe gegeben werden.[631] Eine grobe Pflichtverletzung bilden Maßnahmen wie etwa Übergriffe in den Zuständigkeitsbereich anderer Börsengeschäftsführungsmitglieder[632], Missachtung von Zustimmungsvorbehalten des Börsenrats[633] oder andere grobe Verstöße gegen die Kompetenzordnung.[634] Im Großen und Ganzen liegt also eine grobe Pflichtverletzung in der Regel dann vor, wenn das betroffene Mitglied der Börsengeschäftsführung gegen die gesetzlichen Amtspflichten verstößt oder man ihm einen vorwerfbaren Konflikt mit anderen Organen oder Organwaltern nachweisen kann.[635] Demzufolge erfolgt der Widerruf wegen grober Pflichtverletzung in den meisten Fällen als Reaktion auf einen bereits eingetretenen Schaden. Dem

627 *Mertens/Cahn* in: KölnerKomm, § 84 AktG Rn. 122; *Weber* in: Hölters, § 84 AktG Rn. 72; *Beiner*, Der Vorstandsvertrag, Rn. 128.

628 *Spindler* in: MüKoAktG, § 84 Rn. 128 f.; *Thüsing* in: Fleischer, Handbuch des Vorstandsrechts, § 5 Rn. 13.

629 *Maurer*, Allgemeines Verwaltungsrecht, § 7 Rn. 62.

630 *Beiner*, Der Vorstandsvertrag, Rn. 128 m. w. N.

631 Es versteht sich von selbst, dass die Fallgruppen zur Abberufung des Organmitglieds einer juristischen Person des Privatrechts entwickelt worden sind. Deshalb bedarf es im Einzelfall einer eingehenden Untersuchung, ob sich der einschlägige Grund auch auf die Abberufung eines Mitglieds der Börsengeschäftsführung übertragen lässt; einen guten Überblick über die einzelnen Fallgruppen findet man bei *Mertens/Cahn* in: KölnerKomm, § 84 AktG Rn. 125 ff.; *Beiner*, Der Vorstandsvertrag, Rn. 115 ff.; *Tschöpe/Wortmann*, NZG 2009, 161, 162 ff. mit jeweils ergänzenden Hinweisen zur ergangenen Rechtsprechung.

632 BGH AG 1998, 519; BGH ZIP 1992, 760, 761; *Beiner*, Der Vorstandsvertrag, Rn. 116.

633 BGH AG 1998, 519; OLG München 2005, 776, 777.

634 OLG Karlsruhe NZG 2000, 264, 266 ff; OLG Hamburg ZIP 1991, 1430, 1432 f.

635 *Tschöpe/Wortmann*, NZG 2009, 161, 164.

steht die Abberufung eines Börsengeschäftsführers wegen Unfähigkeit zur ordnungsgemäßen Geschäftsführung gegenüber, welche dazu dienen soll, künftige Schäden von der Börse abzuwenden. Deshalb gehört zu den Fällen der Unfähigkeit zur ordnungsgemäßen Geschäftsführung insbesondere der Wegfall der fachlichen oder persönlichen Eignung des Börsengeschäftsführers.[636] Da die Abberufung des Börsengeschäftsführers durch den Börsenrat im Einvernehmen mit der Börsenaufsichtsbehörde erfolgt und die Mitglieder der Börsengeschäftsführung nach § 3 Absatz 1 Satz 2 BörsG der Börsenaufsicht unterliegen, ist ein Widerrufsgrund auch dann anzunehmen, wenn die Börsenaufsichtsbehörde im Rahmen ihrer Aufsicht den Wegfall der Eignungsvoraussetzungen feststellt und deshalb die Abberufung vom Börsenrat verlangt.[637] Ferner können aber auch Gründe wie etwa anhaltende Erfolglosigkeit, lang andauernde Krankheit oder feindselige Kontroversen zwischen den Börsengeschäftsführern zu einer Unfähigkeit zur ordnungsgemäßen Geschäftsführung beitragen und mithin eine Abberufung rechtfertigen.[638] Schließlich ist nach § 84 Absatz 3 Satz 2 AktG analog eine Abberufung dann möglich, wenn der Börsenrat dem Börsengeschäftsführer das Vertrauen entzieht, es sei denn, dies geschieht aus offenbar unsachlichen Gründen. Mit dem Vertrauensentzug durch den Börsenrat soll insbesondere seine Aufsichts- und Kontrollfunktion gegenüber der Börsengeschäftsführung gestärkt werden[639], weshalb keine strengen Anforderungen an den Vertrauensentzug zu stellen sind. Für den Vertrauensentzug ist zwar weder eine Begründung durch den Börsenrat noch ein vorwerfbares Fehlverhalten seitens des Börsengeschäftsführers erforderlich, allerdings darf ein Vertrauensentzug nicht willkürlich sein.[640] Ferner ist hierfür ein Beschluss des Börsenrates erforderlich, welcher vor der Abberufungserklärung zu erfolgen hat.[641]

636 Vgl. OLG Naumburg NJOZ 2001, 1066, 1071; *Hauschka*, Die Dienstrechtsstellung der Vorstandsmitglieder der öffentlich-rechtlichen Sparkassen, S. 100 jeweils für Vorstandsmitglieder öffentlich-rechtlicher Sparkassen; *Beiner*, Der Vorstandsvertrag, Rn. 117; *Spindler* in: MüKoAktG, § 84 Rn. 130 ff.; *Thüsing* in: Fleischer, Handbuch des Vorstandsrechts, § 5 Rn. 22 ff. jeweils für Vorstandsmitglieder einer AG.

637 Vgl. §§ 36 KWG, 87 Absatz 6 VAG, wonach die Aufsichtsbehörde die Abberufung der Geschäftsleiter anordnen kann; ebenso *Mertens/Cahn* in: KölnerKomm, § 84 AktG Rn. 125; *Kort* in: GroßKommAktG, § 84 Rn. 172.

638 *Beiner*, Der Vorstandsvertrag, Rn. 117 mit umfangreichen Nachweisen zur Rechtsprechung und Literatur.

639 Vgl. hierzu die Gesetzesbegründung zum Vertrauensentzug von Vorstandsmitgliedern einer gesetzlichen Krankenkasse, BT-Drs. 12/3608, S. 128; ebenso OVG Lüneburg, GewArch, 2010, 70, 76 zum Hauptgeschäftsführer einer IHK.

640 *Seibt* in: K. Schmidt/Lutter, AktG, § 84 Rn. 50; *Hüffer*, AktG, § 84 Rn. 29; *Spindler* in: MüKoAktG, § 84 Rn. 137 ff.

641 *Hüffer*, AktG, § 84 Rn. 30; *Weber* in: Hölters, § 84 AktG Rn. 76.

ee) Anhörungserfordernis

Weder das Börsengesetz noch die Börsenordnungen enthalten Bestimmungen darüber, ob das betroffene Börsengeschäftsführungsmitglied vor seiner Abberufung angehört werden muss. Da die Abberufung nach der in dieser Abhandlung vertretenen Meinung unter den sachlichen Voraussetzungen des § 84 Absatz 3 AktG analog erfolgt, ist danach eine vorherige Anhörung des Organmitglieds nicht vorgesehen. Entsprechend den Grundsätzen des Aktienrechts setzt also die Abberufung zu ihrer Wirksamkeit nicht die vorherige Anhörung des Vorstandsmitglieds voraus.[642] Anders ist die Rechtslage dann zu beurteilen, wenn keine ausreichende Tatsachengrundlage für einen wichtigen Grund gegeben ist. In diesem Fall wird davon ausgegangen, dass das Mitglied der Börsengeschäftsführung vorher angehört werden muss, um für eine ausreichende Entscheidungsgrundlage zu sorgen.[643] Im Übrigen ist dieses materielle Anhörungserfordernis von der verfahrensmäßigen Anhörung nach § 28 VwVfG zu unterscheiden. Während im ersten Fall grundsätzlich keine Anhörungspflicht besteht, zählt dagegen der zweite Fall zu den formellen Voraussetzungen eines ordnungsgemäß zustandegekommenen Verwaltungsakts. In der Praxis wird aber das Problem, ob die materielle Anhörung des Organmitglieds zu den Wirksamkeitsvoraussetzungen der Abberufung gehört, keine eigenständige Bedeutung erlangen. Dem Börsengeschäftsführer wird nämlich bereits im Rahmen des § 28 VwVfG die Gelegenheit gegeben, sich zu den für die Entscheidung erheblichen Tatsachen zu äußern. Folglich wird in der Praxis der Börsengeschäftsführer über das Vorliegen eines wichtigen Grundes angehört, so dass hierdurch auch das materielle Anhörungserfordernis abgesichert wird.

ff) Abberufungsfrist

Sobald der Börsenrat von dem Abberufungsgrund Kenntnis erlangt hat, kann er die Bestellung des Börsengeschäftsführers widerrufen. Fraglich ist in diesem Zusammenhang, ob dabei auch eine bestimmte Frist für die Abberufungserklärung eingehalten werden muss. Anders als bei der Kündigung ist die Abberufung des Börsengeschäftsführers aus wichtigem Grund nach § 84 Absatz 3 AktG analog nicht an eine bestimmte Frist gebunden. Da also nach der aktiengesetzlichen Regelung keine Frist vorgesehen ist, braucht also auch keine Erklärungsfrist beachtet zu werden.[644] Nach allgemeinen Grundsätzen kann aber das Abberufungsrecht des Börsenrats verwirkt sein, wenn die Abberufungserklärung nicht in angemessener Frist abgegeben wurde und das Mitglied der Börsengeschäftsführung auf Grund

---

642 *Mertens/Cahn* in: KölnerKomm, § 84 AktG Rn. 112; *Spindler* in: MüKoAktG, § 84 Rn. 110; *Kort* in: GroßKommAktG, § 84 Rn. 131; *Janzen*, NZG 2003, 468, 469.

643 *Spindler* in: MüKoAktG, § 84 Rn. 122; *Fleischer* in: Spindler/Stilz, § 84 AktG Rn. 126 f.

644 A. A. *Hauschka*, Die Dienstrechtsstellung der Vorstandsmitglieder der öffentlich-rechtlichen Sparkassen, S. 103, der nach § 49 Absatz 2 Satz 2 i. V. m. § 48 Absatz 4 VwVfG eine Widerrufungsfrist von einem Jahr ab Kenntnis des Grundes annimmt.

des Untätigbleibens des Börsenrats annehmen durfte, dass sein Verhalten nicht mehr sanktioniert werde.[645] In der Praxis wird freilich die Abberufung des Börsengeschäftsführers zeitnah mit der Kündigung des Anstellungsvertrags erfolgen, damit die Zweiwochenfrist nach § 626 Absatz 2 Satz 1 BGB eingehalten werden kann.

gg) Rechtswirkung der Abberufung

Mit dem Zugang der Abberufungserklärung wird der Widerruf der Bestellung ex nunc wirksam, so dass der Betroffene nicht mehr zur Börsengeschäftsführung gehört.[646] Damit verliert er seine Stellung als gesetzlicher Vertreter der Börse und hat sich mithin jeder weiteren Geschäftsführertätigkeit zu enthalten. Da die Abberufung nur bei Vorliegen eines wichtigen Grundes zulässig ist, sind in der Praxis durchaus Fälle denkbar, wo Zweifel angebracht sind, ob der Grund für eine Beendigung der Organstellung ausreicht. Nach § 84 Absatz 3 Satz 4 AktG analog ist auch in Zweifelsfällen von der Wirksamkeit des Widerrufs auszugehen, bis seine Unwirksamkeit rechtskräftig festgestellt ist. Dies ist schon aus Rechtssicherheits- und Rechtsklarheitsgründen geboten, um damit innerhalb des Börsenbetriebs sowie im Geschäftsbereich mit Dritten nach außen für klare Vertretungsverhältnisse zu sorgen.[647] Die vorläufige Wirksamkeit der Abberufung bezieht sich nur auf den Fall, dass Zweifel über das Vorliegen eines wichtigen Grundes bestehen. Hiervon zu unterscheiden ist der Fall, in dem zwar eine ausreichende Tatsachengrundlage für eine Abberufung aus wichtigem Grund existiert, der Beschluss des Börsenrates aber an einem erheblichen Mangel leidet. In diesem Fall führt der Mangel zur Nichtigkeit des Beschlusses, weshalb die Abberufung des Börsengeschäftsführers ex tunc unwirksam ist.

c) Kündigung des Anstellungsvertrags

Die wirksame Abberufung des Börsengeschäftsführers führt nicht automatisch zur Beendigung seiner Anstellung beim Börsenträger. Dies ergibt sich aus dem Umstand, dass die Bestellung und die Anstellung verschiedene Rechtsverhältnisse begründen, welche nach der Trennungstheorie ein unterschiedliches rechtliches Schicksal haben können. Ferner spricht auch die Vorschrift des § 84 Absatz 3 Satz 5 AktG für das Trennungsprinzip beider Rechtsakte, da nach dem Wortlaut „für die Ansprüche aus dem Anstellungsvertrag die allgemeinen Vorschriften“ gelten sollen. Daraus folgt, dass der dienstvertragliche Anspruch auf Vergütung trotz

---

645 Vgl. BGH NJW-RR 1993, 1253, 1254 für GmbH-Geschäftsführer; *Janzen*, NZG 2003, 468, 469; *Spindler* in: MüKoAktG, § 84 Rn. 121; *Thüsing* in: Fleischer, Handbuch des Vorstandsrechts, § 5 Rn. 15.

646 *Hüffer*, § 84 AktG Rn. 31; *Weber* in: Hölters, § 84 AktG Rn. 79; *Hauschka*, Die Dienstrechtsstellung der Vorstandsmitglieder der öffentlich-rechtlichen Sparkassen, S. 103.

647 *Weber*, Die Begründung und Beendigung, S. 254; *Seibt* in: K. Schmidt/Lutter, AktG, § 84 Rn. 52.

eines Bestellungswiderrufs so lange bestehen bleibt, bis das Vertragsverhältnis gekündigt oder einvernehmlich aufgehoben wird oder durch Zeitablauf der Anstellungsdauer endet.[648]

aa) Zuständigkeit und Verfahren

Aufgrund der fehlenden Vollrechtsfähigkeit der Börse obliegt es dem Börsenträger nach § 5 Absatz 1 Satz 2 BörsG, das Personal der Börse unter Vertrag zu nehmen. Demzufolge ist er auch für die Kündigung des Anstellungsvertrags mit dem Börsengeschäftsführer zuständig. Hierbei wird der Börsenträger vom Vorstand vertreten, welcher durch einen Beschluss über die Kündigung zu entscheiden hat. Erfolgt die Kündigung ohne ausdrücklichen Beschluss oder ist dieser nicht ordnungsgemäß zustande gekommen, ist die Kündigung unwirksam und der Börsengeschäftsführer bleibt weiterhin in einem Anstellungsverhältnis zum Börsenträger.[649] Weil die Kündigung eine empfangsbedürftige Willenserklärung darstellt, ist ferner für ihre Wirksamkeit erforderlich, dass sie gegenüber dem betroffenen Mitglied der Börsengeschäftsführung bekanntzugeben ist (§ 130 Absatz 1 Satz 1 BGB).[650] In der Regel wird sich der Vorstand hierbei eines Erklärungsvertreters oder -boten bedienen, der dem Börsengeschäftsführer seinen Beschluss zur Kenntnis bringt.[651] Da die Kündigung des Anstellungsvertrags von Vorstandsmitgliedern einer AG nicht dem Schriftformerfordernis nach § 623 BGB unterliegt[652], trifft dies auch auf die Kündigung der Anstellung eines Börsengeschäftsführers zu. Damit kann die Erklärung grundsätzlich auch mündlich erfolgen. In der Praxis können die Parteien jedoch aus Beweisgründen die Schriftform vereinbaren, weshalb ein Verstoß gegen die gewillkürte Schriftform gemäß § 125 Satz 2 BGB zur Unwirksamkeit der Kündigung führen kann.[653]

---

648 BGH NJW 1981, 2748, 2749; OLG Rostock NZG 1999, 216; *Beiner*, Der Vorstandsvertrag, Rn. 558.

649 Vgl. für Vorstandsmitglieder einer AG BGH AG 2008, 894, 895; BGH WM 1968, 570; OLG Karlsruhe, ZIP 2004, 2377, 2378; *Spindler* in: MüKoAktG, § 84 Rn. 162; *Hüffer*, § 84 AktG Rn. 38; *Weber* in: Hölters, § 84 AktG Rn. 92.

650 *Hüffer*, § 84 AktG Rn. 38; *Bauer/Krieger*, ZIP 2004, 1247, 1248; *Janzen*, NZG 2003, 468, 473.

651 OLG Schleswig, NZG 2001, 275; OLG Düsseldorf, AG 2004, 321, 322; *Weber* in: Hölters, § 84 AktG Rn. 94; *Janzen*, NZG 2003, 468, 473; *Hüffer*, § 84 AktG Rn. 38; *Bauer/Krieger*, ZIP 2004, 1247, 1248.

652 *Beiner*, Der Vorstandsvertrag, Rn. 566; *Bauer/Krieger*, ZIP 2004, 1247, 1250; *Fleischer* in: Spindler/Stilz, § 84 AktG Rn. 162; *Mertens/Cahn* in: KölnerKomm, § 84 AktG Rn. 152; *Weber* in: Hölters, § 84 AktG Rn. 94; *Zimmer*, BB 2003, 1175.

653 *Fleischer* in: Spindler/Stilz, § 84 AktG Rn. 162; *Beiner*, Der Vorstandsvertrag, Rn. 566.

bb) Außerordentliche Kündigung

(1) Allgemeines

Der Börsenträger kann die Anstellung des Börsengeschäftsführers nach § 626 BGB aus wichtigem Grund beenden. In diesem Zusammenhang ist zu beachten, dass die Anforderungen für die Kündigung des Anstellungsvertrags höher sind als für die Beendigung der Organstellung nach § 84 Absatz 3 AktG analog.[654] Ferner kann die außerordentliche Kündigung weder durch die Satzung noch durch Vereinbarung ausgeschlossen oder auf bestimmte Gründe beschränkt werden. Da das Kündigungsrecht insoweit zwingend ist, sind solche Regelungen daher unwirksam und nach § 134 BGB nichtig.[655] Auch kann eine Anhörung des betreffenden Börsengeschäftsführers nicht zur Wirksamkeitsvoraussetzung gemacht werden, selbst dann nicht, wenn derartige Anhörungen im Anstellungsvertrag vereinbart worden sind.[656] Aus Fairnessgründen ist für die Praxis auch ohne gesetzliche oder vertragliche Verpflichtung eine vorherige Anhörung des Börsengeschäftsführers empfehlenswert, damit das betroffene Organmitglied Gelegenheit bekommt, sich zu den kündigungserheblichen Tatsachen zu äußern.[657]

(2) Wichtiger Grund nach § 626 Absatz 1 BGB

Für die Beendigung des Anstellungsvertrags ist nach § 626 Absatz 1 BGB zunächst das Vorliegen eines wichtigen Grundes erforderlich. Die Voraussetzungen des wichtigen Grundes im Sinne des § 626 Absatz 1 BGB sind dabei von denjenigen des wichtigen Grundes nach § 84 Absatz 3 Satz 1 AktG analog zu unterscheiden. Da die Anforderungen hierfür höher sind, wird in den Fällen, in denen ein wichtiger Grund nach § 626 Absatz 1 BGB gegeben ist, regelmäßig auch ein wichtiger Abberufungsgrund nach § 84 Absatz 3 Satz 1 AktG analog vorliegen. Umgekehrt rechtfertigt nicht jede wirksame Abberufung gleichzeitig eine außerordentliche Kündigung.[658] Diese unterschiedliche Bewertung ist darauf zurückzuführen, dass der wichtige Grund nach § 626 Absatz 1 BGB an ein Verhalten in der Person des Börsengeschäftsführers anknüpft, während bei der Abberufung aus wichtigem Grund überwiegend auf die

---

654 Vgl. BGH WM 1995, 2064, 2065 zum GmbH-Geschäftsführer; BGH NJW 1989, 2683, 2684 zum Vorstandsmitglied einer AG.

655 BGHZ 8, 348, 361; *Weber* in: Hölters, § 84 AktG Rn. 94; *Spindler* in: MüKoAktG, § 84 Rn. 165; *Beiner*, Der Vorstandsvertrag, Rn. 569; *Hauschka*, Die Dienstrechtsstellung der Vorstandsmitglieder der öffentlich-rechtlichen Sparkassen, S. 105 f.

656 LG Berlin, AG 2002, 682, 683; *Janzen*, NZG 2003, 468, 473; *Beiner*, Der Vorstandsvertrag, Rn. 569; *Preussner*, NZG 2002, 1151; a. A. KG NZG 2004, 1165.

657 *Fleischer* in: Spindler/Stilz, § 84 AktG Rn. 164; *Mertens/Cahn* in: KölnerKomm, § 84 AktG Rn. 164; *Thüsing* in: Fleischer, Handbuch des Vorstandsrechts, § 5 Rn. 57.

658 BGH WM 1995, 2064, 2065; *Fleck*, WM 1994, 1957, 1964; *Thüsing* in: Fleischer, Handbuch des Vorstandsrechts, § 5 Rn. 56; *Hüffer*, § 84 AktG Rn. 39; *Weber* in: Hölters, § 84 AktG Rn. 94; *Spindler* in: MüKoAktG, § 84 Rn. 160 f.

Interessenlage der Börse abzustellen ist.[659] Die Prüfung des wichtigen Grundes für eine wirksame Kündigung unterliegt dabei einem zweistufigen Verfahren. Auf der ersten Stufe muss zunächst festgestellt werden, ob das Mitglied der Börsengeschäftsführung seine gesetzlichen, statuarischen oder dienstvertraglich näher bezeichneten Pflichten grob verletzt hat. Anschließend findet sodann auf der zweiten Stufe im Rahmen einer Interessenabwägung eine Zumutbarkeitsprüfung statt. Danach ist ein wichtiger Grund nur anzunehmen, wenn dem Börsenträger eine weitere Fortsetzung des Anstellungsvertrags bis zum Ende der vereinbarten Vertragslaufzeit bzw. bis zur nächstmöglichen ordentlichen Kündigung nach dem Gesamtverhalten des Dienstverpflichteten bei Abwägung aller Umstände nicht mehr zugemutet werden kann.[660] In der vorzunehmenden Interessenabwägung sind einerseits solche Umstände wie etwa die Schwere der persönlichen Verfehlungen des Börsengeschäftsführers, deren Folgen für den Träger, der Verschuldensgrad sowie die eventuelle Wiederholungsgefahr und andererseits das Lebensalter und die Dienstzeit des Organmitglieds sowie seine besonderen Verdienste um das Unternehmen sowie die sozialen Folgen für den Betroffenen einzubeziehen.[661] Grobe Pflichtverletzungen im Sinne des § 84 Absatz 3 Satz 2 1 Var. AktG analog, welche den Börsenrat dazu berechtigen, den Börsengeschäftsführer abzuberufen, rechtfertigen in der Regel auch die Kündigung des Anstellungsvertrags seitens des Börsenträgers.[662] Zu groben Pflichtverletzungen zählen etwa die Verletzung der Organisations- und Überwachungspflichten[663], die Begehung strafbarer Handlungen[664], die Verletzung der Verschwiegenheitspflicht im Sinne des § 10 BörsG[665], die mangelnde Offenheit gegenüber dem Börsenrat[666], das Abberufungsverlangen seitens der Aufsichtsbehörde[667] oder das feindselige Verhalten gegenüber anderen Börsengeschäftsführern oder dem Börsenrat.[668] Die Unfähigkeit zur ordnungsgemäßen Geschäftsführung kann ebenfalls ein Kündigungsgrund

659 *Bauer*, DB 1992, 1413, 1415; *Janzen*, NZG 2003, 468, 473 m. w. N.

660 BGH DStR 2001, 861, 862; BGH DStR 1997, 1338; BGH WM 1968, 1325; *Fleck*, WM 1994, 1957, 1965; *Fleck*, WM 1968, Sonderbeilage Nr. 3, 1, 12.

661 BGH WM 1995, 2064, 2065; *Spindler* in: MüKoAktG, § 84 Rn. 177, 182 ff.; *Thüsing* in: Fleischer, Handbuch des Vorstandsrechts, § 5 Rn. 56; *Mertens/Cahn* in in: Kölner-Komm, § 84 AktG Rn. 153; *Beiner*, Der Vorstandsvertrag, Rn. 574; *Janzen*, NZG 2003, 468, 473.

662 *Hüffer*, § 84 AktG Rn. 40; *Spindler* in: MüKoAktG, § 84 Rn. 177, 182 ff.; *Kort* in: GroßKommAktG, § 84 Rn. 491; *Seibt* in: K. Schmidt/Lutter, AktG, § 84 Rn. 67.

663 BGH AG 1998, 518, 520; BGH WM 1995, 709, 710.

664 BGH BB 1995, 1844; OLG Düsseldorf, WM 1992, 14, 19.

665 Vgl. BGH NJW-RR 1998, 1409 zur Verschwiegenheitspflicht eines Vorstandsmitglieds einer AG.

666 Vgl. *Weber* in: Hölters, § 84 AktG Rn. 98 m. w. N. zum Vorstandsmitglied einer AG gegenüber dem Aufsichtsrat.

667 *Hauschka*, Die Dienstrechtsstellung der Vorstandsmitglieder der öffentlich-rechtlichen Sparkassen, S. 106.

668 Vgl. BGH DStR 1998, 1398, 1400 zum Vorstandsmitglied einer AG; BGH BB 1992, 802, 803 zum GmbH-Geschäftsführer.

sein. In der Interessenabwägung ist aber zu beachten, dass die aus einer Kündigung resultierenden sozialen Folgen für den Börsengeschäftsführer im Vergleich zur Abberufungsentscheidung stärker zu berücksichtigen sind.[669] Der Vertrauensentzug durch den Börsenrat im Sinne des § 84 Absatz 3 Satz 2 3. Var. AktG analog stellt für sich genommen noch keinen Kündigungsgrund dar, da er allein auf körperschaftsrechtlichen Überlegungen beruht. Vielmehr ist in diesem Zusammenhang entscheidend, aus welchen Gründen der Börsenrat dem Börsengeschäftsführer das Vertrauen entzogen hat.[670]

Es wurde bereits darauf hingewiesen, dass eine vorherige Anhörung des Börsengeschäftsführers kein Wirksamkeitserfordernis für eine rechtmäßige fristlose Kündigung ist. Allerdings gilt dies nicht für die Fälle der Verdachtskündigung, in denen das Börsengeschäftsführungsmitglied aufgrund bloßer Verdachtsmomente entlassen werden soll.[671] Bevor der Vorstand den Anstellungsvertrag des Börsengeschäftsführers kündigt, hat er den Sachverhalt umfassend aufzuklären und den Börsengeschäftsführer anzuhören, damit dieser die Möglichkeit erhält, den Verdacht auszuräumen.[672] Unterbleibt die Anhörung, ist in diesem Fall die ausgesprochene Kündigung wirkungslos.

Nach gefestigter Auffassung muss der außerordentlichen Kündigung keine Abmahnung vorausgehen. Hierfür spricht der Umstand, dass dem Börsengeschäftsführer im Gegensatz zum abhängig Beschäftigten die soziale Schutzbedürftigkeit fehlt.[673] Fraglich ist, ob diese Ansicht mit Einführung des § 314 Absatz 2 BGB, wonach für jedes Dauerschuldverhältnis grundsätzlich bei einer fristlosen Kündigung eine vorhergehende Abmahnung erforderlich ist, aufrechterhalten werden kann. Während manche Stimmen im Schrifttum § 314 Absatz 2 BGB auch bei einer Kündigung von Organmitgliedern für anwendbar und eine Abmahnung jedenfalls nicht durchweg nach § 323 Absatz 2 Nr. 3 i. V. m. § 314 Absatz 2 Satz 2 BGB für entbehrlich halten wollen[674], geht die überwiegende Auffassung auch nach Einführung von § 314 Absatz 2 BGB davon aus, dass es zur Kündigung von Organmitgliedern keiner vorherigen Abmahnung bedarf.[675] Für die zweite Ansicht sprechen

669 *Hüffer*, § 84 AktG Rn. 40; *Fleischer* in: Spindler/Stilz, § 84 AktG Rn. 153.

670 *Spindler* in: MüKoAktG, § 84 Rn. 182; *Seibt* in: K. Schmidt/Lutter, AktG, § 84 Rn. 67; *Hüffer*, § 84 AktG Rn. 40.

671 *Mertens/Cahn* in: KölnerKomm, § 84 AktG Rn. 164; *Weber* in: Hölters, § 84 AktG Rn. 98; *Fleischer* in: Spindler/Stilz, § 84 AktG Rn. 164; *Beiner*, Der Vorstandsvertrag, Rn. 575.

672 BGH NJW 1996, 1403, 1404; BGH ZIP 1984, 1113, 1114.

673 BGH NJW 2000, 1638; BGH ZIP 2001, 1957, 1958; BGH DStR 1998, 1398, 1400; *Janzen*, NZG 2003, 468, 473; *Mertens/Cahn* in: KölnerKomm, § 84 AktG Rn. 163; *Weber* in: Hölters, § 84 AktG Rn. 101; *Tschöpe/Wortmann*, NZG 2009, 161, 163; *Beiner*, Der Vorstandsvertrag, Rn. 585.

674 *Kort* in: GroßKommAktG, § 84 Rn. 527; *Koch*, ZIP 2005, 1621, 1626.

675 BGH WM 2007, 1613; *Tschöpe/Wortmann*, NZG 2009, 161, 163; *Weber* in: Hölters, § 84 AktG Rn. 101; *Thüsing* in: Fleischer, Handbuch des Vorstandsrechts, § 5 Rn. 60; *Hüffer*, § 84 AktG Rn. 39.

die besseren Argumente. Nach der Vorstellung des Gesetzgebers sollen die Sonderbestimmungen, welche die Kündigung aus wichtigem Grund bei einzelnen Dauerschuldverhältnissen besonders regeln, durch die Einführung des § 314 Absatz 2 BGB nicht aufgehoben oder geändert werden. Vielmehr geht eine derartige Regelung als lex specialis der allgemeinen Vorschrift vor und schließt deren Anwendbarkeit aus.[676] Zudem nimmt der Börsengeschäftsführer als gesetzlicher Vertreter der Börse Arbeitgeberfunktionen wahr, weshalb die Leitungsfunktion stets einen besonderen Umstand i. S. v. § 323 Absatz 2 Nr. 3 i. V. m. § 314 Absatz 2 Satz 2 BGB darstellt und es daher auch keiner vorherigen Abmahnung bedarf.[677] Die Gegenansicht, die bei leichten und mittleren Pflichtverletzungen das Abmahnungserfordernis für unentbehrlich hält[678], verkennt hierbei, dass solche Verstöße bereits auf der ersten Stufe der Prüfung als Voraussetzung für die Kündigung aus wichtigem Grund nicht genügen.[679] Stellt man hinsichtlich Art und Schwere der Pflichtverletzung fest, dass leichte Pflichtverletzungen bereits keinen wichtigen Grund für eine außerordentliche Kündigung darstellen, stellt sich die Frage nach dem Abmahnungserfordernis auch gar nicht. Insofern bleibt es dabei, dass für die Praxis auch nach Einführung des § 314 Absatz 2 BGB das Thema der Abmahnung geklärt sein dürfte.

(3) Kündigungserklärungsfrist gemäß § 626 Absatz 2 BGB

Während die Abberufung des Börsengeschäftsführers an keine Frist gebunden ist, muss die außerordentliche Kündigung des Anstellungsvertrags durch Zugang der Kündigungserklärung an den Börsengeschäftsführer nach § 626 Absatz 2 Satz 1 BGB innerhalb von zwei Wochen erfolgen. Gemäß § 626 Absatz 2 Satz 2 BGB beginnt die Frist mit dem Zeitpunkt, in dem der Kündigungsberechtigte von den für die Kündigung maßgebenden Tatsachen Kenntnis erlangt. Maßgeblich für den Fristbeginn ist, dass der Börsenträger positive, sichere und umfassende Kenntnis der Tatsachen erlangt hat, die für den wichtigen Grund von Bedeutung sind.[680] Kennenmüssen oder grob fahrlässige Unkenntnis allein genügen in diesem Zusammenhang nicht.[681] Hinsichtlich des Kündigungsgrundes ist dabei auf die Kenntnis derjenigen Personen abzustellen, die die Entscheidung über die Kündigung zu treffen haben.[682] Da für die außerordentliche Kündigung des Anstellungsvertrags des Börsengeschäftsführers der Vorstand des Börsenträgers zuständig ist, ist daher die Kenntnis aller Vorstandsmitglieder entscheidend. Ferner ist zu berücksichtigen, dass

676 BT-Drs. 14/6040, S. 177; auch *Thüsing* in: Fleischer, Handbuch des Vorstandsrechts, § 5 Rn. 60.
677 BGH WM 2007, 1613; ebenso *Tschöpe/Wortmann*, NZG 2009, 161, 163.
678 *Koch*, ZIP 2005, 1621, 1626 f.; *Beiner*, Der Vorstandsvertrag, Rn. 585 m. w. N.
679 *Schneider*, GmbHR 2003, 1, 5 zum GmbH-Geschäftsführer.
680 BGH NJW 1996, 1403 f.; BGH DStR 1997, 1338, 1339.
681 BGH NJW 1993, 463, 464; *Weber* in: Hölters, § 84 AktG Rn. 105; *Thüsing* in: Fleischer, Handbuch des Vorstandsrechts, § 5 Rn. 66.
682 *Stein*, ZGR 1999, 264, 275 f.; *Mertens/Cahn* in: KölnerKomm, § 84 AktG Rn. 176.

das Wissen einzelner Vorstandsmitglieder um die für die Kündigung maßgebenden Tatsachen die Frist des § 626 Absatz 2 BGB nicht in Gang setzt.[683] Ebenso wenig wird der Fristbeginn dadurch ausgelöst, dass der Vorstandsvorsitzende von den die Kündigung betreffenden Tatsachen Kenntnis erlangt.[684] Darüber hinaus setzt auch die Kenntnis aller Mitglieder des zur Entscheidung berufenen Gremiums die Kündigungsfrist nicht in Gang, wenn die Information außerhalb einer Gremiensitzung erlangt worden ist.[685] Für den Fristbeginn ist vielmehr auf den Zeitpunkt abzustellen, in dem der Kündigungsgrund den Vorstandsmitgliedern als Mitwirkenden an der kollektiven Willensbildung unterbreitet wird.[686] Dies beruht auf dem Gedanken, dass das jeweils zuständige Gremium sich insgesamt über die Tragweise eines Beschlusses klar werden muss und § 626 Absatz 2 BGB ihm dafür die Möglichkeit einräumt, innerhalb der gesetzlichen Überlegungsfrist die entsprechenden Konsequenzen ziehen zu können.[687] Sofern ein Vorstandsmitglied außerhalb der Vorstandssitzung Kenntnis von den Kündigungsgründen erlangt, ist es verpflichtet, alle möglichen Schritte einzuleiten, um eine Willensbildung im Vorstand zu erreichen. Wird die Einberufung der Vorstandssitzung unangemessen verzögert, muss sich die Gesellschaft so behandeln lassen, als sei die Vorstandssitzung mit zumutbarer Beschleunigung einberufen worden.[688] Innerhalb der gesetzlichen Zweiwochenfrist hat der Vorstand sodann den Kündigungsbeschluss zu fassen und gegenüber dem betroffenen Mitglied der Börsengeschäftsführung zu erklären. Wird die Frist nicht eingehalten, ist die ausgesprochene Kündigung unwirksam.

(4) Rechtsfolgen der Kündigung

Mit dem Zugang der Kündigungserklärung an das betroffene Mitglied der Börsengeschäftsführung verliert der betreffende Börsengeschäftsführer seine Gehaltsansprüche und in der Regel auch seine Versorgungsansprüche, wobei dies im letzteren Fall nicht zwingend ist. Die Parteien können nämlich eine Regelung vereinbaren, wonach der Ruhegeldanspruch entweder bereits mit dem Abschluss des Dienstvertrags oder jedenfalls mit Ablauf einer bestimmten Dienstzeit entstehen und lediglich die Fälligkeit an den Eintritt besonderer Voraussetzungen geknüpft sein soll mit der Folge, dass der Ruhegeldanspruch auch im Falle einer fristlosen Kündigung nicht

683 *Mertens/Cahn* in: KölnerKomm, § 84 AktG Rn. 176; *Hüffer*, § 84 AktG Rn. 42; *Spindler* in: MüKoAktG, § 84 Rn. 171 f.; *Beiner*, Der Vorstandsvertrag, Rn. 578.

684 BGH NZG 2002, 46, 48; BGH ZIP 1998, 1269, 1270.

685 BGH NZG 1998, 634, 635; *Spindler* in: MüKoAktG, § 84 Rn. 171 f.

686 BGH NZG 2002, 46, 47 f.; BGH NZG 1998, 634; *Mertens/Cahn* in: KölnerKomm, § 84 AktG Rn. 176; *Thüsing* in: Fleischer, Handbuch des Vorstandsrechts, § 5 Rn. 63; *Beiner*, Der Vorstandsvertrag, Rn. 578; *Seibt* in: K. Schmidt/Lutter, AktG, § 84 Rn. 64.

687 BGH NZG 1998, 634, 635; *Hüffer*, § 84 AktG Rn. 42; *Spindler* in: MüKoAktG, § 84 Rn. 171 f.

688 BGH NJW 1998, 3274, 3275 für die GmbH; *Stein*, ZGR 1999, 264, 277; *Janzen*, NZG 2003, 468, 474; *Mertens/Cahn* in: KölnerKomm, § 84 AktG Rn. 177.

entfällt.[689] Ebenso kann eine Abrede getroffen werden, dass auch für bestimmte Fälle einer fristlosen Kündigung der Ruhegeldanspruch weiterhin fortbestehen soll.[690] In diesem Zusammenhang ist allerdings zu beachten, dass solche Vereinbarungen das Recht des Börsenträgers zur fristlosen Kündigung nicht wesentlich einschränken dürfen, da die außerordentliche Kündigung von Dauerrechtsverhältnissen durchgängig möglich sein muss.[691] Ist dem Börsengeschäftsführer fristlos gekündigt worden, obwohl kein wichtiger Grund für die Beendigung vorlag, so behält das betroffene Mitglied der Börsengeschäftsführung weiterhin seinen Anspruch auf Fortzahlung seiner Bezüge bis zum Ablauf der ordentlichen Kündigungsfrist, sofern eine Umdeutung in eine rechtmäßige ordentliche Kündigung im Sinne des § 140 BGB möglich erscheint.[692]

(5) Vereinbarung von Koppelungsklauseln

In der Praxis wird die Kündigung des Anstellungsvertrags eines Börsengeschäftsführers zeitnah mit seiner Abberufung als Organmitglied der Börse erfolgen. Häufig wird der Dienstvertrag eine Vereinbarung enthalten, wonach dem Börsenträger das Recht zustehen soll, bei Abberufung des Börsengeschäftsführers aus der Organstellung auch seinen Anstellungsvertrag zu kündigen. Grundsätzlich sind hier zwei Arten von Klauseln zu unterscheiden. Wenn die Parteien eine Vereinbarung treffen, die die wirksame Abberufung gleichzeitig als Kündigungsgrund definiert, dann liegt eine Koppelungsklausel vor. Wird dagegen das Anstellungsverhältnis unter die auflösende Bedingung des Widerrufs der Bestellung gestellt, handelt es sich dabei um eine Gleichlaufklausel.[693] In der aktienrechtlichen Literatur ist die Zulässigkeit solcher Klauseln nicht unumstritten. Gegen die Zulässigkeit wird vor allem ausgeführt, dass die Koppelungsklauseln das Trennungsprinzip gefährden, das gerade eine Differenzierung zwischen Organstellung und Anstellungsvertrag gebietet. Da das mögliche Auseinanderlaufen der Rechtsfolgen von Bestellung und Anstellung die innere Logik des Trennungsprinzips infrage stellen würde, sollen entsprechende dienstvertragliche Vereinbarungen nach § 134 BGB nichtig sein.[694] Demgegenüber erkennen die Rechtsprechung[695] und überwiegende Literatur[696] die Zulässigkeit

689 BGHZ 8, 348, 366; *Spindler* in: MüKoAktG, § 84 Rn. 188.

690 BGHZ 8, 348, 367; *Weber* in: Hölters, § 84 AktG Rn. 111.

691 *Kort* in: GroßKommAktG, § 84 Rn. 561.

692 *Spindler* in: MüKoAktG, § 84 Rn. 189; *Kort* in: GroßKommAktG, § 84 Rn. 563.

693 *Tschöpe/Wortmann*, NZG 2009, 85, 86; *Weber* in: Hölters, § 84 AktG Rn. 107; vgl. auch *Spindler* in: MüKoAktG, § 84 Rn. 159, 193 f.; *Seibt* in: K. Schmidt/Lutter, AktG, § 84 Rn. 70; *Thüsing* in: Fleischer, Handbuch des Vorstandsrechts, § 5 Rn. 69.

694 *Eckardt*, AG 1989, 431, 432; *ders.*, Die Beendigung der Vorstands- und Geschäftsführerstellung in Kapitalgesellschaften, S. 152 ff.

695 BGH NJW 1989, 2683 für Vorstandsmitglied einer AG; BGH NJW 1999, 3263, 3264 für GmbH-Geschäftsführer.

696 *Weber* in: Hölters, § 84 AktG Rn. 107; vgl. auch *Spindler* in: MüKoAktG, § 84 Rn.159, 193 f.; *Seibt* in: K. Schmidt/Lutter, AktG, § 84 Rn. 70; *Thüsing* in: Fleischer,

solcher Gleichlaufklauseln an. Die letztgenannte Ansicht verdient den Vorzug. Mit der Vereinbarung von Gleichlaufklauseln wird nicht gegen das Trennungsprinzip verstoßen. Die Vorschrift des § 84 AktG gebietet zwar die Trennung zwischen organschaftsrechtlichem und anstellungsrechtlichem Verhältnis. Hierdurch wird indes eine dienstvertragliche Verknüpfung beider Rechtsverhältnisse keineswegs untersagt. Zudem wird ein für die Organmitglieder angemessener Mindestschutz auch für die Beendigung des gekoppelten Anstellungsvertrags erreicht, weil bei der Interessenabwägung zur Abberufung des Börsengeschäftsführers aus wichtigem Grund die Interessen des Organmitglieds nicht vollkommen außer Betracht bleiben.[697] Mithin ist also davon auszugehen, dass die Beendigung des Anstellungsvertrags durch eine entsprechende Regelung an den Widerruf der Bestellung gekoppelt werden darf.

Wenn die Kündigung nicht auf einen wichtigen Grund im Sinne des Gesetzes (§ 626 Absatz 1 BGB) gestützt wird, sondern ausschließlich aufgrund der Koppelungsklausel erfolgt, ist die Kündigung des Dienstvertrags des Börsengeschäftsführers nur unter Wahrung der Mindestfrist des § 622 Absatz 1 BGB analog möglich.[698] Für die Anwendbarkeit dieser Bestimmung spricht die Erkenntnis, dass eine vertragliche Erweiterung der in § 84 Absatz 3 AktG analog genannten Gründe mittels Vereinbarung einer Koppelung an die Abberufung wegen des Ausschließlichkeitscharakters des § 626 BGB nicht möglich ist. Da ein zum Widerruf der Bestellung berechtigender Grund grundsätzlich keinen wichtigen Grund für die Auflösung des Anstellungsvertrages darstellen muss, ist demzufolge die Kündigung, welche lediglich kraft Vereinbarung zur vorzeitigen Beendigung des Dienstverhältnisses führt, nur unter Wahrung der Mindestfrist nach § 622 Absatz 1 BGB analog möglich.[699] Unabhängig vom Schutzbedürfnis ist die Vorschrift auf den Dienstvertrag des Börsengeschäftsführers entsprechend anzuwenden, da auch der Börsengeschäftsführer dem Börsenträger seine Dienste hauptberuflich zur Verfügung stellt und deshalb wie jeder andere Dienstverpflichtete die Gelegenheit haben muss, sich nach einer anderen Beschäftigung umzusehen.[700]

cc) Ordentliche Kündigung

Das Börsengesetz enthält keine Regelung über die Laufzeit des Anstellungsvertrags der Börsengeschäftsführer. Da jedoch die Amtszeit der Bestellung auf höchstens fünf Jahre festgelegt ist (§ 15 Absatz 1 Satz 4 BörsG), wird in der Praxis der

---

Handbuch des Vorstandsrechts, § 5 Rn. 69; *Bauer*, DB 1992, 1413, 1414; *Mertens/Cahn* in: KölnerKomm, § 84 AktG Rn. 166.

697 *Tschöpe/Wortmann*, NZG 2009, 85, 87.

698 Vgl. BGH NJW 1989, 2683, 2684 noch zur alten Fassung des § 622 BGB; *Kucera*, (FN 89), S. 168 f.; *Hüffer*, § 84 AktG Rn. 40; *Tschöpe/Wortmann*, NZG 2009, 85, 87; vgl. auch *Spindler* in: MüKoAktG, § 84 Rn. 194; *Seibt* in: K. Schmidt/Lutter, AktG, § 84 Rn. 70; *Thüsing* in: Fleischer, Handbuch des Vorstandsrechts, § 5 Rn. 69; *Bauer*, BB 1994, 855, 856.

699 *Spindler* in: MüKoAktG, § 84 Rn. 194 m. w. N.

700 BGH NJW 1989, 2683, 2684 für Vorstandsmitglieder einer AG.

Anstellungsvertrag mit dem Börsengeschäftsführer auch auf diese Laufzeit begrenzt sein. Für das Vorstandsmitglied einer AG ist anerkannt, dass eine Auflösung des Dienstverhältnisses vor Ablauf der Zeit, für die es abgeschlossen worden ist (§§ 620 Absatz 1 BGB, 84 Absatz 1 Satz 1AktG), grundsätzlich nur bei Vorliegen eines wichtigen Grundes nach § 626 BGB möglich ist und auch nur dann, sofern gleichzeitig oder zuvor die Bestellung wirksam widerrufen wurde.[701] Eines wichtigen Grundes bedarf es dann nicht, wenn der Anstellungsvertrag auf unbestimmte Zeit abgeschlossen oder ein ordentliches Kündigungsrecht vereinbart worden ist.[702] In diesen Fällen kommt eine ordentliche Kündigung durch die Gesellschaft nur in Betracht, sofern der Widerruf der Bestellung zuvor wirksam erklärt wird, da die Gesellschaft andernfalls über den Ausspruch der ordentlichen Kündigung die Beendigung des Amtes faktisch erzwingen könnte, ohne dass hierfür ein wichtiger Grund nach § 84 Absatz 3 Satz 1 AktG vorliegen müsste.[703] Haben die Parteien keine Vereinbarung über die Kündigungsfrist getroffen, findet nicht § 621 Nr. 3 BGB unmittelbar, sondern § 622 Absatz 1 BGB auf die ordentliche Kündigung des Anstellungsvertrags entsprechende Anwendung.[704] Wegen der insoweit vergleichbaren Rechtslage sind diese Grundsätze auf den Dienstvertrag des Börsengeschäftsführers entsprechend anzuwenden. Wie das Vorstandsmitglied einer AG ist auch der Börsengeschäftsführer mehr oder weniger vom Börsenträger wirtschaftlich abhängig, weshalb er ebenso ausreichend Zeit benötigt, sich hauptberuflich anderweitig zu orientieren. Demzufolge ist also auch eine ordentliche Kündigung des Anstellungsverhältnisses eines Börsengeschäftsführers unter Einhaltung der Mindestfrist nach § 622 Absatz 1 BGB analog zulässig.

d) Rechtsschutzmöglichkeiten

Hinsichtlich der Beendigung seiner Rechtsstellung stehen dem Börsengeschäftsführer verschiedene Rechtsschutzmöglichkeiten zu. Da die Abberufung des Börsengeschäftsführers seine Eigenschaft als Organwalter beendet, ist die Maßnahme als Widerruf eines begünstigenden Verwaltungsakts einzustufen. Der betroffene Börsengeschäftsführer kann daher die Abberufung im Rahmen einer verwaltungsgerichtlichen Nachprüfung mittels der Anfechtungsklage (§ 42 Absatz 1 VwGO)

---

701 *Thüsing* in: Fleischer, Handbuch des Vorstandsrechts, § 5 Rn. 55; *Bauer*, DB 1992, 1413, 1414; *ders.*, BB 1994, 855, 856.

702 *Weber* in: Hölters, § 84 AktG Rn. 110; *Thüsing* in: Fleischer, Handbuch des Vorstandsrechts, § 5 Rn. 55; *Mertens/Cahn* in: KölnerKomm, § 84 AktG Rn. 149; *Fleischer* in: Spindler/Stilz, § 84 AktG Rn. 167.

703 BGH NJW 1984, 2528 für GmbH-Geschäftsführer; *Mertens/Cahn* in: KölnerKomm, § 84 AktG Rn. 149; *Weber* in: Hölters, § 84 AktG Rn. 110.

704 BGH NJW 1984, 2528 für GmbH-Geschäftsführer; *Thüsing* in: Fleischer, Handbuch des Vorstandsrechts, § 5 Rn. 55; *Mertens/Cahn* in: KölnerKomm, § 84 AktG Rn. 149.

überprüfen lassen[705], wobei die Börse in diesem Fall durch den Börsenrat vertreten wird. In diesem Zusammenhang ist allerdings zu beachten, dass die Anfechtungsklage nach § 80 Absatz 1 Satz 1 VwGO grundsätzlich aufschiebende Wirkung hat, es sei denn, dass der Börsenrat nach § 80 Absatz 2 Satz 1 Nr. 4 VwGO zugleich mit dem Erlass des Verwaltungsaktes die sofortige Vollziehung anordnet. In diesem Fall ist für die Anordnung ein über das Erlassinteresse hinausgehendes besonderes Vollzugsinteresse erforderlich, das dafür spricht, dass die Vollziehung des Verwaltungsaktes sofort und nicht erst nach Eintritt des Bestands- oder Rechtskraft stattfinden kann.[706] Das besondere Vollzugsinteresse stellt sich hier als Ergebnis einer Interessenabwägung unter Berücksichtigung der für den sofortigen Vollzug sprechenden Belange und des dagegen streitenden Interesses des Betroffenen dar, zunächst von den Vollzugsmaßnahmen verschont zu bleiben.[707] Bei der vorzunehmenden Abwägung ist insbesondere auf Kriterien der Dringlichkeit[708] und Eilbedürftigkeit[709] abzustellen, die am besten geeignet sind, das Interesse des Betroffenen zu überwinden. Zudem ist ferner zu beachten, dass der Börsenrat das nach § 80 Absatz 3 VwGO besondere Interesse an der sofortigen Vollziehung schriftlich zu begründen hat. Hinsichtlich der Begründung der Anordnung des Sofortvollzuges darf er sich jedoch im Wesentlichen auf die Abberufung selbst tragende Gründe stützen, wenn diese Gründe zugleich die Dringlichkeit der sofortigen Vollziehung belegen.[710] Auch wenn der Börsenrat mit dem Erlass des Verwaltungsaktes zugleich die Vollziehung anordnen kann, ist nicht außer Acht zu lassen, dass dem Börsengeschäftsführer das Recht zusteht, nach § 80 Absatz 5 Satz 1 VwGO die Wiederherstellung der aufschiebenden Wirkung zu begehren. Insofern ist an dieser Stelle zu fragen, ob für die Abberufung des Börsengeschäftsführers andere Maßstäbe zugrundezulegen sind. Da der Gesetzgeber die börsenrechtliche Organisationsstruktur dem professionellen Management einer Aktiengesellschaft nachgebildet hat, ist hier eine gewisse Parallele zu einem Vorstandsmitglied nicht von der Hand zu weisen. Es ist bereits ausgeführt worden, dass die Regelungen hinsichtlich des Börsengeschäftsführers denen des Vorstandsmitglieds einer Aktiengesellschaft nachgebildet sind und auch die Gesetzesbegründung dies deutlich zum Ausdruck bringt.[711] Der Gesetzgeber hat also bewusst eine Regelung geschaffen, nach der dem Börsengeschäftsführer

705 Vgl. für Vorstandsmitglieder öffentlich-rechtlicher Sparkassen *Hauschka*, Die Dienstrechtsstellung der Vorstandsmitglieder der öffentlich-rechtlichen Sparkassen, S. 107; für Hauptgeschäftsführer einer IHK OVG Lüneburg, GewArch 2010, 74, 75; OVG Lüneburg, GewArch 2009, 30, 31; *Rickert* in: Frentzel/Jäkel/Junge, IHKG, § 7 Rn. 8.

706 BVerfG NVwZ 1996, 58, 59; BVerfG NVwZ 1985, 409; *Schmidt* in: Eyermann, § 80 VwGO Rn. 35; *Kopp/Schenke*, § 80 VwGO Rn. 92.

707 *Kopp/Schenke*, § 80 VwGO Rn. 93 f.

708 OVG Hamburg, NVwZ-RR 1990, 374, 375; OVG Greifswald, NVwZ 1995, 608.

709 VGH Kassel, NVwZ-RR 1993, 613; *Schmidt* in: Eyermann, § 80 VwGO Rn. 35.

710 OVG Lüneburg, GewArch 2009, 30, 32; *Schmidt* in: Eyermann, § 80 VwGO Rn. 43.

711 BT-Drs. 12/6679, S. 36, 62, 64.

eine ähnliche Stellung wie dem Vorstandsmitglied einer AG zukommen soll. Daher ist es auch gerechtfertigt, die aus der Abberufung eines Vorstandsmitglieds einer AG resultierenden Rechtsfolgen auf den Widerruf der Bestellung eines Börsengeschäftsführers entsprechend anzuwenden. Demzufolge ist unter Heranziehung des Rechtsgedankens aus § 84 Absatz 3 Satz 4 AktG davon auszugehen, dass die Abberufung des Börsengeschäftsführers solange wirksam bleibt, bis seine Unwirksamkeit rechtskräftig durch das Verwaltungsgericht festgestellt worden ist. Nur so können der betriebliche Organisationsablauf und die Leitung des Tagesgeschäfts der Börse gewährleistet werden, ohne dass die Gefahr besteht, dass der aus wichtigem Grund abberufene Börsengeschäftsführer die Arbeit der Börsengeschäftsführung insgesamt blockiert und die Börse damit funktionsunfähig wird. Zudem steht der ordnungsgemäße Börsenhandel im öffentlichen Interesse, weshalb der Börse auch die Möglichkeit zustehen muss, für schnelle und klare Verhältnisse in der Organisationsstruktur zu sorgen, um damit den Markthandel nicht zu gefährden. Stellt das Verwaltungsgericht die Unwirksamkeit der Abberufung fest, ist sodann nach der Rechtswirkung des Urteils zu fragen. Da der Widerruf der Bestellung Gegenstand einer Anfechtungsklage darstellt, richtet sich das Urteil nach § 113 Absatz 1 Satz 1 VwGO. Hiernach hat das Verwaltungsgericht den Verwaltungsakt aufzuheben, soweit dieser rechtswidrig und der Betroffene dadurch in seinen Rechten verletzt ist. Grundsätzlich führt eine erfolgreiche Anfechtungsklage zur Aufhebung des Verwaltungsaktes mit Wirkung ex tunc[712], es sei denn, es soll etwas anderes gelten und dies wird vom Gericht ausdrücklich ausgesprochen. Zu den wenigen Ausnahmen zählt unter anderem die Wirksamkeit von Dauerverwaltungsakten[713], welche mit Wirkung für die Zukunft aufgehoben werden können.[714] Auch die Bestellung zum Börsengeschäftsführer ist als Verwaltungsakt mit Dauerwirkung zu qualifizieren, da mit der Bestellung ein Rechtsverhältnis begründet wird, das langfristig wirksam bleibt, solange es nicht aufgehoben wird. Zieht man ferner den Rechtsgedanken des § 84 Absatz 3 Satz 4 AktG entsprechend heran, kann ebenfalls nicht anderes gelten. Mit der rechtskräftigen Feststellung der Unwirksamkeit des Widerrufs wird auch das abberufene Organmitglied ex nunc wieder Vorstandsmitglied der AG.[715] Mithin ist auch beim Börsengeschäftsführer davon auszugehen, dass die rechtwidrige Abberufung erst mit Wirkung für die Zukunft aufzuheben sein wird. Durch die rechtskräftige Entscheidung erlangt der Börsengeschäftsführer seine Stellung als Organmitglied wieder. Also ist er auch berechtigt, sein Amt als Leitungsorgan der Börse wieder rechtmäßig auszuüben.

---

712 BVerwGE 90, 42, 50; *Schmidt* in: Eyermann, § 113 VwGO Rn. 3; *Kopp/Schenke*, § 113 VwGO Rn. 8; *Gerhardt* in: Schoch/Schneider/Bier, § 113 VwGO Rn. 35.

713 Zum Begriff des Dauerverwaltungsaktes vgl. nur *U. Stelkens* in: Stelkens/Bonk/Sachs, VwVfG, § 35 Rn. 223 ff. mit zahlreichen Beispielen.

714 BVerwG NJW 1995, 1371, 1372 f.; BVerwG NJW 1993, 1729, 1730; *Gerhardt* in: Schoch/Schneider/Bier, § 113 VwGO Rn. 34.

715 OLG Stuttgart, AG 2003, 211, 212; *Hüffer*, § 84 AktG Rn. 34; *Weber* in: Hölters, § 84 AktG Rn. 81; *Spindler* in: MüKoAktG, § 84 Rn. 143.

Von der Abberufung ist die vom Börsenträger ausgesprochene Kündigung zu unterscheiden, welche allein unter dienstvertraglichen Aspekten zu prüfen ist. Anders als bei der Abberufung handelt es sich hierbei um eine zivilrechtliche Streitigkeit, weshalb dem Börsengeschäftsführer der Weg zur Zivilgerichtsbarkeit offensteht. Gegen die außerordentliche Kündigung des Anstellungsvertrags kann das gekündigte Mitglied der Börsengeschäftsführung Klage auf Feststellung der Unwirksamkeit der Kündigung erheben.[716] Die Klage ist gegen den Börsenträger zu richten, den die Darlegungs- und Beweislast für das Vorliegen eines wichtigen Grundes trifft[717] und der im Prozess vom Vorstand vertreten wird. Während die Feststellung der Unwirksamkeit der Abberufung zur Aufhebung mit Wirkung für die Zukunft führt, wirkt die Feststellung der Unwirksamkeit der Kündigung ex tunc.[718] Stellt also das Gericht die Unwirksamkeit der fristlosen Kündigung fest, sind dem Börsengeschäftsführer sämtliche Bezüge nachzuzahlen. Zudem hat der Börsengeschäftsführer daneben die Möglichkeit, die Weiterzahlung der Bezüge im Wege einer Leistungsklage geltend zu machen.[719]

e) Beendigung durch den Börsengeschäftsführer

Ebenso wie die Gesellschaft ist auch grundsätzlich das Vorstandsmitglied berechtigt, seine Rechtsstellung als Organmitglied zu beenden. Hierbei stehen ihm zwei Möglichkeiten zur Verfügung. Zum einen kann das Vorstandsmitglied sein organschaftliches Rechtsverhältnis durch die Amtsniederlegung beenden und zum anderen erlischt sein schuldrechtliches Anstellungsverhältnis, wenn es seinen Dienstvertrag wirksam kündigt. Inwiefern sich diese Grundsätze auf den Börsengeschäftsführer übertragen lassen, wird im Folgenden untersucht.

aa) Amtsniederlegung

Obwohl das AktG das Recht zur Amtsniederlegung nicht kennt, ist ihre rechtliche Zulässigkeit allgemein anerkannt.[720] Bei der Amtsniederlegung handelt es sich um eine einseitige, empfangsbedürftige und formlose Erklärung, welche gegenüber

---

716 *Weber* in: Hölters, § 84 AktG Rn. 113; *Spindler* in: MüKoAktG, § 84 Rn.196; *Thüsing* in: Fleischer, Handbuch des Vorstandsrechts, § 5 Rn. 68; *Fleischer* in: Spindler/Stilz, § 84 AktG Rn. 168; ebenso für Vorstandsmitglieder öffentlich-rechtlicher Sparkassen *Hauschka*, Die Dienstrechtsstellung der Vorstandsmitglieder der öffentlich-rechtlichen Sparkassen, S. 108.

717 BGH NJW 2003, 431, 432; *Beiner*, Der Vorstandsvertrag, Rn. 584; *Hüffer*, § 84 AktG Rn. 40.

718 *Spindler* in: MüKoAktG, § 84 Rn. 196.

719 *Mertens/Cahn* in: KölnerKomm, § 84 AktG Rn. 185; *Spindler* in: MüKoAktG, § 84 Rn. 196.

720 BGH NJW 1980, 2415; BGH NJW 1993, 1198 jeweils für GmbH-Geschäftsführer; *Weber* in: Hölters, § 84 AktG Rn. 86 f; *Spindler* in: MüKoAktG, § 84 Rn. 204; *Thüsing* in: Fleischer, Handbuch des Vorstandsrechts, § 5 Rn. 35 ff; *Hüffer*, § 84 AktG Rn. 36;

der Gesellschaft, vertreten durch den Aufsichtsrat, zu erfolgen hat.[721] Aufgrund des Trennungsprinzips ist eine gleichzeitige Kündigung des Dienstverhältnisses nicht erforderlich. Fraglich ist aber, ob das Vorstandsmitglied jederzeit zur Amtsniederlegung berechtigt ist oder ob es hierzu eines wichtigen Grundes bedarf. In Anlehnung an die Spruchpraxis zum GmbH-Geschäftsführer geht die aktienrechtliche Literatur davon aus, dass das Vorstandsmitglied auch ohne Vorliegen eines wichtigen Grundes berechtigt sein soll, sein Amt niederzulegen und damit seine Organstellung zu beenden.[722] Etwas anderes soll nur dann gelten, wenn die Grenze des Rechtsmissbrauchs überschritten wird. Dies ist insbesondere der Fall, wenn das Vorstandsmitglied die Amtsniederlegung zur Unzeit vornimmt, etwa wenn die Gesellschaft nicht mehr handlungsfähig ist, oder um einen geänderten Anstellungsvertrag oder eine vorzeitige Neubestellung durchzusetzen.[723] Durch die berechtigte Amtsniederlegung verliert das Vorstandsmitglied aber nicht seine Rechte aus dem Anstellungsvertrag. Dem Organmitglied steht in diesem Fall ein berechtigtes Interesse an der Aufrechterhaltung des Anstellungsverhältnisses zu, sofern seine vertraglichen Rechte nicht unlösbar mit der Organstellung verbunden sind.[724] Wenn das aktienrechtliche Schrifttum dem Vorstandsmitglied ein jederzeitiges Recht zur Amtsniederlegung gewähren möchte, ist es doch sehr fraglich, ob diese Erkenntnisse auch auf den Börsengeschäftsführer angewendet werden dürfen. Immerhin besitzt der Börsengeschäftsführer eine öffentlichrechtliche Rechtsposition, mit der eine hoheitliche Aufgabe wahrgenommen wird. Da die Bestellung zum Mitglied der Börsengeschäftsführung einen begünstigenden Verwaltungsakt darstellt, ist danach zu fragen, ob es auch ein verwaltungsrechtliches Institut gibt, welches das Erlöschen einer öffentlich-rechtlichen Rechtsposition herbeiführt. Als Möglichkeit, eine begründete Rechtsposition aufzugeben, kommt hier der Verzicht in Betracht. Das öffentliche Recht sieht zwar keine ausdrückliche Regelung für den Verzicht vor. Gleichwohl ist der Verzicht als eigenständiges, verwaltungsrechtliches Institut

---

Mertens/Cahn in: KölnerKomm, § 84 AktG Rn. 199 ff. jeweils für Vorstandsmitglieder einer AG; eine höchstrichterliche Entscheidung zur Zulässigkeit der Amtsniederlegung von Vorstandsmitgliedern steht freilich noch aus.

721 *Hüffer*, § 84 AktG Rn. 36; *Weber* in: Hölters, § 84 AktG Rn. 86; *Spindler* in: MüKo-AktG, § 84 Rn. 204.

722 BGH WM 2003, 686, 687; BGH NJW 2850, 2851 jeweils für GmbH-Geschäftsführer; zustimmend aus aktienrechtlicher Sicht *Hüffer*, § 84 AktG Rn. 36; *Mertens/Cahn* in: KölnerKomm, § 84 AktG Rn. 199; *Spindler* in: MüKoAktG, § 84 Rn. 204; *Seibt* in: K. Schmidt/Lutter, AktG, § 84 Rn. 56; *Fleischer* in: Spindler/Stilz, § 84 AktG Rn. 142; a. A. *Weber* in: Hölters, § 84 AktG Rn. 86; *Thüsing* in: Fleischer, Handbuch des Vorstandsrechts, § 5 Rn. 36, die einen wichtigen Grund für die Amtsniederlegung verlangen.

723 *Thüsing* in: Fleischer, Handbuch des Vorstandsrechts, § 5 Rn. 37; *Spindler* in: MüKoAktG, § 84 Rn. 204.

724 *Spindler* in: MüKoAktG, § 84 Rn. 204.

anerkannt.[725] Durch den Verzicht hat der Berechtigte die Möglichkeit, mittels einer einseitigen Willenserklärung das Erlöschen seiner Rechtsposition herbeizuführen.[726] Da der Verzicht durch eine einseitige Erklärung erfolgt, wird er erst zu dem Zeitpunkt wirksam, in dem diese Erklärung der Behörde nach § 130 Absatz 1 Satz 1 BGB analog zugeht.[727] Ferner kann auf eine Rechtsposition nur dann verzichtet werden, wenn der Verzichtende zugleich Rechtsinhaber des materiellen Rechts ist und ihm eine Dispositionsbefugnis zusteht.[728] Bei einer Begünstigung ist der Berechtigte grundsätzlich über diese Begünstigung auch dispositionsbefugt. Die Dispositionsbefugnis ist allerdings in solchen Fällen ausgeschlossen, in denen die Verzichtsbefugnis durch besondere gesetzliche Regelungen ausgeschlossen ist. Zudem kann sie auch ohne ausdrückliche Regelungen eingeschränkt sein, wenn die Aufrechterhaltung der begünstigenden Rechtsposition im öffentlichen Interesse steht oder mit der Einräumung der Begünstigung auch gleichzeitig die Übertragung von Pflichten verbunden ist.[729] Anhand dieser Kriterien ist danach zu fragen, ob ein Verzicht auf die Börsengeschäftsführerstellung durch den Geschäftsführer möglich erscheint.

Auf den ersten Blick sind keine Bedenken ersichtlich, warum es dem Börsengeschäftsführer verwehrt sein soll, auf sein Amt zu verzichten. Schließlich ist es allgemein anerkannt, dass der Begünstigte über eine öffentlich-rechtliche Rechtsposition verfügen darf, wenn bei der Rechtsentstehung ein Mitwirkungserfordernis besteht.[730] Obwohl die Bestellung zum Börsengeschäftsführer eine Annahmeerklärung durch den Betroffenen erfordert, stehen der Verzichtsmöglichkeit indes gewichtige öffentliche Belange gegenüber. Durch die Annahmeerklärung erlangt der Börsengeschäftsführer eine Rechtsposition, mit der ihm die Befugnis eingeräumt wird, die Börse in eigener Verantwortung zu leiten. Da die Funktionsfähigkeit des Börsenhandels im öffentlichen Interesse steht, hat die Börsengeschäftsführung ihr Handeln hieran auszurichten. Hierfür stehen den Mitgliedern der Börsengeschäftsführung weitreichende gesetzliche Befugnisse zu, um die im öffentlichen Interesse stehende Aufgabe ordnungsgemäß erfüllen zu können. Mit der Einräumung dieser Befugnisse ist zugleich auch die Übertragung von Pflichten verbunden, weil die Börsengeschäftsführung als Behörde tätig wird und sie aufgrund dieser Stellung öffentliche Pflichten

---

725 BVerwG NVwZ 1982, 196; *Stober* in: Wolff/Bachof/Stober/Kluth, Verwaltungsrecht I, § 43 Rn. 81; *de Wall*, Die Anwendbarkeit privatrechtlicher Vorschriften im Verwaltungsrecht, S. 491 f. m. w. N.; *Sachs* in: Stelkens/Bonk/Sachs, § 53 Rn. 30; *Nebendahl/Rönnau*, NVwZ 1988, 873, 875.

726 *Nebendahl/Rönnau*, NVwZ 1988, 873, 875.

727 *Sachs* in: Stelkens/Bonk/Sachs, § 53 Rn. 34.

728 *Sachs* in: Stelkens/Bonk/Sachs, § 53 Rn. 36 f.; *Nebendahl/Rönnau*, NVwZ 1988, 873, 875 f.; *Maurer*, Allgemeines Verwaltungsrecht, § 14 Rn. 34.

729 *Stober* in: Wolff/Bachof/Stober/Kluth, Verwaltungsrecht I, § 43 Rn. 81; *Nebendahl/Rönnau*, NVwZ 1988, 873, 876; *Sachs* in: Stelkens/Bonk/Sachs, § 53 Rn. 37.

730 Vgl. *Nebendahl/Rönnau*, NVwZ 1988, 873, 877 mit weiteren Nachweisen und zahlreichen Beispielen; auch *Stober* in: Wolff/Bachof/Stober/Kluth, Verwaltungsrecht I, § 43 Rn. 81.

erfüllen kann. Die Börsengeschäftsführer sind gesetzliche Vertreter der Börse, erlassen Verwaltungsakte gegenüber den Handelsteilnehmern und Emittenten und überwachen den Börsenhandel und die Geschäftsabwicklung. Hinzu kommen zahlreiche weitere Aufgaben und Befugnisse, die einen öffentlich-rechtlichen Bezug haben, so dass eine Amtsniederlegung seitens des Börsengeschäftsführers nicht ausschließlich im privaten Interesse liegen kann. Vielmehr überwiegen an dieser Stelle die öffentlichen Interessen an der Aufrechterhaltung der begründeten Rechtsposition, weshalb dem Börsengeschäftsführer die Verzichtsmöglichkeit abzusprechen ist. Will der Börsengeschäftsführer sein Amt niederlegen, muss dies durch einen Antrag auf Aufhebung des Organschaftsverhältnisses geschehen, der an den Börsenrat zu richten ist. In diesem Fall hat der Börsenrat zwar über die Aufhebung zu entscheiden, der Börsengeschäftsführer hat hier allerdings keinen Anspruch auf Aufhebung seiner Rechtsstellung.[731] Unabhängig von der Entscheidung über die Amtsniederlegung bleiben dem Börsengeschäftsführer seine Rechte aus dem Anstellungsverhältnis – wie beim Vorstandsmitglied einer AG – bestehen. Kommt der Börsenrat dem Antrag des Mitglieds der Börsengeschäftsführung auf Aufhebung seiner Rechtsposition nach, hat diese Maßnahme keine Auswirkung auf sein Anstellungsverhältnis zum Börsenträger. Demzufolge behält der Börsengeschäftsführer nach wie vor seine Vergütungs- und Versorgungsansprüche aus dem Dienstvertrag.

bb) Kündigung

Anders als bei der Amtsniederlegung kann hinsichtlich der Kündigung des Anstellungsvertrages auf die über das Vorstandsmitglied einer AG gewonnenen Erkenntnisse zurückgegriffen werden. Hierfür spricht, dass die Stellung des Börsengeschäftsführers der des Vorstandsmitglieds ähnlich ist und beide als gesetzliches Vertretungsorganmitglied in einem privatrechtlichen Anstellungsverhältnis zur Gesellschaft stehen. Ebenso wie der Börsenträger kann also auch der Börsengeschäftsführer sein Anstellungsverhältnis aus wichtigem Grund gemäß § 626 BGB beenden, wobei die Kündigungserklärung gegenüber dem Vorstand als Vertreter der Gesellschaft abzugeben ist.[732] Als wichtiger Grund kommt jede ernsthafte und schwerwiegende Störung der Vertrauensbasis durch den Börsenträger in Betracht.[733]

---

731 Im Ergebnis ebenso für Vorstandsmitglieder öffentlich-rechtlicher Sparkassen *Hauschka*, Die Dienstrechtsstellung der Vorstandsmitglieder der öffentlich-rechtlichen Sparkassen, S. 103; allgemein *Stober* in: Wolff/Bachof/Stober/Kluth, Verwaltungsrecht I, § 52 Rn. 15; *Nebendahl/Rönnau*, NVwZ 1988, 873, 876.

732 Vgl. für Vorstandsmitglieder einer AG *Fleischer* in: Spindler/Stilz, § 84 AktG Rn. 171; *Mertens/Cahn* in: KölnerKomm, § 84 AktG Rn. 198; *Kort* in: GroßKomm-AktG, § 84 Rn. 546 f.; *Hüffer*, § 84 AktG Rn. 11; *Thüsing* in: Fleischer, Handbuch des Vorstandsrechts, § 5 Rn. 77; *Spindler* in: MüKoAktG, § 84 Rn. 197 ff.; *Beiner*, Der Vorstandsvertrag, Rn. 594 ff.

733 *Mertens/Cahn* in: KölnerKomm, § 84 AktG Rn. 198; *Beiner*, Der Vorstandsvertrag, Rn. 594; *Fleischer* in: Spindler/Stilz, § 84 AktG Rn. 170.

Dabei muss das Vertrauensverhältnis so erheblich beeinträchtigt sein, dass dem Börsengeschäftsführer die Fortsetzung seiner Tätigkeit nach einer Interessenabwägung bis zum Auslaufen seines Dienstvertrages oder der ordentlichen Kündigungsfrist nicht zugemutet werden kann.[734] Wann ein wichtiger Grund vorliegt, hängt zwar von den Umständen des Einzelfalles ab. Allerdings wird ein solcher regelmäßig anzunehmen sein, wenn der Börsenträger sich vertragswidrig verhält, wie etwa bei Nichtleistung der Bezüge[735] oder einer unberechtigten Kündigung.[736] Ferner ist ein wichtiger Grund für den Börsengeschäftsführer gegeben, wenn er ohne wichtigen Grund durch den Börsenrat abberufen wird[737] oder unverschuldete Konflikte mit anderen Börsengeschäftsführern oder dem Börsenrat bestehen.[738] Zudem können weitere Kündigungsgründe auch in der persönlichen Sphäre des kündigenden Börsengeschäftsführers liegen. So ist der Börsengeschäftsführer bei einer lang anhaltenden Krankheit oder einer sonstigen persönlichen Verhinderung, die die ordnungsgemäße Amtsausübung unmöglich macht, zur Kündigung berechtigt.[739] Hinzu kommt die Möglichkeit für die Parteien, weitere wichtige Gründe für die fristlose Kündigung des Anstellungsvertrags vertraglich zu definieren.[740] Kündigt der Börsengeschäftsführer seinen Anstellungsvertrag mit dem Börsenträger, ohne dass ein wichtiger Grund vorliegt, ist der Börsenträger seinerseits zur außerordentlichen Kündigung berechtigt. Hält der Börsenträger weiterhin am Vertragsverhältnis fest, steht ihm in diesem Fall ein Schadensersatzanspruch gegen den Börsengeschäftsführer wegen positiver Vertragsverletzung zu.[741] Im Falle der Eigenkündigung hat der Börsengeschäftsführer ferner die Kündigungsfrist von zwei Wochen nach § 626 Absatz 2 Satz 1 BGB einzuhalten.[742] Ist das Dienstverhältnis auf unbestimmte Dauer abgeschlossen worden, kann der Börsengeschäftsführer den Anstellungsvertrag auch unter Einhaltung der Frist nach § 621 BGB ordentlich kündigen.[743] Durch die wirksame Kündigung des Anstellungsvertrags scheidet der Börsengeschäftsführer aus dem Anstellungsverhältnis zum Börsenträger aus. Zudem kann er auch das Organschaftsverhältnis letztlich zum Erlöschen bringen, indem der Börsenrat durch

---

734 *Thüsing* in: Fleischer, Handbuch des Vorstandsrechts, § 5 Rn. 77; *Spindler* in: MüKoAktG, § 84 Rn. 197; *Beiner*, Der Vorstandsvertrag, Rn. 594.

735 *Kort* in: GroßKommAktG, § 84 Rn. 547; *Spindler* in: MüKoAktG, § 84 Rn. 198; *Weber* in: Hölters, § 84 AktG Rn. 108.

736 *Fleischer* in: Spindler/Stilz, § 84 AktG Rn. 170; *Mertens/Cahn* in: KölnerKomm, § 84 AktG Rn. 198.

737 BAG NZG 2002, 1177; 1179; *Weber* in: Hölters, § 84 AktG Rn. 108.

738 BGH NJW 1995, 2850, 2851; *Beiner*, Der Vorstandsvertrag, Rn. 595; *Spindler* in: MüKoAktG, § 84 Rn. 198.

739 *Weber* in: Hölters, § 84 AktG Rn. 108; *Kort* in: GroßKommAktG, § 84 Rn. 548.

740 *Spindler* in: MüKoAktG, § 84 Rn. 199; *Beiner*, Der Vorstandsvertrag, Rn. 595.

741 *Beiner*, Der Vorstandsvertrag, Rn. 599; *Weber* in: Hölters, § 84 AktG Rn. 108; *Fleischer* in: Spindler/Stilz, § 84 AktG Rn. 171.

742 *Kort* in: GroßKommAktG, § 84 Rn. 551; *Beiner*, Der Vorstandsvertrag, Rn. 598.

743 *Spindler* in: MüKoAktG, § 84 Rn. 200; *Kort* in: GroßKommAktG, § 84 Rn. 546.

die ausgesprochene Kündigung zur Abberufung des Geschäftsführers veranlasst wird.[744] Dies ist jedoch nicht zwingend, da es für den Börsenrat durchaus gewichtige Gründe geben mag, die Bestellung zum Börsengeschäftsführer aufrecht zu erhalten.

4. Die analoge Anwendbarkeit arbeitsrechtlicher Vorschriften

a) Allgemeines zur Analogiebildung

Nachdem die Ausführungen zur Rechtsnatur des Anstellungsverhältnisses gezeigt haben, dass der Börsengeschäftsführer grundsätzlich nicht zu den Arbeitnehmern zählt, wird im folgenden Abschnitt der Frage nachgegangen, ob es geboten ist, arbeitsrechtliche Vorschriften bzw. Grundsätze in gewissem Umfang auf sein Anstellungsverhältnis analog anzuwenden. Dazu sei nochmals daran erinnert, dass der Börsengeschäftsführer mit dem Vorstandsmitglied einer AG zwar viele Gemeinsamkeiten aufweist, dem Börsengeschäftsführer in der Praxis jedoch eine weit schwächere Funktion hinsichtlich seiner Organtätigkeit zukommt. Trotz fehlender Arbeitnehmereigenschaft des Vorstandsmitglieds werden nun aber einzelne arbeitsrechtliche Normen auf sein Anstellungsverhältnis analog angewendet.[745] Wenn also zunehmend arbeitsrechtliche Vorschriften oder Grundsätze auf das gesetzliche Vertretungsorgan einer Aktiengesellschaft entsprechend angewendet werden, so muss dies auch für den Börsengeschäftsführer gelten, der ähnlich schutzbedürftig sein kann wie ein Arbeitnehmer. In diesem Zusammenhang ist danach zu fragen, welche Kriterien vorliegen müssen, die im Einzelfall für eine Anwendung arbeitsrechtlicher Vorschriften auf den Börsengeschäftsführer sprechen. Da die Anwendung von Arbeitsrecht nur im Hinblick auf die konkrete arbeitsrechtliche Norm aufgrund einer Einzelfallbetrachtung erfolgen kann[746], sind an dieser Stelle zwei Möglichkeiten denkbar. Zum einen ist an eine direkte Anwendung von Vorschriften zu denken, deren Anwendung nicht vom allgemeinen Begriff des Arbeitnehmers abhängen, die aber üblicherweise zum Recht der abhängig Beschäftigten zählen, und zum anderen kommt die analoge Anwendung von arbeitsrechtlichen Vorschriften in Betracht. Wenn eine arbeitsrechtliche Norm den allgemeinen Arbeitnehmerbegriff voraussetzt, ist die direkte Anwendbarkeit der betreffenden Bestimmung abzulehnen und

---

744 Vgl. ebenso für Vorstandsmitglieder öffentlich-rechtlicher Sparkassen *Hauschka*, Die Dienstrechtsstellung der Vorstandsmitglieder der öffentlich-rechtlichen Sparkassen, S. 103; für Vorstandsmitglieder einer AG *Mertens/Cahn* in: KölnerKomm, § 84 AktG Rn. 104; *Thüsing* in: Fleischer, Handbuch des Vorstandsrechts, § 5 Rn. 1; *Fleischer* in: Spindler/Stilz, § 84 AktG Rn. 92.

745 Siehe zur Rechtsprechungsentwicklung *Fleck*, WM 1981, Sonderbeilage 3, 1, 3 ff.; *ders.*, WM 1985, 677 ff; *ders.*, WM 1994, 1957 ff; aus der aktienrechtlichen Literatur vgl. *Thüsing* in: Fleischer, Handbuch des Vorstandsrechts, § 4 Rn. 54 ff.; *Kort* in: GroßKommAktG, § 84 Rn. 453 ff.; *Spindler* in: MüKoAktG, § 84 Rn. 57 ff.; *Fleischer* in: Spindler/Stilz, § 84 AktG Rn. 27.

746 *Oberrath*, MDR 1999, 134, 135; *Henssler*, RdA 1992, 289, 294.

sodann zu fragen, ob die Vorschrift analog angewendet werden kann. Erfordert hingegen die arbeitsrechtliche Norm nicht, dass der Börsengeschäftsführer den Arbeitnehmerbegriff des allgemeinen Arbeitsrechts erfüllen muss, ist der Geltungsbereich anhand der klassischen Auslegungsmethoden zu bestimmen, wobei den teleologischen Kriterien besondere Bedeutung zukommt.[747] Soweit also die leitenden Zweck- und Wertgedanken des Gesetzes eine Einbeziehung zulassen und hierdurch keine Funktionsstörungen des organrechtlichen Kompetenzbereichs verursacht werden, ist die in Frage stehende arbeitsrechtliche Vorschrift anwendbar.[748]

Damit eine arbeitsrechtliche Vorschrift auf den Anstellungsvertrag des Börsengeschäftsführers analog angewendet werden kann, bedarf es zweier grundlegender Voraussetzungen. Zunächst muss eine Gesetzeslücke bestehen, d.h. es muss eine planwidrige Unvollständigkeit innerhalb des positiven Rechts nachgewiesen werden, wobei der Maßstab für die Gesetzeslücke nur die gesamte geltende Rechtsordnung sein kann.[749] Soweit eine Regelungslücke festgestellt worden ist, ist im nächsten Schritt die Lückenausfüllung vorzunehmen. An diesem Punkt ist festzustellen, ob der ungeregelte Sachverhalt mit dem gesetzlich geregelten im Hinblick auf die zu entscheidende Rechtsfrage übereinstimmt, und schließlich, ob die Übereinstimmung so weit geht, dass das Gleichheitsgebot die Anwendung der Vorschrift gebietet.[750]

Das geltende Arbeitsrecht dient in erster Linie dem Schutz des in der Regel schwächeren Arbeitnehmers gegenüber dem wirtschaftlich stärkeren Arbeitgeber. Da dieses Verhältnis durch eine soziale und oft auch durch eine wirtschaftliche Abhängigkeit gekennzeichnet ist, sollen deshalb die arbeitsrechtlichen Vorschriften das bestehende Abhängigkeitsverhältnis ausgleichen.[751] Der Beschäftigte, der unter den allgemeinen Arbeitnehmerbegriff fällt, stellt damit den typischen Fall des Arbeitnehmers dar, für den der Anwendungsbereich des Arbeitsrechts eröffnet ist. Demgegenüber steht der untypische Fall des Börsengeschäftsführers, der eine unabhängige Organstellung innerhalb der Börsenorganisation genießt und dessen Stellung damit grundsätzlich gegen die Einordnung als Arbeitnehmer spricht. Wenn also der Börsengeschäftsführer nicht in arbeitsrechtliche Vorschriften einbezogen wird, stellt sich somit die Frage, ob überhaupt eine Gesetzeslücke besteht. Nach allgemeiner Meinung sind Lücken immer dort anzutreffen, wo weder das Gesetz noch das Gewohnheitsrecht eine unmittelbare Antwort auf eine Rechtsfrage geben und auch eine ausdehnende Auslegung vorhandener Bestimmungen nicht zu einer Beantwortung ausreicht.[752] Hat der Gesetzgeber dagegen für einen Sachverhalt eine bestimmte Rechtsfolge bewusst abgelehnt, fehlt es an einer Gesetzeslücke und die

747 *Henssler*, RdA 1992, 289, 294 f.; *Gissel*, Arbeitnehmerschutz, S. 124.

748 *Martens* in: FS-Hilger/Stumpf, 437, 450; ähnlich *Fleck* in: FS-Hilger/Stumpf, 197, 210.

749 *Bydlinkski*, Juristische Methodenlehre, S. 473; *Larenz*, Methodenlehre, S. 358.

750 *Larenz*, Methodenlehre, S. 360 f.; *Gissel*, Arbeitnehmerschutz, S. 124.

751 *Linck* in: Schaub, Arbeitsrechts-Handbuch, § 1 Rn. 4; *Richardi* in: Münchener Handbuch zum Arbeitsrecht, § 3 Rn. 30 ff.; *Gissel*, Arbeitnehmerschutz, S. 123; *Kucera*, (FN 89), S. 132.

752 *Engisch*, Einführung, S. 237 f.

Möglichkeit einer analogen Anwendung scheidet aus.[753] Hieraus lässt sich die Erkenntnis gewinnen, dass alle arbeitsrechtlichen Regelungen, die eine Ausschlussklausel für Mitglieder von Vertretungsorganen enthalten[754], von vornherein für eine direkte Anwendung auf den Börsengeschäftsführer nicht in Frage kommen. Mit dem Ausschluss aus dem Anwendungsbereich arbeitsrechtlicher Vorschriften ist aber keineswegs zugleich gesagt, dass eine Gesetzeslücke damit allgemein ausgeschlossen ist. Hätte der Gesetzgeber die Organmitglieder von der Anwendung dieser Bestimmungen vollständig ausschließen wollen, dann wäre die Ausklammerung überflüssig. Insofern ist mit Ausnahme der Fälle, in denen der Gesetzgeber ausdrücklich eine Erstreckung der Regelung auf die gesetzlichen Vertreter juristischer Personen nicht wollte, eine Regelungslücke nicht von vornherein ausgeschlossen.[755]

Mit der Feststellung, dass die analoge Anwendung von Arbeitnehmerschutzvorschriften auf das Anstellungsverhältnis eines Börsengeschäftsführers grundsätzlich möglich ist, ist noch nicht viel gewonnen. Ist eine planwidrige Regelungslücke festgestellt worden, ist in einem weiteren Schritt für die Lückenausfüllung die Vergleichbarkeit des Börsengeschäftsführers mit einem Arbeitnehmer zu fordern. Weil durch die Analogie ein arbeitsrechtlicher Mindestschutz erreicht werden soll, der über die allgemeinen schuldrechtlichen Sicherungsmechanismen nicht hinreichend erreicht werden kann, hängt die Vergleichbarkeit von der individuellen Schutzbedürftigkeit des Börsengeschäftsführers ab. Entscheidende Bedeutung kommt in diesem Zusammenhang dem Merkmal der wirtschaftlichen Abhängigkeit zu. Auch wenn die wirtschaftliche Abhängigkeit weder ein notwendiges noch ein hinreichendes Kriterium darstellt, um einen Beschäftigten als Arbeitnehmer einzustufen[756], so darf doch nicht außer Acht gelassen werden, dass dieses Merkmal regelmäßig einen Teilaspekt der Arbeitnehmerstellung bildet. Wenn der Arbeitnehmer sich in die Dienste eines anderen begibt, ist er regelmäßig auf die Verwertung seiner Arbeitskraft und die Einkünfte aus der Dienstleistung als Existenzgrundlage angewiesen.[757] Nichts anderes gilt für Organmitglieder juristischer Personen. Auch das Organmitglied, das seine Arbeitskraft über einen längeren Zeitraum hinweg der Gesellschaft hauptberuflich zur Verfügung stellt, ist zur Sicherung seines Lebensunterhalts auf die über den Dienstvertrag erworbenen Einkünfte angewiesen, weshalb es sich hierdurch in eine wirtschaftliche Abhängigkeit zur Gesellschaft begibt.[758] Da der Anstellungsvertrag ebenso regelmäßig die einzige Haupteinnahmequelle des Börsengeschäftsführers

---

753 *Bydlinkski*, Juristische Methodenlehre, S. 475; *Gissel*, Arbeitnehmerschutz, S. 124.

754 Z. B. § 5 Absatz 1 Satz 3 ArbGG, § 5 Absatz 2 Nr. 1 BetrVG, § 14 Absatz 1 Nr. 1 KSchG.

755 *Kucera*, (FN 89), S. 131.

756 BGH NJW 1967, 1982; BAG AP Nr. 12 zu § 611 BGB Abhängigkeit, BAG NZA 1992, 407, 408.

757 BAG NJW 2007, 1709, 1710; BAG NJOZ 2006, 3821, 3822; BAG NZA 2002, 1412, 1415; BAG NZA 2001, 285, 286; BAG NZA 1999, 1175, 1176.

758 *Hueck*, ZfA 1985, 25, 32; *Fleck* in: FS-Hilger/Stumpf, 197, 209 f.; *Martens* in: FS-Hilger/Stumpf, 437, 439 ff.; *Henssler*, RdA 1992, 289, 294 f, 297.

sein wird, ist das betroffene Organmitglied damit auf die Vergütung angewiesen. Demzufolge erscheint es folgerichtig, den Börsengeschäftsführer hinsichtlich der Absicherung seiner Existenzgrundlage insoweit den Arbeitnehmern gleichzustellen und die entsprechende Anwendung all jener arbeitsrechtlichen Normen zu erwägen, die nicht spezifisch auf die persönliche Abhängigkeit des Börsengeschäftsführers abstellen, sondern einer Minimalsicherung der wirtschaftlichen Existenz im Rahmen eines langfristigen entgeltlichen Beschäftigungsverhältnisses dienen.[759] Dies kann im Einzelfall dazu führen, dass einzelne Arbeitnehmerschutzvorschriften auf den Börsengeschäftsführer entsprechend angewendet werden können, sofern der Anstellungsvertrag ein dem typischen Arbeitsvertrag vergleichbares Gepräge besitzt und die Stellung des Geschäftsführers als Organmitglied sowie gesetzliche Vorschriften einer analogen Anwendung nicht entgegenstehen.[760] Soweit die Prüfung nach Maßgabe der vorstehend entwickelten Voraussetzungen ergeben sollte, dass die Position des Börsengeschäftsführers mit der eines abhängig Beschäftigten nicht vergleichbar ist, scheidet eine analoge Anwendung arbeitsrechtlicher Vorschriften auf die Börsengeschäftsführer aufgrund fehlender sozialer Schutzbedürftigkeit aus.

b) Analoge Anwendung einzelner Arbeitnehmerschutzvorschriften

Im Folgenden sollen einzelne arbeitsrechtliche Vorschriften dahingehend untersucht werden, inwieweit ihre analoge Anwendung aufgrund der im vorangehenden Abschnitt erläuterten Grundsätze auf das Anstellungsverhältnis der Börsengeschäftsführer bejaht werden kann.

aa) Bundesurlaubsgesetz

Das Bundesurlaubsgesetz (BUrlG) regelt den gesetzlichen Anspruch von Arbeitnehmern auf Erholungsurlaub. Zu der Frage, ob auch dem Börsengeschäftsführer ein Urlaubsanspruch nach dem BUrlG zusteht, ist bislang keine richterliche Entscheidung ergangen. Allerdings hatte sich die Rechtsprechung in mehreren Urteilen mit der Frage auseinanderzusetzen, ob dem GmbH-Geschäftsführer ein Anspruch auf Abgeltung des Urlaubs zusteht, wenn die Gewährung von Freizeit aus bestimmten Gründen nicht mehr möglich war.[761] Nach Ansicht des BGH ist auch der Urlaubsanspruch des GmbH-Geschäftsführers grundsätzlich nur auf Gewährung

759 Vgl. auch *Mertens/Cahn* in: KölnerKomm, § 84 AktG Rn. 37; *Kort* in: GroßKomm-AktG, § 84 Rn. 459; *Thüsing* in: Fleischer, Handbuch des Vorstandsrechts, § 4 Rn. 56; *Fleck* in: FS-Hilger/Stumpf, S. 197, 205 f.; *Henssler*, RdA 1992, 289, 297; *Spindler* in: MüKoAktG, § 84 Rn. 64; *Beiner*, Der Vorstandsvertrag, Rn. 181.

760 Ähnlich auch *Fleck* in: FS-Hilger/Stumpf, S. 197, 205 ff.; *Henssler*, RdA 1992, 289, 297; *Beiner*, Der Vorstandsvertrag, Rn. 181, *Martens* in: FS-Hilger/Stumpf, 437, 450; *Kucera*, (FN 89), S. 143 f.; für den GmbH-Geschäftsführer BGHZ 49, 30, 32; *Gissel*, Arbeitnehmerschutz, S. 125 mit jeweils weiteren Nachweisen.

761 BGH NJW 1963, 535; OLG Celle, NZG 1999, 78; OLG Düsseldorf, NJW-RR 2000, 768.

von Freizeit unter Fortzahlung der vereinbarten Vergütung gerichtet. Ausnahmsweise komme aber ein Abgeltungsanspruch in Betracht, wenn die Gewährung von Freizeit wegen Beendigung des Arbeitsverhältnisses nicht mehr möglich sei oder der Umfang der geleisteten Arbeit und die Verantwortung für das Unternehmen die Gewährung von Freizeit im Urlaubsjahr ausgeschlossen haben.[762] Diese Grundsätze sind zwar für die sozial abhängigen Arbeitnehmer herausgebildet worden, sie können aber grundsätzlich auch auf den Urlaubsanspruch der Organmitglieder einer juristischen Person angewendet werden.[763] Die Rechtsprechung zur Abgeltung des Urlaubsanspruchs eines GmbH-Geschäftsführers entsprechend der Regelung in § 7 Absatz 4 BUrlG hat auch im Schrifttum allgemein Zustimmung erfahren.[764] Anknüpfend an die Rechtsprechung zum GmbH-Geschäftsführer wendet die aktienrechtliche Literatur diese Grundsätze sinngemäß auch auf das Vorstandsmitglied an.[765] Während der Abgeltungsanspruch damit anerkannt wird, wird das Vorstandsmitglied grundsätzlich aus dem Anwendungsbereich des BUrlG mit dem Hinweis auf die fehlende Arbeitnehmereigenschaft herausgenommen.[766] Stattdessen soll sich der Erholungsurlaub in aller Regel nach dem Anstellungsvertrag richten. Fehlt eine ausdrückliche Vereinbarung im Anstellungsvertrag, soll das Vorstandsmitglied auch ohne besondere Abrede einen Anspruch auf bezahlten Erholungsurlaub aufgrund der dienstvertraglichen Fürsorgepflicht der Gesellschaft haben.[767]

Nach § 1 BUrlG hat jeder Arbeitnehmer einen Anspruch auf bezahlten Erholungsurlaub. Da der Börsengeschäftsführer kein Arbeitnehmer im Sinne des § 2 BUrlG ist und das Gesetz keine Ausschlussklausel für Organmitglieder juristischer Personen enthält, hängt die Frage der analogen Anwendung davon ab, ob die Stellung des Geschäftsführers mit der eines Arbeitnehmers vergleichbar ist. Diese Frage kann nicht generell für alle Börsengeschäftsführer beantwortet werden, weil die Antwort von den Umständen des Einzelfalls abhängt. Entscheidend an dieser Stelle ist der Gedanke der sozialen Schutzbedürftigkeit, welche sich aus dem Schutzzweck des Gesetzes ableiten lässt. Dem BUrlG liegt der Zweck zugrunde, einen Mindestschutz für die Regenerierung der Arbeitnehmer zu garantieren, die wegen

---

762 BGH NJW 1963, 535; OLG Düsseldorf, NJW-RR 2000, 768.

763 BGH NJW 1963, 535; OLG Düsseldorf, NJW-RR 2000, 768, 769.

764 *Fleck* in: FS-Hilger/Stumpf, 197, 215; *ders.*, WM 1981, Sonderbeilage 3, 1, 7; *Gissel*, Arbeitnehmerschutz, S. 129; *Bauer*, DB 1979, 2178, 2179; *Zöllner/Noack* in: Baumbach/Hueck, GmbHG, § 35 Rn. 177.

765 *Fleischer* in: Spindler/Stilz, § 84 AktG Rn. 63; *Mertens/Cahn* in: KölnerKomm, § 84 AktG Rn. 87; *Weber* in: Hölters, § 84 AktG Rn. 49; *Spindler* in: MüKoAktG, § 84 Rn. 96.

766 *Kort* in: GroßKommAktG, § 84 Rn. 457; *Thüsing* in: Fleischer, Handbuch des Vorstandsrechts, § 4 Rn. 76; *Mertens/Cahn* in: KölnerKomm, § 84 AktG Rn. 39; *Weber* in: Hölters, § 84 AktG Rn. 49.

767 *Thüsing* in: Fleischer, Handbuch des Vorstandsrechts, § 4 Rn. 77; *Fleischer* in: Spindler/Stilz, § 84 AktG Rn. 63; *Spindler* in: MüKoAktG, § 84 Rn. 96; zurückhaltend *Henssler*, RdA 1992, 289, 295.

ihrer Weisungsabhängigkeit zum Arbeitgeber nicht selbst in der Lage sind, einen angemessenen Urlaubsanspruch durchzusetzen.[768] Fraglich ist, ob dieser Schutzzweck in gleicher Weise den Börsengeschäftsführer erfassen kann. Im Gegensatz zu einem Arbeitnehmer unterliegt der Börsengeschäftsführer einer ständigen Dienstbereitschaft, da ohne ihn die Börse nicht handlungsfähig ist. Während eines Erholungsurlaubs steht er grundsätzlich nicht zur Verfügung. Jedoch herrscht darüber Einigkeit, dass in Fällen dringender Angelegenheiten die Organmitglieder aufgrund ihrer besonderen Stellung und ihrer Treuepflicht gegenüber der Gesellschaft zur Unterbrechung oder zum Abbruch ihres Urlaubs verpflichtet sind.[769] Nichts anderes kann für den Börsengeschäftsführer gelten. Aus der besonderen Verantwortung für die Anstalt und dem Erfordernis der ordnungsgemäßen Geschäftsführung muss vom Börsengeschäftsführer in kritischen Zeiten mehr Einsatz verlangt werden als von einem abhängig Beschäftigten. Daher ist der Urlaubsanspruch des Börsengeschäftsführers nicht nach denselben Kriterien zu beurteilen wie beim Arbeitnehmer. Dass hierfür andere Maßstabe anzulegen sind, ergibt sich auch aus der vorrangigen Rechtsgeltung des Organverhältnisses.[770] Überall dort, wo der Börsengeschäftsführer auf die Belange der Geschäftsführung Rücksicht nehmen muss, haben arbeitsrechtliche Schutzbestimmungen zurückzustehen. Mithin ist es auch sachgerecht, den Börsengeschäftsführer aus dem Anwendungsbereich des BUrlG auszuschließen. Dies bedeutet aber nicht, dass das Organmitglied schutzlos gestellt ist. Regelmäßig wird auch der Anstellungsvertrag des Börsengeschäftsführers eine Urlaubsklausel enthalten, aus der man einen Anspruch auf bezahlte Freistellung zu Erholungszwecken ableiten kann. Fehlt eine solche Vereinbarung, steht dem Börsengeschäftsführer gleichwohl ein Anspruch auf angemessenen bezahlten Erholungsurlaub aus der dienstvertraglichen Fürsorgepflicht des Börsenträgers zu.[771] Der Urlaub kann abweichend vom gesetzlichen Urlaubsanspruch des Arbeitnehmers kürzer ausfallen und der Anstellungsvertrag kann erforderlichenfalls die Vereinbarung enthalten, den Urlaub wegen wichtiger, gemeinsamer Entscheidungsfindung nach Möglichkeit vorzeitig abzubrechen.[772] Hinsichtlich der weiteren Rechtsfragen kann für den Urlaubsanspruch des Börsengeschäftsführers auf die für das Vorstandsmitglied geltenden Grundsätze zurückgegriffen werden. So kann der Urlaubsanspruch

768 *Henssler*, RdA 1992, 289, 296; *Gissel*, Arbeitnehmerschutz, S. 130; *Gallner* in: ErfK, § 1 BUrlG Rn. 4 ff.; *Neumann/Fenski*, § 1 BUrlG Rn. 65, 71; *Richardi/Fischinger* in: Staudinger, § 611 BGB Rn. 1131 ff. mit jeweils weiteren Hinweisen.

769 *Thüsing* in: Fleischer, Handbuch des Vorstandsrechts, § 4 Rn. 77; *Mertens/Cahn* in: KölnerKomm, § 84 AktG Rn. 39; *Kucera*, (FN 89), S. 148; *Wehrmeyer*, Die arbeitsrechtliche Einordnung der Organe juristischer Personen, S. 185; *Gissel*, Arbeitnehmerschutz, S. 131.

770 *Martens* in: FS-Hilger/Stumpf, 437, 450; *Henssler*, RdA 1992, 289, 297.

771 *Weber* in: Hölters, § 84 AktG Rn. 49; *Fleischer* in: Spindler/Stilz, § 84 AktG Rn. 62; *Spindler* in: MüKoAktG, § 84 Rn. 96; *Seibt* in: K. Schmidt/Lutter, § 84 Rn. 33; *Kort* in: GroßKommAktG, § 84 Rn. 421.

772 *Thüsing* in: Fleischer, Handbuch des Vorstandsrechts, § 4 Rn. 77.

gemäß § 7 Absatz 3 BUrlG analog auf das nächste Jahr übertragen werden, sofern dringende börsenbetriebliche Gründe oder in der Person des Börsengeschäftsführers liegende Gründe eine solche Übertragung rechtfertigen.[773] Wegen der Weisungsunabhängigkeit des Börsengeschäftsführers ist zwar eine Urlaubsgenehmigung durch den Vorstand des Börsenträgers nicht erforderlich, notwendig ist aber in diesem Zusammenhang eine angemessene Berücksichtigung der Börsenbelange sowie eine interne Abstimmung mit den übrigen Börsengeschäftsführern, um eine Gefährdung des Börsenbetriebs in jeglicher Hinsicht zu vermeiden.[774]

bb) Mutterschutzgesetz

Das Mutterschutzgesetz (MuSchG) richtet sich vorrangig an die schwangere Mutter und soll dieser sowie dem werdenden Kind einen Schutz vor Gefahren für Leben und Gesundheit am Arbeitsplatz, vor finanziellen Einbußen und vor dem Verlust des Arbeitsplatzes vor und einige Zeit nach der Entbindung gewährleisten.[775] Mit der Verabschiedung des MuSchG erfüllte der Gesetzgeber den in Artikel 6 Absatz 4 GG erteilten Auftrag, jeder Mutter den Schutz und die Fürsorge der Gemeinschaft zukommen zu lassen.[776] Ferner enthält die EU-Mutter-schutzrichtlinie[777] weitere Regelungen zur Verbesserung der Sicherheit und des Gesundheitsschutzes von schwangeren Arbeitnehmerinnen am Arbeitsplatz. Der besondere Mutterschutz wird durch die Mutterschutzverordnung[778] komplettiert, welche auf der Umsetzung der Mutterschutzrichtlinie beruht und darüber hinaus ergänzende Vorschriften zum Schutz von Müttern am Arbeitsplatz enthält. Der umfassende Schutz werdender Mutter findet direkte Anwendung aber nur bei Frauen, die in einem Arbeitsverhältnis stehen (vgl. § 1 Nr. 1 MuSchG). Nach der vorliegend vertretenen Ansicht stehen die Börsengeschäftsführer allerdings in einem freien Dienstverhältnis zum Börsenträger, weshalb das MuSchG auf eine Börsengeschäftsführerin keine unmittelbare Anwendung findet.[779] Hieran anknüpfend stellt sich allerdings die Frage nach einer analogen Anwendung dieses Gesetzes. Dies wird in der Literatur kontrovers

---

773 OLG Düsseldorf NJW-RR 2000, 768, 769 (für die GmbH); *Fleischer* in: Spindler/Stilz, § 84 AktG Rn. 63; *Spindler* in: MüKoAktG, § 84 Rn. 96.

774 *Weber* in: Hölters, § 84 AktG Rn. 49; *Kort* in: GroßKommAktG, § 84 Rn. 424; *Thüsing* in: Fleischer, Handbuch des Vorstandsrechts, § 4 Rn. 77.

775 *Linck* in: Schaub, Arbeitsrechts-Handbuch, § 166 Rn. 1; *Heenen* in: Münchener Handbuch zum Arbeitsrecht, § 305 Rn. 1; *Schlachter* in: ErfK, § 1 MuSchG Rn. 1; *Gissel*, Arbeitnehmerschutz, S. 131.

776 BVerfG NJW 1972, 572; *Linck* in: Schaub, Arbeitsrechts-Handbuch, § 166 Rn. 2; *Heenen* in: Münchener Handbuch zum Arbeitsrecht, § 305 Rn. 1.

777 Richtlinie 92/85/EWG vom 19.10.1992 in ABl. EG L Nr. 348, S. 1.

778 Mutterschutzverordnung – MuSchV vom 15.04.1997, BGBl. I S. 782.

779 Soweit ersichtlich gibt es derzeit keinen weiblichen Börengeschäftsführer an den Regionalbörsen.

diskutiert. Während das überwiegende Schrifttum[780] eine analoge Anwendung des MuSchG auf weibliche Organmitglieder ablehnt oder erst gar nicht in Betracht zieht, geht eine Mindermeinung[781] von einer vergleichbaren Schutzbedürftigkeit zu den Arbeitnehmerinnen und damit einer entsprechenden Anwendbarkeit des MuSchG aus. Möglicherweise muss der Streit gar nicht entschieden werden, wenn nach dem Urteil des EuGH vom 11.11.2010[782] für die weiblichen Organmitglieder etwas anderes gelten soll. Nach der Entscheidung des EuGH bestimmt sich die Einstufung eines Organmitglieds einer Kapitalgesellschaft als Arbeitnehmerin nicht nach einzelstaatlichem Recht, sondern richtet sich nach den eigenständigen Vorgaben des Unionrechts.[783] Maßgeblich sei allein, ob das Organmitglied während einer bestimmten Zeit für einen anderen nach dessen Weisung Leistungen erbringe, für welche es eine Vergütung erhalte. Dies könne auch auf das Organmitglied einer Kapitalgesellschaft zutreffen, das gegen Entgelt Leistungen gegenüber der Gesellschaft erbringe, die es bestellt habe und in die es eingegliedert sei, das seine Tätigkeit nach der Weisung oder unter der Aufsicht eines anderen Organs dieser Gesellschaft ausübe und das jederzeit ohne Einschränkung von seinem Amt abberufen werden könne.[784] Ob ein Unterordnungsverhältnis bzw. eine Weisungsgebundenheit im Sinne des unionsrechtlichen Arbeitnehmerbegriffs vorliege, sei in jedem Einzelfall nach Gesamtwürdigung aller Umstände zu beantworten.[785] Liege danach eine Arbeitnehmereigenschaft eines weiblichen Mitglieds der Unternehmensleitung im unionsrechtlichen Sinne vor, sei auch Artikel 10 der Richtlinie 92/85/EWG, also das Kündigungsverbot nach § 9 MuSchG, anwendbar.[786] Ferner weist der EuGH darauf hin, dass unabhängig von der Arbeitnehmereigenschaft des weiblichen Organmitgliedes eine Abberufung während der Schwangerschaft nach der Richtlinie 76/207/EWG[787] unzulässig sei. Eine solche Abberufung könne nur Frauen treffen und stelle damit eine unionsrechtlich verbotene Diskriminierung aufgrund des Geschlechts dar.[788] Die vom EuGH getroffene Entscheidung kann weitreichende Konsequenzen für das deutsche Recht haben. Nach bisherigem Verständnis gilt das MuSchG nur für Frauen, die in einem Arbeitsverhältnis stehen, nicht aber für weibliche

780 *Beiner*, Vorstandsvertrag, Rn. 183; *Zöllner/Noack* in: Baumbach/Hueck, GmbHG, § 35 Rn. 178; *Freckmann*, DStR 2008, 52, 56; *Hümmerich*, NJW 1995, 2177, 2181; *Buchner/Becker*, § 1 MuSchG Rn. 96; *Heenen* in: Münchener Handbuch zum Arbeitsrecht, § 305 Rn. 7; *Schlachter* in: ErfK, § 1 MuSchG Rn. 3; *Linck* in: Schaub, Arbeitsrechts-Handbuch, § 166 Rn. 8; *Mertens/Cahn* in: KölnerKomm, § 84 AktG Rn. 39.

781 *Kucera*, (FN 89), S. 172 f.; *Wehrmeyer*, Die arbeitsrechtliche Einordnung der Organe juristischer Personen, S. 187 f.; *Gissel*, Arbeitnehmerschutz, S. 131 ff.

782 EuGH AG 2011, 165 ff. (Danosa).

783 EuGH AG 2011, 165, 166 (Danosa).

784 EuGH AG 2011, 165, 166 (Danosa).

785 EuGH AG 2011, 165, 166 (Danosa).

786 EuGH AG 2011, 165, 167 (Danosa).

787 Richtlinie 76/207/EWG vom 09.02.1976 in ABl. Nr. L 39, S. 40.

788 EuGH AG 2011, 165, 168 (Danosa).

Organmitglieder. Diese Auffassung kann nach den europäischen Vorgaben nicht mehr aufrechterhalten werden. Fraglich ist aber nunmehr, auf welche Art und Weise die europäische Rechtsprechung im nationalen Recht zu berücksichtigen ist. Zu weit geht der von *Fischer*[789] vorgeschlagene Ansatz, das europäische Recht so anwenden zu wollen, dass eine unmittelbare Rechtsanwendung der Arbeitnehmerschutzvorschriften auf alle Organmitglieder erreicht wird. Fischer verkennt hier, dass der unionsrechtliche Arbeitnehmerbegriff sich allein auf das Unionsrecht selbst beschränkt, in dessen Anwendungsbereich nur dieser Arbeitnehmerbegriff allein maßgeblich ist. Somit können das nationale Begriffsverständnis und die unionsrechtliche Betrachtungsweise durchaus zu unterschiedlichen Ergebnissen kommen, weil das Unionsrecht eine einheitliche Auslegung der Vorschriften beider Rechtsordnungen keineswegs stets vorschreibt.[790] Damit ist aber das genannte Problem noch nicht bewältigt. Deshalb könnte daran gedacht werden, die europäische Rechtsprechung im Rahmen einer analogen Anwendung zu berücksichtigen. Hierfür müsste aber zunächst eine planwidrige Regelungslücke bestehen. Man wird allerdings davon ausgehen müssen, dass § 1 Nr. 1 MuSchG gerade nicht lückenhaft ist, weil die ausdrückliche Einbeziehung von Heimarbeiterinnen und ihnen Gleichgestellten in § 1 Nr. 2 MuSchG, die nach allgemeinem Verständnis als arbeitnehmerähnliche Personen einzustufen sind, gegen die Einbeziehung anderer nicht in einem Arbeitsverhältnis stehender Personen in den Schutzbereich des MuSchG spricht. Da der gesetzgeberische Wille unverkennbar einer Einbeziehung entgegensteht, ist auch eine entsprechende Anwendung auf weibliche Organmitglieder nicht möglich.[791] Damit stellt sich zuletzt die Frage, ob der Anwendungsbereich des MuSchG im Wege einer richtlinienkonformen Auslegung auf weibliche Organmitglieder ausgedehnt werden kann. Die richtlinienkonforme Auslegung stellt einen eigenständigen Teil der nationalen Auslegungsmethodik dar, welche neben die herkömmlichen Auslegungsformen als ein diese partiell verdrängendes Auslegungsverfahren tritt.[792] Nach der Rechtsprechung des EuGH hat das nationale Gericht die innerstaatliche Vorschrift unter voller Ausschöpfung des Beurteilungsspielraums, den ihm das nationale Recht einräumt, soweit wie möglich am Wortlaut und Zweck der Richtlinie auszulegen, um das mit der Richtlinie verfolgte Ziel zu erreichen.[793] Die Grenzen einer richtlinienkonformen Auslegung werden hierbei durch die allgemeinen Auslegungsregeln bestimmt. Freilich verlangt der Grundsatz der richtlinienkonformen

789 *Fischer*, NJW 2011, 2329, 2332.

790 *Oberthür*, NZA 2011, 253, 257.

791 So im Ergebnis auch *Buchner/Becker*, § 1 MuSchG Rn. 96; *Lunk* in: FS-Bauer, S. 705, 707; *Oberthür*, NZA 2011, 253, 256; *von Steinau-Steinrück/Mosch*, NJW-Spezial 2011, 178.

792 Vgl. *Piekenbrock/Schulze*, WM 2002, 521, 523; *Canaris* in: FS-Bydlinski, 47, 79 mit jeweils weiteren Nachweisen.

793 St. Rspr. EuGH NJW 2004, 2547, 2549 (Pfeiffer); EuGH NJW 2000, 2571, 2572 f. (Océano Grupo Editorial und Salvat Editores); EuGH NJW 1994, 2473, 2474 (Faccini Dori).

Auslegung mehr als eine bloße Gesetzesauslegung im engeren Sinne, also eine Rechtsfindung innerhalb des Gesetzeswortlauts.[794] Das nationale Gericht sei – so sagt es der BGH – aufgrund seiner Pflicht zur richtlinienkonformen Auslegung angehalten, das nationale Recht, wo dies nötig und möglich sei, nach den nationalen Methoden richterlicher Rechtsfindung richtlinienkonform fortzubilden.[795] Nach deutschem Rechtsverständnis zählen zu den Mitteln einer Rechtsfortbildung die teleologische Extension oder Reduktion, die analoge Anwendung von Normen sowie die Bildung von Fallnormen.[796] Lässt sich mit Hilfe der dargestellten Methode erkennen, dass der nationale Gesetzgeber nicht alle Konsequenzen der gewählten Gesetzesfassung bedacht hat, ist eine innerstaatliche Norm daraufhin zu untersuchen, ob der Gesetzgeber bei voller Kenntnis der Probleme eine ergänzende oder einschränkende Gesetzesfassung normiert hätte. Durch eine solche richtlinienkonforme Auslegung darf indes der erkennbare gesetzgeberische Wille nicht verändert werden.[797]

Unter Zugrundelegung dieser Maßstäbe kann der Anwendungsbereich des § 1 Nr. 1 MuSchG richtlinienkonform ausgelegt werden. Hierfür ist das Vorliegen einer verdeckten Regelungslücke im Sinne einer planwidrigen Unvollständigkeit des Gesetzes erforderlich, d. h. das Gesetz darf im Wege der teleologischen Extension eine bestimmte Regelung seinem möglichen Wortsinn nach nicht erfassen.[798] Die Anwendbarkeit des MuSchG auf weibliche Organmitglieder hängt also entscheidend vom Begriff des Arbeitnehmers ab. Zwar ist der Begriff des Arbeitnehmers gesetzlich nicht definiert. Er hat aber in der Vergangenheit durch die Rechtsprechung und die Literatur eine anerkannte Begriffsbestimmung erfahren. Gerade die Ausführungen zur Arbeitnehmereigenschaft der Organmitglieder haben jedoch gezeigt, dass sowohl die Rechtsprechung[799] als auch die arbeitsrechtliche Literatur[800] unter engen Voraussetzungen den Arbeitnehmerstatus eines Organmitglieds anerkennen. Somit entspricht es dem nationalen Rechtsverständnis, dass der Arbeitnehmerbegriff vom Einzelfall abhängt und die Arbeitnehmereigenschaft nur nach einer Gesamtwürdigung aller Umstände festgestellt werden kann. Ein solches Begriffsverständnis

794 BGH NJW 2009, 427, 428; *Piekenbrock/Schulze*, WM 2002, 521, 524; *Oberthür*, NZA 2011, 253, 256.

795 BGH NJW 2009, 427, 429; *Canaris* in: FS-Bydlinski, 47, 81 f.; *Grosche/Höft*, NJOZ 2009, 2294, 2298.

796 *Grosche/Höft*, NJOZ 2009, 2294, 2298; zu den einzelnen Rechtsfortbildungsmethoden siehe *Bydlinkski*, Juristische Methodenlehre, S. 475 ff.; *Canaris* in: FS-Bydlinski, 47, 90.

797 BAG NZA 2004, 375, 381; BVerfG AP Nr. 2 zu § 26 ArbGG 1979; *Piekenbrock/Schulze*, WM 2002, 521, 524; *Oberthür*, NZA 2011, 253, 256.

798 BGH NJW 2009, 427, 429; BGHZ 149, 165, 174; *Canaris* in: FS-Bydlinski, 47, 82; *Grosche/Höft*, NJOZ 2009, 2294, 230.

799 BAG NJW 2007, 3228 ff.; BAG NZA 1999, 987 ff.

800 *Preis* in: ErfK, § 611 BGB Rn. 139; *Henssler*, RdA 1992, 289, 300; *Vogelsang* in: Schaub, Arbeitsrechts-Handbuch, § 14 Rn. 3 mit jeweils weiteren Hinweisen.

ermöglicht damit eine dynamische Betrachtungsweise, um die im Laufe der Zeit neu hinzugetretenen Berufsformen eindeutig einordnen zu können. Mithin ist bei der richtlinienkonformen Auslegung des Arbeitnehmerbegriffs davon auszugehen, dass die Anforderungen an das Vorliegen einer Weisungsabhängigkeit weniger eng gefasst werden müssen, als das bislang angenommen worden ist. In diesem Zusammenhang bleibt die Grundannahme, dass ein Arbeitsverhältnis sich durch eine Weisungsabhängigkeit kennzeichnet, beibehalten. Man wird aber nach Maßgabe der europäischen Vorgaben in Zukunft davon ausgehen müssen, dass das Bestehen der Weisungsabhängigkeit nicht nur arbeitsvertraglich bestimmt wird, sondern auch die gesellschaftrechtlich begründete Weisungsunterworfenheit in der Gesamtwürdigung Berücksichtigung findet.[801] Mithin liegt eine verdeckte Regelungslücke vor, weil der Geltungsbereich des MuSchG eine Einschränkung gegenüber dem Anwendungsbereich der Richtlinie enthält und dieser Zustand nicht in Einklang mit der Richtlinie zu bringen ist.

Die Erweiterung des Anwendungsbereichs des MuSchG entspricht auch dem Willen des deutschen Gesetzgebers. Nach überwiegender Auffassung ist ein entsprechender Wille des Gesetzgebers regelmäßig anzunehmen, wenn der Gesetzgeber durch die Umsetzung einer Richtlinie diese grundsätzlich in seinen Willen aufgenommen und ins nationale Recht integriert hat, weshalb die Richtlinie in diesem Fall als Bestandteil der Gesamtrechtsordnung gesehen werden kann.[802] Beim MuSchG hat der Gesetzgeber erstmals seinen Willen zur ordnungsgemäßen Umsetzung der Richtlinie dadurch zum Ausdruck gebracht, dass er im Jahre 1996 das MuSchG an die Vorgaben der Mutterschutzrichtlinie 92/85/EWG angepasst hat.[803] Gleichzeitig hat er den Mutterschutz für Hausangestellte verbessert, obwohl er sich wegen des eingeschränkten Anwendungsbereichs der Mutterschutzrichtlinie nicht durch das europäische Recht zu einer solchen Regelung veranlasst sah.[804] Zudem sollte nach dem Willen des Gesetzgebers mit der weitergehenden Änderung des MuSchG[805] die Mutterschutzrichtlinie endgültig im nationalen Recht umgesetzt werden.[806] Damit entspricht eine richtlinienkonforme Auslegung dieses Gesetzes auch dem offen dokumentierten Willen des Gesetzgebers. Im Ergebnis ist also hinsichtlich der Anwendbarkeit des MuSchG der unionsrechtliche Arbeitnehmerbegriff zugrundezulegen, weshalb die weiblichen Organmitglieder die innerstaatlichen Regelungen für sich in Anspruch nehmen können. Dies gilt jedoch nur für die

---

801 *Oberthür*, NZA 2011, 253, 256; *Wank/Matthies*, NZA 2007, 353 ff.

802 BAG NZA 2009, 538, 544; *Canaris* in: FS-Bydlinski, 47, 85; *Auer*, NJW 2007, 1106, 1108; *Oberthür*, NZA 2011, 253, 256; offen gelassen von *Grosche/Höft*, NJOZ 2009, 2294, 2305 f.

803 Gesetz zur Änderung des Mutterschutzrechts vom 20.12.1996, BGBl. I S. 2110.

804 BT-Drs. 13/2763, S. 6.

805 Zweites Gesetz zur Änderung des Mutterschutzrechts vom 16.06.2002, BGBl. I S. 1812.

806 BT-Drs. 14/8525, S. 7.

Geschäftsführerin einer GmbH.[807] Anders als bei einer lettischen Aktiengesellschaft, bei der die Geschäftsführerin jederzeit durch die Gesellschafterversammlung abberufen werden konnte, kann das weibliche Vorstandsmitglied einer deutschen Aktiengesellschaft nur aus einem wichtigen Grund vorzeitig aus seiner Funktion entlassen werden. Hierdurch wird seine unabhängige Stellung gegenüber anderen Gesellschaftsorganen besonders gestärkt. Der Einflussnahme durch den Aufsichtsrat oder gar die Hauptversammlung sind jedenfalls von vorneherein enge Grenzen gesetzt. Dieselben Grundsätze gelten auch für die Börsengeschäftsführerinnen. Auch diese können nur gemäß § 84 Absatz 3 AktG analog abberufen werden. Zudem kommt hier die Besonderheit hinzu, dass nach deutschem Rechtsverständnis zwischen organschaftlichem Rechtsverhältnis und schuldrechtlicher Anstellung zu differenzieren ist. Der EuGH ist auf diese wichtige Unterscheidung nicht eingegangen. Sein Urteil lässt sich aber so verstehen, als ob die von ihm aufgestellten Maßstäbe sich auch auf die Organstellung auswirken würden. Dies kann aber nicht richtig sein, weil gerade in Fällen der Drittanstellung eine derartige Unterscheidung zwingend notwendig erscheint. Da vorliegend zwischen der Bestellungseinrichtung und der Anstellungsgesellschaft differenziert werden muss, dürfen arbeitsrechtliche Richtlinien nicht in das Organisationsrecht der Börse eingreifen. Die Anwendbarkeit des MuSchG lässt sich mit den Interessen der Börse – der Aufrechterhaltung eines funktionsfähigen Börsenbetriebs – nicht mehr vereinbaren.[808] Mithin ist im Ergebnis festzuhalten, dass die Börsengeschäftsführerin auch im Wege einer richtlinienkonformen Auslegung nicht in den Anwendungsbereich des MuSchG fällt.

cc) Entgeltfortzahlungsgesetz

Das Entgeltfortzahlungsgesetz (EFZG) regelt die Zahlung des Arbeitsentgelts an gesetzlichen Feiertagen und die Fortzahlung des Arbeitsentgelts im Krankheitsfalle an Arbeitnehmer und Heimarbeiter (vgl. § 1 Absatz 1 EFZG). Weil das Gesetz auf die Definition eines Arbeitnehmers verzichtet, muss auf den allgemeinen Arbeitnehmerbegriff zurückgegriffen werden.[809] Nicht anspruchsberechtigt sind demnach die Börsengeschäftsführer, da sie nicht zu den Arbeitnehmern zählen.[810] Für solche Fälle werden aber in der Praxis vertragliche Abreden getroffen. In Ermangelung einer Vereinbarung zwischen dem Börsenträger und dem Börsengeschäftsführer stellt sich die Frage nach einer analogen Anwendbarkeit der Vorschriften aus dem EFZG. Eine sinngemäße Anwendung der Vorschriften scheidet indes mangels Vorliegens

807 Im Ergebnis ebenso *Bauer*, GWR 2010, 586; a. A. *Fischer*, NJW 2011, 2329, 2331.

808 Ähnlich *Henssler*, RdA 1992, 289, 297; *Bauer*, GWR 2010, 586 für die Aktiengesellschaft.

809 *Müller-Glöge* in: MüKoBGB, § 1 EFZG Rn. 5; *Reinhard* in: ErfK, § 1 EFZG Rn. 2.

810 Vgl. allgemein für Organmitglieder *Linck* in: Schaub, Arbeitsrechts-Handbuch, § 98 Rn. 1; *Reinhard* in: ErfK, § 1 EFZG Rn. 2; für Vorstandsmitglieder *Spindler* in: MüKoAktG, § 84 Rn. 92; *Fleischer* in: Spindler/Stilz, § 84 AktG Rn. 63; *Beiner*, Vorstandsvertrag, Rn 183.

einer planwidrigen Regelungslücke aus. Der Börsengeschäftsführer hat im Krankheitsfall zwar keinen Anspruch auf Vergütung nach dem EZFG. Gleichwohl steht er nicht vollständig schutzlos da. In diesem Fall richtet sich sein Vergütungsanspruch nach § 616 BGB, wo ausdrücklich der Fortbestand von Vergütungsansprüchen für den Fall angeordnet wird, dass der Dienstverpflichtete für eine verhältnismäßig nicht erhebliche Zeit aus einem in seiner Person liegenden Grund, aber schuldlos, an der Dienstleistung verhindert ist.[811] Was als verhältnismäßig nicht erhebliche Zeit anzusehen ist, bestimmt sich nur unter Berücksichtigung aller Fallumstände, wobei insbesondere der Verhinderungsgrund zu berücksichtigen ist und die Sechswochenfirst aus § 3 Absatz 1 EFZG hier als Richtschnur dient.[812] Aus Gründen der Rechtssicherheit ist daher für Verhinderungsfälle aus persönlichen Gründen eine ausdrückliche Regelung über die Dauer einer Vergütungsfortzahlung im Dienstvertrag dringend zu empfehlen.

dd) Arbeitnehmererfindungsgesetz

Das Arbeitnehmererfindungsgesetz (ArbnErfG), das alle Erfindungen und technischen Verbesserungsvorschläge von Arbeitnehmern im privaten und öffentlichen Dienst erfasst, findet auf den Börsengeschäftsführer keine unmittelbare Anwendung, weil für die Bestimmung des Arbeitnehmerbegriffs im Sinne dieses Gesetzes die allgemeinen arbeitsrechtlichen Grundsätze gelten und aus diesem Grund der Börsengeschäftsführer nicht zu den Arbeitnehmern zählt.[813] Für eine sinngemäße Anwendung des Gesetzes bedarf es einer planwidrigen Regelungslücke. Eine analoge Anwendbarkeit des ArbnErfG scheitert aber am eindeutigen Willen des Gesetzgebers, der im Gesetzgebungsverfahren zum ArbnErfG bewusst die Organmitglieder aus dem Anwendungsbereich herausgenommen hat.[814] Den bewussten Ausschluss aus dem Geltungsbereich des Gesetzes hat der Gesetzgeber mit dem

---

811 Vgl. ebenso für Vorstandsmitglieder *Weber* in: Hölters, § 84 AktG Rn. 47; *Spindler* in: MüKoAktG, § 84 Rn. 92; *Fleischer* in: Spindler/Stilz, § 84 AktG Rn. 47; a. A. *Kort* in: GroßKommAktG, § 84 Rn. 416, der sich für eine sinngemäße Anwendung des EFZG ohne nähere Begründung ausspricht; für GmbH-Geschäftsführer *Gissel*, Arbeitnehmerschutz, S. 133 f.; *Reinhard* in: ErfK, § 1 EFZG Rn. 2.

812 Ebenso *Preis* in: ErfK, § 616 BGB Rn. 10a; *Linck* in: Schaub, Arbeitsrechts-Handbuch, § 97 Rn. 18; *Beiner*, Vorstandsvertrag, Rn. 274; *Bauer*, DB 1979, 2178, 2179; a. A. *Weber* in: Hölters, § 84 AktG Rn. 47; *Spindler* in: MüKoAktG, § 84 Rn. 92; offen gelassen von *Fleischer* in: Spindler/Stilz, § 84 AktG Rn. 47.

813 Ebenso für Organmitglieder von Kapitalgesellschaften BGH NJW-RR 1990, 349; OLG Düsseldorf, GRUR 2000, 49, 50; *Koch* in: Schaub, Arbeitsrechts-Handbuch, § 114 Rn. 6; *Henssler*, RdA 1992, 289, 296; *Beiner*, Vorstandvertrag, Rn. 183; *Fleck* in: FS-Hilger/Stumpf, 197, 217; *Mertens/Cahn* in: KölnerKomm, § 84 AktG Rn. 39; a. A. *Wehrmeyer*, Die arbeitsrechtliche Einordnung der Organe juristischer Personen, S. 195 f.

814 *Henssler*, RdA 1992, 289, 296, insbesondere FN 98; *Gissel*, Arbeitnehmerschutz, S. 135.

Argument begründet, die Betroffenen müssten in ihrer Funktion als Organmitglieder gerade über die Erfindervergütungen in den Betrieben entscheiden, weshalb es daher zu Interessengegensätzen kommen könne.[815] Aufgrund dieses eindeutigen Willens des Gesetzgebers scheitert eine analoge Anwendbarkeit des ArbnErfG auf die Anstellung des Börsengeschäftsführers. Ebensowenig ist eine entsprechende Heranziehung einzelner Regelungen im Wege einer erweiternden Auslegung des Anstellungsvertrags möglich.[816] Das schließt indes keinesfalls aus, dass die Parteien konkludent oder ausdrücklich die Anwendbarkeit des ArbnErfG im Anstellungsvertrag vereinbaren können.[817] Mithin ist der Praxis zu empfehlen, entsprechende Regelungen im Anstellungsvertrag vorzusehen, da es bei einem Börsengeschäftsführer ausnahmsweise durchaus zu einem erheblichen Abhängigkeitsverhältnis kommen kann.

ee) Schwerbehindertenschutz

Bei der Frage nach der Anwendbarkeit einzelner Arbeitnehmerschutzvorschriften findet sich auch das Problem, ob sich der Schwerbehindertenschutz auf das Anstellungsverhältnis des Börsengeschäftsführers erstreckt. Insbesondere geht es hier um den spezifischen Schutz des schwerbehinderten Arbeitnehmers gemäß §§ 71 ff. SGB IX einschließlich des Sonderkündigungsschutzes eines schwerbehinderten Arbeitnehmers nach §§ 85 ff. SGB IX. Man wird jedoch nach § 90 Absatz 1 Nr. 2 in Verbindung mit § 73 Absatz 2 Nr. 5 SGB IX davon ausgehen müssen, dass die Vorschriften über die Beschäftigungspflicht für Schwerbehinderte einschließlich der besonderen Kündigungsregelungen für diese Personengruppe nicht für den Börsengeschäftsführer gelten, weil die genannten Vorschriften alle Personen, die nach ständiger Übung in ihre Stellung gewählt werden, vom Kündigungsschutz ausschließen. Aufgrund der Tatsache, dass der Börsengeschäftsführer durch den Börsenrat zum Vertretungsorgan der Börse gewählt wird, ist wegen des insoweit eindeutigen Wortlauts der erwähnten Bestimmungen eine Anwendbarkeit der Kündigungsschutzvorschriften für Schwerbehinderte auf das Mitglied der Börsengeschäftsführung ausgeschlossen.[818] Mangels einer planwidrigen Regelungslücke kommt

815 BT-Drs. II Nr. 1648, S. 17.

816 BGH NJW-RR 1990, 349; BGH GRUR 1965, 302, 304; *Gissel*, Arbeitnehmerschutz, S. 135; a. *Fleck* in: FS-Hilger/Stumpf, 197, 217; *Kort* in: GroßKommAktG, § 84 Rn. 457; *Kucera*, (FN 89), S. 153.

817 BGH GRUR 1965, 302, 304; *Bauer*, DB 1979, 2178, 2180 f.; *Mertens/Cahn* in: KölnerKomm, § 84 AktG Rn. 39; *Gissel*, Arbeitnehmerschutz, S. 135.

818 Vgl. ebenfalls BGH NJW 1978, 1435, 1437; OLG München, NZA-RR 2007, 579, 580; *Mertens/Cahn* in: KölnerKomm, § 84 AktG Rn. 39; *Gissel*, Arbeitnehmerschutz, S. 145; *Kort* in: GroßKommAktG, § 84 Rn. 460; *Henssler*, RdA 1992, 289, 296; *Spindler* in: MüKoAktG, § 84 Rn. 61; *Fleischer* in: Spindler/Stilz, § 84 AktG Rn. 29; *Beiner*, Vorstandsvertrag, Rn. 183; wohl auch *Wehrmeyer*, Die arbeitsrechtliche Einordnung der Organe juristischer Personen, S. 187.

auch eine analoge Anwendung nicht in Betracht.[819] Der Gesetzgeber hat zwar bei der Novellierung des Schwerbehindertengesetzes (jetzt SGB IX) im Jahr 1974 die Ausschlussklausel für Vertretungsorgane juristischer Personen in § 19 Abs. 1 i. V. m. § 5 Abs. 2 b) SchwbG in der Fassung vom 14. August 1961 herausgenommen. Mit dieser Regelung hat er aber keine sachliche Änderung gewollt.[820] Daher spricht auch die Gesetzeshistorie gegen eine analoge Anwendung des Sonderkündigungsschutzes auf das Anstellungsverhältnis des Börsengeschäftsführers. Folglich wird das Mitglied der Börsengeschäftsführung von den §§ 85 ff. SGB IX nur dann erfasst, wenn es ausnahmsweise auf der Grundlage eines Arbeitsvertrags beschäftigt wird.[821]

ff) Arbeitszeitgesetz

Mit dem im Jahr 1994 verabschiedeten Arbeitszeitgesetz (ArbZG) sollen die Sicherheit und der Gesundheitsschutz der Arbeitnehmer sowie die Rahmenbedingungen für flexible Arbeitszeiten verbessert werden (vgl. § 1 ArbZG). In den Anwendungsbereich des ArbZG fallen alle Arbeitnehmer im Sinne des § 2 Absatz 2 ArbZG, also Arbeiter und Angestellte sowie die zu ihrer Berufsbildung Beschäftigten. Da es sich bei dieser Formulierung lediglich um eine Umschreibung handelt, muss auf den allgemeinen arbeitsrechtlichen Begriff des Arbeitnehmers zurückgegriffen werden.[822] Der Börsengeschäftsführer, der nicht zu den Arbeitnehmern zählt, fällt somit aus dem Anwendungsbereich des Gesetzes heraus. Fraglich ist, ob die Vorschriften des ArbZG sinngemäß angewendet werden können. Hierzu bedarf es einer planwidrigen Regelungslücke, deren Vorliegen allerdings aus guten Gründen abgelehnt werden muss. Hierfür spricht die Vorschrift des § 18 Absatz 1 Nr. 1 ArbZG, wonach das ArbZG auf leitende Angestellte im Sinne des § 5 Absatz 3 BetrVG sowie Chefärzte nicht anzuwenden ist. Die Herausnahme dieser Personengruppen aus dem Geltungsbereich des ArbZG legt den Gedanken nahe, dass auch Organmitglieder aus dem Anwendungsbereich ausgeschlossen werden sollen. Andernsfalls wäre es nicht zu erklären, warum die leitenden Angestellten, welche vom Arbeitgeber rechtsgeschäftlich übertragene Arbeitgeberfunktionen wahrnehmen und somit der obersten Leitungsmacht unterstehen[823], aus dem Anwendungsbereich des ArbZG herausfallen, die Mitglieder der Vertretungsorgane dagegen in den Genuss des ArbZG kommen sollen. Zudem weist auch der Gesetzgeber in der amtlichen Gesetzesbegründung zum ArbZG daraufhin, dass der Arbeitnehmerbegriff aus § 2 Absatz 2 ArbZG dem des § 5 Absatz 1 BetrVG entspricht[824], in dem die Mitglieder

---

819 So aber *Kucera*, (FN 89), S. 149 ff. für Vorstandsmitglieder von Aktiengesellschaften.

820 BGH NJW 1978, 1435, 1437; *Gissel*, Arbeitnehmerschutz, S. 145.

821 Vgl. OLG München, NZA-RR 2007, 579, 580; *Koch* in: Schaub, Arbeitsrechts-Handbuch, § 179 Rn. 1; *Vogelsang* in: Schaub, Arbeitsrechts-Handbuch, § 14 Rn. 5.

822 *Wank* in: ErfK, § 2 ArbZG Rn. 3; *Baeck/Deutsch*, § 2 ArbZG Rn. 86.

823 *Hueck* in: FS-Hilger/Stumpf, 365, 375; *Hueck*, ZfA 1985, 25, 31.

824 BT-Drs. 12/5888, S. 23.

des Vertretungsorgans nach § 5 Absatz 2 Nr. 1 BetrVG ausdrücklich vom Anwendungsbereich ausgeschlossen werden. Man muss also dem Gesetzgeber unterstellen, dass er zwar auf eine ausdrückliche Ausschlussklausel bewusst verzichtet hat, eine andere Rechtsfolge für die Organmitglieder als eben diesen Ausschluss damit aber nicht gewollt ist. Im Ergebnis bleibt es also dabei, dass aufgrund mangelnder Sozialschutzbedürftigkeit des Börsengeschäftsführers das ArbZG keine sinngemäße Anwendung auf sein Anstellungsverhältnis findet.[825]

gg) Arbeitsrechtlicher Gleichbehandlungsgrundsatz

Der arbeitsrechtliche Gleichbehandlungsgrundsatz untersagt dem Arbeitgeber die willkürliche Schlechterstellung einzelner Arbeitnehmer gegenüber anderen Arbeitnehmern in vergleichbarer Lage.[826] Obwohl seine dogmatische Begründung umstritten ist[827], ist seine Geltung in § 1b Absatz 1 Satz 4 BetrVG ausdrücklich anerkannt. Demzufolge wird nach überwiegender Auffassung der arbeitsrechtliche Gleichbehandlungsgrundsatz als Gewohnheitsrecht akzeptiert.[828] Die Anwendung des Gleichbehandlungsgrundsatzes kommt vor allem bei Gewährung von freiwilligen Sozialleistungen durch den Arbeitgeber wie insbesondere Gratifikationen und Ruhegeldern in Betracht, die nicht nur einzelnen Arbeitnehmern aufgrund individueller Abreden gewährt wurden. Bei Verstoß des Arbeitgebers gegen den Gleichbehandlungsgrundsatz hat der betroffene Arbeitnehmer einen unmittelbaren Anspruch auf die vorenthaltene Leistung.[829] Soweit dem Gleichbehandlungsgrundsatz hiernach eine anspruchsbegründende Wirkung zukommt, betrifft dies freilich nur die Arbeitnehmer. Fraglich ist daher, ob auch der Börsengeschäftsführer Ansprüche aus dem Gleichbehandlungsgrundsatz geltend machen kann. Da für die Anwendung dieses Grundsatzes zur Begründung individualrechtlicher Ansprüche ein kollektives Moment vorausgesetzt wird[830], liegt der Gedanke nahe, dem Börsengeschäftsführer Gleichbehandlungsansprüche abzusprechen. Allerdings ist nicht von der Hand zu weisen, dass auch der Börsengeschäftsführer ein berechtigtes Interesse daran hat, nicht willkürlich gegenüber anderen Mitgeschäftsführern

---

825 So auch im Ergebnis für AG-Vorstandsmitglieder *Spindler* in: MüKoAktG, § 84 Rn. 61; *Kort* in: GroßKommAktG, § 84 Rn. 457; *Mertens/Cahn* in: KölnerKomm, § 84 AktG Rn. 39; *Beiner*, Vorstandsvertrag, Rn. 183; *Zöllner/Noack* in: Baumbach/Hueck, GmbHG, § 35 Rn. 177; *Altmeppen* in: Roth/Altmeppen, GmbHG, § 6 Rn. 77 letztere für den GmbH-Geschäftsführer.

826 BAG NJOZ 2002, 1933, 1936; *Preis* in: ErfK, § 4 TzBfG Rn. 13; *Gissel*, Arbeitnehmerschutz, S. 127.

827 Ausführlich zur Herleitung dieses Prinzips vgl. *Richardi* in: Münchener Handbuch zum Arbeitsrecht, § 9 Rn. 8 ff.

828 *Preis* in: ErfK, § 611 BGB Rn. 574; *Müller-Glöge* in: MüKoBGB, § 611 Rn. 1122; *Linck* in: Schaub, Arbeitsrechts-Handbuch, § 112 Rn. 2.

829 BAG NZA 2007, 1424, 1425; *Linck* in: Schaub, Arbeitsrechts-Handbuch, § 112 Rn. 27; *Richardi* in: Münchener Handbuch zum Arbeitsrecht, § 9 Rn. 52.

830 *Fleck* in: FS-Hilger/Stumpf, 197, 211.

benachteiligt zu werden. Demensprechend wendet die Rechtsprechung den arbeitsrechtlichen Gleichbehandlungsgrundsatz unter bestimmten Voraussetzungen auch auf das Anstellungsverhältnis von Organmitgliedern an, etwa bei Gewährung von jährlichen Gehaltserhöhungen auch ohne ausdrückliche Vereinbarung.[831] Nach dem BGH können lediglich die Mitgeschäftsführer und unter bestimmten zusätzlichen Voraussetzungen auch die leitenden Angestellten als vergleichbare Personengruppen für einen Anspruch aus dem Gleichbehandlungsgrundsatz herangezogen werden.[832] Weil dem Börsengeschäftsführer vergleichbar einem GmbH-Geschäftsführer eine schwächere Funktion als dem Vorstandsmitglied einer AG zukommt und er auch seine wirtschaftliche Existenz sicherstellen können muss, sind vorliegend dem Börsengeschäftsführer Ansprüche nach dem Gleichbehandlungsgrundsatz zuzuerkennen. Dies gilt auch im Vergleich mit dem Leiter der Handelsüberwachungsstelle, wenn der Börsenträger bei der Gestaltung der Dienstverträge keinen grundlegenden Unterschied zwischen den Börsengeschäftsführern und dem Leiter der Handelsüberwachungsstelle macht, sondern erstere im wesentlichen als leitende, wenn auch mit zusätzlichen besonderen Funktionen betraute Angestellte behandelt.[833] Diese sachliche Differenzierung ist zudem auch deshalb gerechtfertigt, da die Börsengeschäftsführer meist zugleich leitende Angestellte des Börsenträgers sind. Ein Anspruch auf Gleichbehandlung mit den Vorstandsmitgliedern des Börsenträgers ist hingegen abzulehnen. Denn die Börsengeschäftsführer leiten die Börse als Anstalt des öffentlichen Rechts und nicht etwa den Börsenträger als Privatunternehmen, weshalb hier eine sachliche Differenzierung zwischen diesen beiden Arten von Organmitgliedern erfolgen muss.

hh) Betriebliche Übung

Das Institut der betrieblichen Übung ist gewohnheitsrechtlich anerkannt. Es ist von der Rechtsprechung ausschließlich aus Gesichtspunkten des Arbeitnehmerschutzes entwickelt worden. Nach der Rechtsprechung des BAG ist unter einer betrieblichen Übung die regelmäßige Wiederholung bestimmter Verhaltensweisen des Arbeitgebers zu verstehen, aus denen die Arbeitnehmer schließen können, ihnen solle eine Leistung oder eine Vergünstigung auf Dauer eingeräumt werden. Das als Vertragsangebot zu wertende Verhalten des Arbeitgebers werde seitens der Arbeitnehmer durch widerspruchslose Inanspruchnahme der Leistung angenommen, wobei der Zugang der Annahmeerklärung nach § 151 Satz 1 BGB entbehrlich sei. Für die Entstehung eines solchen vertraglichen Anspruchs sei aber entscheidend, wie

---

831 BGH NJW-RR 1990, 1313, 1313 f.

832 BGH NJW-RR 1990, 1313, 1314; dem BGH folgend *Henssler*, RdA 1992, 289, 299 f.; *Groß*, Anstellungsverhältnis des GmbH-Geschäftsführers, S. 353 f.; *Gissel*, Arbeitnehmerschutz, S. 129; *Beiner*, Vorstandsvertrag, Rn. 182; *Kort* in: GroßKommAktG, § 84 Rn. 465; *Fleck*, WM 1994, 1957, 1960.

833 So der BGH NJW-RR 1990, 1313, 1314 ausdrücklich für den GmbH-Geschäftsführer; allgemein für Organmitglieder *Henssler*, RdA 1992, 289, 300.

der Erklärungsempfänger das Verhalten des Arbeitgebers nach Treu und Glauben unter Berücksichtigung aller Begleitumstände (§§ 133, 157 BGB) verstehen musste und durfte.[834] Die Sonderleistungen stellen zwar den Hauptanwendungsbereich der betrieblichen Übung dar, das Institut findet aber auch bei allen Arbeitsvertragsinhalten Anwendung.[835] Hinsichtlich der Sonderzahlungen hat die Rechtsprechung bei einer mindestens dreimaligen vorbehaltlosen Gewährung einer Gratifikation an die gesamte Belegschaft durch den Arbeitgeber eine Verpflichtung für die Zukunft angenommen.[836] Auf der Basis dieser Rechtsprechung wird damit ein Anspruch für die Folgejahre begründet. Somit ist das Institut der betrieblichen Übung vom arbeitsrechtlichen Gleichbehandlungsgrundsatz streng zu unterscheiden, aus dem ein Anspruch bereits dann entsteht, sobald und solange der Arbeitgeber nach seiner Regel vergleichbare Arbeitnehmergruppen besser behandelt als den Anspruchsteller. Dagegen wirkt die einmal entstandene betriebliche Übung bis zu ihrer wirksamen Beendigung in die Zukunft hinein, und zwar unabhängig davon, ob der Arbeitgeber anderen Arbeitnehmern solche Sonderleistungen gewährt.[837] Außerhalb der Sonderzahlungen stellt sich die Annahme einer aus betrieblicher Übung entstandenen Leistung schwierig dar und hängt deshalb von den Umständen des Einzelfalles ab.

Da das Rechtsinstitut der betrieblichen Übung vorrangig aus Arbeitnehmerschutzgesichtspunkten entwickelt worden ist, stellt sich auch hier die Frage nach der Anwendbarkeit auf das Anstellungsverhältnis des Börsengeschäftsführers. Hierzu ist keine Rechtsprechung ersichtlich. Allerdings kann nach Auffassung des BGH eine betriebliche Übung im Hinblick auf die Person des Vorstandsmitglieds entstehen und dann bei der Auslegung des Anstellungsvertrags eine Rolle spielen.[838] Ob diese Grundsätze auf den Börsengeschäftsführer übertragen werden können, hängt maßgeblich davon ab, inwieweit seine Rechtsstellung derjenigen eines Vorstandsmitglieds ähnlich ist. Hiernach muss eine Anwendbarkeit des Instituts der betrieblichen Übung ausscheiden. Im Verhältnis zwischen Börsenträger und Börsengeschäftsführer wird es anders als im Verhältnis von Arbeitgeber und Arbeitnehmer regelmäßig an dem für eine betriebliche Übung erforderlichen kollektiven Bezug mangeln.[839] Bei der Anstellung spielen vielmehr individuelle Gesichtspunkte eine

---

834 Sog. Vertragstheorie, siehe BAG NJW 2011, 2314, 2314 f.; BAG NZA 2010, 759, 760; BAG NZA 2009, 196, 198; aus der Literatur siehe *Preis* in: ErfK, § 611 Rn. 220a; *Müller-Glöge* in: MüKoBGB, § 611 Rn. 413 f.; *Koch* in: Schaub, Arbeitsrechts-Handbuch, § 110 Rn. 3 f.

835 *Preis* in: ErfK, § 611 Rn. 220.

836 St. Rspr. BAG AP Nr. 84 zu § 242 BGB Betriebliche Übung; BAG NZA 2009, 1105, 1106; BAG NZA 2009, 601.

837 *Müller-Glöge* in: MüKoBGB, § 611 Rn. 1124.

838 BGH NJW-RR 1995, 796.

839 So auch der BGH WM 1969, 686, 688 für Vorstandsmitglieder einer Aktiengesellschaft; der Rechtsprechung folgend *Fleck* in: FS-Hilger/Stumpf, 197, 214; *Hueck*, ZfA 1985, 25, 34; *Nebendahl*, NZA 1992, 289, 294.

Rolle. Wird dem Börsengeschäftsführer eine freiwillige Zuwendung durch den Börsenträger gewährt, darf er nicht darauf vertrauen, dass dies auch in Zukunft geschehen wird. Erfolgt eine wiederholte, vorbehaltlose Zuwendung an alle Arbeitnehmer, kann der Arbeitnehmer hieraus schließen, dass der Arbeitgeber einen kollektiven Sachverhalt einheitlich regeln möchte, ohne auf das komplizierte Mittel der Vertragsänderung zurückgreifen zu wollen. Hingegen weiß der Börsengeschäftsführer aber, dass es bei der Zuwendung um eine individuell gerichtete Sonderleistung geht. Solche zusätzlichen Leistungen können problemlos zwischen dem Börsenträger und Börsengeschäftsführer vertraglich vereinbart werden. Demzufolge kennt der Börsengeschäftsführer den mangelnden Kollektivbezug solcher Zuwendungen, weshalb er auch nicht in schutzwürdiger Weise davon ausgehen darf, dass aufgrund mehrmaliger Gewährung einer freiwilligen Leistung ein Rechtsanspruch auf Weitergewährung in der Zukunft begründet wird.[840] Mithin kann der Börsengeschäftsführer nur mit Mitteln der Vertragsänderung die Gewährung freiwilliger Sonderzahlungen für die Zukunft erzielen. Daher kann er sich zur Begründung von Ansprüchen gegen die Gesellschaft nicht auf das arbeitsrechtliche Sonderinstitut der betrieblichen Übung stützen.

ii) Grundsätze über die Beschränkung der Arbeitnehmerhaftung

Verursacht ein Arbeitnehmer in Ausführung seiner Tätigkeit einen Schaden, wird seine Haftung durch die von der Rechtsprechung geschaffenen Grundsätze über eine Einschränkung der Arbeitnehmerhaftung gemildert. Der Umfang seiner Haftung hängt von seinem Verschuldensgrad ab, so dass er gelegentlich gar nicht oder jedenfalls regelmäßig nur beschränkt für den eingetretenen Schaden einzustehen hat. Nach Ansicht des BAG gilt die Haftungsbeschränkung für alle betrieblich veranlassten Arbeiten, welche aufgrund eines Arbeitsverhältnisses geleistet werden, auch wenn diese Arbeiten nicht gefahrgeneigt sind.[841] Hierbei werden die Grundsätze über die beschränkte Arbeitnehmerhaftung aus einer entsprechenden Anwendung des § 254 BGB hergeleitet, wonach diese Vorschrift über ihren Wortlaut hinaus auch anwendbar sein soll, wenn den Geschädigten zwar kein Verschulden treffe, er aber für den entstandenen Schaden aufgrund einer von ihm zu vertretenden Betriebsgefahr verantwortlich sei.[842] Da die Haftungsbeschränkung des Arbeitnehmers vom Bestehen eines Arbeitsverhältnisses abhängt, finden die Regeln der Haftungsbegrenzung auf Organmitglieder juristischer Personen grundsätzlich keine

840 Im Ergebnis ebenso für den GmbH-Geschäftsführer *Nebendahl*, NZA 1992, 289, 294; *Hueck*, ZfA 1985, 29, 34 f.; a. A. *Gissel*, Arbeitnehmerschutz, S. 153.

841 St. Rspr., vgl. BAG NZA 2007, 1230, 1233; BAG NZA 2004, 649, 650; BAG NZA 1994, 1083, 1084.

842 BAG NZA 1994, 1083, 1084; BAG NJW 1958, 235, 237; der Rechtsprechung zustimmend *Henssler* in: MüKoBGB, § 619a Rn. 9; *Preis* in: ErfK, § 619a BGB Rn. 10; *Linck* in: Schaub, Arbeitsrechts-Handbuch, § 59 Rn. 32 ff.

Anwendung, sofern sie nicht ausnahmsweise als Arbeitnehmer einzustufen sind.[843] Gleiches gilt auch für den Börsengeschäftsführer. Nach der hier vertretenen Auffassung ist der Börsengeschäftsführer gewöhnlich kein Arbeitnehmer, weshalb die angeführten Regeln über eine Haftungsbegrenzung nicht ohne weiteres angewendet werden können. So ist beim Börsengeschäftsführer trotz der hier zugrundegelegten Trennungstheorie das Zusammenspiel von Organstellung und Anstellung zu beachten. Der Börsengeschäftsführer erfüllt aus seiner Sicht primär seine Pflichten gegenüber der Börse als deren Vertretungsorgan. Da der Anstellungsvertrag aber mit dem Börsenträger geschlossen wird, beruht die Ausfüllung seiner Organstellung gleichzeitig auf dienstvertraglicher Ebene.[844] Hinzu kommt die gesetzliche Formulierung in § 12 Absatz 1 Satz 1 BörsG, wonach die Geschäftsführer die Börse in eigener Verantwortung zu leiten haben. Der Wortlaut des § 12 Absatz 1 Satz 1 BörsG ist mit dem des § 76 Absatz 1 AktG identisch, weshalb der Gedanke nahe liegt, den für Vorstandsmitglieder angeordneten Sorgfaltsmaßstab (§ 93 Absatz 1 Satz 1 AktG) auf den Börsengeschäftsführer zu übertragen.[845] Dementsprechend hat also der Börsengeschäftsführer bei seiner Tätigkeit die Sorgfalt eines ordentlichen und gewissenhaften Geschäftsleiters zu beachten. Dieser spezielle Sorgfaltsmaßstab lässt eine Berufung auf die allgemeinen Grundsätze über die beschränkte Arbeitnehmerhaftung als unmöglich erscheinen. Etwas anderes muss jedoch gelten, wenn die dem Börsengeschäftsführer auferlegte Pflicht zur Leitung der Börse von einer Reihe von Nebenpflichten begleitet wird. Auch außerhalb seiner Tätigkeit als Geschäftsführungsmitglied hat der Börsengeschäftsführer sein Verhalten so einzurichten, dass dem Börsenträger kein Schaden entsteht. Beim Umgang mit den Vermögenswerten des Börsenträgers hat er nämlich die gebotene Sorgfalt einzuhalten. Wenn der Börsengeschäftsführer beispielsweise während seiner Dienstzeit einen Unfall mit einem Dienstwagen des Börsenträgers verursacht, verletzt er damit seine vertraglichen Pflichten gegenüber dem Börsenträger. Hierbei handelt es sich aber nicht um die Verletzung seiner Leitungspflicht. Vielmehr verletzt der Geschäftsführer eine Obhutspflicht, die zu den Nebenpflichten zu zählen ist. Begeht der Börsengeschäftsführer mithin eine Obhutspflichtverletzung, die mit seinen typischen Organaufgaben lediglich in einem mittelbaren Zusammenhang steht[846], ist nicht einzusehen,

843 BGH VersR 1985, 693, 695 f.; OLG Düsseldorf, NJW-RR 1995, 1371, 1377; *Hennsler* in: MüKoBGB, § 619a Rn. 19; *Linck* in: Schaub, Arbeitsrechts-Handbuch, § 59 Rn. 31; *Gissel*, Arbeitnehmerschutz, S. 139; Hueck, ZfA 1985, 25, 33; *Fleck* in: FS-Hilger/Stumpf, 197, 215 f.; *Mertens/Cahn* in: KölnerKomm, § 84 AktG Rn. 39; *Kort* in: GroßKommAktG, § 84 Rn. 461; *Uwe H. Schneider* in: FS-Werner, 795, 815.

844 *Hueck*, ZfA 1985, 25, 34.

845 Vgl. auch *Bröcker* in: Claussen, 5. Auflage, § 6 Rn. 36 und *Breitkreuz*, Die Ordnung der Börse, S. 143, die sogar über eine Haftung nach § 93 AktG analog nachdenken.

846 Vgl. hierzu auch die Entscheidung des BGH WM 1975, 467, 469, wo eine Haftungsbefreiung bei „Verletzung seiner normalen Vorstandspflichten“ abgelehnt und damit auf den Unterschied zwischen Leitungspflichten und Nebenpflichten indirekt hingewiesen wird.

weshalb der Börsengeschäftsführer insoweit nicht wie jeder andere Arbeitnehmer hinsichtlich beruflicher Autofahrten behandelt werden sollte. In solchen Fällen ist seine Tätigkeit in derselben Weise risikobelastet, was sich auch nicht dadurch ändert, dass von einem Börsengeschäftsführer mehr Verantwortungsgefühl verlangt wird.[847] Ferner steht der Sorgfaltsmaßstab aus § 93 AktG analog einer Übertragung der Grundsätze über die eingeschränkte Arbeitnehmerhaftung bei Verletzung von Obhutspflichten nicht entgegen, da die Vorschrift nur die Leitungspflichten und nicht die sonstigen Pflichten des Organmitglieds erfasst.[848]

jj) Betriebsübergang (§ 613a BGB)

Die Vorschrift des § 613a Absatz 1 Satz 1 BGB enthält eine gesetzliche Regelung des Betriebsübergangs und seiner Auswirkungen auf das Arbeitsverhältnis. Hiernach tritt der neue Inhaber in die Rechte und Pflichten aus den im Zeitpunkt des Übergangs bestehenden Arbeitsverhältnissen ein. Da die Vorschrift nur einen rechtsgeschäftlichen Betriebsübergang erfasst[849], kommt in der Praxis nur ein Betriebsübergang auf Seiten des Börsenträgers in Betracht. Hierfür kommt es maßgeblich darauf an, ob beim Betriebsübergang weiterhin eine wirtschaftliche Einheit vorhanden ist, die trotz des Inhaberwechsels ihre Identitiät bewahrt hat[850]. Um den Betriebsübergang auf Seiten des Börsenträgers feststellen zu können, sind sämtliche, den betreffenden Vorgang kennzeichnende Tatsachen im Rahmen einer umfassenden Gesamtwürdigung zu berücksichtigen. Von Bedeutung können dabei namentlich der Übergang oder Nichtübergang der materiellen Aktiva wie Gebäude und bewegliche Güter, der Wert der immateriellen Aktiva zum Zeitpunkt des Übergangs oder die Übernahme oder Nichtübernahme der Hauptbelegschaft durch den neuen Inhaber sein[851]. Unter Zugrundelegung dieser Kriterien würde in der Praxis ein Betriebsübergang also dann vorliegen, wenn es zu einem Wechsel des Börsenträgers und damit zu einer Fortführung der Betriebsorganisation mit Übernahme der Belegschaft kommt. Dabei werden zwar die Arbeitsverhältnisse zum bisherigen Betriebsinhaber beendet, allerdings haftet dieser nach Maßgabe des § 613a Absatz 2 BGB neben dem neuen Inhaber als Gesamtschuldner weiter, sofern diese Verbindlichkeiten vor dem Zeitpunkt des Betriebsübergangs entstanden und fällig geworden sind. Da nach § 613a BGB nur Arbeitsverhältnisse erfasst werden, ist vorliegend die Frage zu klären, ob auch das Anstellungsverhältnis des Börsengeschäftsführers in den Bereich dieser Vorschrift fällt. Die gesetzliche Regelung des Betriebsübergangs, die mit Wirkung

---

847 So im Ergebnis auch *Uwe H. Schneider* in: FS-Werner, 795, 812 f. allgemein für Organmitglieder; *Gissel*, Arbeitnehmerschutz, S. 139; *Pullen*, BB 1984, 989, 991 jeweils für GmbH-Geschäftsführer; generell ablehnend *Kort* in: GroßKommAktG, § 84 Rn. 461.

848 Vgl. auch *Uwe H. Schneider* in: FS-Werner, 795, 813.

849 *Müller-Glöge* in: MüKoBGB, § 613a Rn. 62.

850 St. Rspr., vgl. BAG NZA 2011, 1143; BAG NZA 2008, 1314.

851 *Müller-Glöge* in: MüKoBGB, § 613a Rn. 25 ff.

zum 1.1.1995 neu gefasst und zuletzt im Jahre 2002 geändert worden ist[852], dient der Umsetzung der Betriebsübergangsrichtlinie 2001/23/EG[853], so dass aus diesem Grund bei der Auslegung und Anwendung von § 613a BGB die Vorgaben der Richtlinie und die hierzu ergangenen Entscheidungen des EuGH zu berücksichtigen sind. Gemäß Artikel 2 Absatz 1 Buchstabe d der Richtlinie 2001/23/EG ist für die Bestimmung des Begriffs des Arbeitnehmers das nationale Begriffsverständnis zugrundezulegen. Demzufolge ist bei der Definition des Arbeitsverhältnisses im Sinne von § 613a BGB der allgemeine Arbeitnehmerbegriff einschlägig, so dass von dieser Bestimmung die Arbeitsverhältnisse aller Arbeitnehmer erfasst werden. Demgegenüber fallen die Organvertreter juristischer Personen aus dem Anwendungsbereich der Norm heraus, sofern es sich bei dem Anstellungsverhältnis nicht ausnahmsweise um ein Arbeitsverhältnis handelt.[854] Dies trifft auch auf den Börsengeschäftsführer zu, da er in der Regel nicht als Arbeitnehmer zu qualifizieren sein wird. Fraglich ist aber, ob auf seinen Anstellungsvertrag die Vorschrift des § 613a BGB analog angewendet werden kann. Nach überwiegender Auffassung ist § 613a BGB jedoch auch nicht analog anwendbar.[855] Gegen eine analoge Anwendung spreche – so wird gesagt – vor allem die Stellung des Organmitglieds, die es im Verhältnis zu den Gesellschaftern innehabe. Zwischen dem Organmitglied und den bestellenden Personen müsse ein Vertrauensverhältnis bestehen. Für den neuen Betriebsinhaber sei es aber unzumutbar, an die Besetzung der Leitungsfunktion gebunden zu sein und nicht eine Person seines Vertrauens auswählen zu können.[856] Diese Argumentation überzeugt nur bedingt, wenn man sich die duale Börsenstruktur vor Augen führt.[857] Zwischen Börsenträger und Börsengeschäftsführer besteht kein tiefergehendes Vertrauensverhältnis, da nicht der Aufsichtsrat des Börsenträgers, sondern der Börsenrat den Börsengeschäftsführer mit dem Amt als Vertretungsorgan der Börse betraut. Der

---

852 Art. 4 Gesetz zur Änderung des Seemanngesetzes und anderer Gesetze vom 23.3.2002 (BGBl. I S. 1163, 1167).

853 ABl. EG Nr. L 82 vom 22.03.2001, S. 16.

854 Ganz herrschende Auffassung, vgl. BAG NJW 2003, 2473, 2474; *Wank* in: Münchener Handbuch zum Arbeitsrecht, § 102 Rn. 124; *Kort* in: GroßKommAktG, § 84 Rn. 462; *Zöllner/Noack* in: Baumbach/Hueck, GmbHG, § 35 Rn. 178; *Gissel*, Arbeitnehmerschutz, S. 149; *Mertens/Cahn* in: KölnerKomm, § 84 AktG Rn. 39; *Ahrendt/Koch* in: Schaub, Arbeitsrechts-Handbuch, § 118 Rn. 2; *Henssler*, RdA 1992, 289, 296; *Bauer*, DB 1979, 2178, 2181.

855 BAG NJW 2003, 2473, 2474; OLG Hamm, DStR 1991, 884, 885; *Bauer*, DB 1979, 2178, 2181; *Henssler*, RdA 1992, 289, 296; *Preis* in: ErfK, § 613a BGB Rn. 67; *Müller-Glöge* in: MüKoBGB, § 613a Rn. 82; *Annuss* in: Staudinger, § 613a BGB Rn. 26.

856 BAG NJW 2003, 2473, 2475.

857 Auf die einzelnen Möglichkeiten von Börsenfusionen und Börsenzusammenschlüssen soll hier nicht näher eingegangen werden. Zu den verschiedenen Kooperationskonstellationen von Börsen vgl. *Müller*, Der Konzern 2008, 263 ff.; *Hammen*, Der Konzern 2008, 269 ff.; *Christoph*, Börsenkooperationen und Börsenfusionen, 2007; *Lepczyk*, Rechtliche Aspekte internationaler Börsenfusionen, 2009; *Bopp*, Fusionen und Kooperationen deutscher Börsen und ihrer Träger, 2015.

Börsenträger kommt, indem er den Börsengeschäftsführer unter Vertrag nimmt, lediglich seiner Pflicht nach, der Börse die zur Durchführung und angemessenen Fortentwicklung des Börsenbetriebs erforderlichen personellen Mittel zur Verfügung zu stellen (vgl. § 5 Absatz 1 Satz 2 BörsG). Kommt es also zu einem Börsenträgerwechsel[858], gibt es keinen erheblichen Vertrauensverlust für den neuen Börsenträger, weil der Börsengeschäftsführer nach wie vor das Vertrauen durch den Börsenrat genießt. Damit ist aber noch nicht gesagt, dass die Vorschrift des § 613a BGB eine entsprechende Anwendung auf den Börsengeschäftsführer zulässt. In diesem Zusammenhang ist maßgebend, inwieweit die Bestimmung der Minimalsicherung der persönlichen oder wirtschaftlichen Existenz des Beschäftigten im Rahmen eines langfristigen entgeltlichen Beschäftigungsverhältnisses dient.[859] § 613a Absatz 1 BGB verfolgt in erster Linie den Zweck, eine Lücke im Kündigungsschutzrecht bei bestehenden Arbeitsverhältnissen zu schließen.[860] Weil der Börsengeschäftsführer nach § 14 Absatz 1 Nr. 1 KSchG aber nicht gegen Kündigungen geschützt ist, würde die Anwendung des § 613a Absatz 1 BGB keineswegs eine Lücke im Kündigungsschutz schließen, sondern einen solchen Schutz erst begründen.[861] Somit zielt die Vorschrift auf einen weitreichenden Bestandsschutz für den Arbeitsplatz ab, den das Mitglied der Börsengeschäftsführung nicht in gleicher Weise wie ein Arbeitnehmer genießen kann. Aus diesem Grund ist im Ergebnis auch eine analoge Anwendung der Vorschrift auf den Börsengeschäftsführer abzulehnen.

kk) Pfändungsschutz (§§ 850 ff. ZPO)

Für die Frage, ob die Bezüge des Börsengeschäftsführers dem Pfändungsschutz nach §§ 850 ZPO unterliegen, ist zunächst erforderlich, den Begriff des pfändbaren Arbeitseinkommens näher zu beleuchten. Unter dem Begriff des Arbeitseinkommens sind Vergütungen für Dienstleistungen aller Art zu verstehen, die die Erwerbstätigkeit des Schuldners vollständig oder zu einem wesentlichen Teil in Anspruch nehmen.[862] Für die Auslegung des Begriffs enthält das Gesetz in § 850 Absatz 2 und Absatz 3 ZPO eine beispielhafte Aufzählung, die für die Auslegung von nicht

---

858 In der Praxis ist ein Börsenträgerwechsel aufwendig, da der Börsenbetrieb unter einem Genehmigungserfordernis steht (§ 4 BörsG), ferner der Börsenträger durch die zuständige Börsenaufsichtsbehörde beaufsichtigt wird (§ 3 BörsG) und zudem bei Kooperations- und Börsenfusionsabkommen gem. § 12 Absatz 2 Satz 4 BörsG zuvor dem Börsenrat Gelegenheit zur Stellungnahme zu geben ist. Dass Börsenkooperationen vor unüberwindbaren Hindernissen stehen können, zeigt das jüngste Beispiel des vorerst gescheiterten Börsenfusionsvorhabens zwischen Deutsche Börse AG und New York Stock Exchange (NYSE), vgl. hierzu *Hammen,* Börsenerlaubnis, Anteilseignerkontrolle und Niederlassungsfreiheit bei der Fusion von Börsenorganisationen, 2013.

859 BAG NJW 2003, 2473, 2474; *Oberrath*, MDR 1999, 134; *Henssler*, RdA 1992, 289, 297.

860 BAG NJW 1980, 1124; *Henssler*, RdA 1992, 289, 296.

861 BAG NJW 2003, 2473, 2474.

862 BAG NJW 1962, 1221.

unerheblicher Bedeutung ist. Ebenfalls ist in diesem Zusammenhang zu beachten, dass die Aufzählung im Gesetz nicht abschließend und daher ein weites Begriffsverständnis zugrundezulegen ist. Trotz des weiten Begriffsverständnisses ist aufgrund des Wortlauts von § 850 ZPO („Arbeitseinkommen") fraglich, ob auch die Bezüge von Organvertretern unter die Definition zu subsumieren sind. In einer Entscheidung aus dem Jahre 1964 hat der BGH ohne nähere Begründung den Organen juristischer Personen einen Schutz ihrer laufenden Dienst- und Versorgungsbezüge durch die Pfändungsschutzbestimmungen der §§ 850 ff. ZPO abgesprochen.[863] Erst im Jahre 1978 hat er diese Entscheidung zum Teil aufgegeben und die §§ 850 ff. ZPO jedenfalls für einen solchen Geschäftsleiter für anwendbar erklärt, der an der Gesellschaft nicht oder nicht wesentlich beteiligt sei.[864] Hierbei hat die Rechtsprechung allerdings ausdrücklich offengelassen, ob dies auch für den beherrschenden Gesellschafter-Geschäftsführer gilt. Dem kann nicht gefolgt werden. Die Beantwortung der Frage nach der Anwendbarkeit der Pfändungsschutzvorschriften ist unabhängig von der Beteiligung des Organvertreters an der Gesellschaft zu beurteilen. Entscheidend ist, dass § 850 ZPO keine Arbeitnehmerschutzvorschrift darstellt.[865] Trotz seines Wortlauts stellt die Vorschrift nämlich nicht auf das Vorliegen eines Arbeitsverhältnisses ab, sondern will den Pfändungsschutz auf alle Vergütungsmodalitäten erstrecken, die wirtschaftlich gesehen die Existenzgrundlage bilden.[866] Deshalb kommt es auch vorliegend nicht darauf an, ob die vergüteten Dienste des Börsengeschäftsführers in abhängiger oder freier Stellung geleistet werden. Mithin stellt der Anstellungsvertrag des Börsengeschäftsführers seine einzige Haupteinnahmequelle dar, die auch zugleich der Minimalsicherung seiner wirtschaftlichen Existenz dient. Ein analoger Rückgriff auf die Pfändungsschutzvorschriften ist daher nicht erforderlich, weil die Anwendung des Pfändungsschutzes sich bereits durch eine Auslegung des Begriffes „Arbeitseinkommen" erreichen lässt.

ll) Nachträgliches Wettbewerbsverbot gem. §§ 74 ff. HGB

Während seiner Amtszeit nimmt der Börsengeschäftsführer eine besondere Vertrauensstellung ein, so dass er die ihm anvertrauten Betriebs- und Geschäftsgeheimnisse vertraulich zu behandeln hat. Da seine Rechtsstellung wegen der eigenverantwortlichen Leitungsfunktion derjenigen eines Vorstandsmitglieds einer AG vergleichbar ist, kann das in § 88 AktG verankerte Wettbewerbsverbot auf den Börsengeschäftsführer entsprechend angewendet werden. Danach ist es dem Börsengeschäftsführer grundsätzlich untersagt, ein Handelsgewerbe zu betreiben oder im Geschäftszweig des Börsenträgers Geschäfte zu machen oder einer Tätigkeit

---

863 BGH NJW 1964, 1367, 1367 f. (für das Vorstandsmitglied einer AG).

864 BGH NJW 1978, 756 (für den Vorstand einer AG; für den GmbH-Geschäftsführer kann aber nicht anderes gelten).

865 *Timm*, ZIP 1981, 10, 11; *Gissel*, Arbeitnehmerschutz, S. 151.

866 BGH NJW 1978, 756; *Timm*, ZIP 1981, 10, 11; *Kucera*, (FN 89), S. 167; *Fleck* in: FS-Hilger/Stumpf, 197, 224; *Henssler*, RdA 1992, 289, 297.

als Geschäftsführungsorgan an einer anderen Handelsgesellschaft nachzugehen (vgl. § 88 Absatz 1 AktG). Mit dieser Regelung werden vor allem zwei Ziele verfolgt. Einerseits soll der Börsenträger vor einem anderweitigen Ausüben der Arbeitskraft ihrer Börsengeschäftsführer geschützt werden.[867] Andererseits geht es aber auch um den Schutz des Börsenträgers vor Wettbewerbshandlungen ihrer Börsengeschäftsführer.[868] Soweit der Börsengeschäftsführer einen der in § 88 Absatz 1 AktG erfassten Verbotstatbestände erfüllt, sind diese nicht schlechthin verboten. Vielmehr darf die Tätigkeit entsprechend § 88 Absatz 1 Satz 1 AktG weiter ausgeübt werden, sofern der Vorstand des Börsenträgers seine Einwilligung hierzu erteilt. Darüber hinaus besteht auch die Möglichkeit, dass das gesetzliche Wettbewerbsverbot durch vertragliche Regelungen ergänzt, verstärkt oder konkretisiert wird.[869]

Problematischer ist dagegen die Lage beim nachträglichen Wettbewerbsverbot, da das gesetzliche Wettbewerbsverbot des § 88 AktG analog für Börsengeschäftsführer nur bis zum Ende ihrer Amtszeit gilt.[870] Nach Ablauf der Vertragslaufzeit unterliegt der Börsengeschäftsführer keinem gesetzlichen Wettbewerbsverbot. Allerdings kann für die Zeit nach Beendigung des Organverhältnisses ein nachträgliches Wettbewerbsverbot im Anstellungsvertrag vorgesehen werden. Sollte der Anstellungsvertrag keine Wettbewerbsverbotsklausel enthalten, kann danach gefragt werden, ob die für nachvertragliche Wettbewerbsverbote mit Handlungsgehilfen geltenden §§ 74 ff. HGB auch für Organmitglieder juristischer Personen herangezogen werden können. Nach § 74 Absatz 1 HGB kann zwischen dem Prinzipal und dem Handlungsgehilfen eine Vereinbarung getroffen werden, die den Gehilfen für die Zeit nach Beendigung des Dienstverhältnisses in seiner gewerblichen Tätigkeit beschränkt. Eine unmittelbare Anwendung der Norm scheidet bereits deshalb aus, weil es sich bei dem Börsengeschäftsführer nicht um den Handlungsgehilfen eines Prinzipals handelt. Daher ist in einem zweiten Schritt zu untersuchen, ob eine analoge Anwendung der Vorschriften in Betracht kommt. Die Antwort der Frage hängt davon ab, ob der Börsengeschäftsführer hinsichtlich der an dem arbeitsrechtlichen Schutz von Handlungsgehilfen orientierten Vorschriften der §§ 74 ff. HGB genauso sozial schutzbedürftig ist. Die überwiegende Auffassung lehnt jedoch auch die analoge Anwendung der §§ 74 ff. HGB auf Organmitglieder wegen fehlender Schutzbedürftigkeit ab.[871] Zur Begründung wird ausgeführt, dass Organmitglieder

---

867 BGH NJW 2001, 2476; BGH NJW 1997, 2055, 2056; *Hüffer*, § 88 AktG Rn. 1; *Kort* in: GroßKommAktG, § 88 Rn. 1.

868 BGH NJW 2001, 2476; *Weber* in: Hölters, § 88 AktG Rn. 1; *Fleischer* in: Spindler/Stilz, § 88 AktG Rn. 1; *Mertens/Cahn* in: KölnerKomm, § 88 AktG Rn. 1.

869 *Weber* in: Hölters, § 88 AktG Rn. 23; *Kort*, ZIP 2008, 717, 718 mit jeweils weiteren Fundstellen.

870 *Hüffer*, § 88 AktG Rn. 10; *Fleischer* in: Spindler/Stilz, § 88 AktG Rn. 42; *Spindler* in: MüKoAktG, § 88 Rn. 10 f., 48 ff.; *Kort*, ZIP 2008, 717, 718.

871 BGH NZG 2008, 753; BGHZ 91, 1, 3 ff.; BGH NZG 2002, 475, 476; *Thüsing*, NZG 2004, 9; *Hüffer*, § 88 AktG Rn. 10; *Fleischer* in: Spindler/Stilz, § 88 AktG Rn. 42; *Spindler* in: MüKoAktG, § 88 Rn. 48 *Kort*, ZIP 2008, 717, 718; *Kucera*, (FN 89),

im Geschäftsverkehr mit dem von ihnen geleiteten Unternehmen gleichgesetzt werden und die Tätigkeiten und Leistungen des Unternehmens im Wesentlichen ihnen zuzuschreiben sind. Zwar stehen die Organmitglieder im Verhältnis zur Gesellschaft in einem Anstellungsverhältnis, das sie wie den Arbeitnehmer verpflichtet, ihre Arbeitskraft hauptberuflich zur Verfügung zu stellen. Es muss aber beachtet werden, dass die Organmitglieder mehr als der Angestellte die Gesellschaft repräsentieren und die geschäftlichen Beziehungen sich deshalb auf ihre Person konzentrieren. Eine Konkurrenztätigkeit, die die Organmitglieder nach Ablauf der Vertragslaufzeit aufnehmen, begründet dementsprechend auch eine größere Gefahr, dass das Unternehmen einen Schaden erleidet.[872] Damit ist aber keineswegs zugleich gesagt, dass Wettbewerbsverbote mit Organmitgliedern schrankenlos möglich sind. Nach Auffassung des BGH ergeben sich die Grenzen für ein nachvertragliches Wettbewerbsverbot mit Organmitgliedern aus § 138 BGB i.V.m. Artikel 2 und 12 GG.[873] Hierbei könnten -so meint es das Gericht- die in §§ 74 ff. HGB zum Ausdruck gekommenen Rechtsgrundsätze mittelbar Bedeutung gewinnen, wonach Wettbewerbsverbote mit Organmitgliedern nur dann zulässig seien, wenn die Gesellschaft ein schutzwürdiges Interesse daran habe, ein ausgeschiedenes Organmitglied in seiner wettbewerblichen Betätigung weiterhin zu beschränken.[874] Diese Ansicht wird auch von der herrschenden Literatur geteilt.[875] Die in der Literatur vereinzelt anzutreffende Auffassung, nach der die §§ 74 ff. HGB analog auf Fremdorgane anzuwenden seien[876], ist dagegen abzulehnen. Diese Ansicht stützt sich auf den Gedanken, das Organmitglied habe nach seinem Ausscheiden keine Organstellung mehr, weshalb diese Stellung einer Anwendung der §§ 74 ff. HGB nicht mehr entgegenstehe.[877] Dem muss jedoch entgegengehalten werden, dass es auf die Beendigung der Organstellung gar nicht ankommt, wenn das Organmitglied die im Unternehmen erlangten Kenntnisse und Geschäftskontakte zu dessen Schaden einsetzen kann. Das Organmitglied hat in dieser Position größere Möglichkeiten im Wettbewerb als ein Arbeitnehmer, so dass es auch nach Beendigung der Vertragslaufzeit aufgrund seiner früheren Tätigkeit gezielt zum Nachteil der Gesellschaft eine Konkurrenztätigkeit aufnehmen kann. Nichts anderes gilt auch für den Börsengeschäftsführer, auch wenn dieser ausschließlich für die Börse tätig wird. Da der Abschluss des Anstellungsvertrags mit

S. 174; a.A. *Bauer/Diller*, BB 1995, 1134, 1135; *Gissel*, Arbeitnehmerschutz, S. 138; *Wehrmeyer*, Die arbeitsrechtliche Einordnung der Organe juristischer Personen, S. 194 f.

872 BGHZ 91, 1, 4.

873 BGHZ 91, 1, 5; BGH NZG 2008, 753.

874 BGHZ 91, 1, 5; BGH NZG 2008, 753; BGH NZG 2002, 475, 476.

875 *Fleischer* in: Spindler/Stilz, § 88 AktG Rn. 42; *Spindler* in: MüKoAktG, § 88 Rn. 49; *Kort*, ZIP 2008, 717, 718; *Thüsing*, NZG 2004, 9, 10; *Schaub* in: Schaub, Arbeitsrechts-Handbuch, § 55 Rn. 13 ff.; *Weber* in: Hölters, § 88 AktG Rn. 23 mit jeweils weiteren Nachweisen.

876 *Bauer/Diller*, BB 1995, 1134, 1135, *Gissel*, Arbeitnehmerschutz, S. 138.

877 *Bauer/Diller*, BB 1995, 1134, 1135.

dem Börsenträger erfolgt und der Börsenbetrieb zu den Pflichten des Börsenträgers zählt, wird der Börsengeschäftsführer insoweit auch für den Börsenträger tätig. Der Börsenträger ist nämlich an einem funktionsfähigen Börsenbetrieb interessiert und hierfür benötigt er ein professionelles Management. In diesem Zusammenhang erhält der Börsengeschäftsführer Zugang zu allen relevanten Informationen, die er für eine erfolgreiche Geschäftsleitung benötigt. Damit erlangt er wichtige Kenntnisse und Verbindungen zu Geschäftspartnern, die ihm eine wesentlich bedeutsamere Position als den anderen Beschäftigten einräumen. Das Gefahrenpotenzial, dass der Börsengeschäftsführer nach seinem Ausscheiden eine Konkurrenztätigkeit zu Lasten der Börse und des Börsenträgers aufnehmen würde, ist folglich als hoch einzustufen. Also bleibt es dabei, dass ein nachvertragliches Wettbewerbsverbot für den Börsengeschäftsführer zulässig ist, wenn die Börse bzw. der Börsenträger ein schutzwürdiges Interesse daran haben. Die Vorschriften der §§ 74 ff. HGB finden dagegen weder unmittelbar noch analog Anwendung auf den Börsengeschäftsführer. Den Vertragspartnern ist es aber ohne weiteres möglich, eine Geltung der §§ 74 ff. HGB im Anstellungsvertrag ausdrücklich zu vereinbaren.

mm) Betriebliche Altersversorgung

Nach § 1 Absatz 1 Satz 1 BetrAVG sind unter betrieblicher Altersversorgung Leistungen der Alters-, Invaliditäts- oder Hinterbliebenenversorgungen zu verstehen, welche vom Arbeitgeber einem Arbeitnehmer aus Anlass seines Arbeitsverhältnisses zugesagt werden. Gemäß § 17 Absatz 1 Satz 1 BetrAVG gelten die Vorschriften der §§ 1 bis 16 BetrAVG für Arbeiter und Angestellte sowie die zu ihrer Berufsausbildung Beschäftigten. Hierzu ist der Börsengeschäftsführer nicht zu zählen, da ihm nach der hier vertretenen Ansicht die Arbeitnehmereigenschaft fehlt. Neben den Arbeitnehmern, Angestellten und Auszubildenden werden aber gemäß § 17 Absatz 1 Satz 2 BetrAVG auch solche Personen in den Schutzbereich des Gesetzes einbezogen, denen aus Anlass ihrer Tätigkeit für ein Unternehmen eine betriebliche Altersversorgung zugesagt worden ist. Geht man vom Wortlaut des Gesetzes aus, dann muss auch der Börsengeschäftsführer in den Anwendungsbereich fallen, soweit er nur irgendeine Tätigkeit für die Börsenträger erbracht und eine Versorgungszusage erhalten hat. Eine solche Auslegung würde allerdings dazu führen, dass die Abgrenzung zu den Arbeitnehmern in § 17 Absatz 1 Satz 1 BetrAVG leer laufen würde.[878] Daher wird der Wortlaut der Vorschrift nach allgemeiner Auffassung teleologisch dahingehend reduziert, dass nur Personen von der Vorschrift erfasst werden, die im Rahmen von Ruhegeldzusagen arbeitnehmerartigen Schutz genießen sollen.[879] Bei der Beantwortung der Frage, ob der Börsengeschäftsführer zum geschützten Personenkreis gehört, ist also zunächst festzuhalten, dass es sich bei den Vorschriften

878 *Rolfs* in: Blomeyer/Rolfs/Otto, § 17 BetrAVG Rn. 43 m. w. N.

879 BGHZ 77, 94, 97; *Thüsing*, NZG 2010, 449, 450; *Henssler*, RdA 1992, 289, 297; *Kucera*, (FN 89), S. 159; *Rolfs* in: Blomeyer/Rolfs/Otto, § 17 BetrAVG Rn. 90; *Fleck* in: FS-Hilger/Stumpf, 197, 222.

der §§ 1 bis 16 BetrAVG in erster Linie um Arbeitnehmerschutzbestimmungen handelt. Demzufolge scheiden nach der Rechtsprechung solche Organmitglieder aus dem Anwendungsbereich des BetrAVG aus, die vermögens- und einflussmäßig mit dem Unternehmen, für das sie arbeiten, so stark verbunden sind, dass sie es wirtschaftlich als ihr eigenes betrachten können und deshalb dem Inhaber eines Handelsgewerbes gleichzustellen sind.[880] Dagegen können als unter § 17 Absatz 1 Satz 2 BetrAVG fallende Personen nur solche Organmitglieder verstanden werden, die nicht als Einzelunternehmer oder Mitunternehmer anzusehen sind, weil sie nicht oder nicht maßgeblich an der Gesellschaft beteiligt sind, so dass ihre Versorgungsbezüge das Ergebnis von Dienstleistungen für ein fremdes Unternehmen darstellen.[881] Zu Recht stellt die Rechtsprechung bei der Frage nach der Anwendbarkeit des BetrAVG auf die Beteiligung an dem Unternehmen ab. Wenn man sich die Systematik des Gesetzes, die primär auf den Arbeitnehmer ausgerichtet ist, vor Augen führt, dann geht es in erster Linie darum, die Betriebsrenten abhängig Beschäftigter zu sichern. Demzufolge müssen solche Personen ausscheiden, die ihre Tätigkeit für das eigene Unternehmen, sei es auch gegenüber einem formalrechtlich selbständigen Unternehmensträger, erbracht haben. Denn die Organmitglieder, die eine hohe Kapitalbeteiligung am Unternehmen haben, können sehr viel Einfluss auf die Unternehmensausrichtung ausüben, weshalb es gerechtfertigt ist, solche Personen einem Einzelkaufmann gleichzustellen. Einzelkaufleute fallen eindeutig nicht unter die Regelung des § 17 BetrAVG, da niemand sein eigener Schuldner und gleichzeitig der Gläubiger einer sich selbst erteilten Versorgungszusage sein kann.[882] Eine solche Sichtweise legt bereits der Wortlaut des § 17 BetrAVG nahe, wo eine Tätigkeit für ein Unternehmen verlangt wird. Der Wortlaut ist somit dahingehend zu verstehen, dass die Versorgungsleistung ihren Grund in der Arbeit für ein fremdes Unternehmen haben muss, weshalb eine Person, die für ihr eigenes Unternehmen tätig ist, aus dem Anwendungsbereich fällt. Demzufolge muss die Prüfung, wann eine Tätigkeit für die eigene Gesellschaft erfolgt, um Einzelfallprüfungen und Rechtsunsicherheiten zu vermeiden, anhand der Kapitalbeteiligung erfolgen, weil nur so auf die Verbundenheit eines Organmitgliedes mit dem Unternehmen geschlossen werden kann.

Demgegenüber findet sich in der Literatur die Ansicht, für die Anwendung des Gesetzes solle das Kriterium der Vertragsparität maßgebend sein.[883] Nach dieser Auffassung kommt es also darauf an, ob die betreffende Person auf die inhaltliche Ausgestaltung des Vertrages einen erheblichen Einfluss hat. Wenn das Organmitglied

880 BGHZ 77, 94, 101; BGH NJW 1980, 2254, 2255; BGH AP Nr. 4 zu § 17 BetrAVG.

881 BGHZ 77, 94, 101; der Rechtsprechung zustimmend auch *Vogelsang* in: Schaub, Arbeitsrechts-Handbuch, § 273 Rn. 18 ff.; *Thüsing* in: Fleischer, Handbuch des Vorstandsrechts, § 6 Rn. 79; *Steinmeyer* in: ErfK, § 17 BetrAVG Rn. 5; *Rolfs* in: Blomeyer/Rolfs/Otto, § 17 BetrAVG Rn. 56.

882 BGHZ 77, 94, 101; BGH AP Nr. 19 zu § 17 BetrAVG; *Vogelsang* in: Schaub, Arbeitsrechts-Handbuch, § 273 Rn. 19.

883 *Molk*, ZIP 1980, 422, 424.

wie ein Arbeitnehmer wegen der stärkeren Verhandlungsposition des Arbeitgebers keinen oder nur geringen Einfluss ausüben kann, soll das betroffene Organmitglied vom Anwendungsbereich des BetrAVG erfasst werden.[884] Zwar wird das Merkmal der Vertragsparität in der ursprünglichen Gesetzesbegründung[885] angedeutet, als Abgrenzungskriterium muss es aber dennoch abgelehnt werden. Obwohl der Gesichtspunkt der Vertragsparität in der Begründung des Regierungsentwurfs auftaucht, ist dieses gesetzgeberische Motiv nicht im Wortlaut der endgültigen Gesetzesfassung zum Ausdruck gekommen. Hinzu kommt, dass auch die Rechtssicherheit erheblich gefährdet wäre, wenn man die Vertragsparität in jedem Einzelfall nachprüfen müsste.[886]

Sofern der Anstellungsvertrag des Börsengeschäftsführers keine Regelung über die betriebliche Altersversorgung vorsieht, stellt sich die Frage nach einer möglichen Anwendbarkeit des BetrAVG. Der Zweck des Gesetzes verlangt den Ausschluss solcher Personen, die ihre Tätigkeit für das eigene Unternehmen erbringen bzw. einen erheblichen Einfluss auf die Unternehmensausrichtung innehaben. Der Börsengeschäftsführer steht zwar in einem Anstellungsverhältnis zum Börsenträger, als gesetzliches Vertretungsorgan ist er aber für die Börse tätig. Daher ist bereits nach dem Wortlaut des § 17 Absatz 1 Satz 2 BetrAVG davon auszugehen, dass eine „Tätigkeit für ein Unternehmen" vorliegt. Anders ist die Rechtslage dann zu beurteilen, wenn das betroffene Organmitglied sowohl vermögens- als auch einflussmäßig so mit dem Börsenträger verbunden ist, dass das Unternehmen als sein eigenes betrachtet werden kann. Ausschlaggebend ist hier das Maß der Kapitalbeteiligung, wobei eine Beteiligung über 50 % in der Regel gegen eine Anwendung des BetrAVG spricht. Freilich ist es in der Praxis kaum denkbar, dass ein Börsengeschäftsführer die Mehrheit der Anteile des Börsenträgers besitzt, um hierdurch Einfluss auf die Unternehmensausrichtung ausüben zu können. Deshalb muss vorliegend davon ausgegangen werden, dass die Vorschriften des BetrAVG auf den Börsengeschäftsführer unmittelbar anzuwenden sind. Die Frage der analogen Anwendbarkeit der Vorschriften stellt sich also gar nicht.

nn) Anspruch auf Erteilung eines Dienstzeugnisses (§ 630 BGB)

Nach § 630 BGB kann der Verpflichtete bei Beendigung eines dauernden Dienstverhältnisses von dem anderen Teil ein schriftliches Zeugnis über das Dienstverhältnis und dessen Dauer fordern, das auf Verlangen auf die Leistungen und die Führung im Dienst zu erstrecken ist. Seit dem 01.01.2003 gelten die Sätze 1 bis 3 dieser Vorschrift nur noch für Dienstverhältnisse und nicht mehr für Arbeitsverhältnisse,

---

884 *Molk*, ZIP 1980, 422, 424.

885 BT-Drs. 7/1281, S. 30 zum ursprünglichen § 7 Absatz 1 BetrAVG, der dem jetzigen Wortlaut des § 17 Absatz 1 Satz 2 BetrAVG entspricht.

886 BGHZ 77, 94, 99; *Kucera*, (FN 89), S. 161.

da der neue Satz 4 alle Arbeitsverhältnisse der Geltung des § 109 GewO[887] unterstellt. Weil der zwischen dem Börsenträger und dem Börsengeschäftsführer abgeschlossene Anstellungsvertrag ungeachtet seines Geschäftsbesorgungscharakters die Rechtsnatur eines Dienstvertrages hat, liegt es nach dem Wortlaut des § 630 BGB nahe, dem Börsengeschäftsführer einen aus dieser Norm abzuleitenden Zeugnisanspruch zuzuerkennen. Freilich bleibt die Einbeziehung eines Organmitglieds in den Anwendungsbereich des § 630 BGB nicht frei von Bedenken. Vielmehr wird im Schrifttum die Ansicht vertreten, diese Norm bedürfe einer teleologischen Reduktion, wonach nicht jedes Dienstverhältnis im Sinne der §§ 611 ff. BGB erfasst werde. Die Vorschrift sei auf solche Dienstnehmer zu beschränken, die einem Arbeitnehmer vergleichbar beschäftigt werden und deswegen auf eine Beurteilung ihrer beruflichen Tätigkeit angewiesen seien.[888] Der BGH hatte für den GmbH-Geschäftsführer, der nicht zugleich Gesellschafter ist, einen auf § 630 BGB zu stützenden Zeugnisanspruch bejaht, weil zwischen dem Geschäftsführer und der Gesellschaft wie bei den Arbeitnehmern der Gesellschaft ein soziales Abhängigkeitsverhältnis bestehe und er nach Beendigung seiner Tätigkeit in gleicher Weise wie diese ein Zeugnis benötige, um sich anderweitig bewerben zu können.[889] Mit diesem Urteil hatte sich der BGH deutlich von den Charakteristika des Arbeitsverhältnisses gelöst und stellte somit stärker auf die Funktion des Zeugnisses und dessen Bedeutung für die berufliche Fortentwicklung des Dienstverpflichteten ab. Zwar hatte der BGH einen solchen Fall für ein Vorstandsmitglied einer Aktiengesellschaft bisher nicht zu entscheiden, in der aktienrechtlichen Literatur ist aber weitgehend anerkannt, dass dem Vorstandsmitglied ebenfalls ein Anspruch auf die Erteilung eines Zeugnisses zustehe.[890] Dem ist auch im Ergebnis für den Börsengeschäftsführer zuzustimmen. Der Börsengeschäftsführer zählt zwar nicht zu den Arbeitnehmern. Es sprechen aber gute Gründe dafür, ihn mit den Erwägungen des BGH in den Anwendungsbereich von § 630 BGB einzubeziehen. Das Arbeitszeugnis hat zwei Funktionen. Zum einem soll es dem beruflichen Fortkommen des Arbeitnehmers dienen und zum anderen soll ein potentieller Arbeitgeber das Arbeitszeugnis bei seiner Auswahlentscheidung heranziehen können.[891] Der Börsengeschäftsführer ist in vergleichbarer Weise wie ein Arbeitnehmer für sein weiteres berufliches Fortkommen auf die Beurteilung seiner Leistungen durch den Börsenträger angewiesen. Je nach der Höhe seiner Vergütung ist er nämlich mehr oder weniger von dem Börsenträger wirtschaftlich abhängig. Deshalb benötigt er in dieser Situation nach Beendigung

887 § 109 GewO gilt seit dem 01.01.2003 für alle Arbeitsverhältnisse (vgl. § 6 GewO) und regelt ausdrücklich einen Anspruch der Arbeitnehmer auf Erteilung eines Arbeitszeugnisses.

888 *Preis* in: Staudinger, § 630 Rn. 3; *Hennsler* in: MüKoBGB, § 630 Rn. 9.

889 BGH NJW 1968, 396.

890 *Fleischer* in: Spindler/Stilz, § 84 AktG Rn. 28; *Mertens/Cahn* in: KölnerKomm, § 84 AktG Rn. 38; *Seibt* in: K. Schmidt/Lutter, AktG, § 84 Rn. 34; zweifelnd *Hüffer*, § 84 AktG Rn. 17.

891 BAG NZA 1993, 697; BGH NJW 1979, 1882, 1884; BAG NJW 1960, 1973.

seines Anstellungsverhältnisses ein Zeugnis über seine Anstellung und deren Dauer, um sich anderweitig bewerben zu können. Wenn also der Börsengeschäftsführer am Vermögen der Börsenträgergesellschaft nicht oder nicht wesentlich beteiligt ist und sich deshalb in einer wirtschaftlichen Abhängigkeit befindet, ist die Vorschrift des § 630 BGB analog anzuwenden.

oo) Allgemeines Gleichbehandlungsgesetz (AGG)

Das am 18.8.2006 in Kraft getretene Allgemeine Gleichbehandlungsgesetz (AGG) verfolgt in erster Linie den Zweck, die Beschäftigten im Sinne des § 6 AGG vor ungerechtfertigten Benachteiligungen zu schützen. Wenn man den in dieser Arbeit vertretenen Arbeitnehmerbegriff zugrundelegt, fehlt dem Börsengeschäftsführer aufgrund der fehlenden Weisungsabhängigkeit die Arbeitnehmereigenschaft, um ihn als Beschäftigten im Sinne des § 6 Absatz 1 AGG anzusehen. An diesem Ergebnis ändern auch die unionsrechtlichen Vorgaben zum Arbeitnehmerbegriff nichts, da der Börsengeschäftsführer nicht als unionsrechtlicher Arbeitnehmer einzustufen ist.[892] Gemäß § 6 Absatz 3 AGG fallen aber auch Organmitglieder, insbesondere Geschäftsführer und Vorstände, in den persönlichen Anwendungsbereich des AGG, soweit es die Bedingungen für den Zugang zur Erwerbstätigkeit sowie den beruflichen Aufstieg betrifft. Hiernach sind grundsätzlich alle Organmitglieder erfasst, weshalb auch der Börsengeschäftsführer als Organmitglied einer juristischen Einrichtung des öffentlichen Rechts in den persönlichen Anwendungsbereich des Gesetzes fällt. Weil weder das Gesetz noch die Gesetzesbegründung darüber Auskunft geben, ob nur Organmitglieder juristischer Personen des Privatrechts betroffen sind, muss davon ausgegangen werden, dass sich auch Organmitglieder juristischer Einrichtungen des öffentlichen Rechts auf das AGG berufen können. Fraglich ist allerdings, wie weit das Gesetz dem Börsengeschäftsführer Schutz vor Benachteiligungen bietet. Nach § 6 Absatz 3 AGG soll das Organmitglied vor Benachteiligungen hinsichtlich seines beruflichen Aufstiegs geschützt werden. Um einen „beruflichen Aufstieg" im Sinne der Vorschrift handelt es sich dann, wenn nicht die Organmitgliedschaft an sich in Frage steht, sondern bereits eine Organmitgliedschaft gegeben ist und eine bestimmte, gegenüber der bisherigen Stellung höherrangige Position innerhalb desselben Organs oder in einem anderen Organ derselben Gesellschaft angestrebt wird.[893] Hierunter fallen beispielsweise der Aufstieg vom stellvertretenden zum ordentlichen Börsengeschäftsführer oder gegebenenfalls die Berufung vom normalen Börsengeschäftsführer zum Börsengeschäftsführungsvorsitzenden.[894] Demgegenüber ist der „Zugang zur Erwerbstätigkeit" immer dann betroffen, wenn es um die

---

892 EuGH NZA 2011, 143 ff. (Danosa), siehe in diesem Zusammenhang insbesondere die Ausführungen zum MuSchG, S. 194 ff.

893 *Reufels/Molle*, NZA-RR 2011, 281 f.; *Eßer/Baluch*, NZG 2007, 321, 328.

894 *Eßer/Baluch*, NZG 2007, 321, 328; *Reufels/Molle*, NZA-RR 2011, 281, 282 hinsichtlich des Vorstandsmitglieds einer Aktiengesellschaft. Soweit ersichtlich gibt es derzeit keine Börsengeschäftsführungsvorsitzende an den Börsen.

Wahl oder die Bestellung zum Organmitglied bzw. die Entsendung in ein Organ der Gesellschaft zwecks Organmitgliedschaft geht, der Bewerber bei Ablehnung kein Organmitglied dieser Gesellschaft wird und sich die angestrebte Tätigkeit als Organmitglied auf Grund der mit ihr verbundenen Einkünfte, die dem Lebensunterhalt dienen, als Erwerbstätigkeit darstellt.[895] Da zwischen Bestellung und Anstellung des Börsengeschäftsführers zu unterscheiden ist, stellt sich somit die Frage, ob unter den Begriff des Zugangs zur Erwerbstätigkeit nicht nur der Abschluss des Anstellungsvertrags, sondern bereits die Bestellung zum Organmitglied fällt. Von manchen wird die Anwendbarkeit der Diskriminierungsverbote des AGG auf die Bestellung des Organmitglieds abgelehnt, weil nur aus dem Anstellungsvertrag Einkünfte erzielt werden, so dass auch nur hierin eine Erwerbstätigkeit zu erblicken sei.[896] Dagegen sieht die herrschende Meinung die Bestellung zum Organmitglied als Zugang zur Erwerbstätigkeit an, weil der Abschluss des Dienstvertrags von der Bestellung abhängig sei und dieser wohl in den seltensten Fällen schon vor der Bestellung als unbedingter Vertrag geschlossen werde.[897] Mit seiner Entscheidung aus dem Jahre 2012 hat der BGH die umstrittene Frage entschieden und den sachlichen Anwendungsbereich sowohl auf die Bestellung als auch auf den Dienstvertrag erstreckt.[898] In seiner Begründung stützt sich der BGH auf den Zweck des § 6 Absatz 3 AGG, der darauf gerichtet sei, den Schutz vor Benachteiligungen aus den in § 1 AGG genannten Gründen auf Organmitglieder auszudehnen. Zwar würden die Rechte und Pflichten eines Organmitglieds, insbesondere seine Vergütungsansprüche, regelmäßig in seinem Anstellungsvertrag geregelt, dieser könne aber ohne Bestellung zum Organmitglied nicht durchgeführt werden.[899]

Dem BGH ist im Ergebnis zuzustimmen. Freilich führt erst das Dienstverhältnis zu den entsprechenden Einkünften des Börsengeschäftsführers, weshalb der Gedanke nahe liegt, dass die Entscheidung über seine Bestellung zum Leitungsorgan der Börse nicht unter dem Schutz des AGG erfolgt. Allerdings wird es im Normalfall keine Organstellung ohne den Anstellungsvertrag geben, so dass der Entscheidung über die Bestellung die Entscheidung über das entsprechende Dienstverhältnis grundsätzlich immanent ist und ihr nachfolgt. Zudem darf bei der Frage, was unter einem Zugang zur Erwerbstätigkeit zu verstehen ist, nicht allein auf das Dienstverhältnis abgestellt werden, weil § 6 Absatz 3 AGG maßgeblich auf die Tätigkeit als Organmitglied abstellt, wofür die Bestellung zwingend erforderlich ist.[900]

Hieran anknüpfend stellt sich auch die Frage, ob der Börsengeschäftsführer nach Ablauf seiner befristeten Bestellung und Anstellung im erneuten Besetzungsprozess

---

895 *Reufels/Molle*, NZA-RR 2011, 282; *Eßer/Baluch*, NZG 2007, 321, 329.
896 *Däubler/Bertzbach*, § 6 AGG Rn. 30; *Bauer/Arnold*, NZG 2012, 921, 992.
897 *Eßer/Baluch*, NZG 2007, 321, 328; *Krause*, AG 2007, 392, 394; *Schlachter* in: ErfK, § 6 AGG Rn. 5; *Wilsing/Meyer*, DB 2011, 341, 342.
898 BGH NZG 2012, 777, 778.
899 BGH NZG 2012, 777, 778.
900 So auch ausdrücklich die Gesetzesbegründung, BT-Drs. 16/1780, S. 34; vgl. auch *Eßer/Baluch*, NZG 2007, 321, 328.

seiner eigenen Stelle dem Diskriminierungsschutz unterfällt. Nach überwiegender Auffassung erfasst der Begriff des Zugangs zur Erwerbstätigkeit nach § 2 Absatz 1 Nr. 1 AGG auch die Situation der Wiederbewerbung, weil es sich hierbei um einen „erneuten Zugang" zur Tätigkeit handele.[901] Demgegenüber sieht ein Teil der Literatur in der Entscheidung, ein Organmitglied nicht wiederzubestellen bzw. das Dienstverhältnis nicht zu verlängern, eine Entlassungsentscheidung, welche nicht dem Schutz des AGG unterfallen soll.[902] Die Entscheidung darüber, welche Ansicht vorzugswürdig erscheint, steht in engem Zusammenhang mit der Beantwortung der Frage, wie das Spannungsverhältnis zwischen dem Diskriminierungsschutz beim Zugang zur Erwerbstätigkeit und dem fehlenden Diskriminierungsschutz im Hinblick auf die Beschäftigungs- und Entlassungsbedingungen gem. § 2 Absatz 1 Nr. 2 AGG aufzulösen ist. Da § 6 Absatz 3 des AGG die Anwendbarkeit des Gesetzes bzgl. der Organmitglieder auf den Zugang beschränkt und die Beschäftigungs- und Entlassungsbedingungen nach § 2 Absatz 1 Nr. 2 AGG davon ausnimmt, ist davon auszugehen, dass die Vorschrift dem für die Beschäftigungs- und Entlassungsbedingungen zuständigen Gesellschaftsorgan die Möglichkeit einräumen soll, eine nur am Unternehmenswohl orientierte Entscheidung zu treffen, die allein an der Grenze der Sittenwidrigkeit und des Verstoßes gegen Treu und Glauben zu messen ist.[903] Hieraus folgt, dass sich die Organe insbesondere bei der Entscheidung über den Widerruf der Bestellung und der Kündigung des Dienstvertrags nicht an die Diskriminierungsverbote zu halten haben und dadurch in ihrer Abwägungsentscheidung über die Ausübung dieser Rechte nicht beschränkt werden sollen. Im Hinblick auf die Beendigung seiner Tätigkeit ist der Börsengeschäftsführer somit nicht durch die Diskriminierungsverbote geschützt. Anders ist die Lage nur dann zu beurteilen, wenn es sich um die Wiederbesetzung der eigenen Stelle nach Beendigung der Bestellung und Anstellung geht. Hier ist der ausscheidende Börsengeschäftsführer grundsätzlich nicht anders zu behandeln als die übrigen Bewerber.[904] Mithin ist mit der erstgenannten Ansicht davon auszugehen, dass unter den Begriff des Zugangs zur Erwerbstätigkeit auch die Wiederbewerbung fällt.

pp) Verbrauchereigenschaft des Börsengeschäftsführers (§ 13 BGB)

Nach § 13 BGB ist ein Verbraucher jede natürliche Person, die ein Rechtsgeschäft zu Zwecken abschließt, die überwiegend weder ihrer gewerblichen noch ihrer selbständigen beruflichen Tätigkeit zugerechnet werden können. Dass der Abschluss des Anstellungsvertrags keinesfalls einer gewerblichen Tätigkeit des Börsengeschäftsführers zugerechnet werden kann, bedarf keiner weiteren Begründung. Allerdings stellt sich die Frage, ob der Abschluss des Anstellungsvertrags oder die

---

901 BGH NZG 2012, 777, 778; *Bauer/Arnold*, NZG 2012, 921, 926; *Schlachter* in: ErfK, § 6 AGG Rn. 6; *Thüsing* in: MüKoBGB, § 2 AGG Rn. 7.

902 *Eßer/Baluch*, NZG 2007, 321, 329; *Krause*, AG 2007, 392, 394.

903 BGH NZG 2012, 777, 778; *Bauer/Arnold*, NZG 2012, 921, 923.

904 So auch *Bauer/Arnold*, NZG 2012, 921, 923 allgemein zu Organmitgliedern.

Führung der Geschäfte einer Börse als selbständige Tätigkeit im Sinne der Vorschrift einzustufen ist. Weder die Rechtsprechung noch die Literatur haben sich bislang mit dieser Frage auseinandergesetzt. Allerdings hat die Rechtsprechung für den Geschäftsführer einer GmbH wiederholt die Verbrauchereigenschaft mit der Begründung angenommen, die Führung der Geschäfte einer GmbH stelle keine selbständige, sondern eine angestellte berufliche Tätigkeit dar.[905] Für die Einordnung einer selbständigen Tätigkeit sei neben der weitgehenden Freiheit von Weisungen wesentlich, dass die Tätigkeit in eigenem Namen, auf eigene Rechnung und im eigenen Verantwortungsbereich erfolge, so dass das wirtschaftliche Risiko der Tätigkeit selbst getragen werde.[906] Nach gewichtiger Meinung in Rechtsprechung und Literatur gelten diese Grundsätze auch für das Vorstandsmitglied einer AG.[907] Zwar sei diese Rechtsstellung im Vergleich zu derjenigen eines Geschäftsführers in größerem Maße mit Selbständigkeit und Eigenverantwortung ausgestaltet, dieses größere Maß an Selbständigkeit bei der Wahrnehmung der dem Vorstandsmitglied obliegenden Pflichten rechtfertige es aber nicht, grundsätzlich von einer selbständigen beruflichen Tätigkeit auszugehen. Da das Vorstandsmitglied bei seiner Tätigkeit als Organmitglied nicht das unternehmerische Risiko seines Handelns trage, liege deshalb auch keine selbständige Tätigkeit im Sinne der Vorschrift vor. Hieran solle sich auch nichts ändern, wenn sich die Vergütung zum Teil nach dem wirtschaftlichen Erfolg seiner Vorstandstätigkeit richte.[908] Deshalb liegt freilich der Schluss nahe, dass für das Verbraucherschutzrecht und das Arbeitsrecht die gleichen Abgrenzungskriterien gelten.[909] Hieraus ergibt sich die Konsequenz, dass nach Ansicht der höchstrichterlichen Rechtsprechung ein Organmitglied Verbraucher und zwingend nach denselben Kriterien dann auch im Arbeitsrecht Arbeitnehmer ist. Mit einer solchen Auffassung setzt sich aber die Rechtsprechung in Widerspruch zu ihrer Verneinung der Arbeitnehmereigenschaft von Organmitgliedern, weshalb die Einordnung von Organmitgliedern als Verbraucher im Schrifttum überwiegend zu Recht abgelehnt wird.[910] Die Rechtsprechung erweckt den Eindruck, als ob für das Arbeitsrecht und das Verbraucherschutzrecht unterschiedliche Maßstäbe anzulegen sind. Dabei ergibt sich bereits aus der systematischen Auslegung eine gemeinsame Zweckverfolgung. Sowohl das Verbraucherschutzrecht als auch das Arbeitsrecht stellen Schutzsysteme zugunsten Schwächerer dar. Während auf der einen Seite der starke Unternehmer/Arbeitgeber steht, ist die andere Seite durch die Position des schwachen Verbrauchers/Arbeitnehmers gekennzeichnet.

905 BAG NJW 2010, 2827, 2829; BGH NJW-RR 2007, 1673, 1675; BGH NJW 2004, 3039, 3040; BGH NJW 1996, 2156, 2158.
906 BAG NJW 2010, 2827, 2829.
907 OLG Hamm MDR 2007, 1438, 1439; *Mülbert* in: FS-Hadding, 575, 582; *Micklitz* in: MüKoBGB, § 13 Rn. 49.
908 OLG Hamm MDR 2007, 1438, 1439.
909 *Wank*, RdA 2011, 178, 179.
910 *Hüffer*, § 84 AktG Rn. 17; *Thüsing* in: Fleischer, Handbuch des Vorstandsrechts, § 4 Rn. 101; *Wank*, RdA 2011, 178, 179; *Bauer/Arnold*, ZIP 2006, 2337, 2339.

Zudem steht die Einordnung des Organmitglieds als Verbraucher im Widerspruch zur Rechtsnatur des Anstellungsvertrags. Da der Dienstvertrag eines Organmitglieds regelmäßig als Dienstvertrag des selbständig Tätigen zu qualifizieren ist, kann das Organmitglied auch deshalb nicht unselbständig im Sinne des § 13 BGB sein.[911] Mithin ist den Organmitgliedern eine Verbrauchereigenschaft abzusprechen, weshalb im Ergebnis auch der Börsengeschäftsführer nicht als Verbraucher gemäß § 13 BGB anzusehen ist.

5. Haftungsrechtliche Verantwortung für Fehlverhalten des Börsengeschäftsführers

Als Leitungsorgan der Börse trifft die Börsengeschäftsführung Maßnahmen, die im Außenverhältnis eine Wirkung entfalten und daher als Verwaltungsakte im Sinne des § 35 VwVfG einzustufen sind. Die von ihr getroffenen Anordnungen finden ihre Ermächtigung im Börsengesetz und in den Börsenordnungen der jeweiligen Regionalbörsen. Da sie gegenüber Handelsteilnehmern und Emittenten hoheitlich handelt, ist sie als Behörde im verwaltungsrechtlichen Sinne gem. § 1 Abs. 4 VwVfG anzusehen. Wie jede andere staatliche Behörde ist sie nach Art. 20 Abs. 3 GG an Recht und Gesetz gebunden, weshalb die Börsengeschäftsführer im Rahmen ihres Verwaltungshandelns insbesondere die Vorgaben des Börsengesetzes und die einschlägigen Bestimmungen des Verwaltungsverfahrensrechts sowie die Grundrechte der Betroffenen zu beachten haben.[912] Die Betrauung mit der Ausübung öffentlicher Gewalt macht die Mitglieder der Börsengeschäftsführung zu Beamten im haftungsrechtlichen Sinne, so dass bei einem Fehlverhalten eines Börsengeschäftsführers nach allgemeinen Grundsätzen ein Amtshaftungsanspruch nach § 839 BGB i. V. m. Art. 34 GG in Betracht kommt.[913] Ein solcher Schadensersatzanspruch setzt voraus, dass der Börsengeschäftsführer eine Amtspflicht verletzt, die zumindest auch dem Zweck dient, die Interessen des Geschädigten wahrzunehmen, d. h. drittschützend ist und dass der Geschädigte sowie der eingetretene Schaden innerhalb des Schutzzwecks der Pflicht liegen.[914] Eine Verletzung kann zum Beispiel in einer pflichtwidrigen Aussetzung oder pflichtwidrigen Unterlassung der Aussetzung des

911 *Thüsing* in: Fleischer, Handbuch des Vorstandsrechts, § 4 Rn. 101; *Bauer/Arnold*, ZIP 2006, 2337, 2339.

912 *Faßbender/Reichegger*, WM 2009, 732.

913 OLG Frankfurt am Main, ZIP 2001, 730, 731; *Lenenbach*, Rn. 3.58; *Jaskulla*, WM 2002, 1093, 1102; *Claussen*, DB 1994, 969, 972; *Ledermann* in: Schäfer/Hamann, KMR, vor § 1 Rn. 47; *Hammen*, AG 2004, 163; *ders.*, AG 2001, 549, 562; *Groß*, Kapitalmarktrecht, § 15 BörsG Rn. 13; *Schwark* in: Schwark/Zimmer, § 15 BörsG Rn. 11; *FoelschWittmann* in: BuB, Rn. 7/543; auch *Elle*, ZHR 128, 273, 291 für die Mitglieder der Zulassungsstelle.

914 BGHZ 109, 163, 167f.; BGH WM 1997, 375, 378; *Elle*, ZHR 128, 273, 291; *Lenenbach*, Rn. 3.228; *Jaskulla*, WM 2002, 1092, 1103.

Börsenhandels gesehen werden.[915] In diesen Fällen ist eine Amtshaftung grundsätzlich möglich, wenn die dem Funktionsschutz des Kapitalmarkts dienenden börsenrechtlichen Normen eine Amtspflicht des hoheitlich handelnden Börsengeschäftsführers im Sinne des deliktsbegründenden Tatbestandes des § 839 BGB entstehen lassen. Liegen die Voraussetzungen des § 839 BGB vor, so trifft die Verantwortlichkeit für Amtspflichtverletzungen nach Art. 34 GG grundsätzlich den Staat oder die Körperschaft, in deren Dienst der Beamte steht. Hiernach haftet in der Regel die Anstellungskörperschaft, sofern ein Anstellungsverhältnis zu einer Körperschaft besteht. Fehlt es an einem Anstellungsverhältnis, dann ist darauf abzustellen, wer dem Beamten die Aufgabe, bei deren Ausfüllung er gefehlt hat, anvertraut hat.[916] Hinsichtlich der Börse fehlt es an einem solchen öffentlich-rechtlichen Dienstherrn, da nach der hier vertretenen Auffassung der Börse nur eine Teilrechtsfähigkeit im verwaltungsgerichtlichen Verfahren zukommt und der Börsengeschäftsführer deshalb in einem Dienstverhältnis zum Börsenträger, einer juristischen Person des Privatrechts, steht. Mithin ist danach zu fragen, wer dem Börsengeschäftsführer das öffentliche Amt mit hoheitlichen Befugnissen anvertraut und ihm damit die Eigenschaft eines Beamten im haftungsrechtlichen Sinne verliehen hat. Man könnte zunächst an eine Haftung des Börsenträgers für Pflichtverletzungen des Börsengeschäftsführers denken. Für eine solche Zuordnung der sich aus § 839 BGB i. V. m. Art. 34 GG ergebenden Staatshaftungspflicht des Börsenträgers könnte sprechen, dass die Übertragung der hoheitlichen Aufgabe auf die handelnden Angestellten der Börsenorgane durch den Anstellungsvertrag mit dem beliehenen Börsenträger erfolgt. Allerdings ist allgemein anerkannt, dass die Verantwortlichkeit im Sinne des Art. 34 GG immer nur eine juristische Person des öffentlichen Rechts treffen kann, so dass juristische Personen des Privatrechts aus dem Kreis der nach Art. 34 GG haftpflichtigen Körperschaften generell ausscheiden.[917] Weil der Börsenträger also nur im Bereich des privaten Rechts tätig wird und sich die Hoheitsrechte des Börsengeschäftsführers nicht aus dem Aufsichtsrecht der Börsenaufsichtsbehörde herleiten lassen, kommt als Anspruchsverpflichteter das Bundesland, in dem die jeweilige Börse ihren Sitz hat, in Betracht.[918] Denn sowohl die Börse als auch ihre

915 Über eine solche Pflichtverletzung hatte das OLG Frankfurt im Jahr 2001 zu entscheiden, vgl. OLG Frankfurt am Main, ZIP 2001, 730 ff.

916 BGH NJW-RR 2006, 966, 967; BGH NVwZ 2000, 963, 964; BGH NJW 1984, 228; aus der Literatur vgl. *Jaskulla*, WM 2002, 1092, 1102; *Faßbender/Reichegger*, WM 2009, 732.

917 BGHZ 2, 350, 354 f.; BGHZ NJW 1968, 443, 445; *Faßbender/Reichegger*, WM 2009, 732; *Lorenz*, Die Wertpapierbörse und ihr Träger, S. 86; *Papier* in: MüKoBGB, § 839 Rn. 363; *Teichmann* in: Jauernig, § 839 BGB Rn. 23.

918 OLG Frankfurt am Main, Urt. v. 14.05.2013, Az. 1 U 176/10; OLG Frankfurt am Main, ZIP 2001, 730, 731; *Lenenbach*, Rn. 3.58; *Jaskulla*, WM 2002, 1093, 1102; *Claussen*, DB 1994, 969, 972; *Ledermann* in: Schäfer/Hamann, KMR, vor § 1 Rn. 47; *Kümpel/Hammen*, Börsenrecht, S. 134; *Groß*, Kapitalmarktrecht, § 15 BörsG Rn. 13; *Schwark* in: Schwark/Zimmer, § 15 BörsG Rn. 3; *Foelsch/Wittmann* in: BuB, Rn. 7/543; auch

Börsenorgane verdanken ihren öffentlich-rechtlichen Status der staatlichen Genehmigung durch die Börsenaufsichtsbehörde ihres Sitzlandes nach § 4 Abs. 1 BörsG. Bei Erteilung der Börsenlizenz nimmt die Börsenaufsichtsbehörde eine staatliche Verwaltungsaufgabe wahr, so dass hierin auch der entscheidende Hoheitsakt zu sehen ist, mit dem die Börse den Status einer dem Börsengesetz unterstellten Marktveranstaltung erlangt.[919] Hiernach bewirkt die staatliche Genehmigung indirekt, dass die im Börsengesetz abstrakt geregelten Hoheitsbefugnisse den Börsenorganen zuwachsen können. Mithin ist davon auszugehen, dass die durch die Börsenaufsichtsbehörde erteilte Börsenlizenz den eigentlichen konstitutiven Rechtsakt für die öffentlichen Ämter der Börsenorgane darstellt, indem sie ihnen die im Börsengesetz geregelten Hoheitsbefugnisse überträgt.[920] Auch vor dem Hintergrund, dass das Bundesland die Letztverantwortung für seine Einrichtungen tragen muss, ist es deshalb sachgerecht, bei pflichtwidriger Ausübung dieser hoheitlichen Befugnisse eine Haftung des Bundeslandes der jeweiligen Börse anzunehmen.

Eine Haftung nach § 839 BGB i. V. m. Art. 34 GG setzt ferner voraus, dass der Börsengeschäftsführer eine dem Geschädigten gegenüber bestehende Amtspflicht verletzt hat. Durch das Vierte Finanzmarktförderungsgesetz wurde allerdings die haftungsrechtliche Situation neu gestaltet. Seither sieht das Börsengesetz in § 15 Abs. 6 BörsG vor, dass die Börsengeschäftsführung die ihr nach dem Börsengesetz zugewiesenen Aufgaben und Befugnisse nur im öffentlichen Interesse wahrnimmt. In den Gesetzesmaterialien zum Vierten Finanzmarktförderungsgesetz hat der Gesetzgeber klargestellt, dass die Geschäftsführung wie die anderen Börsenorgane sowie die Börsenaufsichtsbehörde im Interesse der Sicherung der Funktionsfähigkeit der Börse und nicht zum Schutze individueller Anlegerinteressen tätig wird.[921] Damit wird dem Umstand Rechnung getragen, dass anderen Personen als den unmittelbaren Adressaten von Maßnahmen der Börsenorgane – wie Handelsteilnehmer oder Emittenten – keine subjektiv-öffentlichen Rechte zustehen, die sie gegen die Börsenorgane geltend machen können. Mithin entfällt ein Amtshaftungsanspruch bei Pflichtverletzungen des Börsengeschäftsführers gegenüber Dritten, insbesondere Anlegern, da § 15 Abs. 6 BörsG den drittschützenden Charakter börsenrechtlicher Pflichten ausschließt.[922] Gegen einen solchen Ausschluss

Elle, ZHR 128 (1966), 273, 291 für die Mitglieder der Zulassungsstelle; a. A. *Faßbender/Reichegger*, WM 2009, 732, 736, die die Börse als „Verpflichtete" ansehen.

919 *Kümpel/Hammen*, Börsenrecht, S. 134; *Wiede*, Die Börse als selbstverwaltungsrechtliches Problem, S. 48; *Göppert*, Das Recht der Börsen, S. 72 f.

920 *Elle*, ZHR 128, 273, 295; *Bremer*, Grundzüge des deutschen und ausländischen Börsenrechts, S. 58; aus jüngster Zeit siehe *Kümpel/Hammen*, Börsenrecht, S. 135; *Schwark* in: Schwark/Zimmer, § 15 BörsG Rn. 3; *Foelsch/Wittmann* in: BuB, Rn. 7/543 ff.

921 BT-Drs. 14/8017, S. 74.

922 OLG Frankfurt am Main, ZIP 2001, 730, 731; *Beck*, BKR 2002, 662, 666; *Lenenbach*, Rn. 3.229; *Ledermann* in: Schäfer/Hamann, KMR, vor § 1 Rn. 47; *Groß*, Kapitalmarktrecht, § 15 BörsG Rn. 14.

von Amtshaftungsansprüchen wurden zwar verfassungs- und europarechtliche Bedenken erhoben[923], allerdings hatte der EuGH in einer Vorlage durch den BGH festgestellt, dass das Europarecht einem solchen Haftungsausschluss nicht entgegensteht.[924] Hieran anknüpfend hat auch der BGH keine verfassungsrechtlichen Bedenken gegen solche allgemeinen Amtshaftungsausschlüsse feststellen können.[925] Ohne die Frage an dieser Stelle zu vertiefen, ist ein genereller Ausschluss aber in solchen Fällen abzulehnen, in denen der Börsengeschäftsführer eine Amtspflichtverletzung begeht, die gegen den Adressaten einer Maßnahme gerichtet ist und sich damit unmittelbar auf dessen Vermögen auswirkt. In diesen Fällen bleibt eine Haftung gegenüber dem Bundesland bestehen.[926]

Soweit andere Schadensersatzansprüche gegen die Börsen geltend gemacht werden können, z.B. weil die Börse die ihr aus dem Benutzungsverhältnis obliegenden Pflichten nicht ordnungsgemäß erfüllt[927], dürfte letztendlich der Börsenträger für diese einzustehen haben. Seine Haftung – aber gegenüber der Börse – ergibt sich der Betriebspflicht, wonach der Börsenträger die finanziellen, personellen und sachlichen Mittel zur Verfügung zu stellen hat (vgl. § 5 Abs. 1 Satz 2 BörsG). Diese Annahme beruht auf dem Gedanken, dass die die Haftungsgrundlage bildenden Vermögenswerte nicht der Börse, sondern ihrem Träger zuzuordnen sind, weshalb er auch die von der Börse zu ersetzenden Schäden zu übernehmen hat.[928] Eine andere Frage betrifft in diesem Zusammenhang die Passivlegitimation bei der öffentlich-rechtlichen Forderungsverletzung durch die Börsenorgane. Da es diesbezüglich an einer ausdrücklichen Regelung fehlt, hängt die Passivlegitimation auch hier von der Reichweite der Rechtsfähigkeit einer Börse ab. Mit § 40 Abs. 2 Satz 1 VwGO existiert nur eine Vorschrift, die für Ansprüche wegen öffentlich-rechtlicher Forderungsverletzung eine Rechtswegzuweisung an die ordentliche Gerichtsbarkeit vornimmt. Weil nach der in dieser Arbeit vertretenen Ansicht die Börse aber nicht privatrechtsfähig ist, ist freilich das Land, dessen Börsenaufsichtsbehörde die Börse genehmigt hat, der richtige Klagegegner.[929] Sollte in diesem Zusammenhang eine

923 *Schwark* in: Schwark/Zimmer, § 15 BörsG Rn. 11; *Claussen*, DB 1994, 969, 973 f.; *Lenenbach*, Rn. 3.231.

924 EuGH NJW 2004, 3479 hinsichtlich der Frage, ob Maßnahmen der Bankenaufsicht im EG-rechtlich harmonisierten Bereich Amtshaftungsansprüche von Sparern und Anlegern entgegen dem Haftungsausschluss des § 6 Abs. 4 a. F. KWG auslösen könnten.

925 BGH ZIP 2005, 287, 291 f.

926 *Groß*, Kapitalmarktrecht, § 15 BörsG Rn. 14; *Schwark* in: Schwark/Zimmer, § 15 BörsG Rn. 11; *Lenenbach*, Rn. 3.230.

927 *Hammen*, AG 2001, 549, 563; *ders.*, AG 2004, 164 weist darauf hin, dass eine Haftung der Börse bei Fehlleistungen ihrer Organe aus dem öffentlich-rechtlichen Benutzungsverhältnis gem. §§ 280 ff. BGB analog möglich ist.

928 *Kümpel/Hammen*, Börsenrecht, S. 139 f.; *Lorenz*, Die Wertpapierbörse und ihr Träger, S. 87; *Faßbender/Reichegger*, WM 2009, 732, 738.

929 So auch *Lenenbach*, Rn. 3.228; a.A. *Faßbender/Reichenegger*, WM 2009, 732, 738.

Haftung des Bundeslandes festgestellt werden, erfolgt auch hier ein Rückgriff beim Börsenträger (§ 5 Abs. 6 BörsG).

Anders ist die Rechtslage dann zu beurteilen, wenn der Börsengeschäftsführer im Auftrag des Börsenträgers handelt, wenn er beispielsweise Investitionen für den Betrieb der Börse tätigt oder Angestellte einstellt oder entlässt. Hierbei handelt er nicht in Ausübung öffentlicher Gewalt, weshalb in diesen Fällen nur eine Inanspruchnahme des Börsenträgers möglich ist. Der Börsenträger hat bei Fehlleistungen des Börsengeschäftsführers nach § 31 BGB einzustehen. Ein Rückgriff ist dabei nur auf den Anstellungsvertrag zu stützen. Eine Haftung aus § 93 Abs. 2 Satz 1 AktG analog scheidet dagegen aus, da die Vorschrift einen gesetzlich geregelten Fall einer Organhaftung vorsieht[930], es sich beim Börsengeschäftsführer aber um ein Organ der Börse und nicht des Börsenträgers handelt.[931]

6. Der Sonderfall der Personenidentität zwischen Börsengeschäftsführung und Börsenträgervorstand

Auf das dualistische Börsensystem, das durch eine Trennung von Börse und Börsenträger gekennzeichnet ist, ist in der vorliegenden Abhandlung bereits mehrfach hingewiesen worden. Der Börsenträger hat durch die Erlangung der Börsenlizenz die Börse zu betreiben, indem er auf Anforderung des Börsenrates bzw. der Börsengeschäftsführung der Börse die notwendige Ausstattung zur Verfügung stellt. Hiermit erlangt er zwar in tatsächlicher Sicht eine wichtige Rolle, auf die inneren Geschäftsangelegenheiten der Börse hat er jedoch rechtlich keinen Einfluss. Diese dargestellte Trennung kann jedoch in der Praxis dadurch ausgeglichen werden, dass eine Personalunion zwischen Börsengeschäftsführung und Börsenträgervorstand angestrebt wird. Eine solche in der Praxis anzutreffende[932] Personenidentität wird von der überwiegenden Auffassung für zulässig erachtet.[933] Allerdings mehren sich in jüngster Zeit Stimmen in der Literatur, die auf mögliche Interessenkonflikte

930 *Hüffer*, § 93 AktG Rn. 11; *Spindler* in: MüKoAktG, § 93 Rn. 10.

931 Wie hier *Schwark* in: Schwark/Zimmer, § 15 BörsG Rn. 11; offengelassen von *Claussen*, DB 1994, 969, 972.

932 Die Börsengeschäftsführung der FWB besteht derzeit aus vier Personen (Stand: 07.08.2016), von denen eine Person gleichzeitig im Vorstand der Deutsche Börse AG vertreten ist (Hauke Stars). Eine vollständige Personalunion zwischen Börsengeschäftsführung und Börsenträgervorstand findet sich bei den Börsen Hamburg und Hannover (Dr. Thomas Ledermann und Hendrik Janssen; Stand: 07.08.2016) sowie der Bayerischen Börse (Andreas Schmidt und Jochen Thiel; Stand: 07.08.2016).

933 *Köndgen/Mues*, WM 1998, 53, 57; *Kümpel*, Börsenrecht, S. 52; *Wiede*, Die Börse als selbstverwaltungsrechtliches Problem, S. 63 f.; *Schwark* in: Schwark/Zimmer, § 15 BörsG Rn. 3; *Groß*, Kapitalmarktrecht, § 15 BörsG Rn. 3; *Schwark*, WM 2000, 2517, 2526.

hinweisen und deshalb einer Personenidentität kritisch gegenüberstehen.[934] In der Tat ist diese Kritik nicht von der Hand zu weisen. Der Börsenträger ist zwar als ein auf Gewinnerzielung ausgerichtetes Unternehmen an einem funktionierenden Börsenhandel ebenso interessiert wie die Börse selbst, so dass durchaus Zweifel angebracht sind, ob eine Inkompatibilität wegen möglicher Interessenkonflikte überhaupt bestehen kann.[935] Allerdings erreicht eine solche Personenidentität eine völlig andere Dimension, weil die Börsengeschäftsführung als zentrales Börsenorgan keine Entscheidungen mehr unabhängig vom Börsenträger treffen kann. Bei einer Personalunion besteht nämlich die Gefahr einer Überberücksichtigung von Börsenträgerinteressen, wenn dieser die Entscheidungen der Börsengeschäftsführung faktisch mitbestimmen kann.[936] Weil aber gerade das deutsche Börsensystem einer rechtlichen Trennung unterliegt, ist es daher sinnvoll, solche Konfliktsituationen zu vermeiden. Obwohl im Zuge des Vierten Finanzmarktförderungsgesetzes mehrere Stimmen den Gesetzgeber auf diese Problematik hingewiesen haben[937], fällt auf, dass eine entsprechende Inkompatibilitätsregelung bis heute im Börsengesetz nicht existiert. Fraglich ist deshalb, welche Interessenkonflikte in diesem Zusammenhang auftreten können und wie solchen Kollisionen in der Praxis zu begegnen ist. Regelmäßig berühren die Tätigkeiten der Börsengeschäftsführung die Interessen des Börsenträgers. Nach § 5 Abs. 1 Satz 2 BörsG hat der Börsenträger auf Anforderung der Börsengeschäftsführung alle notwendigen Mittel für den Betrieb der Börse zu Verfügung zu stellen. Zutreffend wird in der Literatur darauf hingewiesen, dass diese Anforderung seitens der Börsengeschäftsführung einen Verwaltungsakt darstellt, weshalb auch das Verwaltungsverfahrensgesetz Anwendung findet.[938] Dieses Gesetz enthält in § 20 Abs. 1 Satz 1 Nr. 5 VwVfG eine Regelung, wonach auf Seiten der Börsengeschäftsführung keine Personen beteiligt sein dürfen, die als Mitglieder in den Organen des Börsenträgers tätig sind oder gegen Entgelt bei ihm beschäftigt sind.[939] Weil der Börsenträger in diesen Fällen als Beteiligter gemäß § 13 Abs. 1 Nr. 2 VwVfG anzusehen ist, greift bei den personenidentischen Organmitgliedern eine unwiderlegliche gesetzliche Vermutung für eine Kollision ein und schließt diese Personen als potenziell befangen aus.[940] Hinsichtlich der Mittelanforderung birgt eine

---

934 *Breitkreuz*, Die Ordnung der Börse, S. 150 ff.; *Kümpel/Hammen*, WM 2000, Sonderbeilage 3, 3, 10; *Hammen*, AG 2001, 549, 563 f.; *Mülbert*, JZ 2002, 826, 830 f.; *Christoph*, Börsenkooperationen und Börsenfusionen, S. 164 ff.

935 *Groß*, Kapitalmarktrecht, § 15 BörsG Rn. 3.

936 *Breitkreuz*, Die Ordnung der Börse, S. 155; *Christoph*, Börsenkooperationen und Börsenfusionen, S. 166 f.; *Kümpel/Hammen*, WM 2000, Sonderbeilage 3, 3, 10.

937 *Mülbert*, JZ 2002, 826, 830 f.; *Breitkreuz*, Die Ordnung der Börse, S. 149 ff.

938 *Hammen*, AG 2001, 549, 564; *Breitkreuz*, Die Ordnung der Börse, S. 152; *Christoph*, Börsenkooperationen und Börsenfusionen, S. 166.

939 Dazu *Ritgen* in: Knack/Henneke, § 20 VwVfG Rn. 21 ff.; *Bonk/Schmitz* in: Stelkens/Bonk/Sachs, § 20 VwVfG Rn. 35 ff.; *Scheuing*, NVwZ 1982, 487 ff.

940 *Ritgen* in: Knack/Henneke, § 20 VwVfG Rn. 5; *Bonk/Schmitz* in: Stelkens/Bonk/Sachs, § 20 VwVfG Rn. 20; *Scheuing*, NVwZ 1982, 487.

Personenidentität zudem die Gefahr, dass die Börsengeschäftsführung keine rechtsfehlerfreie Entscheidungen treffen kann, wenn sie handlungsunfähig ist. Nach § 10 Abs. 3 Satz 1 BörsO München wird die Börse durch zwei Geschäftsführer vertreten. Wenn ein Börsengeschäftsführer mit einem Mitglied des Vorstandes personenidentisch ist, dann ist er nach allgemeinem Verwaltungsverfahrensrecht zwingend als Befangener von der Entscheidung ausgeschlossen (vgl. § 21 VwVfG), weshalb eine wirksame Vertretung der Börse nicht mehr vorliegen kann. Aus diesem Grund ist es zwingend erforderlich, dass die Börsengeschäftsführung auch ohne ihre mit dem Börsenträger verbundenen Mitglieder handlungsfähig bleibt, um ihre Entscheidungen sachlich und unvoreingenommen treffen zu können.[941]

Interessenkonflikte sind aber auch bei Kooperationsvorhaben des Börsenträgers denkbar. In der Praxis ist oft der Umstand zu beobachten, dass die Börsengeschäftsführung solchen Bündnissen skeptisch gegenübersteht. Freilich muss an dieser Stelle gewährleistet sein, dass die Börsengeschäftsführung Ansprüche aus der Betriebspflicht gegenüber dem Börsenträger durchsetzen kann. Gerade bei vollständiger Personengleichheit zwischen Börsengeschäftsführung und Börsenträgervorstand ist dies aber nicht möglich. Hier hilft sogar die in der Literatur[942] vorgeschlagene Lösung, das betroffene Mitglied habe bei Vorliegen von Interessenkollisionen sich entweder als Vorstand nach § 34 BGB analog zu enthalten oder die vom Träger angestrebte Geschäftsführungsmaßnahme zu unterlassen[943], nicht weiter.[944] Obgleich es also Situationen latenter Interessenkonflikte gibt, die eine Aufhebung dieser Personenidentität nahelegen, besteht gleichwohl kein Bedürfnis nach einer ausdrücklichen Inkompatibilitätsregelung.[945] Das deutsche Börsenrecht sieht ausreichende Instrumentarien vor, um solche Konflikte zu vermeiden. An erster Stelle ist hier an das Bestellungs- und Abberufungsorgan zu denken. Der Börsenrat hat als Kontrollorgan nach erfolgter Bestellung zwar wenig Einflussmöglichkeiten auf die Entscheidungen, die das Tagesgeschäft betreffen. Ihm steht aber ein jederzeitiges Abberufungsrecht zu, das ihm als Druckmittel gegenüber der Börsengeschäftsführung dienen kann. Ferner werden die Börsengeschäftsführer nur im Einvernehmen mit der Börsenaufsichtsbehörde bestellt und abberufen (vgl. § 12 Abs. 2 Satz 1 Nr. 2 BörsG). Sollte die Börsenaufsichtsbehörde irgendwelche Bedenken gegen eine Personenidentität von Börsengeschäftsführer und Börsenträgervorstand haben, kann sie dieser Problematik entgegenwirken, indem sie ihr Einvernehmen zur Bestellung versagt. In diesem Zusammenhang ist anzumerken, dass eine Inkompatibilitätsregelung zudem unverhältnismäßig in das Selbstverwaltungsrecht

941 *Breitkreuz*, Die Ordnung der Börse, S. 152; *Christoph*, Börsenkooperationen und Börsenfusionen, S. 167.

942 *Schwark* in: Schwark/Zimmer, § 15 BörsG Rn. 3.

943 Hinsichtlich der Rechtsfolgen von Interessenkonflikten bei Doppelmandaten vgl. *Aschenbeck*, NZG 2000, 1015, 1021 ff.

944 So zutreffend *Christoph*, Börsenkooperationen und Börsenfusionen, S. 167.

945 *Hammen*, AG 2001, 549, 564; a.A. *Christoph*, Börsenkooperationen und Börsenfusionen, S. 168.

der Börse eingreifen würde. Gegenüber einer ausdrücklichen Unvereinbarkeitsregelung stellt nämlich die Mitwirkung hinsichtlich der Bestellung und Abberufung eines Börsengeschäftsführers das schonendere Mittel dar.[946] Schließlich wird auch in § 5 Abs. 4 Nr. 1 BörsG dem Umstand Rechnung getragen, dass der Börsenträger Interessenkonflikte hinsichtlich des Börsenbetriebes zu vermeiden hat. Nach dieser Vorschrift dürfte einer vollständigen Personenidentität bei Börse und Börsenträger nunmehr endgültig der Boden entzogen sein.

946 Vgl. *Hammen*, AG 2001, 549, 564.

D. Zweiter Teil: Die Rechtsstellung des Leiters der Handelsüberwachungsstelle

I. Die Stellung der Handelsüberwachungsstelle im Gefüge des Aufsichtsrechts

Nach § 7 Abs. 1 Satz 1 BörsG hat die Börse unter Beachtung von Maßgaben der Börsenaufsichtsbehörde eine Handelsüberwachungsstelle als Börsenorgan einzurichten und zu betreiben, die den Handel an der Börse und die Börsengeschäftsabwicklung überwacht. Dieses im Zuge des Zweiten Finanzmarktförderungsgesetzes[947] geschaffene Organ hat die Kapitalmarktaufsicht in Deutschland grundlegend geändert. Lange Zeit wurde im Vorfeld darüber diskutiert, ob und in welchem Umfang eine Zentralisierung der Kapitalmarktaufsicht auf Ebene des Bundes und ob die Überwachung des Börsenhandels durch börseneigene Einrichtungen erfolgen soll.[948] Der Gesetzgeber hat sich schließlich dafür entschieden, die Handelsüberwachungsstelle der Börsenselbstverwaltung zu unterstellen und dieser somit die Aufgabe übertragen, den Börsenhandel und die Börsengeschäftsabwicklung eigenverantwortlich zu überwachen.[949] Ziel der Schaffung der Handelsüberwachungsstelle war es, den Börsen durch die eigenverantwortliche Marktüberwachung einen glaubwürdigen Ausdruck zu verleihen, um sie damit sowohl national als auch international wettbewerbsfähiger zu gestalten.[950] Neben dem Börsenrat und der Börsengeschäftsführung kommt der Handelsüberwachungsstelle also der Rang eines selbständigen Börsenorgans zu, weshalb sie nicht der unmittelbaren Staatsverwaltung zugeordnet ist. Als Teil der mittelbaren Staatsverwaltung ist sie mithin lediglich der Börsenaufsichtsbehörde unterworfen.[951] Dies bedeutet, dass die Börsenaufsichtsbehörde gegenüber der Handelsüberwachungsstelle weisungsbefugt ist. Hierdurch wird aber die primäre Verantwortung der Börse, eine gut funktionierende Handelsüberwachung einzurichten, nicht in Frage gestellt. Vielmehr hat die Börse im Rahmen ihrer Selbstverwaltung in erster Linie sicherzustellen, dass der Börsenhandel ordnungsgemäß überwacht wird und die börsenrechtlichen Bestimmungen eingehalten werden. Diese Aufgabe teilt sich die Handelsüberwachungsstelle mit der Börsengeschäftsführung, wobei sie das

947 Siehe die Regierungsbegründung zum Zweiten Finanzmarktförderungsgesetz, BT-Drs. 12/6679, S. 60.

948 Dazu *Kümpel*, WM 1994, 229 ff.; *Claussen*, DB 1994, 969 ff.

949 BT-Drs. 12/6679, S. 60; *Brockhausen*, WM 1997, 1924; *Beck* in: Schwark/Zimmer, § 7 BörsG Rn. 1; *Kümpel*, WM 1994, 229, 231.

950 BT-Drs. 12/6679, S. 36; *Brockhausen*, WM 1997, 1924; *Ledermann* in: Schäfer/Hamann, KMG, § 4 BörsG Rn. 1.

951 *Ledermann* in: Schäfer/Hamann, KMG, § 4 BörsG Rn. 3; *Beck* in: Schwark/Zimmer, § 7 BörsG Rn. 5; *Foelsch/Wittmann* in: BuB, Rn. 7/557 f.

Überwachungs- und Ermittlungsorgan darstellt, während die Börsengeschäftsführung – neben dem Sanktionsausschuss – für die Sanktionierung der Handelsteilnehmer zuständig ist. Daneben kann die Börsenaufsichtsbehörde die Maßnahmen der Handelsüberwachungsstelle beanstanden. Hierfür stehen ihr die in § 3 BörsG genannten Ermittlungs- und Anordnungsbefugnisse zu. Diese Befugnisse sind als Ausfluss der allgemeinen Rechtsaufsicht über die Börse zu sehen, die bei Selbstverwaltungseinrichtungen auf entsprechender gesetzlicher Grundlage auch durchaus zulässig sind.[952] Hieraus wird deutlich, dass sich das Weisungsrecht bereits aus der Rechtsstellung der Börse ergibt und deshalb der Börsenaufsichtsbehörde gegenüber der Handelsüberwachungsstelle keine weitergehenden Rechte zukommen, als sie bereits gegenüber den anderen Organen der Börse bestehen.[953] Zutreffend wird daher im Ergebnis davon ausgegangen, dass die Überwachung des Börsenhandels in die Primärzuständigkeit der Börsenselbstverwaltung fällt, wohingegen die Marktaufsicht durch die Börsenaufsichtsbehörde subsidiär sein soll.[954]

Mit der Primärverantwortung der Handelsüberwachungsstelle für die Marktaufsicht stellt sich zudem die Frage, in welchem Verhältnis dieses Börsenorgan zur BaFin steht. Da in Deutschland die Kapitalmarktaufsicht durch die BaFin, die Börsenaufsichtsbehörde und die Börse erfolgt, sind auf den ersten Blick Kompetenzüberschneidungen zwischen den einzelnen Institutionen möglich. Zwar stehen die Geschäftsaktivitäten der börsenzugelassenen Handelsteilnehmer und Emittenten unter der gemeinsamen Aufsicht der BaFin und der Börsenaufsichtsbehörde, der Gesetzgeber hat aber eine ausdrückliche Kompetenzverteilung vorgenommen. Danach erfolgt die Kapitalmarktaufsicht in unterschiedlicher Weise. Während die BaFin sämtliche Geschäftsaktivitäten der Handelsteilnehmer und Emittenten innerhalb und außerhalb der Börse erfasst, stehen bei der Börsenaufsichtsbehörde dagegen nur die börslichen Geschäftsaktivitäten der Marktteilnehmer im Vordergrund.[955] Mithin bestehen auch keine Kompetenzüberschneidungen zwischen der BaFin und der Börsenaufsichtsbehörde sowie der Handelsüberwachungsstelle.

---

952 BT-Drs. 12/6679, S. 36, 60; *Beck* in: Schwark/Zimmer, § 7 BörsG Rn. 5; *Ledermann* in: Schäfer/Hamann, KMG, § 4 BörsG Rn. 3; *Foelsch/Wittmann* in: BuB, Rn. 7/557 f.; *Wilmanowski* in: Heidel, § 7 BörsG Rn. 2.

953 *Foelsch/Wittmann* in: BuB, Rn. 7/558; *Beck* in: Schwark/Zimmer, § 7 BörsG Rn. 5 Fn. 4; *Ledermann* in: Schäfer/Hamann, KMG, § 4 BörsG Rn. 3; a. A. *Claussen*, DB 1994, 969, 971.

954 In der amtlichen Begründung ist hier von einem „Vier-Augen-Prinzip" die Rede, vgl. BT-Drs. 12/6679, S. 60; dem zustimmend *Beck* in: Schwark/Zimmer, § 7 BörsG Rn. 2; *Ledermann* in: Schäfer/Hamann, KMG, § 4 BörsG Rn. 3.

955 *Beck* in: Schwark/Zimmer, § 7 BörsG Rn. 2.

II. Aufgaben und Befugnisse der Handelsüberwachungsstelle

Die Handelsüberwachungsstelle hat im Rahmen der von ihr zu erledigenden Marktaufsicht den Börsenhandel und die Börsengeschäftsabwicklung eigenverantwortlich zu überwachen. Hierbei stehen ihr dem Grunde nach dieselben Aufgaben wie der Börsenaufsichtsbehörde nach § 3 Abs. 1 Satz 3 BörsG zu. Nach § 7 Abs. 1 Satz 2 BörsG hat sie insbesondere Daten über den Börsenhandel und die Börsengeschäftsabwicklung systematisch und lückenlos zu erfassen und auszuwerten sowie die notwendigen Ermittlungen durchzuführen. Hieraus ergibt sich, dass die Handelsüberwachungsstelle zur konstanten und umfassenden Kontrolle des Tagesgeschäftes verpflichtet ist.[956] Nach der Intention des Gesetzgebers zählen zu ihren Aufgaben vor allem die Überwachung der Preisfeststellung und der Handelsvolumina, die ständige Kontrolle der Einhaltung von Handelsusancen, die Beobachtung der Eigengeschäfte der Skontroführer, der Vergleich der Preise mit anderen Börsenplätzen und anderen Handelssystemen sowie die Aufrechterhaltung der Ordnung im Börsensaal.[957] Zur Erfüllung ihrer Tätigkeit hat die Handelsüberwachungsstelle geeignete Überwachungssysteme und eigenes qualifiziertes Personal bereitzuhalten. Hinsichtlich der Überwachungstätigkeit wird sie durch das Börsenüberwachungssystem SIMA (System für eine integrierte Marktaufsicht) unterstützt.[958] Dabei beschränkt sich die Überwachungstätigkeit allerdings nicht nur auf die bloße Beobachtung der Geschehnisse, sondern darüber hinaus hat die Handelsüberwachungsstelle auch Sachverhalte zu ermitteln, die Anlass zu begründeten Zweifeln geben, ob der Handel an der Börse im Einzelfall ordnungsgemäß verläuft.[959] Stellt sie im Rahmen ihrer Ermittlungen Tatsachen fest, die die Annahme rechtfertigen, dass der ordnungsgemäße Börsenhandel oder die Börsengeschäftsabwicklung gefährdet ist, hat sie nach § 7 Abs. 5 Satz 1 BörsG die Börsengeschäftsführung und die Börsenaufsichtsbehörde hierüber unverzüglich zu informieren, damit geeignete Sanktionen bzw. Maßnahmen eingeleitet werden können. Eine eigene Sanktionsbefugnis kommt ihr allerdings nicht zu. Vielmehr bereitet die Handelsüberwachungsstelle Entscheidungen der Stellen vor, die eine entsprechende Sanktionsbefugnis besitzen.[960]

Nach § 7 Abs. 1 Satz 4 BörsG kann die Börsenaufsichtsbehörde der Handelsüberwachungsstelle Weisungen erteilen und jederzeit die Ermittlungen übernehmen.

---

956 So die ausdrückliche Begründung des Gesetzgebers, BT-Drs. 12/6679, S. 60; vgl. auch *Ledermann* in: Schäfer/Hamann, KMG, § 4 BörsG Rn. 6; *Groß*, Kapitalmarktrecht, § 7 BörsG Rn. 2.

957 BT-Drs. 12/6679, S. 60; siehe auch *Foelsch/Wittmann* in: BuB, Rn. 7/559; *Wilmanowski* in: Heidel, § 7 BörsG Rn. 5.

958 *Foelsch/Wittmann* in: BuB, Rn. 7/560; *Groß*, Kapitalmarktrecht, § 7 BörsG Rn. 3.

959 *Beck* in: Schwark/Zimmer, § 7 BörsG Rn. 15; *Ledermann* in: Schäfer/Hamann, KMG, § 4 BörsG Rn. 7.

960 *Brockhausen*, WM 1997, 1924, 1925; *Beck* in: Schwark/Zimmer, § 7 BörsG Rn. 15; *Ledermann* in: Schäfer/Hamann, KMG, § 4 BörsG Rn. 7.

Wie bereits ausgeführt, stehen der Börsenaufsichtsbehörde hierbei keine weitergehenden Befugnisse zu, als sie ohnehin aus der Weisungsunterworfenheit der übrigen Börsenorgane resultieren. Mithin hat diese Regelung lediglich einen deklaratorischen Charakter.[961] Darüber hinaus kann aber auch die Börsengeschäftsführung die Handelsüberwachungsstelle im Rahmen ihrer Aufgaben mit der Durchführung von Untersuchungen gemäß § 7 Abs. 1 Satz 5 BörsG beauftragen. Die Handelsüberwachungsstelle hat solchen Aufträgen Folge zu leisten, es sei denn, dass diese im Widerspruch zu den Weisungen der Börsenaufsichtsbehörde stehen. In diesem Fall gehen die Weisungen der Börsenaufsichtsbehörde denen der Börsengeschäftsführung vor.[962] Da der Handelsüberwachungsstelle dieselben Befugnisse wie der Börsenaufsichtsbehörde zustehen (vgl. § 7 Abs. 3 i. V. m. § 3 Abs. 4 BörsG), ist sie berechtigt, Unterlagen einzusehen, Auskünfte zu verlangen, Prüfungen vorzunehmen und Geschäftsräume zu betreten. Um ihre Maßnahmen sicherzustellen, ist sie ferner befugt, Zwangsgelder festzusetzen bzw. anzuordnen. Damit ist die Handelsüberwachungsstelle Behörde im verwaltungsrechtlichen Sinn (§ 1 Abs. 4 VwVfG), weshalb demzufolge auch Widerspruch und Anfechtungsklage gegen Maßnahmen der Handelsüberwachungsstelle keine aufschiebende Wirkung haben (vgl. § 7 Abs. 3 i. V. m. § 3 Abs. 9 BörsG).[963]

III. Die Rechtsstellung des Leiters der Handelsüberwachungsstelle nach geltendem Recht

1. Bestellung und Anstellung des Leiters der Handelsüberwachungsstelle

Die Handelsüberwachungsstelle tritt rechtlich insbesondere durch ihren Leiter nach außen in Erscheinung. In seiner Stellung als Börsenorganmitglied trifft er die wesentlichen Entscheidungen für die Handelsüberwachungsstelle. Neben dem Leiter der Handelsüberwachungsstelle sind ferner weitere Personen mit der Überwachung des Börsenhandels und der Börsengeschäftsabwicklung betraut, die ihm bei der Überwachungstätigkeit unterstützend zur Seite stehen. Da der Leiter der Handelsüberwachungsstelle hoheitliche Befugnisse wahrnimmt, ist es bemerkenswert, dass weder das Börsengesetz noch die Börsenregelwerke der jeweiligen Regionalbörsen klare Vorschriften über seine Amtsinhaberschaft enthalten. Ebenso wenig hatte sich die Rechtsprechung bisher mit der Rechtsstellung des Leiters der Handelsüberwachungsstelle befassen müssen. Deshalb wird es Ziel der folgenden Ausführungen sein, seine Rechtsstellung näher zu beleuchten. Dabei ist nach der

---

961 *Ledermann* in: Schäfer/Hamann, KMG, § 4 BörsG Rn. 8.

962 BT-Drs. 12/6679, S. 60; *Foelsch/Wittmann* in: BuB, Rn. 7/561; *Beck* in: Schwark/Zimmer, § 7 BörsG Rn. 17.

963 *Brockhausen*, WM 1997, 1924, 1928; *Ledermann* in: Schäfer/Hamann, KMG, § 4 BörsG Rn. 14.

hier zugrunde gelegten Trennungstheorie zwischen körperschaftsrechtlicher Bestellung und privatrechtlicher Anstellung zu unterscheiden.

a) Bestellung

Nach § 12 Abs. 2 Satz 1 Nr. 5 BörsG obliegt dem Börsenrat die Bestellung oder Wiederbestellung des Leiters der Handelsüberwachungsstelle auf Vorschlag der Geschäftsführung und im Einvernehmen mit der Börsenaufsichtsbehörde. Wie bei der Bestellung des Börsengeschäftsführers stellt sich auch hier das Problem, wann eine wirksame Bestellung gegeben ist. Durch die Verleihung der Organstellung wird dem Leiter der Handelsüberwachungsstelle die Befugnis eingeräumt, für die Handelsüberwachungsstelle tätig zu werden und damit ein öffentlich-rechtliches Amt auszuüben. Die von ihm getroffenen Maßnahmen stellen Verwaltungsakte im Sinne des § 35 VwVfG dar, was ihn zum Organwalter einer Behörde im verwaltungsrechtlichen Sinne werden lässt (vgl. § 1 Abs. 4 VwVfG). Die Bestellung wird aber erst mit der Erklärung gegenüber dem Betroffenen wirksam, da nach allgemeinen Rechtsgrundsätzen niemand gegen seinen Willen eine Rechtsposition aufgezwungen bekommen soll. Deshalb ist hier eine Zustimmung des Betroffenen erforderlich, weshalb sich der gesamte Bestellvorgang als mitwirkungsbedürftiger Verwaltungsakt einstufen lässt.[964] Fehlt die Mitwirkung des Betroffenen, ist der Verwaltungsakt nach § 44 Abs. 1 VwVfG nichtig und löst deshalb keine Rechtswirkungen für die betroffene Person aus.[965] Um die weitestgehende Unabhängigkeit des Leiters der Handelsüberwachungsstelle von den übrigen Börsenorganen zu gewährleisten, hat der Gesetzgeber die Bestellung oder Wiederbestellung unter das Erfordernis des Einvernehmens mit der Börsenaufsichtsbehörde gestellt. Hiernach ist also für eine wirksame Bestellung eine gemeinsame Entscheidung des Börsenrates und der Börsenaufsichtsbehörde erforderlich. Da der Bestellungsakt von der internen Mitwirkung der Börsenaufsichtsbehörde abhängig ist, ist diese notwendiger Teil der Bestellung. Hierbei handelt es sich um einen mehrstufigen Verwaltungsakt, wobei die Mitwirkung der Börsenaufsichtsbehörde ein Verwaltungsinternum, nämlich eine verwaltungsinterne Erklärung gegenüber dem Börsenrat, darstellt[966], die keine unmittelbare Rechtswirkung gegenüber dem Betroffenen entfaltet. Demnach kann der Leiter der Handelsüberwachungsstelle auch nur die Entscheidung des Börsenrats durch die Verwaltungsgerichte (§ 40 VwGO) überprüfen lassen.

Fraglich ist hingegen, ob die Mitwirkung der Börsengeschäftsführung eine Rechtmäßigkeitsvoraussetzung des Bestellvorgangs darstellt. Da der Leiter der Handelsüberwachungsstelle auf Vorschlag der Börsengeschäftsführung bestellt werden soll, ist auf den ersten Blick eine materielle Wirksamkeit nicht von der Hand zu weisen.

---

964 *U. Stelkens* in: Stelkens/Bonk/Sachs, § 35 VwVfG Rn. 229.

965 *Maurer*, Allgemeines Verwaltungsrecht, § 10 Rn. 35; *Meyer* in: Knack/Henneke, § 44 VwVfG Rn. 7; *U. Stelkens* in: Stelkens/Bonk/Sachs, § 35 VwVfG Rn. 239.

966 *Maurer*, Allgemeines Verwaltungsrecht, § 9 Rn. 28; *Henneke* in: Knack/Henneke, § 35 VwVfG Rn. 110; *U. Stelkens* in: Stelkens/Bonk/Sachs, § 35 VwVfG Rn. 170.

In der Gesetzesbegründung zum Zweiten Finanzmarktförderungsgesetz hat es der Gesetzgeber für wichtig erachtet, die Unabhängigkeit der Handelsüberwachungsstelle von den übrigen Börsenorganen klarzustellen. Nach seiner Begründung sollen Interessenkollisionen soweit wie möglich ausgeschlossen werden. Aus diesem Grund ist das Vorschlagsrecht der Börsengeschäftsführung eingeführt worden, um von Anfang an den Grundstein für eine gute Zusammenarbeit von Börsengeschäftsführung und Handelsüberwachungsstelle zu legen.[967] Obwohl beide Börsenorgane also unabhängig voneinander sind, steht der Aspekt der guten Zusammenarbeit damit im Vordergrund. Mithin ist davon auszugehen, dass der Börsenrat erst auf die Initiative der Börsengeschäftsführung den Bestellungsvorgang einleitet, weshalb das Vorschlagsrecht der Börsengeschäftsführung notwendiger Bestandteil der Bestellung ist. Anders als das Einvernehmen der Börsenaufsichtsbehörde ist das Vorschlagsrecht der Börsengeschäftsführung jedoch nicht bindend. Man wird hier vielmehr davon ausgehen müssen, dass die Börsengeschäftsführung dem Börsenrat gegebenenfalls einen Alternativvorschlag unterbreiten muss, damit dieser eine Auswahlentscheidung treffen kann. Da die Wirksamkeit der Bestellung schließlich von der Entscheidung der Börsenaufsichtsbehörde abhängt, kann diese die Bestellung des Betroffenen verhindern, wenn sie Zweifel an dem Gelingen einer guten Zusammenarbeit zwischen den Börsenorganen hat.

Des Weiteren stellt sich im Rahmen des Bestellungsvorgangs das Problem, ob das Amt des Leiters der Handelsüberwachungsstelle zeitlich befristet ist. Unklar ist die Rechtslage deshalb, weil der Wortlaut des Gesetzes unergiebig ist. In § 12 Abs. 2 Satz 1 Nr. 5 BörsG ist von Bestellung oder „Wiederbestellung" die Rede. Da also das Gesetz die Möglichkeit einer Wiederbestellung des Leiters der Handelsüberwachungsstelle in Betracht zieht, wird man davon ausgehen müssen, dass sein Amt zeitlich befristet ist. Eine vergleichbare Vorschrift über eine zeitliche Befristung seiner Bestellung, wie sie für die Bestellung der Börsengeschäftsführer in § 15 Abs. 1 Satz 4 BörsG vorgesehen ist, enthält das Gesetz aber nicht. Auch fehlt es an dieser Stelle an einer Verweisung auf die Regelung des § 15 Abs. 1 Satz 4 BörsG. Mithin ist davon auszugehen, dass die durch den Börsenrat vorzunehmende Bestellung grundsätzlich zeitlich unbefristet ist.[968] Ist die Amtszeit des Leiters der Handelsüberwachungsstelle dagegen durch den Börsenrat zeitlich befristet worden, endet seine Amtsinhaberschaft mit dem Ablauf der zeitlichen Befristung, sofern keine Wiederbestellung erfolgt.

Wenn der Leiter der Handelsüberwachungsstelle nicht in der Lage ist, sein mit hoheitlichen Befugnissen ausgestattetes Amt auszuüben, ist eine Abberufung in Erwägung zu ziehen. Eine Zuständigkeitsregelung hinsichtlich der Abberufung

---

967 BT-Drs. 12/6679, S. 61; vgl. auch *Ledermann* in: Schäfer/Hamann, KMG, § 4 BörsG Rn. 4; *Brockhausen*, WM 1997, 1924, 1925.

968 So wie hier auch *Ledermann* in: Schäfer/Hamann, KMG, § 4 BörsG Rn. 4; nach telefonischer Auskunft der Börsen Berlin und Düsseldorf werden die Leiter der Handelsüberwachungsstelle jeweils zeitlich unbefristet bestellt (Stand: 19.02.2013).

suchte man früher im Gesetz vergebens. Man ging daher von einer entsprechenden Kompetenz des Börsenrates aus.[969] Offenbar hatte auch der Gesetzgeber diese Regelungslücke erkannt und eine entsprechende Anpassung für notwendig erachtet. Mit Inkraftreten des Hochfrequenzhandelsgesetzes vom 07.05.2013 sieht nunmehr die aktuelle Fassung des § 12 Abs. 2 S. 1 Nr. 5 BörsG eine ausschließliche Zuständigkeit des Börsenrates für die Abberufung des Leiters der Handelsüberwachungsstelle vor.[970] Freilich macht die Regelung keine Angaben darüber, unter welchen Voraussetzungen eine Abberufung zu erfolgen hat. Die Festellungen, die für die Abberufung des Börsengeschäftsführers getroffen worden sind, helfen an dieser Stelle nicht weiter, weil das Amt des Börsengeschäftsführers nur aus einem wichtigen Grund beendet werden kann. Wie bereits an früherer Stelle erwähnt[971], kann dieses Hindernis durch einen Rückgriff auf allgemeine Rechtsgrundsätze über die Abberufung des Inhabers eines Spitzenamtes einer Körperschaft bewältigt werden, der hauptberuflich tätig ist. Deshalb taugt hier zur Konkretisierung der Voraussetzungen für eine Abberufung des Leiters der Handelsüberwachungsstelle ein vergleichender Blick auf die Rechtsstellung des Hauptgeschäftsführers einer Industrie- und Handelskammer (IHK). Auch bei der Abberufung des Hauptgeschäftsführers einer IHK enthält das Gesetz zur vorläufigen Regelung des Rechts der Industrie- und Handelskammern (IHKG) keine Auskunft darüber, unter welchen Voraussetzungen seine Amtsinhaberschaft beendet werden kann. Unter Hinweis auf ausdrückliche Regelungen über die Abberufung des Vorstandsmitglieds einer Krankenkasse (§ 35a SGB IV) bzw. des Vorstandes der Bundesanstalt für Arbeit (§ 382 SGB III) geht die Rechtsprechung davon aus, dass nach dem Leitbild dieser bundesrechtlichen Regelungen keineswegs ein bestimmtes Fehlverhalten vorliegen muss, sondern bereits der Verlust des Vertrauens in das Überwachungsorgan ausreichend ist.[972] Vor diesem Hintergund nimmt sie als zureichenden Grund für die Abberufung des Hauptgeschäftsführers einer IHK an, wenn eine gedeihliche Zusammenarbeit zwischen dem Präsidium und dem Hauptgeschäftsführer unmöglich geworden ist, soweit diese Unmöglichkeit nicht einseitig auf vorwerfbares Verhalten des Präsidiums zurückzuführen ist. Ein Dienstvergehen oder ein sonstiges schuldhaftes Fehlverhalten sei aber für die Abberufung nicht erforderlich. Sei eine gedeihliche Zusammenarbeit dauerhaft gestört, habe die Vollversammlung im Interesse des Erhalts bzw. der Wiederherstellung der Funktionsfähigkeit der Kammerarbeit das Recht, die Abberufung zu beschließen. Unter diesen Voraussetzungen haben die öffentlichen Interessen Vorrang vor dem Interesse des Hauptgeschäftsführers an der Fortführung seines Amtes.[973]

---

969 Vgl. auch *Ledermann* in: Schäfer/Hamann, KMG, § 4 BörsG Rn. 4.

970 BGBl. I S. 1162.

971 C. II. 3. b) cc) (2).

972 OVG Lüneburg, GewArch 2010, 74, 76; OVG Lüneburg, GewArch 2009, 30, 31.

973 OVG Lüneburg, GewArch 2010, 74, 76; OVG Lüneburg, GewArch 2010, 30, 31 f.

Diese Grundsätze können vorliegend auch auf das Amt des Leiters der Handelsüberwachungsstelle übertragen werden. Bereits im Zuge des Zweiten Finanzmarktförderungsgesetzes hat der Gesetzgeber deutlich zum Ausdruck gebracht, wie wichtig eine gute Zusammenarbeit zwischen der Börsengeschäftsführung und der Handelsüberwachungsstelle ist. Deshalb hat er der Börsengeschäftsführung ein Vorschlagsrecht bei der Bestellung des Leiters der Handelsüberwachungsstelle eingräumt (vgl. § 12 Abs. 2 S. 1 Nr. 5 BörsG). Also ist mit der Intention des Gesetzgebers davon auszugehen, dass der Börsenrat den Leiter der Handelsüberwachungsstelle abzuberufen hat, wenn eine gute Zusammenarbeit zwischen den beiden Börsenorganen unmöglich ist und diese Unmöglichkeit nicht einseitig auf ein vorwerfbares Verhalten der Börsengeschäftsführung zurückzuführen ist. Ein schuldhaftes Verhalten ist dagegen nicht erforderlich. Vielmehr hat der Börsenrat bei einer dauerhaften Störung ein erhebliches Interesse an einer Wiederherstellung der guten Zusammenarbeit zwischen den Börsenorganen. In diesem Zusammenhang drängt sich die Frage nach einem möglichen Rechtsmissbrauch seitens des Börsenrats auf. Allerdings dürfte dieses Problem in der Praxis kaum eine Rolle spielen, denn wie bei der Bestellung ist auch bei der Abberufung des Leiters des Handelsüberwachungsstelle die Börsenaufsichtsbehörde zu beteiligen. Die Beendigung seiner Stellung als Organwalter ist nämlich nur im Einvernehmen mit der Börsenaufsichtsbehörde möglich, weshalb sie unsachgemäßen Entscheidungen entgegenwirken kann.

b) Anstellung

Die Bestellung des Leiters der Handelsüberwachungsstelle durch den Börsenrat ist von der Anstellung durch den Börsenträger zu unterscheiden, welcher das Personal der Handelsüberwachungsstelle unter Vertrag nimmt, um seiner Betriebspflicht nach § 5 Abs. 1 Satz BörsG nachzukommen. Der Anstellungsvertrag regelt die schuldrechtlichen Beziehungen zwischen dem Leiter der Handelsüberwachungsstelle und dem Börsenträger. Fraglich ist in diesem Zusammenhang, ob der Anstellungsvertrag als Dienstvertrag oder Arbeitsvertrag bzw. der Leiter der Handelsüberwachungsstelle als Selbständiger oder Arbeitnehmer einzustufen ist. Nach der in der vorliegenden Arbeit vertretenen Auffassung ist der Status eines Arbeitnehmers dann gegeben, wenn der Beschäftigte aufgrund eines privatrechtlichen Vertrags im Dienste eines anderen zur Leistung weisungsgebundener, fremdbestimmter Arbeit in persönlicher Abhängigkeit verpflichtet ist.[974] Ob also der Leiter der Handelsüberwachungsstelle ein Arbeitnehmer ist, hängt maßgeblich davon ab, ob er weisungsabhängig ist. Hierbei muss zwischen fachlicher und persönlicher Weisungsabhängigkeit unterschieden werden. Nur im letzteren Fall ergibt sich nämlich die Weisungsabhängigkeit aus dem privatrechtlichen Anstellungsverhältnis, welches die Grundlage für die Einordnung

974 Siehe oben S. 87.

der Arbeitnehmereigenschaft darstellt. Darauf, dass die Handelsüberwachungsstelle einen eigenständigen Überwachungsauftrag hat, ist bereits an früherer Stelle hingewiesen worden.[975] Dies bedeutet aber nicht, dass die Handelsüberwachungsstelle völlig losgelöst von den übrigen Börsenorganen arbeitet. Zum einen kann die Börsengeschäftsführung die Handelsüberwachungsstelle mit der Durchführung von Untersuchungen beauftragen, innerhalb derer sie auch den Untersuchungsgegenstand näher bestimmen kann. Sie kann aber nicht mit Hilfe der ihr zustehenden Leitungsfunktion in die Untersuchungskompetenz der Handelsüberwachungsstelle eingreifen. Hieraus folgt, dass die Handelsüberwachungsstelle eigenverantwortlich zu entscheiden hat, wann sie welche Untersuchungen durchführt, wen sie anhört und mit wem sie sich bespricht.[976] Zum anderen ist zwar in § 7 Abs. 1 Satz 4 BörsG das ausdrückliche Weisungsrecht der Börsenaufsichtsbehörde geregelt, welches sicherstellen soll, dass die Handelsüberwachungsstelle ihre Überwachungstätigkeit ordnungsgemäß und in Übereinstimmung mit den Vorgaben des Börsengesetzes und nachrangiger börsenrechtlicher Bestimmungen durchführt.[977] Hiermit lässt sich aber keine persönliche Abhängigkeit des Leiters der Handelsüberwachungsstelle begründen, da die Weisungen der öffentlich-rechtlichen Behördentätigkeit zuzuordnen sind und somit nicht aus der privatrechtlichen Sphäre des Börsenträgers stammen. Auch wenn damit die Handelsüberwachungsstelle, einschließlich ihres Leiters, fachlich unabhängig agiert, bleibt hiervon das arbeitsrechtliche Direktionsrecht der Geschäftsführung als Leitungsorgan der Börse unberührt.[978] Soweit also nicht die öffentlich-rechtliche Behördentätigkeit, sondern die privatrechtliche Sphäre des Börsenträgers betroffen ist, gelten die arbeitsrechtlichen Weisungen des Börsenträgervorstands auch für den Leiter der Handelsüberwachungsstelle. Das in § 106 GewO geregelte Direktionsrecht erlaubt es dem Börsenträger nach billigem Ermessen, die im Arbeitsvertrag nur rahmenmäßig umschriebenen Leistungspflichten nach Zeit, Ort und Art zu bestimmten. Damit konkretisiert er die Arbeitspflicht seiner Mitarbeiter kraft seines Direktionsrechts durch Weisungen, welche sich auch auf die Ordnung und das Verhalten der Arbeitnehmer im Betrieb erstrecken können.[979] Hinsichtlich des Leiters der Handelsüberwachungsstelle fallen hierunter daher Weisungen bzgl. der Arbeitszeiten, der Büroausstattung oder der Regelungen des

---

975 Siehe S. 221.

976 *Brockhausen*, WM 1997, 1924, 1925.

977 *Ledermann* in: Schäfer/Hamann, KMG, § 4 BörsG Rn. 8; *Beck* in: Schwark/Zimmer, § 7 BörsG Rn. 10; *Brockhausen*, WM 1997, 1924, 1926.

978 BT-Drs. 12/6679, S. 60; dem zustimmend *Ledermann* in: Schäfer/Hamann, KMG, § 4 BörsG Rn. 5; *Beck* in: Schwark/Zimmer, § 7 BörsG Rn. 7; *Brockhausen*, WM 1997, 1924, 1925; *Kümpel*, WM 1994, 229, 231; *von Rosen* in: Assmann/Schütze, § 2 Rn. 260; *Groß*, Kapitalmarktrecht, § 7 BörsG Rn. 1.

979 BAG NZA 2001, 111, 112; BAG NZA 1990, 561; *Müller-Glöge* in: MüKoBGB, § 611 Rn. 1016; *Preis* in: ErfK, § 106 GewO Rn. 2.

Außenauftritts des Börsenträgers.[980] In der Praxis wird dieses arbeitsrechtliche Direktionsrecht durch die Börsengeschäftsführung als Leitungsorgan der Börse ausgeübt, die hierzu von dem Börsenträgervorstand entsprechend ermächtigt wird.[981] Dieser Umstand lässt sich darauf zurückführen, dass beide Börsenorgane in einem privatrechtlichen Anstellungsverhältnis zum Börsenträger stehen und mithin auch nur der Börsenträgervorstand die rechtliche Befugnis hat, das arbeitsrechtliche Direktionsrecht gegenüber dem Leiter der Handelsüberwachungsstelle auszuüben. Darüber hinaus unterliegt der Leiter der Handelsüberwachungsstelle auch dem allgemeinen Direktionsrecht der Börsengeschäftsführung als Leitungsorgan der Börse.[982] So kann etwa eine Außendarstellung der Handelsüberwachungsstelle nur in Abstimmung mit der Börsengeschäftsführung erfolgen. Um zudem eine gute Zusammenarbeit zu gewährleisten, bestehen schließlich zwischen den Börsenorganen allgemeine öffentlich-rechtliche Kooperations- und Treuepflichten, die eine gegenseitige Rücksichtnahme erfordern.[983] Im Ergebnis ist also festzuhalten, dass der Leiter der Handelsüberwachungsstelle sowohl dem allgemeinen als auch einem delegierten arbeitsrechtlichen Direktionsrecht der Börsengeschäftsführung untersteht und mithin persönlich abhängig ist. Demzufolge handelt es sich bei seinem Anstellungsvertrag um einen Arbeitsvertrag, so dass der Leiter der Handelsüberwachungsstelle als Arbeitnehmer zu qualifizieren ist.

Ferner stellt sich die Frage, ob der Leiter der Handelsüberwachungsstelle als leitender Angestellter im Sinne des § 5 Abs. 3 Satz 2 Nr. 3 BetrVG anzusehen ist. Zwar sind leitende Angestellte grundsätzlich Arbeitnehmer. Ihnen kommt indes eine hervorgehobene Stellung zu, weil sie in eigener Verantwortung und mit eigenem Entscheidungsspielraum bestimmte Arbeitgeberfunktionen wahrnehmen.[984] Die Stellung als leitender Angestellter hat rechtliche Konsequenzen für die Frage nach der Anwendbarkeit einzelner Arbeitnehmerschutzvorschriften, da die Angehörigen dieser Gruppe von der Geltung einzelner arbeitsrechtlicher Normen ausgenommen werden. Zwar gibt es keine allgemein gültige Definition des leitenden Angestellten, so dass die Abgrenzung in vielen Gesetzen unterschiedlich ausfällt. Allerdings verweisen zahlreiche Gesetze auf die Merkmale in § 5 Abs. 3 BetrVG, weshalb diese arbeitsrechtliche Norm in der Praxis eine überaus wichtige Rolle für die Begriffsbestimmung eingenommen hat.[985] Nach § 5 Abs. 3 Satz 2 Nr. 3 BetrVG ist leitender Angestellter, wer nach seinem Arbeitsvertrag und seiner Stellung im

---

980 *Beck* in: Schwark/Zimmer, § 7 BörsG Rn. 7.

981 Darauf weist *Ledermann* in: Schäfer/Hamann, KMG, § 4 BörsG Rn. 5 zutreffend hin.

982 *Brockhausen*, WM 1997, 1924, 1925; *Beck* in: Schwark/Zimmer, § 7 BörsG Rn. 7; *Ledermann* in: Schäfer/Hamann, KMG, § 4 BörsG Rn. 5.

983 So auch *Beck* in: Schwark/Zimmer, § 7 BörsG Rn. 7.

984 Zum Begriff des leitenden Angestellten nach dem BetrVG vgl. *Hromadka*, BB 1990, 57 ff.; *Fuhlrott*, ArbRAktuell 2011, 55.

985 *Koch* in: Schaub, Arbeitsrechts-Handbuch, § 212 Rn. 17.

Betrieb regelmäßig sonstige Aufgaben wahrnimmt, die für den Bestand und für die Entwicklung des Unternehmens oder eines Betriebs von Bedeutung sind und deren Erfüllung besondere Erfahrungen und Kenntnisse voraussetzt, wenn er dabei entweder die Entscheidungen im Wesentlichen frei von Weisungen trifft oder sie maßgeblich beeinflusst. Voraussetzung für die Wahrnehmung einer unternehmerischen Teilaufgabe ist, dass der leitende Angestellte mit weitgehender Weisungsfreiheit und Selbstbestimmung seinen Tätigkeitsbereich und kraft seiner leitenden Funktion maßgeblichen Einfluss auf die Unternehmensführung ausüben kann. Der erforderliche Einfluss auf die Unternehmensführung kann insbesondere darin gesehen werden, wenn er Entscheidungen trifft, an denen die Unternehmensleitung schlechterdings nicht vorbeigehen kann.[986] Ob ein Arbeitnehmer als leitender Angestellter anzusehen ist, hängt dabei maßgeblich von den Umständen des Einzelfalles ab. Nach diesen Grundsätzen ist die leitende Angestellteneigenschaft dem Leiter der Handelsüberwachungsstelle abzusprechen. Zwar obliegt dem Leiter der Handelsüberwachungsstelle die Verantwortung im Marktüberwachungsbereich, wenn er eigenverantwortlich handelt und an Weisungen grundsätzlich nicht gebunden ist. Seine Tätigkeiten einschließlich der Entscheidungen, ob die Ordnungsmäßigkeit des Börsenhandels gefährdet erscheint, haben jedoch keine unternehmerische Dimension. Seine Überwachungstätigkeit zielt in erster Linie darauf ab, die öffentliche Aufgabe – einen gut funktionierenden und ordnungsgemäßen Börsenhandel – sicherzustellen. Diese Entscheidungen trifft er aufgrund seiner ihm verliehenen Organstellung als Börsenorgan, auf die der Börsenträger keinen Einfluss hat. Auch nach dem Arbeitsvertrag und der tatsächlichen Stellung im Betrieb des Börsenträgers ist er nicht der Leitungs- und Führungsebene zuzuordnen. Zwar gehört der Leiter der Handelsüberwachungsstelle zum Personal des Börsenträgers, aber er trifft weder unternehmensbezogene noch betriebsleitende Entscheidungen für den Börsenträger. Somit hat der Leiter der Handelsüberwachungsstelle überhaupt keinen Einfluss auf die Unternehmensführung des Börsenträgers, weshalb im Ergebnis auch keine Eigenschaft als leitender Angestellter im Sinne des § 5 Abs. 3 Satz 2 Nr. 3 BetrVG gegeben ist. Es ist daher von der Arbeitnehmereigenschaft des Leiters der Handelsüberwachungsstelle auszugehen mit der Folge, dass das gesamte Arbeitnehmerschutzrecht Anwendung auf sein Anstellungsverhältnis findet.

2. Haftungsrechtliche Verantwortung für Fehlverhalten des Leiters der Handelsüberwachungsstelle

Wie beim Börsengeschäftsführer stellt sich auch beim Leiter der Handelsüberwachungsstelle das Problem der Haftungszurechnung für etwaiges Fehlverhalten. Mit dem Vierten Finanzmarktförderungsgesetz hat der Gesetzgeber eine Regelung in § 7 Abs. 6 BörsG getroffen, nach der die Handelsüberwachungsstelle die ihr nach dem

986 BAG NZA 2010, 955, 956; BAG NJW 2010, 313, 314 f.; *Müller-Glöge* in: MüKoBGB, § 611 Rn. 236.

Börsengesetz obliegenden Aufgaben und Befugnisse nur im öffentlichen Interesse wahrnimmt. Damit entspricht die Norm der gleichlautenden Vorschrift des § 15 Abs. 6 BörsG. Nach der Regierungsbegründung dienen die börsenrechtlichen Vorschriften dem Schutz des Anlegerpublikums in seinem Vertrauen auf Fairness und Chancengleichheit an den Börsen. Der Leiter der Handelsüberwachungsstelle sowie das übrige dort beschäftigte Personal handeln somit im Interesse der Aufrechterhaltung der Funktionsfähigkeit der Börse. Der Schutz des Einzelnen ist hierbei lediglich ein Rechtsreflex.[987] Mithin werden Schadensersatzansprüche von Anlegern und sonstigen Dritten aus Amtshaftung gemäß § 839 BGB i. V. m. Art. 34 GG ausgeschlossen. Für Handelsteilnehmer und Emittenten als unmittelbaren Adressaten der betreffenden Maßnahmen sind indes Amtshaftungsansprüche gegenüber der Handelsüberwachungsstelle keineswegs ausgenommen, da diese Maßnahmen regelmäßig einen Eingriff in die Rechtssphäre des Betroffenen darstellen.[988] Verhält sich der Leiter der Handelsüberwachungsstelle gegenüber diesem Personenkreis rechtswidrig, kommt eine Amtshaftung grundsätzlich in Betracht. Da die Handelsüberwachungsstelle als Behörde im verwaltungsrechtlichen Sinne nach § 1 Abs. 4 VwVfG fungiert, ist ihr Leiter als Vertreter dieses Börsenorgans als Beamter im haftungsrechtlichen Sinne anzusehen. Daher ist auch der Anwendungsbereich für einen Amtshaftungsanspruch nach § 839 BGB i. V. m. Art. 34 GG eröffnet. Unschädlich ist in diesem Zusammenhang die fehlende öffentlich-rechtliche Dienstherrenfähigkeit der Börse, sondern es ist vielmehr ausreichend, dass der Betroffene mit der Ausübung öffentlicher Gewalt betraut ist.[989] Für das Fehlverhalten des Leiters der Handelsüberwachungsstelle haftet nach Art. 34 GG grundsätzlich der Staat oder die Anstellungskörperschaft des Beamten im haftungsrechtlichen Sinne.[990] Die Börse scheidet als taugliches Zurechnungssubjekt vorliegend aus, da ihr nach der in dieser Arbeit vertretenen Ansicht die Vollrechtsfähigkeit fehlt. Aber auch der Börsenträger muss aus dem Verantwortungsbereich des Haftungsadressaten herausgenommen werden, weil der Träger auf das Handeln des Leiters der Handelsüberwachungsstelle rechtlich keinen Einfluss hat. Das ihm aus dem Anstellungsvertrag zustehende Direktionsrecht lässt jedenfalls die selbständige Ausübung der Marktüberwachung des Leiters der Handelsüberwachungsstelle unberührt, so dass hieraus kein rechtlicher Einfluss des Börsenträgers abgeleitet werden kann. Bei einer solchen Konstellation muss daher von einer Haftung der Körperschaft ausgegangen werden, die dem Handelnden das mit hoheitlichen Befugnissen ausgestattete öffentliche

987 BT-Drs. 14/8017, S. 73; *Beck* in: Schwark/Zimmer, § 7 BörsG Rn. 29.

988 *Beck* in: Schwark/Zimmer, § 7 BörsG Rn. 31; *Groß*, Kapitalmarktrecht, § 7 BörsG Rn. 12.

989 *Schwark* in: Schwark/Zimmer, § 3 BörsG Rn. 3; *Seiffert* in: Kümpel/Wittig, Bank- und Kapitalmarktrecht, Rn. 4.192.

990 *Papier* in: MüKoBGB, § 839 Rn. 360; *Teichmann* in: Jauernig, § 839 BGB Rn. 23 f.; *Beck* in: Schwark/Zimmer, § 7 BörsG Rn. 30.

Amt anvertraut und ihm hiermit den Status als Beamter im haftungsrechtlichen Sinne verliehen hat.[991] Nach diesen Grundsätzen ist mithin bei einer schuldhaften Verletzung einer Amtspflicht eine Haftung des Sitzlandes der Börse anzunehmen, da es mittels der Erteilung der Börsenlizenz den eigentlichen konstitutiven Rechtsakt für die öffentlichen Ämter der Börsenorgane setzt, indem das jeweilige Bundesland die Börse mit hoheitlichen Befugnissen ausstattet.[992]

---

991 BGHZ 53, 217, 219; BGHZ 99, 326, 330; *Papier* in: MüKoBGB, § 839 Rn. 360 m. w. N.

992 *Beck* in: Schwark/Zimmer, § 7 BörsG Rn. 30; *Jaskulla*, WM 2002, 1093, 1102; *Elle*, ZHR 128, 273, 296; *v. Olenhusen*, Börsen- und Kartellrecht, S. 87; a. A. *Faßbender/Reichegger*, WM 2009, 732, 736; *Hammen*, Börsen und multilaterale Handelssysteme im Wettbewerb, S. 100.

E. Dritter Teil: Die Rechtsstellung des Personals der Handelsüberwachungsstelle

Jede Börse wird nach § 7 Abs. 1 Satz 1 BörsG verpflichtet, eine Handelsüberwachungsstelle als eigene, angemessene Überwachungsorganisation einzurichten und zu betreiben. Hierbei hat sie die Vorgaben der Börsenaufsichtsbehörde zu beachten, die eine unzureichende Ausgestaltung der Stelle beanstanden und diesbezüglich gegebenenfalls geeignete Einzelweisungen treffen kann. Obwohl der Börsenaufsichtsbehörde damit ein Weisungsrecht zusteht, bleibt die primäre Verantwortung der Börse, eine funktionsfähige Handelsüberwachung zu etablieren und über deren angemessene Ausstattung zu entscheiden, hierdurch unberührt.[993] Über die personelle Besetzung der Handelsüberwachungsstelle hat die Börsengeschäftsführung als gesetzliches Vertretungsorgan der Börse zu entscheiden; dem Leiter der Handelsüberwachungsstelle steht in diesem Zusammenhang kein Mitspracherecht zu.[994] Neben dem Leiter der Handelsüberwachungsstelle, der dem Börsenrat zur Bestellung als Organmitglied der Handelsüberwachungsstelle vorgeschlagen wird, sucht die Börsengeschäftsführung also auch das übrige Personal der Handelsüberwachungsstelle aus, das auf ihre Anforderung vom Börsenträger im Rahmen seiner Betriebspflicht (§ 5 Abs. 1 Satz 2 BörsG) zur Verfügung gestellt wird. Bei diesen Personen handelt es sich um Beschäftigte des Börsenträgers, die in einem privatrechtlichen Anstellungsverhältnis zu ihm stehen. In der Sache sind sie ebenfalls mit der Überwachung des Börsenhandels und der Börsengeschäftsabwicklung betraut. Allerdings übernehmen sie die gesamte Büroarbeit der Handelsüberwachungsstelle, angefangen von Aktenführungen bei auffälligen Handelsverläufen über die Kommunikation mit den Verfahrensbeteiligten bis zur Ausarbeitung von Entscheidungsvorschlägen. Sie treten zwar nach außen in Erscheinung, aber alle Maßnahmen des Personals der Handelsüberwachungsstelle stehen unter dem Vorbehalt einer Entscheidung des Leiters der Handelsüberwachungsstelle. Dieser Umstand ist darauf zurückzuführen, dass nur der Leiter der Handelsüberwachungsstelle durch seine Bestellung berechtigt ist, das mit hoheitlichen Befugnissen ausgestattete öffentliche Amt auszuüben. Somit darf auch nur er die für die Handelsüberwachungsstelle wichtigsten Maßnahmen und Anordnungen, die als Verwaltungsakte nach § 35 VwVfG einzuordnen sind, treffen. Er tritt demzufolge nach außen als selbständiger Hoheitsträger rechtlich in Erscheinung. Im Ergebnis werden daher Verwaltungsaufgaben von privaten Personen vorbereitet, die ausschließlich in einem Beschäftigungsverhältnis zum Börsenträger stehen, so dass hier schon gar kein behördliches

993 BR-Drs. 793/93, S. 84; *Ledermann* in: Schäfer/Hamann, KMG, § 4 BörsG Rn. 2.
994 *Ledermann* in: Schäfer/Hamann, KMG, § 4 BörsG Rn. 2.

Handeln gegeben ist.[995] Daneben drängt sich aber die Frage auf, ob die Mitarbeiter der Handelsüberwachungsstelle als Verwaltungshelfer einzuordnen sind. Bei den Verwaltungshelfern handelt es sich um Privatpersonen, die von der Verwaltung zur Erledigung von bestimmten ihr zukommenden Aufgaben herangezogen werden. Hinsichtlich der Einschaltung von Verwaltungshelfern ist zu unterscheiden, ob dem Handeln des beauftragten Privaten eine eigenständige Außenwirkung zukommt oder ob er dergestalt in die Aufgabenerfüllung eingesetzt wird, dass er lediglich als unselbständiger Verwaltungshelfer tätig wird.[996] Im letztgenannten Fall handelt der Verwaltungshelfer also im Auftrag und nach Weisung der Behörde, so dass der Verwaltungsträger sich das Handeln der eingeschalteten Person zurechnen lassen muss. Da der Verwaltungshelfer stets nur vorbereitend und unterstützend handelt, verbleibt damit die Aufgaben- und Zuständigkeitsverantwortung bei dem Träger der öffentlichen Verwaltung.[997] Nach diesen Grundsätzen sind die Mitarbeiter der Handelsüberwachungsstelle, mit Ausnahme ihres Leiters, als Verwaltungshelfer anzusehen. In der Handelsüberwachungsstelle sind sie deren Leiter unterstellt, der als Repräsentant dieses Börsenorgans und Träger der öffentlichen Verwaltung die Verantwortung für sämtliche Entscheidungen innehat. Das Personal der Handelsüberwachungsstelle ist in seinem Auftrag und nach seiner Weisung für die Marktüberwachung zuständig. Weil es an dieser Stelle an einem Bestellungsakt und damit an einer gesetzlichen Legitimation fehlt, sind die Mitarbeiter daran gehindert, hoheitliche Befugnisse für die Handelsüberwachungsstelle eigenverantwortlich wahrzunehmen. An diesem Ergebnis ändert sich auch nichts, wenn man die Regelung des § 7 Abs. 2 Satz 2 BörsG heranzieht. Danach können die bei der Handelsüberwachungsstelle mit Überwachungsaufgaben betrauten Personen gegen ihren Willen nur im Einvernehmen mit der Börsenaufsichtsbehörde von ihrer Tätigkeit entbunden werden. Hierdurch sollen lediglich die Unabhängigkeit der Handelsüberwachungsstelle von den übrigen Börsenorganen sichergestellt sowie Interessenkollisionen soweit wie möglich vermieden werden.[998] Eine Berechtigung zur Vornahme hoheitlicher Maßnahme für die Handelsüberwachungsstelle kann hieraus jedoch nicht abgeleitet werden. Mithin bleibt es dabei, dass das Personal der Handelsüberwachungsstelle mangels personeller Legitimation als Verwaltungshelfer zu qualifizieren ist.

---

995 Vgl. hierzu die vergleichbare Rechtslage zur rechtlichen Stellung der Mitarbeiter der Geschäftsstelle innerhalb der Zulassungsstelle *Gebhardt* in: Schäfer/Hamann, KMG, § 31 BörsG Rn. 30 ff.

996 *Stober* in: Wolff/Bachof/Stober/Kluth, Verwaltungsrecht II, § 91 Rn. 2; *Schmitz* in: Stelkens/Bonk/Sachs, § 1 Rn. 134; *Sodan* in: Sodan/Ziekow, VwGO, 3. Auflage, § 40 Rn. 365; *Maurer*, Allgemeines Verwaltungsrecht, § 23 Rn. 59.

997 *Schmitz* in: Stelkens/Bonk/Sachs, § 1 Rn. 134; *Sodan* in: Sodan/Ziekow, § 40 Rn. 365; *Maurer*, Allgemeines Verwaltungsrecht, § 23 Rn. 59.

998 BT-Drs. 12/6679, S. 60; *Ledermann* in: Schäfer/Hamann, KMG, § 4 BörsG Rn. 4; *Brockhausen*, WM 1995, 1924, 1925; *von Rosen* in: Assmann/Schütze, § 2 Rn. 260.

Da die Mitarbeiter der Handelsüberwachungsstelle in einem privatrechtlichen Beschäftigungsverhältnis zum Börsenträger stehen, sind sie zudem als Arbeitnehmer zu klassifizieren. In der Praxis wird das dem Börsenträger zustehende arbeitsrechtliche Direktionsrecht durch die Börsengeschäftsführung ausgeübt. Wie beim Leiter der Handelsüberwachungsstelle bestimmt sie somit die näheren Arbeitsbedingungen hinsichtlich des Inhalts, Ortes und der Zeit der Arbeitsleistung nach billigem Ermessen (vgl. § 315 BGB). Das fachliche Direktionsrecht des Leiters der Handelsüberwachungsstelle bleibt hiervon unberührt. Weil die Börsengeschäftsführung nicht mit Hilfe ihr zustehender Arbeits- und Direktionsrechte in die Untersuchungs- und Entscheidungskompetenz der Handelsüberwachungsstelle eingreifen kann, ist folglich nur der Leiter der Handelsüberwachungsstelle als Vertreter des Börsenorgans befugt, den Mitarbeitern der Handelsüberwachungsstelle fachliche Weisungen zu erteilen. Deshalb kann er auch nähere Vorgaben hinsichtlich der Ausführung von Überwachungstätigkeiten machen. Angesichts der Tatsache, dass er die Aufgaben- und Zuständigkeitsverantwortung für sämtliche Maßnahmen der Handelsüberwachungsstelle trägt, ist daher das ihm zustehende fachliche Weisungsrecht auch gerechtfertigt. Im Ergebnis kann daher festgehalten werden, dass die Beschäftigten der Handelsüberwachungsstelle als Arbeitnehmer einzuordnen sind, weshalb das gesamte Arbeitnehmerschutzrecht zur Anwendung gelangt.

F. Zusammenfassung der wichtigsten Ergebnisse

1. Das deutsche Börsenwesen ist durch ein duales System geprägt mit der Folge, dass die Rechtsverhältnisse der Börsengeschäftsführer auf verschiedenen Rechtsgebieten beruhen. So ist nach der in der vorliegenden Arbeit bevorzugten Trennungstheorie zwischen Bestellung und Anstellung des Börsengeschäftsführers zu unterscheiden. Während seine Bestellung die mit einem Mitglied verbundene Rechts- und Pflichtenstellung sowohl im Innen- als auch im Außenverhältnis zur Börse regelt, betrifft die Anstellung seine persönliche Rechtsbeziehung zum Börsenträger. Da beide Rechtsverhältnisse unabhängig voneinander sind, können sich somit auch unterschiedliche Rechtsfolgen für den Börsengeschäftsführer ergeben.
2. Wegen der öffentlich-rechtlichen Organisationsform der Börse handelt es sich bei der Bestellung zum Mitglied der Börsengeschäftsführung um einen mitwirkungsbedürftigen Verwaltungsakt nach § 35 VwVfG. Durch die Verleihung der Organstellung wird dem Börsengeschäftsführer die Befugnis eingeräumt, für die Börse tätig zu werden und damit ein mit hoheitlichen Rechten ausgestattetes Amt wahrzunehmen. Die Bestellung wirkt sich daher nicht nur auf die Innenposition, sondern darüber hinaus auch auf die persönliche Rechtsstellung des Betroffenen aus. Da niemand gegen seinen Willen eine Rechtsposition aufgezwungen bekommen soll, ist deshalb die Zustimmung des betroffenen Börsengeschäftsführers erforderlich. Mit der Wahrnehmung seiner ihm verliehenen Hoheitsrechte ist er zugleich Behörde im verwaltungsrechtlichen Sinne gemäß § 1 Abs. 4 VwVfG. Seine gegenüber den Handelsteilnehmern und Emittenten getroffenen Maßnahmen sind mithin als Verwaltungsakte nach § 35 VwVfG zu qualifizieren.
3. Von der Bestellung ist die Anstellung des Börsengeschäftsführers zu unterscheiden. Der Anstellungsvertrag regelt die schuldrechtlichen Beziehungen zwischen ihm und dem Börsenträger, durch welchen er Dienstpflichtiger des Trägers wird. Hinsichtlich der Rechtsnatur des Anstellungsvertrags wird die Abgrenzung, ob aufgrund eines Vertrags fremdbestimmte oder selbständige Arbeit zu leisten ist, grundsätzlich vom Begriff des Arbeitnehmers her vorgenommen. Nach der in dieser Arbeit vertretenen Ansicht liegt eine Arbeitnehmereigenschaft in solchen Fällen vor, in denen der Beschäftigte aufgrund eines privatrechtlichen Vertrags im Dienste eines anderen zur Leistung weisungsgebundener, fremdbestimmter Arbeit in persönlicher Abhängigkeit verpflichtet ist.
4. Das Anstellungsverhältnis des Börsengeschäftsführers stellt grundsätzlich ein unabhängiges Dienstverhältnis im Sinne des § 611 BGB dar, das auf Erbringung von Diensten – die eigenverantwortliche Leitung der Börse – gegen Entgelt gerichtet ist. Der Börsengeschäftsführer erbringt seine Dienstleistungen sowohl

fachlich als auch persönlich weisungsfrei. Wenngleich die Börsenaufsichtsbehörde ihm gegenüber weisungsberechtigt ist, wird hierdurch seine Stellung als Dienstpflichtiger nicht in Frage gestellt. Das Weisungsrecht der Börsenaufsichtsbehörde ergibt sich aus der allgemeinen Rechtsaufsicht nach § 3 Abs. 1 Satz 2 BörsG. Die Behörde kann daher gegenüber dem Börsengeschäftsführer Anordnungen treffen, diese zielen aber auf die Aufrechterhaltung eines ordnungsgemäßen Börsenhandels ab. Eine persönliche Abhängigkeit des Börsengeschäftsführers lässt sich hieraus nicht ableiten. Eine Arbeitnehmereigenschaft bestimmt sich daher nur aus dem privatrechtlichen Anstellungsverhältnis zum Börsenträger. Da der Börsengeschäftsführer mit seiner weitreichenden Entscheidungsgewalt hinsichtlich Arbeitszeit, Arbeitsort und sonstiger Arbeitsbedingungen frei bleibt, ist der Börsenträger nicht in der Lage, ihm arbeitsrechtliche Weisungen zu erteilen, solange der Börsengeschäftsführer in seiner Amtsfunktion für die Börse tätig ist. Wird zwischen dem Börsenträger und dem Börsengeschäftsführer ein arbeitsvertragliches Weisungsrecht vereinbart, ist in diesem Fall der Börsengeschäftsführer als Arbeitnehmer zu klassifizieren, sofern diese Einordnung mit seiner Tätigkeit als Organmitglied der Börse zu vereinbaren ist.

5. Nach geltendem Recht handelt es sich bei der Börse um eine teilrechtsfähige Anstalt des öffentlichen Rechts (vgl. § 2 Abs. 1 BörsG). Die im Gesetz geregelte Teilrechtsfähigkeit der Börse ist nur auf den öffentlich-rechtlichen Bereich beschränkt. Hiernach kann die Börse gemäß § 2 Abs. 5 BörsG in verwaltungsgerichtlichen Verfahren im eigenen Namen klagen und verklagt werden. Eine darüber hinausgehende Vollrechtsfähigkeit der Börse ist aber abzulehnen. Gegen die Annahme der Vollrechtsfähigkeit spricht vor allem die Tatsache, dass sich der Gesetzgeber durch die Regelung in § 2 Abs. 1 BörsG eindeutig gegen die Vollrechtsfähigkeit ausgesprochen hat. Darüber hinaus soll die Rechtsfähigkeit der Börse nicht weiter reichen, als es die duale Struktur mit dem Börsenträger zulässt. Ob die in § 2 Abs. 1 BörsG geregelte Teilrechtsfähigkeit zugleich eine Teilprivatrechtsfähigkeit beinhaltet[999], kann dahinstehen, da der Gesetzgeber bislang keinen Anlass gesehen hat, eine Änderung der Rechtslage herbeizuführen. Aufgrund der fehlenden Vollrechtsfähigkeit der Börse ist sie damit nicht in der Lage, die Verträge mit den Beschäftigten der Börse abzuschließen. Dieser Aufgabe kommt folglich der Börsenträger im Rahmen seiner Betriebspflicht nach § 5 Abs. 1 Satz 2 BörsG nach, indem er die Mitarbeiter der Börse unter Vertrag nimmt.
6. Der zwischen dem Börsengeschäftsführer und dem Börsenträger abgeschlossene Anstellungsvertrag stellt einen Drittanstellungsvertrag dar. Es wird zwar vereinzelt angenommen, dass der Drittanstellungsvertrag als Vertrag zugunsten Dritter anerkannt ist.[1000] Allerdings beruht diese Auffassung auf dem Gedanken,

---

999 *Hammen* in: FS-Uwe H. Schneider, 455, 469.

1000 *Winter*, GmbHR 1965, 195 f.

die Pflicht zur Geschäftsleitung werde durch den Anstellungsvertrag begründet. Dem steht jedoch entgegen, dass die organschaftlichen Pflichten des Börsengeschäftsführers bereits aufgrund der Bestellung entstehen, der Anstellungsvertrag dagegen nur die schuldrechtlichen Beziehungen der Vertragspartner untereinander regelt. Auch das Argument, dass der Dritte das Bestellungsverhältnis durch die Kündigung des Anstellungsverhältnisses beeinflussen könnte[1001], kann nicht überzeugen. Zum einen hat nach der hier zugrunde gelegten Trennungstheorie die Kündigung keinen rechtlichen Einfluss auf die Bestellung des Börsengeschäftsführers und zum anderen würde der Börsenträger in diesem Fall seine Betriebspflicht aus § 5 Abs. 1 Satz 2 BörsG verletzen. Da dieser Anspruch öffentlich-rechtlicher Natur ist, kann die Börse ihn gerichtlich durchsetzen. Somit besteht kein praktisches Bedürfnis für einen Vertrag zugunsten Dritter.

7. Der Anstellungsvertrag bildet die Haupteinnahmequelle des Börsengeschäftsführers, weshalb er auf diese Vergütung angewiesen ist. Demzufolge ist es auch gerechtfertigt, den Börsengeschäftsführer hinsichtlich der Absicherung seiner Existenzgrundlage den Arbeitnehmern gleichzustellen und eine analoge Anwendbarkeit arbeitsrechtlicher Vorschriften zu erwägen, die nicht spezifisch auf die persönliche Abhängigkeit des Börsengeschäftsführers abstellen, sondern einer Minimalsicherung der wirtschaftlichen Existenz im Rahmen eines langfristigen entgeltlichen Beschäftigungsverhältnisses dienen. Dies führt zu dem Umstand, dass einzelne Arbeitnehmerschutzvorschriften auf den Börsengeschäftsführer analog angewendet werden können, sofern der Anstellungsvertrag ein dem typischen Arbeitsvertrag vergleichbares Gepräge hat und die Stellung des Geschäftsführers als Organmitglied einer analogen Anwendung nicht entgegensteht.
8. Die von der Börsengeschäftsführung erlassenen Maßnahmen gegenüber Handelsteilnehmern und Emittenten sind als Verwaltungsakte im Sinne des § 35 VwVfG einzuordnen. Die Betrauung mit der Ausübung öffentlicher Gewalt macht die Mitglieder der Börsengeschäftsführung deshalb zu Beamten im haftungsrechtlichen Sinne, so dass bei einem Fehlverhalten eines Börsengeschäftsführers an einen Amtshaftungsanspruch gem. § 839 BGB i. V. m. Art. 34 GG zu denken ist. Da die Börsengeschäftsführung nur im öffentlichen Interesse handelt, ist mangels eines drittschützenden Charakters börsenrechtlicher Pflichten (vgl. § 15 Abs. 6 BörsG) ein Amtshaftungsanspruch gegenüber den mittelbar betroffenen Anlegern ausgeschlossen. Ein Amtshaftungsanspruch gegenüber Handelsteilnehmern oder Emittenten als Adressaten der Maßnahmen wird durch das Gesetz freilich nicht ausgeschlossen. Liegen die Voraussetzungen des § 839 BGB vor, so trifft die Verantwortlichkeit nach Art. 34 GG das Bundesland, in dem die jeweilige Börse ihren Sitz hat. Diese Haftungsverschiebung ist im Ergebnis auch gerechtfertigt, weil sowohl die Börse als auch ihre Organe nach § 4

1001 *Krieger*, Personalentscheidungen des Aufsichtsrats, S. 187 f.

Abs. 1 BörsG ihren öffentlich-rechtlichen Status der staatlichen Genehmigung durch die Börsenaufsichtsbehörde ihres Sitzlandes verdanken.

9. Die in der Praxis zu beobachtende Personengleichheit zwischen Börsengeschäftsführer und Börsenträgervorstand hat in letzter Zeit Diskussionen über mögliche Interessenkonflikte ausgelöst.[1002] Obwohl der Börsenträger nach Vorstellung des Gesetzgebers rechtlich keinen Einfluss auf die inneren Geschäftsangelegenheiten der Börse haben soll, wird dieses Hindernis in der Praxis durch eine Personalunion beseitigt. Hierdurch wird dem Börsenträger faktisch eine Einflussmöglichkeit auf die Leitung der Börse eingeräumt. Obwohl eine Gefahr der Überberücksichtigung von Börsenträgerinteressen nicht ausgeschlossen ist, ist eine Inkompatibilitätsregelung nicht zwingend, da das deutsche Börsenrecht ausreichend Instrumente bereithält, diesen Interessenkonflikten entgegenzuwirken. Zum einen steht dem Börsenrat ein jederzeitiges Abberufungsrecht zu, das ihm gegenüber dem Börsengeschäftsführer als Druckmittel dienen kann, und zum anderen kann die Börsenaufsichtsbehörde bei erheblichen Zweifeln die Personenidentität verhindern, indem sie ihr Einvernehmen zur Bestellung des Börsengeschäftsführers versagt.
10. Als Repräsentant der Handelsüberwachungsstelle trifft deren Leiter die wichtigsten Entscheidungen für dieses Börsenorgan. Durch die Verleihung seiner Organstellung wird ihm die Möglichkeit eingeräumt, ein öffentlich-rechtliches Amt auszuüben. Da auch der Leiter der Handelsüberwachungsstelle nicht gegen seinen Willen zum Vertretungsorgan der Handelsüberwachungsstelle bestellt werden kann, ist für deren Wirksamkeit seine Annahmeerklärung erforderlich. Daher ist die Bestellung als mitwirkungsbedürftiger Verwaltungsakt zu qualifizieren. Mit der Einräumung hoheitlicher Befugnisse ist der Leiter der Handelsüberwachungsstelle mithin Behörde im verwaltungsrechtlichen Sinne nach § 1 Abs. 4 VwVfG. Demzufolge stellen die von ihm getroffenen Maßnahmen Verwaltungsakte nach § 35 VwVfG dar.
11. Der Leiter der Handelsüberwachungsstelle ist nach dem hier zugrunde gelegten Arbeitnehmerbegriff als Arbeitnehmer einzustufen. Zwar ist der Leiter der Handelsüberwachungsstelle in fachlicher Hinsicht weisungsunabhängig. Für seine Einordnung als Arbeitnehmer ist jedoch seine persönliche Abhängigkeit maßgeblich. Die persönliche Abhängigkeit resultiert aus dem arbeitsrechtlichen Direktionsrecht des Börsenträgers, der den Leiter der Handelsüberwachungsstelle unter Vertrag nimmt. In der Praxis wird das arbeitsrechtliche Direktionsrecht durch die Börsengeschäftsführung ausgeübt, die somit die im Arbeitsvertrag nur rahmenmäßig umschriebenen Leistungspflichten nach Zeit, Ort und Art nach billigem Ermessen bestimmen kann. Darüber hinaus untersteht der Leiter der Handelsüberwachungsstelle auch dem allgemeinen Direktionsrecht der Börsengeschäftsführung als Leitungsorgan der Börse, kraft dessen die

1002 Sehr anschaulich hierzu *Christoph*, Börsenkooperationen und Börsenfusionen, S. 164 ff.

Geschäftsführung Weisungen hinsichtlich der Ordnung und Verhaltensweise innerhalb des Börsenbetriebs erteilen kann.

12. Anders als der Leiter der Handelsüberwachungsstelle treffen die Mitarbeiter der Handelsüberwachungsstelle keine eigenverantwortlichen Entscheidungen für dieses Börsenorgan. Sie sind zwar ebenfalls mit den Überwachungsaufgaben betraut, allerdings treten sie nach außen rechtlich nicht in Erscheinung. Das Personal wird vielmehr vorbereitend und unterstützend tätig, die Aufgaben- und Verantwortungszuständigkeit verbleibt aber beim Leiter der Handelsüberwachungsstelle. Damit sind die Mitarbeiter als Verwaltungshelfer anzusehen, weil sie im Auftrag und nach Weisung des Leiters der Handelsüberwachungsstelle tätig werden. Mangels gesetzlicher Legitimation fehlt ihnen die Befugnis, hoheitliche Befugnisse eigenverantwortlich wahrzunehmen. Demgemäß muss sich der Leiter der Handelsüberwachungsstelle als Träger der öffentlichen Verwaltung ihr Handeln als sein eigenes zurechnen lassen.

13. Da die Mitarbeiter der Handelsüberwachungsstelle in einem privatrechtlichen Beschäftigungsverhältnis zum Börsenträger stehen, besitzen sie die Eigenschaft eines Arbeitnehmers. Das dem Börsenträger zustehende arbeitsrechtliche Direktionsrecht wird in der Praxis durch die Börsengeschäftsführung ausgeübt. Hiervon bleibt aber das fachliche Direktionsrecht des Leiters der Handelsüberwachungsstelle unberührt. Die Börsengeschäftsführung kann mit Hilfe der ihr zustehenden Arbeits- und Direktionsrechte nur Weisungen hinsichtlich der Arbeitsbedingungen und Ordnung sowie Verhaltensweisen innerhalb des Börsenbetriebs erteilen. In die Untersuchungskompetenz der Handelsüberwachungsstelle kann sie damit aber nicht eingreifen. Dieses Recht steht ausschließlich dem Leiter der Handelsüberwachungsstelle zu.

G. Ausblick

Mit der EU-Finanzmarktrichtlinie MiFID-II soll Anfang 2017 eine weitere umfassende Regulierung des Kapitalmarkts erfolgen. Das MiFID-II-Paket besteht aus einer Richtlinie[1003] und einer Verordnung[1004] über Märkte für Finanzinstrumente. Während die Richtlinie zahlreiche Änderungen der MiFID beinhaltet, geht es in der Verordnung etwa um die Veröffentlichung von Handelstransparenzdaten und die Meldung von Geschäftsdaten an die zuständigen Aufsichtsbehörden. Hintergrund dieser Novellierung war die Finanzkrise von 2008, welche Lücken in der bisherigen Regulierung zeigte. Mit der Verabschiedung der MiFID-II-Richtlinie sollen diese Lücken geschlossen werden. Jeder Marktteilnehmer, jedes Finanzprodukt und jeder Finanzplatz soll nunmehr beaufsichtigt werden.[1005] Im Rahmen der Richtlinienumsetzung ist der nationale Gesetzgeber aufgefordert, das Börsengesetz erneut an die europäischen Vorgaben anzupassen. Dies sollte dem Gesetzgeber auch Anlass geben, die Regelungen über die Börsengeschäftsführung und über die Handelsüberwachungsstelle zu überdenken. Wie diese Abhandlung an mehreren Stellen gezeigt hat, gibt es deutliche Schwächen in der Regulierung der Rechtsstellung der Börsenbeschäftigten. Insbesondere beim Leiter der Handelsüberwachungsstelle hat es der Gesetzgeber bisher versäumt, eindeutige Regelungen zu treffen. Bis heute ist unklar, unter welchen Voraussetzungen eine Abberufung des Leiters zu erfolgen hat. Außerdem spricht das Gesetz in § 12 Abs. 2 S. 1 Nr. 5 BörsG von Bestellung oder Wiederbestellung. Offensichtlich geht der Gesetzgeber davon aus, es könne entweder eine unbefristete oder eben eine laufzeitbeschränkte Bestellung mit der Option einer Wiederbestellung erfolgen. Eine solche Regelung sorgt für Rechtsunsicherheiten, weshalb eine Verweisung auf die Regelung in § 15 Abs. 1 S. 4 BörsG hier Abhilfe schaffen würde.

Hinsichtlich der Rechtsstellung des Börsengeschäftsführers ist die Rechtsprechung des EuGH zum Arbeitnehmerbegriff zu beachten. Nach dem hier zugrunde gelegten Arbeitnehmerbegriff lässt sich eine persönliche Abhängigkeit nur arbeitsvertraglich bestimmen. Durch den EuGH hat die Definition des Arbeitnehmerbegriffs eine Wende insoweit erfahren, als dass nunmehr auch unternehmensbezogene Weisungen für die Abhängigkeit eines Organmitglieds sprechen können. Trotz dieser Entwicklung auf europäischer Ebene besteht für den deutschen Gesetzgeber kein Regelungsbedarf, weil die nationale Rechtsprechung im Einklang mit

1003 Richtlinie 2014/65/EU vom 15.05.2014 über Märkte für Finanzinstrumente, ABl. L Nr. 173 v. 12.06.2014, S. 349.

1004 Verordnung (EU) Nr. 600/2014 vom 15.05.2014 über Märkte für Finanzinstrumente, ABl. L Nr. 173 v. 12.06.2014, S. 84.

1005 Siehe hierzu den Artikel von *Strünkelnberg*: MiFID II soll EU-Finanzmärkte an die Kette legen, abrufbar im Internet unter http://www.eu-infothek.com/article/mifid-ii-soll-eu-finanzmaerkte-die-kette-legen (Stand: 04.03.2014).

den europäischen Vorgaben steht. Eine Änderung des Status des Börsengeschäftsführers würde zu tiefgreifenden Änderungen führen. Es wären dann sämtliche Arbeitnehmerschutzvorschriften auf den Börsengeschäftsführer anzuwenden. Dies hätte zum einen die Folge, dass sich eine Haftung des Börsengeschäftsführers nur schwer begründen ließe, weil die Grundsätze der Arbeitnehmerhaftung zur Anwendung gelangen würden. Zum anderen wäre aber auch eine vorzeitige Beendigung des Dienstvertrags von Börsengeschäftsführerinnen nahezu unmöglich, da diese in den Anwendungsbereich des MuSchG fallen würden. Vor diesem Hintergrund erscheint es auch weiterhin gerechtfertigt, dem Börsengeschäftsführer den Arbeitnehmerstatus abzusprechen. Diese Situation ist ihm auch bei der Amtsübernahme bekannt. Deshalb erhält er während der Vertragslaufzeit eine Vergütung, die deutlich über die Bezüge gewöhnlicher Arbeitnehmer hinausgeht, weshalb er auch weniger schutzwürdig ist. Ob sich dieses nationale Verständnis zum Arbeitnehmerbegriff angesichts der europäischen Rechtsentwicklung weiterhin aufrechterhalten lässt, wird die Zukunft zeigen.

Literaturverzeichnis

Ascheid, Reiner/Preis, Ulrich/Schmidt, Ingrid: Kündigungsrecht, 4. Auflage, München, 2012, (zit.: *Bearbeiter* in: Ascheid/Preis/Schmidt).

Aschenbeck, Tanja: Personenidentität bei Vorständen in Konzerngesellschaften (Doppelmandat im Vorstand), in NZG 2000, S. 1015–1024.

Assmann, Heinz-Dieter/Schütze, Rolf A.: Handbuch des Kapitalanlagerechts, 3. neubearbeitete Auflage, München, 2014 (zit.: *Bearbeiter* in: Assmann/Schütze).

Auer, Marietta: Neues zu Umfang und Grenzen der richtlinienkonformen Auslegung, in NJW 2007, S. 1106–1109.

Baeck, Ulrich/Deutsch, Markus: Arbeitszeitgesetz, 3. Auflage, München, 2004, (zit.: *Baeck/Deutsch*).

Bauer, Jobst-Hubertus: Die Anwendung arbeitsrechtlicher Schutzvorschriften auf den Fremdgeschäftsführer der GmbH, in DB 1979, S. 2178–2181.

—: Rechtliche und taktische Probleme bei der Beendigung von Vorstandsverhältnissen, in DB 1992, S. 1413–1422.

—: Kündigung und Kündigungsschutz vertretungsberechtigter Organmitglieder, in BB 1994, S. 855–858.

—: Anmerkung zu EuGH: Arbeitnehmereigenschaft von Organmitgliedern einer Kapitalgesellschaft, in GWR 2010, S. 586.

Bauer, Jobst-Hubertus/ Arnold, Christian: AGG und Organmitglieder – Klares und Unklares vom BGH, in NZG 2012, S. 921–926.

—: AGB-Kontrolle von Vorstandsverträgen, in ZIP 2006, S. 2337–2345.

Bauer, Jobst-Hubertus/Diller, Martin: Karenzentschädigung und bedingte Wettbewerbsverbote bei Organmitgliedern, in BB 1995, S. 1134–1141.

Bauer, Jobst-Hubertus/Gragert, Nicola: Der GmbH-Geschäftsführer zwischen Himmel und Hölle, in ZIP 1997, S. 2177–2184.

Bauer, Jobst-Hubertus/Krieger, Steffen: Formale Fehler bei Abberufung und Kündigung vertretungsberechtigter Organmitglieder, in ZIP 2004, S. 1247–1251.

Baumbach, Adolf (Begr.)/Hopt, Klaus J. u.a.: Handelsgesetzbuch mit GmbH & Co., Handelsklauseln, Bank- und Börsenrecht, Transportrecht (ohne Seerecht) 36. Auflage, München, 2014, (zit.: *Bearbeiter* in: Baumbach/Hopt).

Baumbach, Adolf/Hueck, Alfred: GmbHG Kommentar, 20. Auflage, München, 2013, (zit.: *Bearbeiter* in: Baumbach/Hueck).

Baums, Theodor: Der Geschäftsleitervertrag, Köln, 1987.

Beck, Heiko: Die Reform des Börsenrechts im Vierten Finanzmarktförderungsgesetz Teil 1: Änderungen des Börsenorganisationsrechts, in BKR 2002, S. 662–668.

—: Die erwerbswirtschaftliche Betätigung Beliehener am Beispiel des Trägers einer Wertpapierbörse, in WM 1996, S. 2313–2319.

—: Die Börsen im Lichte des deutschen und europäischen Kartellrechts, in WM 2000, S. 597–611.

Beiner, Thorsten: Der Vorstandsvertrag, Stuttgart, 2005.

Berg, Wilfried: Zur Haftung von Vorstandsmitgliedern der Sparkassen in Bayern, BayVBl 2000, S. 385–395.

Beuthien, Volker/Wehler, Thomas: Stellung und Schutz der freien Mitarbeiter im Arbeitsrecht, in RdA 1978, S. 2–10.

(BGB-RGRK) Mitglieder des Bundesgerichtshofes: Das Bürgerliche Gesetzbuch mit besonderer Berücksichtigung der Rechtsprechung des Reichsgerichts und des Bundesgerichtshofes, Kommentar, 12. Auflage, Band II, Teil 3/1, §§ 611–620, Berlin/New York, 1997, (zit.: *Bearbeiter* in: BGB-RGRK).

Blomeyer, Wolfgang/Rolfs, Christian/Otto, Klaus: Betriebsrentengesetz: BetrAVG, 5. Auflage, München, 2010, (zit.: *Bearbeiter* in: Blomeyer/Rolfs/Otto).

Boemke, Burkhard: Scheinselbständigkeit im Arbeitsrecht, in DStR 2000, S. 1694–1702.

—: Das Dienstverhältnis des GmbH-Geschäftsführers zwischen Gesellschafts- und Arbeitsrecht, in ZfA 1998, S. 209–235.

Boos, Karl-Heinz/Fischer, Reinfrid/Schulter-Mattler, Hermann: Kreditwesengesetz, Kommentar zu KWG und Ausführungsvorschriften, 4. Auflage, München, 2012, (zit.: *Bearbeiter* in: Boos/Fischer/Schulte-Mattler).

Bopp, Matthias: Fusionen und Kooperationen deutscher Börsen und ihrer Träger, Frankfurt am Main, 2015.

Brammsen, Jörg: Der Arbeitnehmerbegriff, in RdA 2010, S. 267–274.

Breitkreuz, Tilman: Die Ordnung der Börse, Berlin, 2000.

Bremer, Heinz: Grundzüge des deutschen und ausländischen Börsenrechts, Berlin, 1968.

—: Zur Rechtsproblematik der Börsengebühren, in JR 1957, S. 328–331.

Bressler, Stefan: Public Private Partnership im Bank- und Börsenrecht durch Beleihung mit einer Anstaltsträgerschaft, Frankfurt am Main, 2009.

Brockhausen, Jürgen: Kapitalmarktaufsicht in Selbstverwaltung – Voraussetzungen und Bedingungen am Beispiel der Handelsüberwachungsstellen gemäß § 1b Börsengesetz –, in WM 1997, S. 1924–1930.

Buchner, Herbert/Becker, Ulrich: Mutterschutzgesetz und Bundeselterngeld- und Elternzeitgesetz, 8. Auflage, München, 2008, (zit.: *Buchner/Becker*).

Burgi, Martin: Börse, Börsenträger und Börsenaufsicht im System des Wirtschaftsverwaltungsrechts, in WM 2009, S. 2337–2343.

Bydlinski, Franz: Juristische Methodenlehre und Rechtsbegriff, 2. Auflage, Wien, 1991.

Canaris, Claus-Wilhelm: Die richtlinienkonforme Auslegung und Rechtsfortbildung im System der juristischen Methodenlehre, in Festschrift für Franz Bydlinski zum 70. Geburtstag, hrsg. von Helmut Koziol und Peter Rummel, Wien, 2002, S. 47–104. (zit.: *Canaris* in: FS-Bydlinski).

Christoph, Fabian L.: Börsenkooperationen und Börsenfusionen (Organisationsrecht – Aufsichtsrecht – Kartellrecht, Berlin, 2007.

Claussen, Carsten Peter: Bank- und Börsenrecht, 5. Auflage, München, 2014, (zit.: *Bearbeiter* in: Claussen, 5. Auflage).

—: Bank- und Börsenrecht, 3. Auflage, München, 2003, (zit.: *Claussen*, 3. Auflage).

—: Das neue Börsenaufsichtsrecht, in DB 1994, S. 969–974.

Claussen, Carsten Peter/Hoffmann, Michael: Neues zur Rechtform deutscher Wertpapierbörsen, in ZBB 1995, S. 68–72.

Däubler, Wolfgang/Bertzbach, Martin: Allgemeines Gleichbehandlungsgesetz, 3. Auflage, Baden-Baden, 2014, (zit.: *Däubler/Bertzbach*).

Dersch, Hermann: Die Rechtsstellung von Organmitgliedern juristischer Personen und Gesellschaften im Arbeitsrecht und in der Sozialversicherung, in RdA 1951, S. 212–219.

Dieterich, Thomas: Grundgesetz und Privatautonomie im Arbeitsrecht, in RdA 1995, S. 129–136.

Dieterich, Thomas/Hanau, Peter/Schaub, Günter (Begr.): Erfurter Kommentar zum Arbeitsrecht, 16. Auflage, München, 2016 (zit.: *Bearbeiter* in: ErfK).

Diller, Martin: Gesellschafter und Gesellschafterorgane als Arbeitnehmer, Köln, 1994.

Dose, Stefan: Die Rechtsstellung der Vorstandsmitglieder der Aktiengesellschaft, 3. Auflage, Köln, 1975.

Dütz, Wilhelm/Thüsing, Gregor: Arbeitsrecht, 20. Auflage, München, 2015.

Eckardt, Bernd: Der Geschäftsführer der GmbH – ein Arbeitnehmer?, in ZfA 1987, S. 467–480.

—: Koppelung der Beendigung des Anstellungsvertrages eines AG-Vorstandsmitgliedes an den Bestellungswiderruf?, in AG 1989, 1989, S. 431–433.

—: Die Beendigung der Vorstands- und Geschäftsführerstellung in Kapitalgesellschaften, Frankfurt am Main, 1989.

Ehrenberg, Victor: Handbuch des gesamten Handelsrechts mit Einschluß des Wechsel-, Scheck-, See- und Binnenschiffahrtsrechts, des Versicherungsrechts sowie des Post- und Telegraphenrechts, Zweiter Band, Leipzig, 1918, (zit.: *Bearbeiter* in: Ehrenberg).

Ekkenga, Jens: Insichgeschäfte geschäftsführender Organe im Aktien- und GmbH-Recht unter besonderer Berücksichtigung der Einmann-Gesellschaft, in AG 1985, S. 40–48.

Elle, Horst: Über die Verantwortlichkeit der Zulassungsstelle einer deutschen Börse gegenüber dem Publikum, in ZHR 1966, S. 273–296.

Engisch, Karl: Einführung in das juristische Denken, 11. Auflage, Stuttgart, 2010.

Erichsen, Hans-Uwe/Ehlers, Dirk: Allgemeines Verwaltungsrecht, 14. Auflage, Berlin, 2010, (zit.: *Bearbeiter* in: Erichsen/Ehlers).

Eßer, Walter/Baluch, Christina: Bedeutung des Allgemeinen Gleichbehandlungsgesetzes für Organmitglieder, in NZG 2007, S. 321–332.

Eyermann, Erich: Verwaltungsgerichtsordnung, 14. Auflage, München, 2014, (zit.: *Bearbeiter* in: Eyermann).

Faßbender, Christian/Reichegger, Heidi: Haftungsrechtliche Verantwortung für Fehlverhalten von Börsenorganen, in WM 2009, S. 732–739.

Fischer, Ulrich: Die Fremdgeschäftsführerin und andere Organvertreter auf dem Weg zur Arbeitnehmereigenschaft, in NJW 2011, S. 2329–2332.

Fleck, Hans-Joachim: Die Drittanstellung des GmbH-Geschäftsführers, in ZHR 1985, S. 387–418.

—: Das Organmitglied – Unternehmer oder Arbeitnehmer, in Festschrift für Marie Luise Hilger und Hermann Stumpf zum 70. Geburtstag, hrsg. von Thomas Dieterich, München, 1983, S. 197–226, (zit.: *Fleck* in: FS-Hilger/Stumpf).

—: Das Dienstverhältnis der Vorstandsmitglieder und Geschäftsführer in der Rechtsprechung des BGH, in WM 1981, Sonderbeilage 3, S. 3–23.

—: Das Dienstverhältnis der Vorstandsmitglieder und Geschäftsführer in der Rechtsprechung des BGH, in WM 1985, S. 677–684.

—: Das Dienstverhältnis der Vorstandsmitglieder und Geschäftsführer in der Rechtsprechung des BGH, in WM 1994, S. 1957–1969.

Fleischer, Holger: Fehlerhafte Vorstandsverträge, in NZG 2008, S. 161–166.

—: Zur Leitungsaufgabe des Vorstands im Aktienrecht, in ZIP 2003, S. 1–11.

—: Zur Abberufung von Vorstandsmitgliedern auf Druck Dritter, in DStR 2006, S. 1507–1515.

—: (Hrsg.): Handbuch des Vorstandsrechts, München, 2006, (zit.: *Bearbeiter* in: Fleischer).

Freckmann, Anke: Der GmbH-Geschäftsführer im Arbeits- und Sozialversicherungsrecht – Ein Überblick unter der neuesten Berücksichtigung der neuesten Rechtsprechung, in DStR 2008, S. 52–60.

Frentzel, Gerhard/Jäkel, Ernst/Junge, Werner: Industrie- und Handelskammergesetz, Kommentar zum Kammerrecht des Bundes und der Länder, 7. Auflage, Köln, 2009, (zit.: *Bearbeiter* in: Frentzel/Jäkel/Junge).

Fuhlrott, Michael: Die rechtliche Stellung leitender Angestellten, in ArbRAktuell 2011, 55.

Gissel, Ralf: Arbeitnehmerschutz für den GmbH-Geschäftsführer, Köln, 1987.

Goette, Wulf/Habersack, Mathias: Münchener Kommentar zum AktG, Band 2: §§ 76–117 AktG, 4. Auflage, München, 2014, (zit.: *Bearbeiter* in: MüKoAktG).

Goette, Wulff/ Habersack, Mathias: Münchener Kommentar zum AktG, Band 3, §§ 118–178, 3. Auflage, München 2013 (zit.: *Bearbeiter* in: MüKoAktG).

Göppert, Heinrich: Das Recht der Börsen, Berlin, 1932.

Greiner, Stefan: Statusbegriff und Vertragsfreiheit im Arbeits- und Sozialversicherungsrecht, insbesondere im Falle der Freistellung von der Arbeitsleistung, in NZS 2009, S. 657–665.

Griebeling, Gert: Die Merkmale des Arbeitsverhältnisses, in NZA 1998, S. 1137–1144.

Grosche, Nils/Höft, Jan: Richtlinienkonforme Rechtsfortbildung ohne Grenzen? – Zugleich Besprechung von BGH, NJW 2009, 427, in NJOZ 2009, S. 2294–2309.

Groß, Volker: Das Anstellungsverhältnis des GmbH-Geschäftsführers im Zivil-, Arbeits-, Sozialversicherungs- und Steuerrecht, Köln, 1987.

Groß, Wolfgang: Kapitalmarktrecht, Kommentar zum Börsengesetz, zur Börsenzulassungs-Verordnung und zum Wertpapierprospektgesetz 6. Auflage, München, 2016 (zit.: Groß, Kapitalmarktrecht)

Grunewald, Barbara/Schlitt, Michael: Einführung in das Kapitalmarktrecht, 3. Auflage, München, 2014 (zit.: *Bearbeiter* in: Grunewald/Schlitt).

Grunsky, Wolfgang: Rechtswegzuständigkeit bei Kündigung des Anstellungsvertrags eines GmbH-Geschäftsführers, in ZIP 1988, S. 76–80.

Häde, Ulrich: Zur Abberufung von Vorstandsmitgliedern der Deutschen Bundesbank, WM 2005, S. 205–214.

Hammen, Horst: Verschmelzung von Börsen, in Der Konzern 2008, S. 269–274.

—: Öffentlich-rechtliche Zahlungsansprüche von Börsen – Zur Rechtsfähigkeit der deutschen Börsen, in Festschrift für Uwe H. Schneider zum 70. Geburtstag, hrsg. von Ulricht Burgard, Walther Hadding, Peter O Mülbert u. a., Köln, 2011, S. 455–470, (zit.: *Hammen* in: FS-Uwe H. Schneider).

—: Börsenorganisationsrecht im Wandel Vorschläge für ein 4. Finanzmarkförderungsgesetz, in AG 2001, S. 549–567.

—: Sanktionsausschuss einer Börse und Anspruch auf kaufmännisches Vertrauen, in Festschrift für Hartmut Schmidt zum 65. Geburtstag, hrsg. von Wolfgang Bessler, Berlin, 2009, S. 313–332, (zit.: *Hammen* in: FS-Schmidt).

—: Börsen und multilaterale Handelssysteme im Wettbewerb, Frankfurt am Main, 2011.

—: Besprechung von Carsten Peter Claussen, Bank- und Börsenrecht, 3. Auflage, in AG 2004, S. 163.

—: Börsenerlaubnis, Anteilseignerkontrolle und Niederlassungsfreiheit bei der Fusion von Börsenorganisationen, Frankfurt am Main, 2013.

Kümpel, Siegfried/ Hammen, Horst: Rechtliche Aspekte eines geplanten Verbundes zwischen der Frankfurter und der Londoner Wertpapierbörse, in WM 2000, Sonderbeilage 3, S. 3–23.

Hauschka, Christoph E.: Die Dienstrechtsstellung der Vorstandsmitglieder der öffentlich-rechtlichen Sparkassen, Berlin, 1981.

Heidel, Thomas: Aktienrecht und Kapitalmarktrecht, 4. Auflage, Baden-Baden, 2014 (zit.: *Bearbeiter* in: Heidel).

Hellner, Thorwald/Steuer, Stephan (Begr.): Bankrecht und Bankpraxis, Band 4, Stand: Juli 2015, 117. Ergänzungslieferung Köln 2015 (zit.: *Bearbeiter* in: BuB).

Henssler, Martin: Das Anstellungsverhältnis der Organmitglieder, in RdA 1992, S. 289–302.

Henze, Marc/Rosch, Christina: Der fehlerhafte Vorstandsvertrag, in ArbRAktuell 2010, S. 310.

Heusinger von, Robert: Verhältnis Börse/Träger konkretisieren; Kümpel/Hammen-Gutachten: iX-Fusionsplan der Börsen Frankfurt und London rechtlich zulässig, in Börsen-Zeitung vom 06.10.2000, Nr. 193, S. 5.

Hilger, Marie Luise: Zum „Arbeitnehmer-Begriff“, in RdA 1989, S. 1–7.

Hoffmann-Becking, Michael: Münchener Handbuch des Gesellschaftsrechts, Band 4: Aktiengesellschaft, 4. Auflage, München, 2015, (zit.: *Bearbeiter* in MünchHdbAG).

Hohlfeld, Matthias: Der GmbH-Geschäftsführer im Spannungsverhältnis zwischen Arbeitgeberfunktion und Arbeitnehmereigenschaft, in GmbHR 1987, S. 255–258.

Hölters, Wolfgang: Aktiengesetz, Kommentar, 2. Auflage, München, 2014, (zit.: *Bearbeiter* in: Hölters).

Holthausen, Joachim/Steinkraus, Astrid: Die janusköpfige Rechtsstellung des GmbH-Geschäftsführers im Arbeitsrecht, in NZA-RR 2002, S. 281–288.

Hopt, Klaus J./Wiedemann, Herbert: Großkommentar Aktiengesetz, Band 3, §§ 76–94, 4. Auflage, Berlin, New York, 2008, (zit.: *Bearbeiter* in: GroßKommAktG)

Band 4, §§ 95–117, 4. Auflage, Berlin, New York, 2008, (zit.: *Bearbeiter* in: GroßKomm AktG)

Hromadka, Wolfgang: Arbeitnehmerbegriff und Arbeitsrecht, in NZA 1997, S. 569–580.

—: Der Begriff der leitenden Angestellten, in BB 1990, S. 57–64.

Huber, Ernst Rudolf: Wirtschaftsverwaltungsrecht, 2., neubearbeitete und erweiterte Auflage, Erster Band, Tübingen, 1953.

Hueck, Alfred: Die Rechtsstellung der Mitglieder von Organen juristischer Personen, in DB 1954, S. 274–276.

Hueck, Alfred/Nipperdey, Hans Carl: Lehrbuch des Arbeitsrechts, Band 1, 7. Auflage, Berlin, Frankfurt, 1963, (zit.: *Hueck/Nipperdey*).

Hueck, Götz: Zur arbeitsrechtlichen Stellung des GmbH-Geschäftsführers, in ZfA 1985, S. 25–37.

—: Bemerkungen zum Anstellungsverhältnis von Organmitgliedern juristischer Personen, in Festschrift für Marie Luise Hilger und Hermann Stumpf zum 70. Geburtstag, hrsg. von Thomas Dietrich, München, 1983, S. 365–380 (zit.: *Hueck* in: FS-Hilger/Stumpf).

Hüffer, Uwe: Aktiengesetz, 11. Auflage, München, 2014 (zit.: Hüffer).

Hümmerich, Klaus: Arbeitsverhältnis als Wettbewerbsgemeinschaft - Zur Abgrenzung von Arbeitnehmern und Selbständigen, in NJW 1998, S. 2625–2634.

—: Grenzfall des Arbeitsrechts: Kündigung des GmbH-Geschäftsführers, in NJW 1995, S. 1177–1182.

Hümmerich, Klaus/Boecken, Winfried/Düwell, Franz Josef: NomosKommentar, Arbeitsrecht, 2. Auflage, Baden-Baden, 2010, (zit.: *Bearbeiter* in: NK-ArbR).

Immenga, Ulrich/Mestmäcker, Ernst Joachim: Wettbewerbsrecht, Band 2: GWB, 5. Auflage, München, 2014, (zit.: *Bearbeiter* in: Immenga/Mestmäcker).

Jahnke, Volker: Rechtsformzwang und Rechtsformverfehlung bei der Gestaltung privater Rechtsverhältnisse, in ZHR 146, S. 595–624.

Janzen, Dietmar: Vorzeitige Beendigung von Vorstandsamt- und vertrag, in NZG 2003, S. 468–475.

Jaskulla, Ekkehard M.: Voraussetzungen und haftungsrechtliche Konsequenzen einer Aussetzung des Börsenhandels vor dem Hintergrund der Ereignisse des 11. Septembers 2001.

—: Zugleich Überlegungen im Anschluss an die Entscheidungen des OLG Frankfurt a.M. - 1 U 209/99 - (rechtskräftig) vom 18. Januar 2001 -, in WM 2002, S. 1093–1105.

Jauernig, Othmar (Begr.): Bürgerliches Gesetzbuch mit Rom-I, Rom-II, Rom-III-VO, EG-UntVO/ HUntProt und EuErbVO, 16. Auflage München, 2015, (zit.: *Bearbeiter* in: Jauernig).

Jooß, Alexander: Die Drittanstellung des Vorstandsmitglieds einer Aktiengesellschaft, Stuttgart, 2009.

Kamanabrou, Subadeh: Das Anstellungsverhältnis des GmbH-Geschäftsführers im Licht neuerer Rechtsprechung, in DB 2002, S. 146–150.

Kerkloh, Werner: Ehrgeiziges Gesetzgebungsziel; Umsetzung in nationales Recht im 2007, in Börsen-Zeitung, vom 11.01.2007, Nr. 7, S. 19.

Kiethe, Kurt: Die zivil- und strafrechtliche Haftung von Vorstandsmitgliedern einer Sparkasse für riskante Kreditgeschäfte, in BKR 2005, S. 177–186.

Kluth, Winfried: Rechtsfragen der verwaltungsrechtlichen Verwaltungserklärung Auslegung, Bindung, Widerruf, Anfechtung, in NVwZ 1990, S. 608–614.

Knack, Hans Joachim/Henneke, Hans-Günter: Verwaltungsverfahrensgesetz, 9. Auflage, Köln, 2009, (zit.: *Bearbeiter* in: Knack/Henneke).

Koch, Jens: Das Abmahnungserfordernis bei der außerordentlichen Kündigung von Organmitgliedern einer Kapitalgesellschaft, in ZIP 2005, S. 1621–1627.

Köhl, Dietmar: Die Einschränkung der Haftung des GmbH-Geschäftsführers nach den Grundsätzen des innerbetrieblichen Schadensausgleichs, in DB 1996, S. 2597–2605.

Köndgen, Johannes/Mues, Jochen: Zwangslizenz für XETRA? Deutsches Börsensystem zwischen Staatsauftrag und privatwirtschaftlicher Freiheit, in WM 1998, S. 53–62.

Kopp, Ferdinand/Schenke, Wolf-Rüdiger: Verwaltungsgerichtsordnung, 21. Auflage, München, 2015, (zit.: *Kopp/Schenke*).

Kort, Michael: Interessenkonflikte bei Organmitgliedern der AG, in ZIP 2008, S. 717–725.

Krause, Hermann: Buchbesprechung von Max Hachenburg: Kommentar zum GmbHG, in BB 1957, S. 516.

Krause, Nils: Auswirkungen des Allgemeinen Gleichbehandlungsgesetzes auf die Organmitglieder, in AG 2007, S. 392–397.

Krauss, Lutz: Status und Kündigungsschutz von arbeitnehmerähnlichen Vorstandsmitgliedern einer Aktiengesellschaft, Frankfurt am Main, Bern, New York, 1989,

Krieger, Gerd W.: Personalentscheidungen des Aufsichtsrats, Köln, 1981.

Kucera, Stefan: Die arbeitsrechtliche Stellung des Vorstandsmitglieds einer kleinen Aktiengesellschaft, Hagen/Westf., 1998.

Kümpel, Siegfried: Die künftige Kapitalmarktaufsicht und die europäische Rechtsangleichung, in WM 1994, S. 229–233.

—: Zur öffentlichrechtlichen Organisation der deutschen Wertpapierbörsen, in BKR 2003, S. 3–13.

—: Börsenrecht, -Eine systematische Darstellung-, Berlin, 1996.

—: Bank- und Kapitalmarktrecht, 2. Auflage, Köln, 2000, (zit.: *Kümpel*, Bank- und Kapitalmarktrecht, 2. Auflage).

—: Bank- und Kapitalmarktrecht, 3. Auflage, Köln, 2004, (zit.: *Kümpel*, Bank- und Kapitalmarktrecht, 3. Auflage).

Kümpel, Siegfried/Hammen, Horst: Börsenrecht, Eine systematische Darstellung, 3. Auflage, Berlin, 2006.

Kümpel, Siegfried/Hammen, Horst/ Ekkenga, Jens: Kapitalmarktrecht Band 1, Handbuch für die Praxis, Berlin, 2007, (zit.: *Bearbeiter* in: Kümpel/Hammen/Ekkenga).

—: Kapitalmarktrecht Band 2, Handbuch für die Praxis, Berlin 2011, (zit.: *Bearbeiter* in: Kümpel/Hammen/Ekkenga).

Kümpel, Siegfried/Wittig, Arne: Bank- und Kapitalmarktrecht, 4. Auflage, Köln, 2011, (zit.: *Bearbeiter* in: Kümpel/Wittig).

Kunz, Jens: Ausgewählte Rechtsprobleme des zentralen Kontrahenten, Frankfurt am Main, 2009.

Küttner, Wolfdieter (Begr.): Personalbuch 2015, 22. Auflage, Aktualisierung zum 1. 1. 2016 München, 2015, (zit.: *Bearbeiter* in: Küttner).

Larenz, Karl: Methodenlehre der Rechtswissenschaft, 6. Auflage, Berlin, 1992.

Lenenbach, Markus: Kapitalmarktrecht und kapitalmarktrelevantes Gesellschaftsrecht, 2. Auflage, Köln, 2010.

Lepczyk, Dennis A.: Rechtliche Aspekte internationaler Börsenfusionen, Frankfurt am Main, 2009.

Lieb, Manfred: Beschäftigung und Produktionsdauer – selbständige oder unselbständige Tätigkeit, in RdA 1977, S. 210–219.

Lorenz, Oliver: Die Wertpapierbörse und ihr Träger, Frankfurt am Main, 2004.

Lücke, Oliver: Der Status des GmbH-Geschäftsführers: (K)ein Arbeitnehmer !?, in NJOZ 2009, S. 3469–3477.

Lunk, Stefan: Mutterschutz für die GmbH-Geschäftsführerin? – Deutsches Arbeitsrecht im Widerstreit mit Verfassungs- und Europarecht -, in Festschrift für Jobst-Hubertus Bauer zum 65. Geburtstag, hrsg. von Ulrich Baeck, Friedrich Hauck, Ulrich Preis u. a., München, 2010, S. 705–720, (zit.: *Lunk* in: FS-Bauer).

Lutter, Marcus: Pflichten und Haftung von Sparkassenorganen, Köln, Berlin, Bonn, München, 1991.

Lutter, Marcus/Hommelhoff, Peter: GmbH-Gesetz, 18. Auflage, Köln, 2012, (zit.: *Bearbeiter* in: Lutter/Hommelhoff).

Martens, Klaus-Peter: Vertretungsorgan und Arbeitnehmerstatus in konzernabhängigen Gesellschaften, in Festschrift für Marie Luise Hilger und Hermann Stumpf zum 70. Geburtstag, hrsg. von Thomas Dietrich, München, 1983, S. 437–466, (zit.: *Martens* in: FS-Hilger/Stumpf).

—: Die außerordentliche Beendigung von Organ- und Anstellungsverhältnis, in Festschrift für Winfried Werner zum 65. Geburtstag, hrsg. von Walther Hadding, Ulrich Immenga, Hans-Joachim Mertens, Klemens Pleyer, Uwe H. Schneider, Berlin, 1984, S. 495–519, (zit.: *Martens* in: FS-Werner).

Maurer, Hartmut: Allgemeines Verwaltungsrecht, 18. Auflage, München, 2011.

Meyer, Oscar/Bremer, Heinz: Börsengesetz nebst Ausführungsbestimmungen, 4. Auflage, Berlin, 1957, (zit.: *Meyer/Bremer*).

Miller, Fritz Georg: Der Anstellungsvertrag des GmbH-Geschäftsführers – Rechtliche Einordnung und gesetzliche Mindestkündigungsfrist in BB 1977, S. 723–726.

Miller, Georg: Zur Abhängigkeit bei GmbH-Geschäftsführern Zugleich eine Besprechung des BGH-Urteils vom 29.1.1981 – II ZR 92/80 – ZIP 1981, 367, in ZIP 1981, S. 578–583.

Moll, Wilhelm: Zur Insolvenzsicherung der Betriebsrenten von Gesellschafter-Geschäftsführern, in ZIP 1980, S. 422–425.

Mues, Jochen: Die Börse als Unternehmen: Modell einer privatrechtlichen Börsenorganisation, Baden-Baden, 1999.

Mülbert, Peter O.: Der (zukünftige) Gesellschafter – stets ein Verbraucher?, in Festschrift für Walther Hadding zum 70. Geburtstag, hrsg. von Horst Hammen, Joachim Hennrichs, Franz Häuser u. w., Berlin, 2004, S. 575–592, (zit.: *Mülbert* in: FS-Hadding).

—: Empfiehlt es sich, im Interesse des Anlegerschutzes und zur Forderung des Finanzplatzes Deutschland das Kapitalmarkt- und Börsenrecht neu zu regeln?, in JZ 2002, S. 826–837.

Müller, Roger: Kooperationen und Zusammenschlüsse als Bewährungsprobe für das Börsenrecht, in Der Konzern 2008, S. 263–268.

Müssig, Claudio Christian: Die Börsenbenutzungsverhältnisse unter Berücksichtigung multilateraler Handelssysteme, Hamburg, 2014.

Nägele, Stefan: Der Anstellungsvertrag des Geschäftsführers – Eine Bestandsaufnahme –, in BB 2001, S. 305–312.

Nebendahl, Mathias: Ansprüche des GmbH-Geschäftsführers aus betrieblicher Übung, in NZA 1992, S. 289–294.

Nebendahl, Mathias/Rönnau, Thomas: Der Verzicht auf den Doktorgrad – eine mögliche Alternative zum Entziehungsverfahren? Zugleich ein beitrag zum Verzicht Privater im öffentlichen Recht, in NVwZ 1988, S. 873–879.

Neumann, Dirk/Fenski, Martin: Bundesurlaubsgesetz nebst allen anderen Urlaubsbestimmungen des Bundes und der Länder Kommentar, 11. Auflage, München, 2016, (zit.: *Neumann/Fenski*).

Niewiarra, Manfred: Verträge zwischen Vorstand und Aktionär, in BB 1998, S. 1961–1965.

Nikisch, Arthur: Arbeitsrecht, Band 1, Allgemeine Lehren und Arbeitsvertragsrecht, 2. Auflage, Tübingen, 1955.

Oberrath, Jörg-Dieter: Anwendung von Arbeitsrecht auf den GmbH-Geschäftsführer, in MDR 1999, S. 134–139.

Oberthür, Natalie: Unionsrechtliche Impulse für den Kündigungsschutz von Organvertretern und Arbeitnehmerbegriff, in NZA 2011, S. 253–258.

Olenhusen von, Götz: Börsen- und Kartellrecht, Baden-Baden, 1983.

Pakebusch, Ernst: Die arbeitgeberähnlichen Personen und ihre arbeits-rechtliche Sonderstellung, in BB 1963, S. 230–235.

Palandt, Otto (Begr.): Bürgerliches Gesetzbuch, 75. Auflage, München, 2016, (zit.: *Bearbeiter* in: Palandt).

Piekenbrock, Andreas/Schulze, Götz: Die Grenzen richtlinienkonformer Auslegung – autonomes Richterrecht oder horizontale Direktwirkung, in WM 2002, S. 521–529.

Posegga, Volker: Gesellschafts- und aufsichtsrechtliche Aspekte des Zusammenschlusses von Börsen am Beispiel der Trägergesellschaften, in WM 2002, S. 2402–2408.

Preussner, Joachim: Der Gesetzesentwurf über die Berliner Sparkasse und die Umwandlung der Landesbank Berlin - Girozentrale - in eine Aktiengesellschaft (Berliner Sparkassengesetz) - Zur Neuordnung des Konzerns der Bankgesellschaft Berlin –, in BKR 2005, S. 309–315.

Preussner, Joachim: Formale Anforderungen an die fristlose Kündigung des Bankvorstands, in NGZ 2004, S. 1151–1153.

Pullen, Heinz-Jürgen: Anwendbarkeit der Grundsätze der gefahrgeneigten Arbeit auf den GmbH-Geschäftsführer, in BB 1984, S. 989–991.

Püttner, Günter: Die öffentlichen Unternehmen, 2. Auflage, Stuttgart, 1985.

Rancke, Friedbert: Arbeitnehmerbegriff und sozio-ökonomischer Strukturwandel – Eine Analyse der Rechtsprechung des Bundesarbeitsgerichtes, in AuR 1979, S. 9–17.

Rebhahn, Robert: Der Arbeitnehmerbegriff in vergleichender Perspektive, in RdA 2009, S. 154–174

Reinecke, Gerhard: Neudefinition des Arbeitnehmerbegriffs durch Gesetz und Rechtsprechung, ZIP 1998, S. 581–588.

Reufels, Martin/Molle, Karl: Diskriminierungsschutz von Organmitgliedern, in NZA-RR 2011, S. 281–286.

Reuter, Dieter: Bestellung und Anstellung von Organmitgliedern im Körperschaftsrecht, in Festschrift für Wolfgang Zöllner zum 70. Geburtstag, hrsg. von Manfred Lieb, Ulrich Noack, Harm Peter Westermann, Köln, 1998, S. 487–502, (zit.: *Reuter* in: FS-Zöllner).

Richardi, Reinhard: Arbeitnehmer als Beschäftigte, in NZA 2010, S. 1101–1103.

Richardi, Reinhard/Wlotzke, Otfried/Wißmann, Hellmut/Oetker, Hartmut: Münchener Handbuch zum Arbeitsrecht, Band 1: Individualarbeitsrecht, 3. Auflage, München, 2009, (zit.: *Bearbeiter* in: Handbuch zum Arbeitsrecht).

Rinker, Mike: Vertragsschluss im börslichen elektronischen Handelssystem, Berlin, 2003.

Rodrian, Heinrich: Börsenprobleme 1989: Zugleich Stellungnahme zu dem Entwurf des Gesetzes zur Änderung des Börsengesetzes 1989, Bad Homburg, 1989.

Roth, Günter/Altmeppen, Holger: GmbHG, 7. Auflage, München, 2012, (zit.: *Bearbeiter* in: Roth/Altmeppen).

Rothe, Karl-Heinz: Die Bestellung und Anstellung der Sparkassendirektoren in NRW, in Städte- und Gemeinderat 1971, S. 94–98.

Rümker, Dietrich: Zur Organverfassung öffentlich-rechtlicher Kreditinstitute, in Festschrift für Winfried Werner zum 65. Geburtstag, hrsg. von Walther Hadding, Ulrich Immenga, Hans-Joachim Mertens, Klemens Pleyer, Uwe H. Schneider, Berlin, 1984, S. 745–776, (zit.: *Rümker* in: FS-Werner).

Rüthers, Bernd: Rundfunkfreiheit und Arbeitsrechtsschutz, in RdA 1985, S. 129–146.

Säcker, Franz Jürgen (Red.): Münchener Kommentar zum Bürgerlichen Gesetzbuch, Band 1: Allgemeiner Teil §§ 1–240, ProstG, AGG 7. Auflage, München, 2015, (zit.: *Bearbeiter* in: MüKoBGB).

Henssler, Martin (Red.): Münchener Kommentar zum Bürgerlichen Gesetzbuch Band 4: Schuldrecht, Besonderer Teil II, §§ 611–704, EFZG, TzBfG, KSchG 6. Auflage, München, 2012, (zit.: *Bearbeiter* in: MüKoBGB).

Habersack, Mathias (Red.): Münchener Kommentar zum Bürgerlichen Gesetzbuch Band 5: Schuldrecht, Besonderer Teil III, §§ 705–853, Partnerschaftsgesellschaftsgesetz, Produkthaftungsgesetz 6. Auflage, München, 2013, (zit: *Bearbeiter* in: MüKoBGB).

Gaier, Reinhard (Red.): Münchener Kommentar zum Bürgerlichen Gesetzbuch Band 6: Sachenrecht §§ 854–1296, WEG, ErbbauRG 6. Auflage München 2013 (zit.: *Bearbeiter* in: MüKoBGB).

Schäfer, Frank A. /Hamann, Uwe: Kapitalmarktgesetze, 2. Auflage, Stuttgart, 2012, (zit.: *Bearbeiter* in: Schäfer/Hamann)

Schaub, Günter (Begr.): Arbeitsrechts-Handbuch, 16. Auflage, München, 2015, (zit.: *Bearbeiter* in: Schaub, Arbeitsrecht-Handbuch).

Scheuing, Dieter H.: Der Amtskonflikt als Ausschlußgrund im Verwaltungsverfahrensrecht, in NVwZ 1982, S. 487–492.

Schilling, Wolfgang: Anmerkung zum BGH Urteil vom 19.1.1961 – II ZR 217/58, in JZ 1961, S. 545–546.

Schlierbach, Helmut/Püttner, Günter: Das Sparkassenrecht in der Bundesrepublik Deutschland, 5. Auflage, Stuttgart, 2003.

Schlüter, Uwe: Börsenhandelsrecht, 2. Auflage, München, 2002.

Schmidt, Karsten/Lutter, Marcus: Kommentar zum AktG, 3. Auflage, Köln, 2015, (zit.: *Bearbeiter* in: K. Schmidt/Lutter).

Schneider, Uwe H.: Abmahnung des Geschäftsführers vor Kündigung des Anstellungsvertrags aus wichtigem Grund?, in GmbHR 2003, S. 1–6.

—: Der Anstellungsvertrag des Geschäftsführers einer GmbH im Konzern, in GmbHR 1993, S. 10–21.

—: Haftungsmilderung für Organmitglieder und Geschäftsführer bei fehlerhafter Unternehmensleitung, in Festschrift für Winfried Werner zum 65. Geburtstag, hrsg. von Walther Hadding, Ulrich Immenga, Hans-Joachim Mertens, Klemens Pleyer, Uwe H. Schneider, Berlin, 1984, S. 795–816, (zit.: *Uwe H. Schneider* in: FS-Werner).

Schneider, Uwe H./Burgard, Ulrich: Börsenrechtliche Bewertung einer Einbeziehung der Trägergesellschaft der Frankfurter Wertpapierbörse in einen multinationalen Börsenkonzern und die Verlagerung des Handels in Standardwerten an eine andere Börse, in WM 2000, Sonderbeilage 3, S. 24–45.

Schoch, Friedrich/Schneider, Jens-Peter/ Bier, Wolfgang (Hrsg.): Verwaltungsgerichtsordnung, Kommentar, Band I, 29. Ergänzungslieferung, Stand: Oktober 2015 (zit.: *Bearbeiter* in: Schoch/Schneider/Bier).

Scholz, Franz: Kommentar zum GmbH-Gesetz mit Anhang Konzernrecht, II. Band, §§ 35–52 11. Auflage, Köln, 2014, (zit.: *Bearbeiter* in: Scholz).

Schreiber, Klaus: Der Arbeitnehmerbegriff, in Jura 2008, S. 21–25.

Schulze, Reiner/Dörner, Heinrich/Ebert, Ina u. a.: Bürgerliches Gesetzbuch, Handkommentar, 8. Auflage, Baden-Baden, 2014, (zit.: *Bearbeiter* in: Hk-BGB).

Schüppen, Matthias: Transaction-Boni für Vorstandsmitglieder der Zielgesellschaft: Business Judgement oder strafbare Untreue?, in Festschrift für Klaus Tiedemann zum 70. Geburtstag, hrsg. von Ulrich Sieber, Gerhard Dannecker, Urs Kindhäuser, u. a., Köln/München, 2008, S. 749–766, (zit.: *Schüppen* in: FS-Tiedemann).

Schwark, Eberhard: Kapitalmarktrechts-Kommentar, 2. Auflage, München, 1994, (zit.: Schwark, 2. Auflage).

—: 3. Auflage, München, 2004, (zit.: *Bearbeiter* in: Schwark, 3. Auflage).

—: Zur rechtlichen Zulässigkeit der Konzerneingliederung des Trägers der Frankfurter Wertpapierbörse unter eine ausländische Holding und eines blue-chips-Handelssegments in alleiniger Zuständigkeit einer ausländischen Börsenholding, in WM 2000, S. 2517–2532.

—: Rezension: Jochen Mues, Die Börse als Unternehmen, Baden-Baden 1999, in ZBB 2001, S. 311–313.

Schwark, Eberhard/Zimmer, Daniel: Kapitalmarktrechts-Kommentar, 4. Auflage, München, 2010, (zit.: *Bearbeiter* in: Schwark/Zimmer).

Schwennicke, Andreas/Auerbach, Dirk: Kreditwesengesetz (KWG) mit Zahlungsdiensteaufsichtsgesetz (ZAG), Finanzkonglomerate-Aufsichtsgesetz (FKAG) Kommentar, 3. Auflage, München, 2016, (zit.: *Bearbeiter* in: Schwennicke/Auerbach).

Sodan, Helge/Ziekow, Jan: Verwaltungsgerichtsordnung, 4. Auflage, Baden-Baden, 2014, (zit.: *Bearbeiter* in: Sodan/Ziekow).

Spindler von, Joachim/Becker, Willy/Starke, Otto Ernst: Die Deutsche Bundesbank Grundzüge des Notenbankwesens und Kommentar zum Gesetz über die Deutsche

Bundesbank, 4., neubearbeitete und erweiterte Auflage, Stuttgart, 1973, (zit.: *v. Spindler/Becker/Starke*).

Spindler, Gerald/Stilz, Eberhard: Kommentar zum Aktiengesetz, Band 1, §§ 1–149 3. Auflage, München, 2015, (zit.: *Bearbeiter* in: Spindler/Stilz).

Starke, Otto-Ernst: Das Gesetz über die deutsche Bundesbank und seine wichtigsten öffentlich-rechtlichen Probleme, in DÖV 1957, S. 606–612.

Staudinger, Julius von: Bürgerliches Gesetzbuch, Kommentar, Buch 2: Schuldrecht, Neubearbeitung 2011 zu §§ 611 ff., Dienstvertragsrecht, (zit.: *Bearbeiter* in: Staudinger).

Stein, Ursula: Die Grenzen vollmachtloser Vertretung der Gesellschaft gegenüber Vorstandmitgliedern und Geschäftsführern, in AG 1999, S. 28–42.

—: Das faktische Organ, Köln, 1984.

—: Die neue Dogmatik der Wissensverantwortung bei der außerordentlichen Kündigung von Organmitgliedern der Kapitalgesellschaften, in ZGR 1999, S. 264–289.

Steinau-Steinrück, Robert von/Mosch, Ulrich: Schwangere Geschäftsführerin: Managerin oder Arbeitnehmerin?, in NJW-Spezial 2011, S. 178–179.

Stelkens, Paul/Bonk, Heinz Joachim/Sachs, Michael: Verwaltungsverfahrensgesetz, 8. Auflage, München 2014, (zit.: *Bearbeiter* in: Stelkens/Bonk/Sachs).

Strünkelnberg, Thomas: MiFID II soll EU-Finanzmärkte an die Kette legen, abrufbar unter http://www.eu-infothek.com/article/mifid-ii-soll-eu-finanzmaerkte-die-kette-legen (Stand: 04.03.2014).

Tettinger, Peter J./Wank, Rolf: Gewerbeordnung, 8. Auflage, München, 2011, (zit.: *Bearbeiter* in: Tettinger/Wank).

Theobald, Wolfgang: Drittanstellung von Vorstandsmitgliedern in der Aktiengesellschaft, in Festschrift für Thomas Raiser zum 70. Geburtstag am 20. Februar 2005, hrsg. von Reinhard Damm/Peter W. Heermann/Rüdiger Veil, Berlin, 2005, S. 421–437, (zit.: *Theobald* in: FS-Raiser).

Thüsing, Gregor: Nachorganschaftliche Wettbewerbsverbote bei Vorständen und Geschäftsführern, in NZG 2004, S. 9–15.

Thüsing, Gregor/Granetzny, Thomas: Zur Abdingbarkeit des BetrAVG bei Organmitgliedern, in NZG 2000, S. 449–454.

Timm, Wolfram: Der Gesellschafter-Geschäftsführer im Pfändungs- und Insolvenzrecht, in ZIP 1981, S. 10–16.

Trinkhaus, Hans: Aktuelle Probleme des Rechts der leitenden Angestellten im weitesten Sinne, in DB 1968, S. 1756–1761.

Tschöpe, Ulrich/Wortmann, Florian: Abberufung und außerordentliche Kündigung von geschäftsführenden Organvertretern – Grundlagen und Verfahrensfragen, in NZG 2009, S. 85–90.

—: Der wichtige Grund bei Abberufungen und außerordentlichen Kündigungen von geschäftsführenden Organvertretern, in NZG 2009, S. 161–168.

Walker, Wolf-Dieter: Der Vollzug des Arbeitsverhältnisses ohne wirksamen Arbeitsvertrag, in JA 1985, S. 138–149.

Wall de, Heinrich: Die Anwendbarkeit privatrechtlicher Vorschriften im Verwaltungsrecht, Tübingen, 1999.

Wank, Rolf: Arbeitnehmer und Selbständige, München, 1988.

—: Die „neue" Selbständigkeit, in DB 1992, S. 90–93.

—: Anmerkung und Besprechung des Urteils BAG: Fremdgeschäftsführer einer GmbH als Verbraucher; zweistufige Ausschlussfrist, in RdA 2011, S. 178–181.

—: Abschied vom Normalarbeitsverhältnis? – welche arbeits- und sozialrechtliche Regelungen empfehlen sich im Hinblick auf die Zunahme neuer Beschäftigungsformen und die wachsende Diskontinuität von Erwerbsbiographien?, in RdA 2010, S- 193–207.

Wank, Rolf/Maties, Martin: Arbeitnehmer oder Gesellschaftsorgan oder Vereinsmitglied?, in NZA 2007, S. 353–358.

Weber, Bernhard: Die Begründung und Beendigung der Rechtsverhältnisse zwischen den Sparkassen bzw. der Landesbank und ihren Vorstandsmitgliedern in Nordrhein-Westfalen, Bielefeld, 1988.

Wehrmeyer, Ulrich: Die arbeitsrechtliche Einordnung der Organe juristischer Personen, Bern, 1988.

Weides, Peter: Zur Eigenständigkeit des Sparkassenrechts gegenüber dem Kommunalrecht, in DÖV 1984, S. 41–51.

Wiede, Peter: Die Börse als selbstverwaltungsrechtliches Problem, Köln, 1965.

Wilhelmi, Carl-Heinz/Wilhelmi, Sylvester: Sind Vorstandsmitglieder von Aktiengesellschaften und GmbH-Geschäftsführer nach dem Angestelltenversicherungsgesetz versicherungspflichtig?, in BB 1968, S. 137–142.

Wilsing, Hans-Ulrich/Meyer, Daniel: Aktuelle Entwicklungen bei der Organberatung, in DB 2011, S. 341–345.

Wimmer, Richard: Der Anstellungsvertrag des GmbH-Geschäftsführers, in DStR 1997, S. 247–251.

Winter, Heinz: Die Zulässigkeit der uneinheitlichen Stimmabgabe durch den Gesellschafter einer GmbH, in GmbHR 1965, S. 195–196.

Wolff, Hans J./Bachof, Otto/Stober, Rolf/Kluth, Winfried: Verwaltungsrecht I, 13. Auflage, München, 2015,→ Achtung! Neuauflage laut Opac bestellt, aber nicht verfügbar! (zit.: *Bearbeiter* in: Wolff/Bachof/Stober/Kluth, Verwaltungsrecht I).

Verwaltungsrecht II, 7. Auflage, München, 2010, (zit.: *Bearbeiter* in: Wolff/Bachof/Stober/Kluth, Verwaltungsrecht II).

Wollenschläger, Michael: Arbeitsrecht, 3. Auflage, Köln, 2010.

Zahn, Johannes: Selbstverwaltung und Staatsgewalt im Börsengeschehen, in AG 1978, S. 1–8.

Zimmer, Mark: Kündigungen im Management: § 623 BGB gilt nicht für GmbH-Geschäftsführer und AG-Vorstände, in BB 2003, S. 1175–1177.

Zöllner, Wolfgang/Noack, Ulrich: Kölner Kommentar zum Aktiengesetz, Band 2/1: §§ 76–94, 3. Auflage, Köln u. a., 2009, (zit.: *Bearbeiter* in: KölnerKomm).

Börsen- und kapitalmarktrechtliche Abhandlungen

Herausgegeben von Horst Hammen

Band 1 Susann Schumann: Die Verbesserung der Eigenkapitalausstattung mittelständischer Unternehmen durch Unternehmensbeteiligungsgesellschaften. Eine Analyse der Entwicklung des Gesetzes über Unternehmensbeteiligungsgesellschaften. 2007.

Band 2 Sonja Granzow: Die Aufsicht über den Handel mit Energiederivaten nach dem Gesetz über das Kreditwesen. 2007.

Band 3 Jens H. Kunz: Ausgewählte Rechtsprobleme des Zentralen Kontrahenten. Unter besonderer Berücksichtigung des Clearing-Systems an der Frankfurter Wertpapierbörse. 2009.

Band 4 Stefan Bressler: Public Private Partnership im Bank- und Börsenrecht durch Beleihung mit einer Anstaltsträgerschaft. 2009.

Band 5 Horst Hammen (Hrsg.): Interessenkonflikte beim Börsengang von Börsen. 2009.

Band 6 Alexander Hofmann: Der Skontroführer an den deutschen Wertpapierbörsen. 2009.

Band 7 Roman Jüngling: Polnisches Börsen- und Kapitalmarktrecht. Interessenkonflikte bei der Selbstnotierung der Warschauer Börse. 2010.

Band 8 Gisella Victoria Villeda: Prävention und Repression von Insiderhandel. 2010.

Band 9 Horst Hammen: Börsen und multilaterale Handelssysteme im Wettbewerb. Eine wirtschaftsrechtliche Analyse. 2011.

Band 10 Karsten Fink: Der Freiverkehr. Die rechtliche Organisation des Handelssegments Freiverkehr an deutschen Börsen. 2013.

Band 11 Simon Reitz: Börsengeschäfte, Übertragung von Wertpapieren und Leistungsstörungen. 2013.

Band 12 Elisabeth Heuser: Mistrades bei Börsengeschäften. 2013.

Band 13 Horst Hammen: Börsenerlaubnis, Anteilseignerkontrolle und Niederlassungsfreiheit bei der Fusion von Börsenorganisationen. Das Projekt Gamma. 2013.

Band 14 Matthias Bopp: Fusionen und Kooperationen deutscher Börsen und ihrer Träger. 2015.

Band 15 Dennis Rasch: Der Nachweis der haftungsbegründenden Kausalität bei fehlerhafter Ad-hoc-Publizität. Anwendungsmöglichkeit der Vermutung aufklärungsrichtigen Verhaltens? 2016.

Band 16 Heinrich Eva: Die Rechtsstellung der für die Börse tätigen Personen. 2017.

www.peterlang.de

www.ingramcontent.com/pod-product-compliance
Ingram Content Group UK Ltd.
Pitfield, Milton Keynes, MK11 3LW, UK
UKHW022102051026
15623UKWH00003B/623

9 783631 674413